河南省"十四五"普通高等教育规划教材

工程制图

主　编　刁修慧　焦芳敏
副主编　陈　韵　胡新颖　王鹏飞
参　编　钱文伟　康玉辉　李炎光
　　　　王任远　渠长威

机械工业出版社

本书是河南省"十四五"普通高等教育规划教材，是根据教育部高等学校工程图学课程教学指导分委员会 2019 年制定的《高等学校工程图学课程教学基本要求》，参考同类教材，并结合作者多年的教学经验及近年来的教学改革实践成果编写而成。

本书除绪论外共分为 12 章，包括制图的基本知识、正投影法、立体的投影、组合体、轴测图、机件的表达方法、常用零部件和结构要素表示法、零件图、装配图、电气工程图、AutoCAD 基础及 SOLIDWORKS 基础等内容。

本书附有数字课程资源，配套资源还包括电子课件、三维模型和动画等，可供教学和自学使用。由刁修慧、焦芳敏主编的《工程制图习题集》与本书配套使用，并由机械工业出版社同时出版。

本书可作为普通高等学校近机械类、非机械类各专业"工程制图"课程的教材，也可供职业院校的师生和相关领域的工程技术人员参考。

图书在版编目（CIP）数据

工程制图/刁修慧，焦芳敏主编. —北京：机械工业出版社，2022.11
（2024.9 重印）
河南省"十四五"普通高等教育规划教材
ISBN 978-7-111-71947-2

Ⅰ.①工… Ⅱ.①刁… ②焦… Ⅲ.①工程制图-高等学校-教材 Ⅳ.①TB23

中国版本图书馆 CIP 数据核字（2022）第 203597 号

机械工业出版社（北京市百万庄大街 22 号 邮政编码 100037）
策划编辑：王勇哲　　　　　　责任编辑：王勇哲　段晓雅
责任校对：潘　蕊　王明欣　　封面设计：张　静
责任印制：常天培
北京机工印刷厂有限公司印刷
2024 年 9 月第 1 版第 4 次印刷
184mm×260mm·18.25 印张·446 千字
标准书号：ISBN 978-7-111-71947-2
定价：59.00 元

电话服务　　　　　　　　　　网络服务
客服电话：010-88361066　　　机　工　官　网：www.cmpbook.com
　　　　　010-88379833　　　机　工　官　博：weibo.com/cmp1952
　　　　　010-68326294　　　金　书　网：www.golden-book.com
封底无防伪标均为盗版　　　　机工教育服务网：www.cmpedu.com

前　言

本书是河南省"十四五"普通高等教育规划教材，是根据教育部高等学校工程图学课程教学指导分委员会 2019 年制定的《高等学校工程图学课程教学基本要求》，以及与制图相关的现行国家标准编写而成。

本书具有以下特点：

1）本书参照了与制图相关的现行国家标准，并根据课程内容的需要摘录在正文或附录中，以培养学生贯彻现行国家标准的意识和查阅国家标准的能力。

2）本书立足于应用型人才培养的需求，是与企业联合编写的应用型教材，引入工程实际案例，并加入了电气工程图的内容，介绍了电气工程专业相关图形的规定画法。

3）为适应多样化的教学需要，本书细化了部分解题过程，并采用双色印刷，帮助学生理解解题的思路和方法。

4）计算机绘图部分介绍了 AutoCAD 和 SOLIDWORKS 的基本操作，培养学生使用软件绘制二维工程图及进行三维造型的能力，并使学生初步了解现代设计方法。

5）为本书配套编写的《工程制图习题集》重视基础与实用，以及前后知识点的关联，同时注明了各章节对应的习题，方便学生及时对照练习。

6）本书为新形态教材，数字课程资源以二维码的形式在教材及习题集中呈现，并配套有电子课件、电子教案、习题答案与指导等资源，为工程制图课程的教学提供整体解决方案。

本书由刁修慧、焦芳敏任主编，陈韵、胡新颖、王鹏飞任副主编，钱文伟、康玉辉、李炎光、王任远、渠长威参编。具体编写分工：刁修慧编写第 4 章、第 6 章的 6.2~6.7 节，焦芳敏编写第 5 章、第 11 章，陈韵编写第 1 章的 1.1 节、第 8 章，胡新颖编写第 1 章的 1.2~1.5 节、第 12 章，王鹏飞编写第 3 章、附录，钱文伟编写绪论，康玉辉编写第 2 章、第 10 章，李炎光编写第 7 章、第 9 章，王任远编写第 6 章的 6.1 节，渠长威编写第 9 章的图例。

限于编者水平，书中难免存在错漏、不当之处，敬请广大读者批评指正。

编　者

目 录

前言
绪论 ………………………………………… 1

第 1 章　制图的基本知识 …………………… 2
1.1　国家标准有关制图的基本规定 …… 2
1.2　绘图工具的使用方法 ……………… 13
1.3　几何作图 …………………………… 15
1.4　平面图形的分析及画图步骤 ……… 18
1.5　绘图方法 …………………………… 20

第 2 章　正投影法 …………………………… 23
2.1　投影法的基本知识 ………………… 23
2.2　点的投影 …………………………… 25
2.3　直线的投影 ………………………… 31
2.4　平面的投影 ………………………… 38

第 3 章　立体的投影 ………………………… 46
3.1　基本立体的投影 …………………… 46
3.2　切割体的投影 ……………………… 54
3.3　相贯体的投影 ……………………… 64

第 4 章　组合体 ……………………………… 71
4.1　组合体视图的基本知识 …………… 71
4.2　组合体视图的画法 ………………… 74
4.3　组合体的尺寸标注 ………………… 78
4.4　组合体的读图 ……………………… 85

第 5 章　轴测图 ……………………………… 92
5.1　轴测图的基本知识 ………………… 93
5.2　正等轴测图 ………………………… 94
5.3　斜二等轴测图 ……………………… 98
5.4　轴测剖视图 ………………………… 100

第 6 章　机件的表达方法 …………………… 102
6.1　视图 ………………………………… 102
6.2　剖视图 ……………………………… 106
6.3　断面图 ……………………………… 120
6.4　简化画法 …………………………… 123
6.5　局部放大图 ………………………… 127
6.6　表达方法综合应用举例 …………… 127
6.7　第三角画法简介 …………………… 129

第 7 章　常用零部件和结构要素
　　　　　表示法 …………………………… 132
7.1　螺纹 ………………………………… 132
7.2　螺纹紧固件及其连接 ……………… 137
7.3　键连接与销连接 …………………… 140
7.4　滚动轴承 …………………………… 143
7.5　齿轮 ………………………………… 145
7.6　弹簧 ………………………………… 147

第 8 章　零件图 ……………………………… 150
8.1　零件图的作用和内容 ……………… 150
8.2　零件图表达方案的确定 …………… 151
8.3　零件图的尺寸标注 ………………… 152
8.4　典型零件的视图选择及尺寸标注 … 155
8.5　产品几何技术规范（GPS） ……… 162
8.6　零件上常见的工艺结构 …………… 173

第 9 章　装配图 ……………………………… 177
9.1　装配图的作用和内容 ……………… 177
9.2　装配图的视图表达 ………………… 179
9.3　装配图的尺寸注法和技术要求 …… 180
9.4　装配图中的零部件序号和明细栏 … 181
9.5　常见的装配结构和装置 …………… 183
9.6　读装配图 …………………………… 185

第 10 章　电气工程图 ……………………… 190
10.1　系统图和框图 …………………… 190

10.2 电路图与印制电路板图 ·················· 192
10.3 接线图与线扎图 ························ 195
10.4 逻辑图与流程图 ························ 200

第11章 AutoCAD 基础 ····················· 203
11.1 操作界面与基本操作 ·················· 203
11.2 绘图环境的设置 ························ 207
11.3 常用绘图命令 ···························· 214
11.4 常用修改命令 ···························· 218

11.5 注释命令 ···································· 228

第12章 SOLIDWORKS 基础 ············ 233
12.1 SOLIDWORKS 2020 基础知识 ········ 233
12.2 草图绘制 ···································· 238
12.3 实体建模 ···································· 241
12.4 二维工程图综合实例 ·················· 252

附录 ·· 258

参考文献 ·· 283

绪 论

1. **本课程的研究对象**

在工程技术中,准确表达工程对象的形状、大小和技术要求的图形称为工程图样。

图样是信息的载体,集合着加工制造的指令,是工业生产中重要的技术文件,是进行技术交流的工具。在工程实践中,设计者通过图样传递设计意图,描述设计对象;生产者依据图样了解设计要求,组织和指导生产;使用者通过图样了解机器的结构和性能,从而进行使用和维修。故工程图样被称为"工程界共同的技术语言",是每个工程技术人员和管理人员必须熟练运用的一种工具。

本课程是一门研究如何运用正投影法绘制和阅读工程图样的技术基础课。

2. **本课程的任务**

1) 学习正投影的基本理论及其应用。
2) 培养和提高空间想象和分析的能力。
3) 培养绘制和阅读工程图样的综合能力。
4) 学习和遵守国家标准对工程图样的有关规定,具有查阅有关标准和手册的初步能力。
5) 培养认真负责的工作态度和严谨细致的工作作风。
6) 培养和提高工程意识、动手能力和创新能力。

3. **本课程的特点和学习方法**

本课程是工科专业中一门既有理论性又有较强实践性的技术基础课,其核心内容是学习如何用二维平面图形来表达三维空间物体的形状。因此,在本课程的学习过程中,应该注意以下几点。

1) 认真学习基本理论知识,牢固掌握正投影原理和图示方法,由浅入深地进行绘图和读图的练习,不断地由物画图、由图想物,多想、多画、多看,逐步提高空间想象能力和空间分析能力,这也是学好本课程的关键。

2) 在学习本课程时独立完成一定数量的制图作业是巩固基本理论和培养画图、读图能力的保证,必须高度重视,养成正确使用绘图仪器和工具的习惯,按正确的方法和步骤作图,逐步提高画图、读图水平。

3) 由于工程图样是进行生产的依据,绘图和读图的差错都会造成经济损失,所以在完成作业的过程中必须养成认真负责的工作态度和严谨细致的工作作风。

第1章 制图的基本知识

本章将介绍国家标准《技术制图》《机械制图》的相关规定、绘图工具及仪器的使用、简单的几何作图、平面图形的画法及尺寸分析和标注,以及草图的绘制。

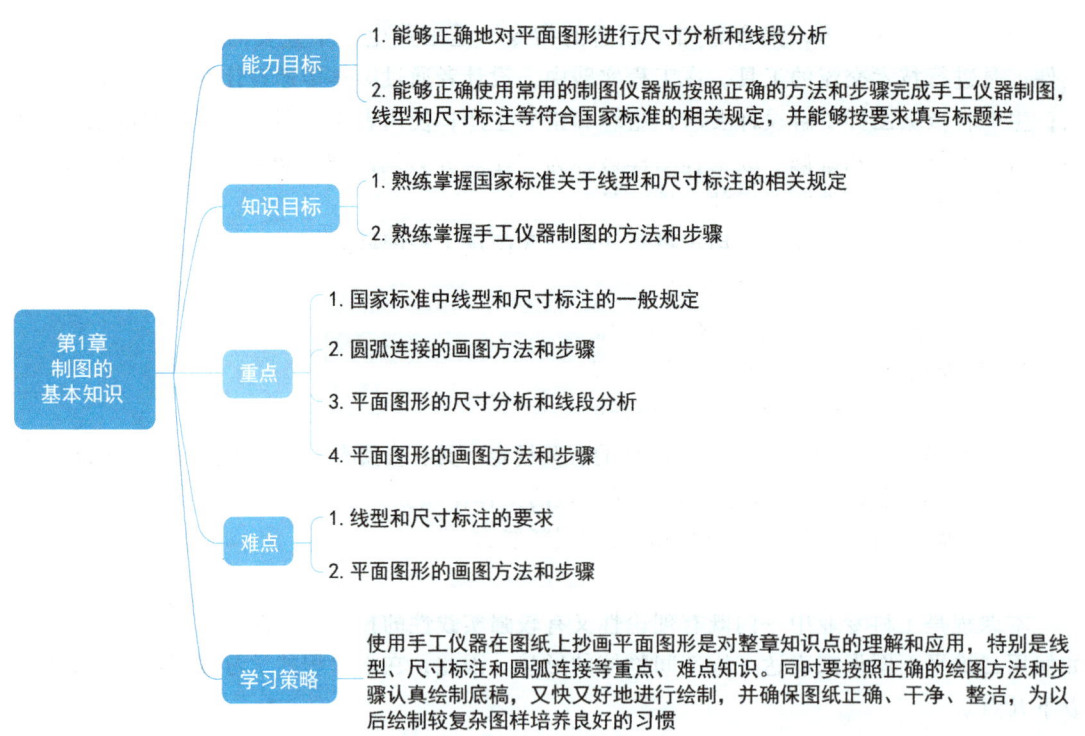

1.1 国家标准有关制图的基本规定

图样是表达设计思想,进行技术交流和用于指导生产的重要技术文件,因此必须对图样的格式和表达方法进行统一规定。有关制图的国家标准是每个工程技术人员必须掌握、遵守和执行的准则。

本节仅就图幅、比例、字体、图线、尺寸注法等基本规定予以介绍,其余内容将在以后相关章节逐一叙述。

1.1.1 图纸幅面及格式（GB/T 14689—2008）

1. 图纸幅面

为了便于图纸管理、装订与交流，在绘制图样时，应优先采用表 1-1 规定的基本幅面尺寸。必要时也可以按规定加长幅面，各种加长幅面如图 1-1 所示。其中，粗实线部分为基本幅面，细实线部分为第一选择的加长幅面，虚线为第二选择的加长幅面。

表 1-1　图纸基本幅面及图框尺寸　　　　　　　　　　　　　　　　（单位：mm）

幅面代号	A0	A1	A2	A3	A4
$B×L$	841×1189	594×841	420×594	297×420	210×297
e	20	20	10	10	10
c	10	10	10	5	5
a	25	25	25	25	25

基本幅面图纸中，A0 幅面的面积为 $1m^2$，长边 $L=1189mm$，短边 $B=841mm$，长边约为短边的 $\sqrt{2}$ 倍；A1 幅面的面积是 A0 的一半；A2 幅面的面积是 A1 的一半；其余以此类推，其关系如图 1-1 所示。

2. 图框格式

图样无论是否装订都必须用粗实线画出图框，图框的格式分为留有装订边和不留装订边两种，如图 1-2 和图 1-3 所示，同一产品中所有图样均采用同一格式。周边尺寸 a、c、e 按表 1-1 的规定画出。图纸装订形式一般采用 A4 幅面竖装，也可按 A3 幅面横装。

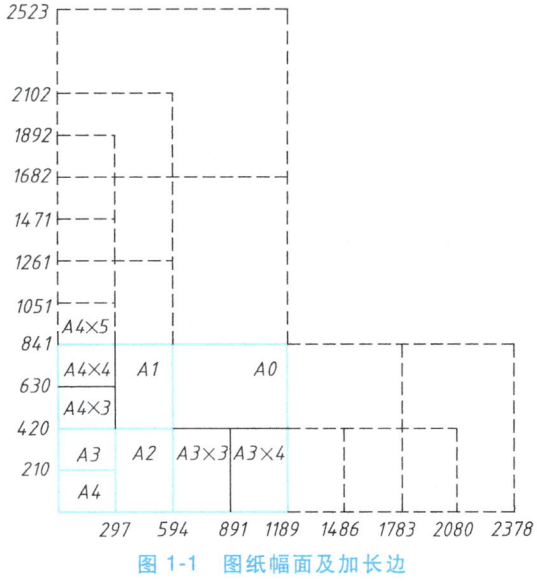

图 1-1　图纸幅面及加长边

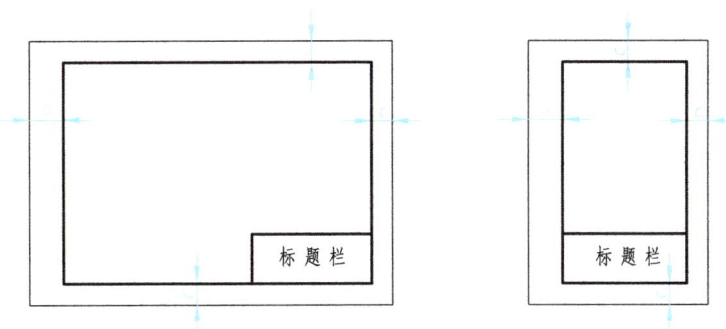

图 1-2　留装订边的图框格式

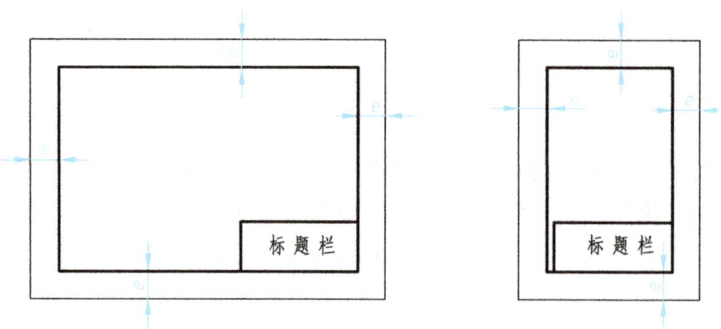

图 1-3 不留装订边的图框格式

3. **标题栏**(GB/T 10609.1—2008)

绘图时应在每张图纸的右下角画出标题栏。图 1-4 所示为国家标准《技术制图 标题栏》(GB/T 10609.1—2008)中标题栏的格式举例。制图作业中标题栏可采用图 1-5 所示的格式。

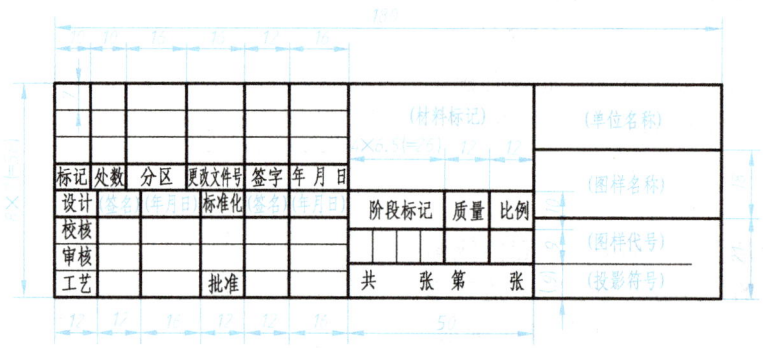

图 1-4 国家标准中标题栏的格式举例

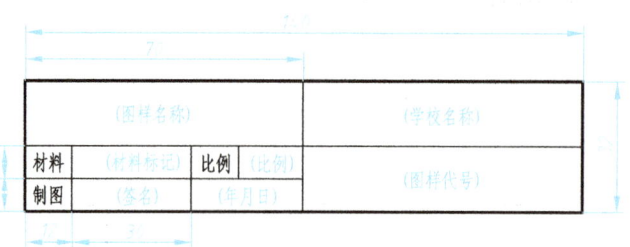

图 1-5 制图作业中标题栏可采用的格式与各部分尺寸

1.1.2 比例(GB/T 14690—1993)

比例是指图样中图形与其实物相应要素的线性尺寸之比。绘制图样时,应尽可能按物体的实际大小采用 1∶1 的原值比例画出。无法采用原值比例时,可根据物体的大小和复杂程度选择表 1-2 中所规定的放大比例或缩小比例。

表1-2 比例系数

种类		比例
原值比例		1：1
放大比例	第一系列	5：1 2：1 5×10^n：1 2×10^n：1 1×10^n：1
	第二系列	4：1 2.5：1 4×10^n：1 2.5×10^n：1
缩小比例	第一系列	1：2 1：5 1：10 1：2×10^n 1：5×10^n 1：1×10^n
	第二系列	1：1.5 1：2.5 1：3 1：4 1：6 1：1.5×10^n 1：2.5×10^n 1：3×10^n 1：4×10^n 1：6×10^n

注：n 为正整数，第一系列为优选系列，必要时可选第二系列。

在绘制图样时，无论采用放大或缩小的比例绘图，图样中所标注的尺寸为物体的实际大小，与所用的比例无关，如图1-6所示。绘制图样时，所选用的比例应在标题栏"比例"一栏中注明。

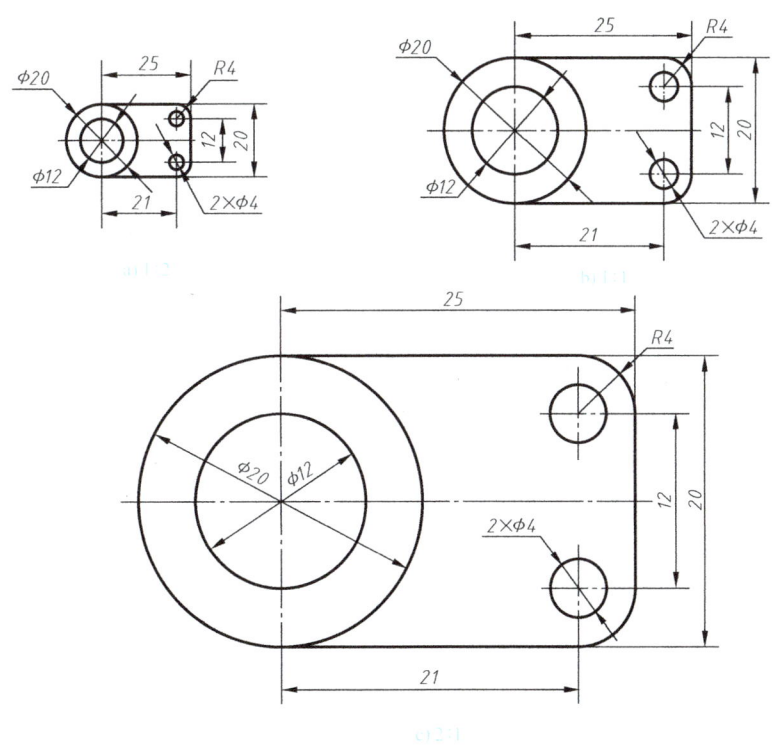

图1-6 用不同比例画出的图形及其尺寸标注

1.1.3 字体（GB/T 14691—1993）

在图样上除了表示机件形状的图形外，还要用文字和数字来说明机件的大小、技术要求和其他内容。

图样中书写的字体必须做到：字体工整、笔画清楚、间隔均匀、排列整齐。

字体的号数即为字体的高度 h，分为1.8、2.5、3.5、5、7、10、14、20 八种，单位为 mm。

1. 汉字

图样上的汉字应写成长仿宋体字,并应采用国家正式公布的简化字。长仿宋体字的特点:字形长方、笔画挺直、粗细一致、起落分明、撇挑锋利、结构均匀。汉字高度 h 不应小于 3.5mm,其字宽度 b 一般为 $\frac{h}{\sqrt{2}}$ ($\approx 0.7h$),图 1-7 所示为图样上常用的 10 号、7 号和 5 号长仿宋体字的示例。

字体工整 笔画清楚 间隔均匀 排列整齐

a) 10号字示例

横平竖直 注意起落 结构均匀 填满表格

b) 7号字示例

技术制图机械电子汽车航空船舶土木建筑矿山井坑港口纺织服装

c) 5号字示例

图 1-7 汉字示例

2. 数字和字母

数字和字母可写成斜体和直体。斜体字字头向右倾斜,与水平基准线成 75°,如图 1-8a 所示。当与汉字混合书写时可采用直体,如图 1-8b 所示。

0123456789　　0123456789

Ⅰ Ⅱ Ⅲ Ⅳ Ⅴ Ⅵ Ⅶ Ⅷ　　Ⅰ Ⅱ Ⅲ Ⅳ Ⅴ Ⅵ Ⅶ Ⅷ

ABCDEFGHIJ　　ABCDEFGHIJ

abcdefghij　　abcdefghij

a) 斜体　　b) 直体

图 1-8 数字、字母示例

用作指数、分数、注脚、尺寸偏差的字母和数字,一般应采用小一号的字体。图 1-9 所示为字母和数字的应用示例。

$S^{-1} \quad \dfrac{3}{5} \quad 10^3 \quad D_1 \quad M24-6h \quad \phi 40^{+0.025}_{0} \quad Td \quad 1:20$

图 1-9 字母和数字的应用示例

1.1.4 图线（GB/T 4457.4—2002，GB/T 17450—1998）

1. 图线的形式及其应用

国家标准规定的图线宽度 d 共 9 种：0.13mm、0.18mm、0.25mm、0.35mm、0.5mm、0.7mm、1mm、1.4mm、2mm。在工程图样中，图线分为粗线和细线两类，粗、细线之间的比例为 2:1。粗线线宽优先采用 0.5mm 或 0.7mm，对应的细线线宽为 0.25mm 或 0.35mm。绘制图样时图线的基本线型及其应用见表 1-3。为了叙述方便，通常将细虚线、细点画线、细双点画线简称为虚线、点画线、双点画线。

表 1-3 图线的基本线型及其应用

图线名称	图线形式	图线宽度	图线应用举例	
粗实线	———————	d	可见棱边线、可见轮廓线、相贯线、螺纹牙顶线、螺纹长度终止线、剖切符号用线等	
细实线	———————	$d/2$	尺寸线、尺寸界线、剖面线、重合断面的轮廓线、过渡线、指引线和基准线、辅助线等	
波浪线	～～～～	$d/2$	断裂处边界线、视图与剖视图的分界线	
细虚线	- - - - - - -	$d/2$	不可见棱边线、不可见轮廓线	短画长 4～8mm，间隔为 1～1.5mm
粗虚线	- - - - - - -	d	允许表面处理的表示线	
细点画线	—·—·—·—	$d/2$	轴线、对称中心线、分度圆(线)等	长画长 12～17mm，短间隔及点画为 1～1.5mm
粗点画线	—·—·—·—	d	限定范围表示线	
细双点画线	—··—··—	$d/2$	相邻辅助零件的轮廓线、轨迹线、可动零件的极限位置的轮廓线等	

图线的具体应用举例如图 1-10 所示。

2. 图线的画法

绘图时，图线的画法有以下几点要求。

1）当粗实线或虚线与点画线、细实线重合时，应画粗实线或虚线。当粗实线与虚线重合时，应画粗实线。

2）同一图样中，同类图线的宽度应基本一致。虚线、点画线及双点画线的线段长度和间隔应各自大致相等。点画线和双点画线的首尾两端应是长画而不是点画。

3）点画线与点画线相交，应在长画处相交，不应在间隔处或点画处相交。绘制轴线、对称中心线时，应超出轮廓 3～5mm，如图 1-11a 所示。

4）在较小的图形上绘制虚线、点画线或双点画线有困难时，可用细实线代替。

5）虚线和虚线相交时，应在短画处相交，不应在间隔处相交。

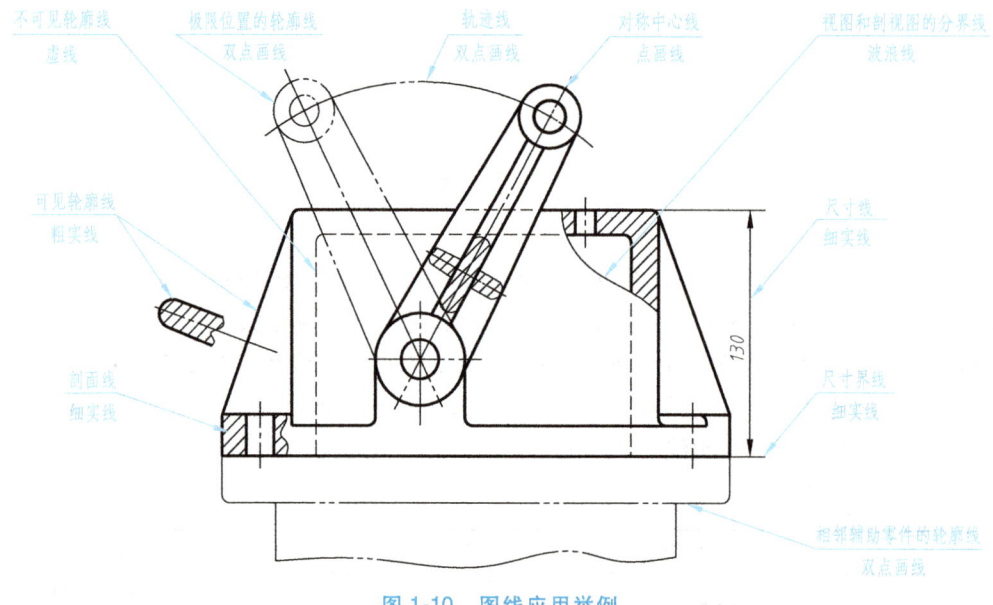

图 1-10 图线应用举例

6）虚线的首尾两端一般应是短画，不能是间隔；但若虚线在粗实线的延长线上，则在虚线与粗实线的连接处虚线应为间隔；在虚线圆与虚线直线相切处，虚线直线应为间隔，如图 1-11b 所示。

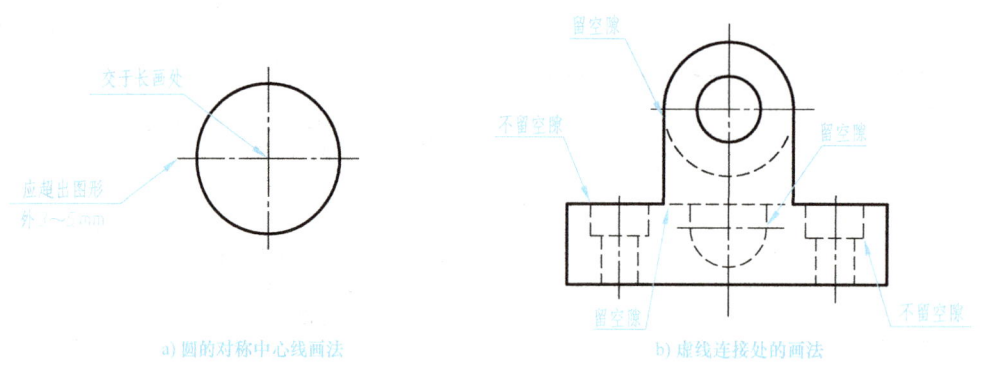

a) 圆的对称中心线画法　　　　b) 虚线连接处的画法

图 1-11 图线正确画法图例

1.1.5　尺寸标注的基本规定（GB/T 16675.2—2012，GB/T 4458.4—2003）

图形只能表达物体的形状，而物体的大小则由标注的尺寸确定。标注尺寸是一项极为重要的工作，必须认真细致、一丝不苟。如果尺寸有遗漏或错误，都会给生产带来困难或造成损失。

1. 基本规则

尺寸标注有以下几点基本规则。

1）机件的真实大小应以图样上所注的尺寸数值为依据，与图形的大小及绘图的准确度无关。

在绘制图样时，除特殊情况，都应当根据物体的大小及选用的比例准确绘图。

2）图样中（包括技术要求和其他说明）的尺寸，以 mm 为单位时，不需要标注单位符号（或名称）；采用其他单位时，则应注明相应的单位符号。

除有特别的要求或规定外，绘制工程图样时都是采用 mm 为长度单位，切忌擅自选用其他单位。

3）图样中所标注的尺寸，为该图样所示机件的最后完工尺寸，否则应另加说明。

4）机件的每一尺寸，一般只标注一次，并应标注在反映该结构最清晰的图形上。

2. 尺寸组成

如图 1-12 所示，一个完整的尺寸标注一般应由尺寸界线、尺寸线、尺寸数字这三个基本要素组成。

(1) 尺寸界线　尺寸界线用细实线绘制，表示尺寸度量的范围。尺寸界线应由图形的轮廓线、轴线或对称中心线引出，也可利用轮廓线、轴线或对称中心线作为尺寸界线。尺寸界线一般应与尺寸度量的方向相垂直，只有当尺寸界线与其他线段间距过小，为了更加清晰地表示尺寸界线所指向的度量范围，这时才允许将尺寸界线倾斜，如图 1-13 所示。尺寸界线应超过尺寸线 2~3mm。

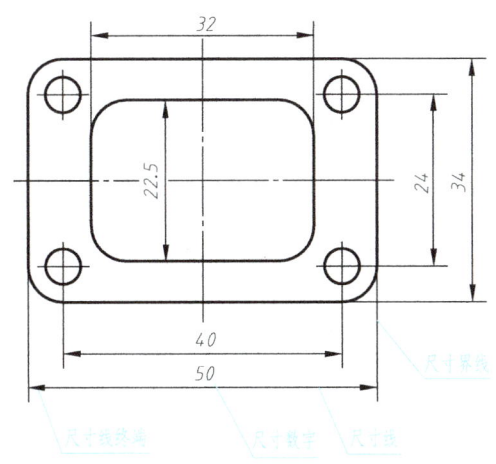

图 1-12　尺寸的基本要素

图 1-13　尺寸界线倾斜的特例

(2) 尺寸线　尺寸线用细实线绘制，表示尺寸度量的方向。尺寸线必须单独画出，不能用其他图线代替，一般也不得与其他图线重合或画在其延长线上。标注线性尺寸时，尺寸线必须与所标注尺寸的度量方向平行。当有几条相互平行的尺寸线时，轮廓线与尺寸线及各尺寸线之间的间距要均匀，其间隔应在 7~10mm，且应小尺寸在内，大尺寸在外，尽量避免尺寸线之间及尺寸线与其他尺寸界线之间相交。

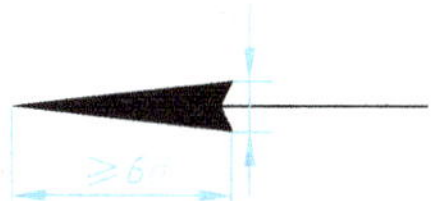

在机械图样中，一般用箭头作为尺寸线的终端，如图 1-14 所示。实际绘制图样时，箭头的大小可以近似按长度约 3.5mm、尾部宽度约 1mm 绘制。

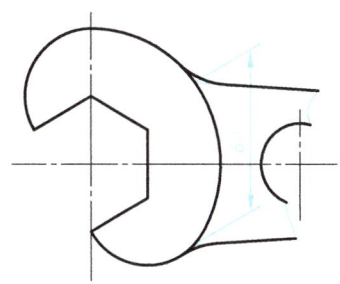

图 1-14　尺寸终端形式
d—粗实线宽度

(3) 尺寸数字　线性尺寸的数字一般应注写在尺寸线的中间、上方，尽可能靠近尺寸线，但不能落在尺寸线上。尺寸数字的方向，应以看图方向为准。尺寸线为水平方向时，尺寸数字的字头朝上；尺寸线为竖直方向时，尺寸数字的字头朝左；尺寸线倾斜时，尺寸数字的字头应保持朝上、朝左的趋势。尺寸数字不可被任何图线所通过，否则应将图线断开，如图 1-12 所示的尺寸 22.5。

3. 各类尺寸标注的基本方法

（1）**线性尺寸** 尺寸数字应按图 1-15 所示方向注写并尽可能避免在图示的 30°范围内标注尺寸；当无法避免时，可按图 1-16 所示的形式标注。当图样的尺寸较小，尺寸界线之间没有足够的位置时，箭头可放在尺寸界线的外面，连续标注的中间箭头可用小圆点代替；尺寸数字也可以写在尺寸界线的上面、外面或引出标注，如图 1-17 所示。

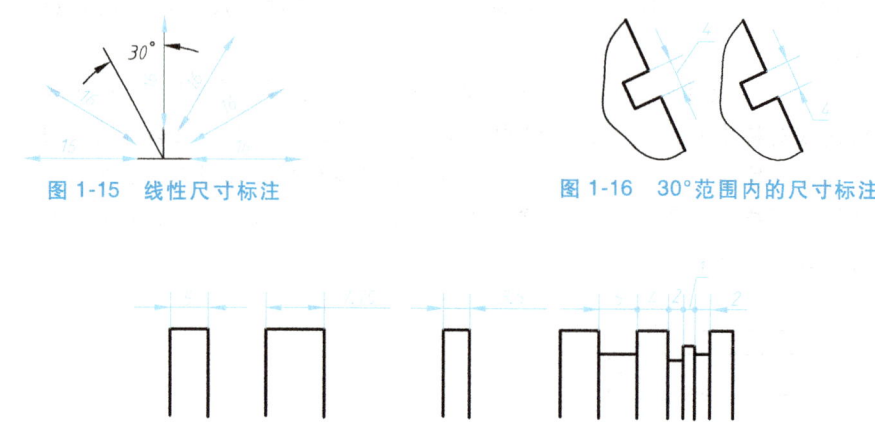

图 1-15　线性尺寸标注　　　　　　图 1-16　30°范围内的尺寸标注

图 1-17　小尺寸的标注

（2）**角度** 尺寸界线应沿径向引出，尺寸线应画成圆弧，圆心是角的顶点。尺寸数字一律水平书写，一般注在尺寸线的中断处。当尺寸界线之间没有足够的位置时，允许写在尺寸线的外侧或引出标注，如图 1-18 所示。

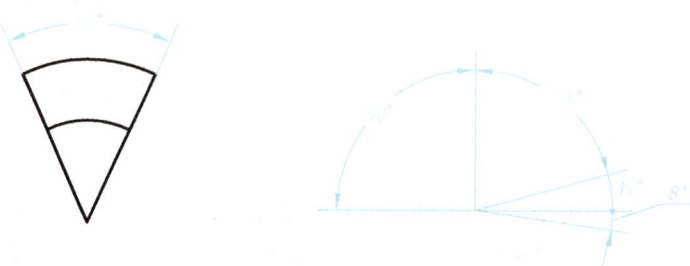

图 1-18　角度的标注

（3）**直径** 对于圆和大于半圆的圆弧，应标注其直径尺寸，并在尺寸数字前加注"φ"，尺寸线应通过圆心绘制；直径尺寸标注在非圆视图上时，标注形式同线性尺寸，如图 1-19 所示。若零件上有直径相同的多个孔，则一般只标注一次，并在尺寸数字前注明孔的数量；若这些孔是按圆周均布的，则在其尺寸标注的下方标注"EQS"，如图

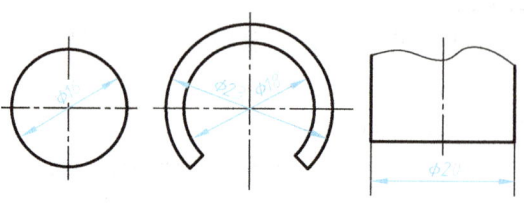

图 1-19　直径的标注

1-20a 所示。当孔的定位和分布情况在图中已明确时，允许省略其角度尺寸和缩写词"EQS"，如图 1-20b 所示。当图形的直径较小时，可按图 1-21 所示标注。

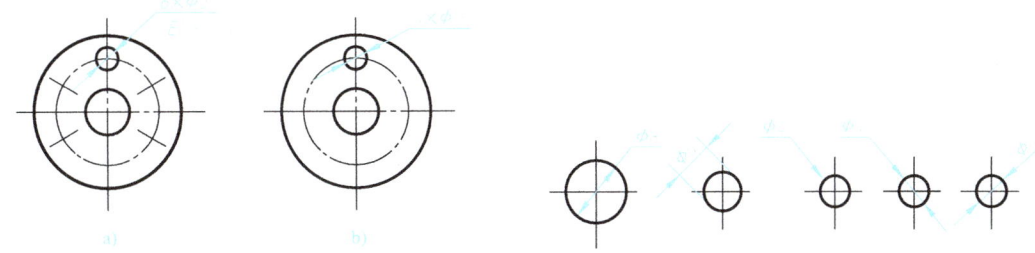

图 1-20 均布孔的标注　　　　　图 1-21 小直径的标注

（4）**半径**　对于半圆和小于半圆的圆弧一般应标注半径尺寸，半径尺寸的尺寸线一般应由圆心出发，箭头应落在圆周上，尺寸数字前加注"R"，如图 1-22a、b 所示。若圆弧半径较大，在图纸范围内无法标出圆心位置，则可按图 1-22c 所示标注；若不需要标出圆心位置，则可按图 1-22d 所示标注。当圆弧的半径较小时，可按图 1-23 所示标注，标注时尺寸线应通过圆心或延长线指向圆心。同一图样中，若有多处半径相同的尺寸标注，则一般只标注一次，在尺寸标注的前面不需标注其数量，如图 1-24 所示。

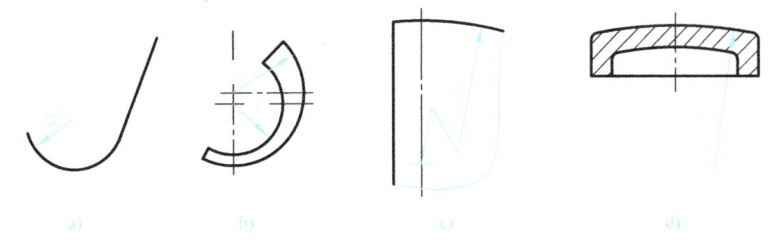

图 1-22 半径的标注

图 1-23 小半径的标注

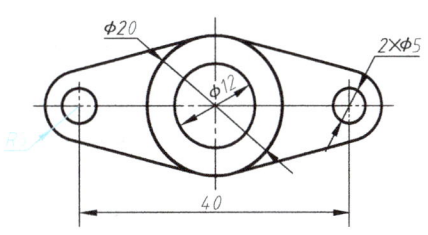
图 1-24 多处半径相同的尺寸标注

（5）**倒角**　倒角是轴、孔等结构上常见的工艺结构，一般采用的是 45° 倒角，如图 1-25a 所示。在图样中标注时应按图 1-25b 所示，在其倒角高度数字前加"C"。如采用其他角度的倒角时应分别标注倒角高度与角度，如图 1-25c 所示。

（6）**球径**　在图样中，球径的标注与直径和半径的标注形式相同，但应在直径或半径的前面加注"S"，如图 1-26 所示。在不致引起误解时，可省略标注 S。如图 1-26 所示，SR10 也可省略标注为 R10。

（7）**弧长和弦长**　标注弦长时，尺寸线应平行于该弦，尺寸界线应平行于该弦的垂直

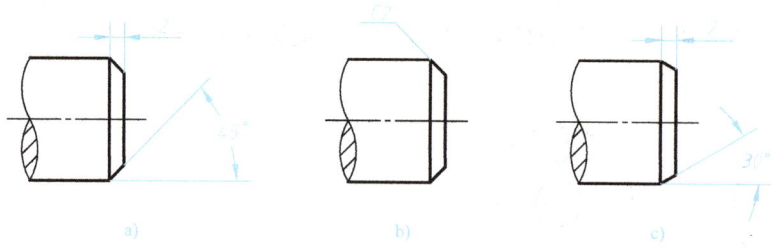

图 1-25 倒角的标注

平分线,如图 1-27a 所示。标注弧长时,尺寸界线应平行于所对圆心角的角平分线,尺寸线用圆弧,尺寸数字前面应加注符号"⌒",如图 1-27b 所示。

(8)厚度 标注板状零件的厚度时,可在尺寸数字前加符号"t"。如图 1-28 所示,该零件的厚度为 2mm。

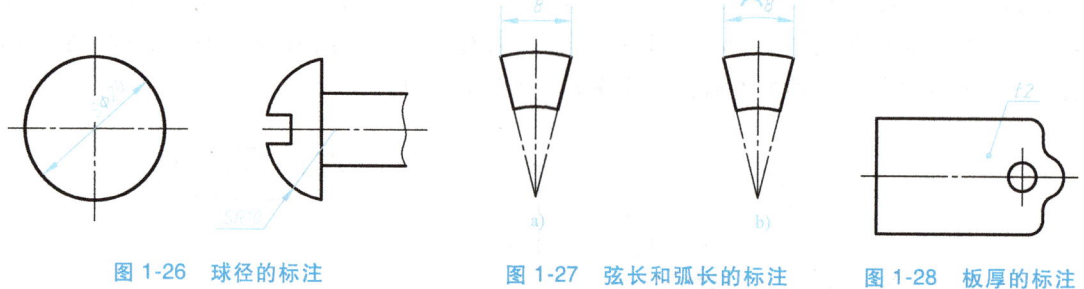

图 1-26 球径的标注　　　图 1-27 弦长和弧长的标注　　　图 1-28 板厚的标注

图 1-29 所示尺寸标注用对比的方法,指出了初学标注时的一些常见错误,请读者仔细辨认。

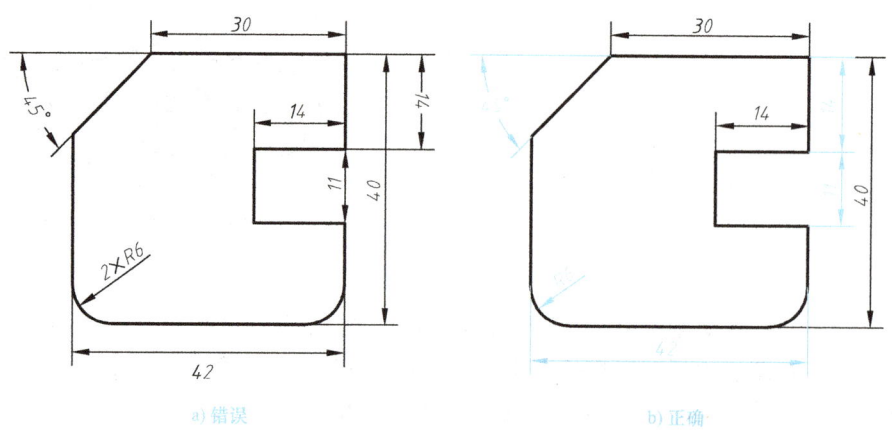

图 1-29 尺寸标注的正误对比

标注尺寸时,根据国家标准《技术制图　简化表示法　第 2 部分:尺寸注法》(GB/T 16675.2—2012)的规定,应使用符号和缩写词,其他常用的符号和缩写词见表 1-4。

表 1-4 标注尺寸时常用的符号和缩写词

名称	符号或缩写词	名称	符号或缩写词
正方形	□	沉孔或锪平	⊔
45°倒角	C	埋头孔	∨
深度	↧	均布	EQS

1.2 绘图工具的使用方法

正确使用绘图工具是保证图样质量、提高绘图速度的一个重要因素，下面仅介绍几种常用工具及使用方法。

1.2.1 图板

图板用来固定图纸。图板表面必须平整、光滑，木纹应细致而均匀。图板左边框用作丁字尺的导向边，所以必须平直。绘图时用胶带将图纸固定在图板上。图纸在图板上固定时应尽可能靠近左下角，如图 1-30 所示。

1.2.2 丁字尺

丁字尺用来画水平线。画图时，应使尺头紧靠图板左侧导向边，自左向右画水平线，如图 1-30 所示。图纸固定在图板上时，应将丁字尺与图框或标题栏框对齐，再用胶带粘牢图纸的四角。

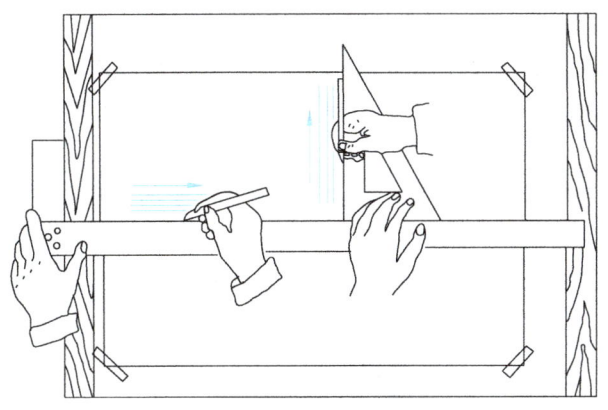

图 1-30 图板与丁字尺的用法

1.2.3 三角板

三角板分 45°和 30°-60°两块。三角板除了可以直接用来画直线外，也与丁字尺配合使用画竖直线和 15°、30°、45°、60°、75°等倾斜线，如图 1-31 所示。

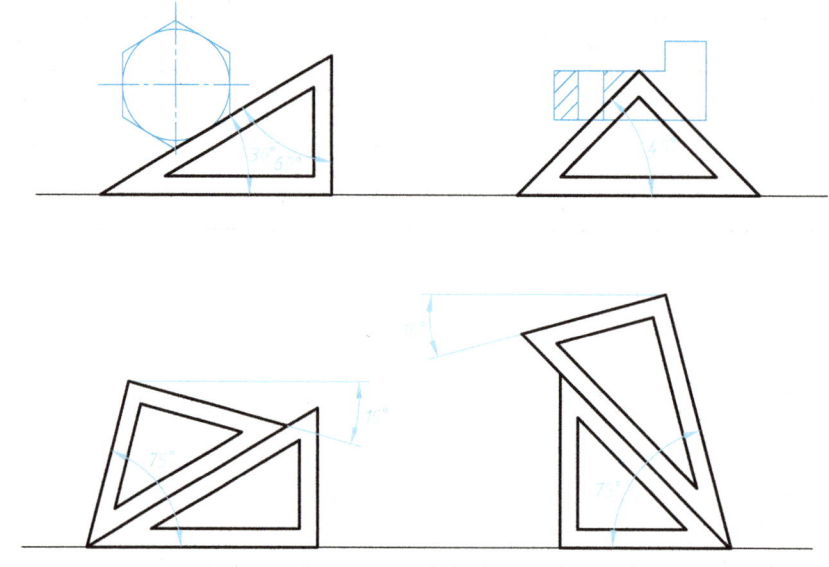

图 1-31 三角板的用法

1.2.4 铅笔

绘图时要求使用绘图铅笔。铅笔铅芯的软硬分别用 B 和 H 表示。B 前的数字越大表示铅芯越软（黑）；H 前的数字越大表示铅芯越硬。根据使用要求不同，一般需要准备以下几种硬度不同的铅笔。

1）H 或 2H——画底稿用。

2）HB——画虚线、细实线、点画线、箭头及写字。

3）B——加深粗线。

画粗线的铅笔，铅芯磨削成厚度为 d（粗线宽）的四棱柱形，其他用途的铅芯磨削成锥形，如图 1-32 所示。铅笔削好后应在与图纸材质相同的纸上试画，与已画图线比较，需要时可修正铅笔。

使用铅笔时应将铅笔铅芯紧贴尺子的边，铅笔与尺子的边应同在垂直于纸面的平面内。铅笔向前进方向倾斜，与纸面夹角约为 75°，如图 1-33 所示。在画线时，应先掌握好适当的力量再运笔，无论何种线段都应一次画成，不得反复描线，以确保线宽一致。

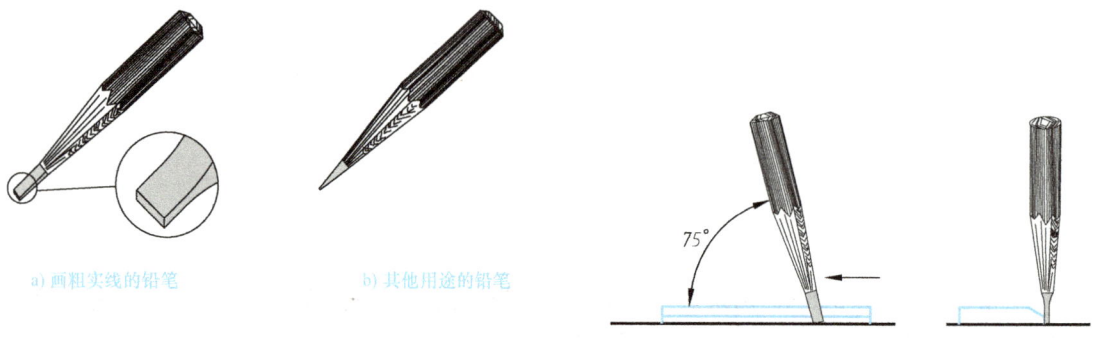

a) 画粗实线的铅笔　　b) 其他用途的铅笔

图 1-32 铅笔的削法　　　　　　　图 1-33 铅笔的使用

当用 H 或 2H 的铅笔绘制图样底稿时，图线应尽可能地轻、细，以橡皮擦除后不留痕迹为宜。在加深加粗图线时，无论是粗线还是细线都应当用力绘制，确保所有图线色泽浓黑、轮廓清晰。

1.2.5 圆规

圆规用来画圆和圆弧，它的固定腿上装有钢针，钢针的针尖部分带有台阶，使用时将针尖全部垂直地扎入图纸和图板，台阶接触纸面，圆规的铅芯应尽可能地与纸面垂直，如图 1-34 所示。在使用圆规的过程中，两脚应尽可能地在与纸面垂直的平面内，不要倾斜。绘制图样时，应一手捏住圆规上部的钮进行转动，另一只手扶着铅脚辅助转动并向纸面用力，确保图线符合要求。

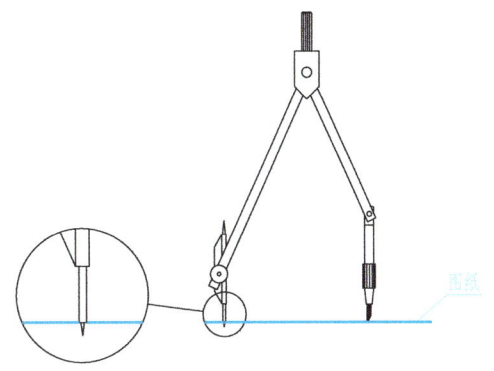

图 1-34　圆规的用法

1.2.6 其他绘图工具的使用

胶带纸用于将图纸固定在图板上；刀片用于削铅笔和铅芯，砂纸用于将铅芯打磨成形；为了提高绘图速度和质量可以采用绘图模板；在绘图过程中应采用专用的绘图橡皮擦拭图纸，为了提高擦图的准确性可使用擦图片；在擦拭后应用毛刷或软布扫除橡皮屑，在绘图过程中应经常擦拭丁字尺和三角板等绘图工具，并尽可能避免身体及其他无关的物品接触图纸，以确保图纸整洁。

1.3　几何作图

工程图样的图形都是由各种类型的线段（直线、圆弧或其他曲线）组成的，在绘制图样时经常要运用一些最基本的几何作图方法。

1.3.1　基本几何图形作图方法

1. 正五边形

以 O_1 为圆心、外接圆半径 R_1 为半径画圆弧，与外接圆交于 1、2 两点，连接 12，与水平中心线交于 O_2，O_2 即为半径 O_1O 的中点；以 O_2 为圆心、O_2A 为半径（R_2）画圆弧，与水平中心线交于点 3；以 A3 为半径（R_3）在外接圆上顺次截取得到顶点 A、B、C、D、E，连接即成正五边形，如图 1-35 所示。

2. 正六边形

因正六边形边长等于其外接圆半径，可分别以 A、D 为圆心，以 AD/2 为半径画圆弧，交外接圆于 B、C、E、F 四点，与 A、D 共为六个顶点，连接即成正六边形，如图 1-36 所示。

3. 椭圆的近似画法

椭圆有多种不同的近似画法，图 1-37 所示为"四心圆弧画法"的作图步骤。作长轴

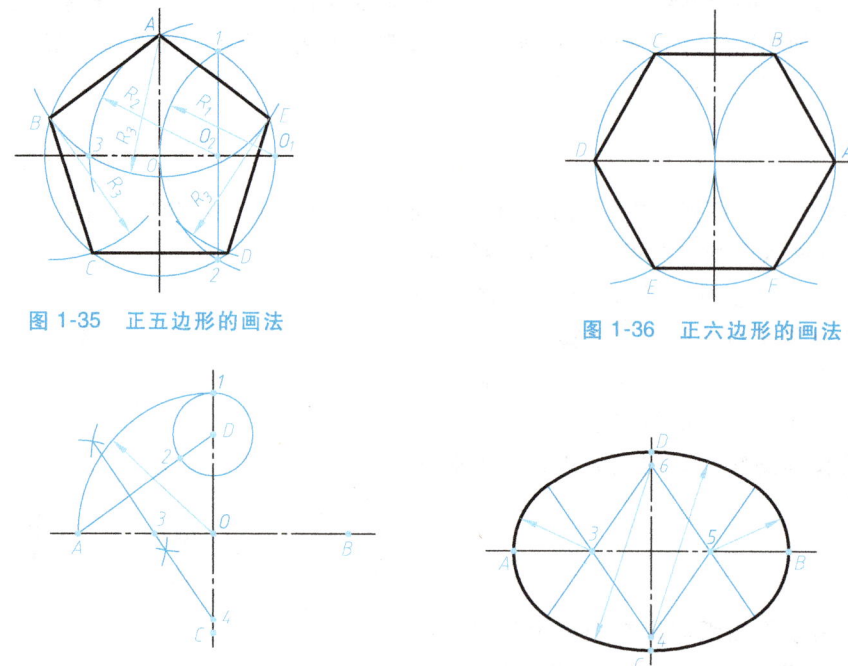

图 1-35 正五边形的画法　　　　图 1-36 正六边形的画法

图 1-37 "四心圆弧画法"作图步骤

AB、短轴 CD，连接 AD，以点 O 为圆心、OA 为半径画圆弧交短轴于 1 点，以点 D 为圆心、$D1$ 为半径画圆交 AD 于 2 点，求出 $A2$ 的垂直平分线，分别交长、短轴于 3、4 点（图 1-37a）。求出与 3、4 点对称的 5、6 点，分别以 3、4、5、6 点为圆心，过长、短轴的端点画圆弧（图 1-37b）。

4. 斜度与锥度

斜度是指一直线（或平面）相对另一直线（或平面）的倾斜程度。斜度用两者之间夹角的正切来表示，最终将比值化为 $1:n$ 的形式。图 1-38 所示为钩头楔键上斜度为 $1:15$ 斜面的作图步骤。以合适的长度作为单位长度，在水平线上截取 $AB=15$ 个单位长度；过点 B 作垂线，取 $BC=1$ 个单位长度，连接 AC 即得斜度 $1:15$ 的斜线（图 1-38a）。过点 D 作 AC 的平行线，即作出斜度为 $1:15$ 的钩头楔键斜面（图 1-38b）。

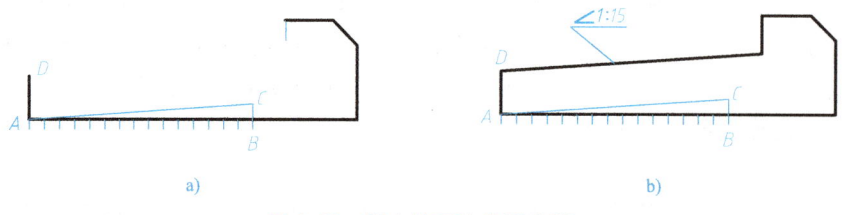

图 1-38 斜度的画法作图步骤

在图样上，斜度的标注方法如图 1-38b 中 ∠1:15 所示，斜度符号 "∠" 的方向与斜度方向一致。

正圆锥的底圆直径与其高之比称为锥度，对于正圆台，锥度则为两底圆直径之差与其高度之比，同样将比值化为 1：n 的形式。

图 1-39 所示为一旋塞上锥度的图法，其右部是一锥度等于 1：3 的正圆台。选择合适的长度作为单位长度，由 A 沿轴线量取 3 个单位长度到 B 点，并以 A 为中点在 EF 上向上、向下分别量取 0.5 个单位长度，即 CD 长 1 个单位长度（图 1-39a）。连接 BC、BD，分别过 E 和 F 点作 BC、BD 的平行线，即得到所要求的 1：3 的锥度（图 1-39b）。

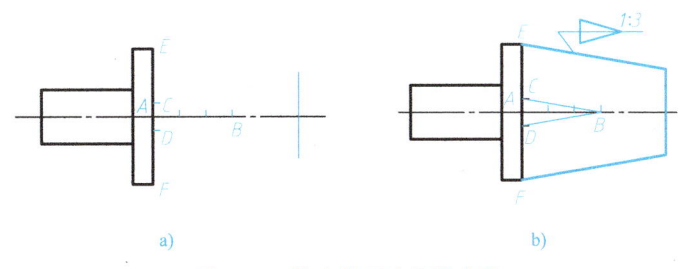

图 1-39　锥度的画法作图步骤

在图样上，锥度的标注如图 1-39b 中 ◁1:3 所示，锥度符号"—◁—"的方向与锥度方向一致。在图样中斜度与锥度符号的画法如图 1-40 所示。

a) 斜度符号　　　　　　　　　　b) 锥度符号

图 1-40　斜度与锥度符号的画法

h—尺寸数字的高度

1.3.2　圆弧连接

绘制图样时，经常需要用圆弧来光滑连接两已知线段（直线或圆弧）。光滑连接即相切连接，为了保证相切，必须准确地作出连接圆弧的圆心和切点。

圆弧连接的作图原理如下。

1）如图 1-41a 所示，与已知直线相切的半径为 R 的圆弧，其圆心轨迹是与已知直线平行距离为 R 的两条直线。切点是由选定圆心向已知直线作垂线的垂足。

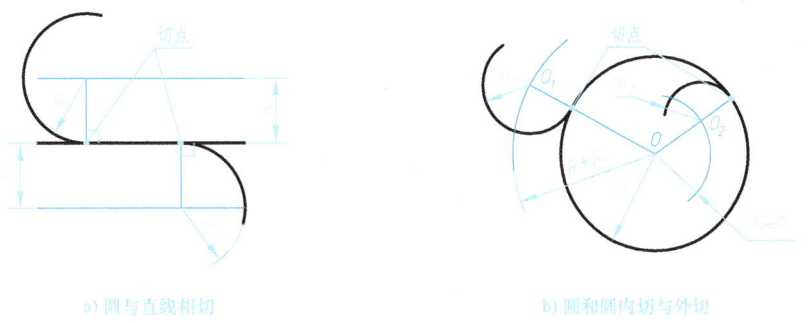

a) 圆与直线相切　　　　　　　　　b) 圆和圆内切与外切

图 1-41　圆弧连接的作图原理

工程制图

2) 如图 1-41b 所示，与已知圆心为 O、半径为 R 的圆外切时，半径为 R_1 的连接圆弧的圆心的轨迹是以 O 为圆心、以 $(R+R_1)$ 为半径的圆，切点是选定圆心 O_1 与 O 的连心线与已知圆的交点；与已知圆心为 O、半径为 R 的圆内切时，半径为 R_2 的连接圆弧的圆心的轨迹是以 O 为圆心、以 $(R-R_2)$ 为半径的圆，切点是选定圆心 O_2 与 O 的连心线的延长线与已知圆的交点。

表 1-5 列出了圆弧连接的三种基本形式。

表 1-5 圆弧连接的基本形式

连接形式	作图方法和步骤		
	求圆心	求切点、整理图线	连接圆弧
连接两直线	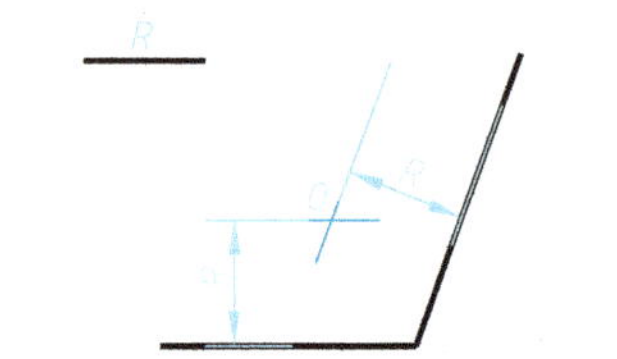	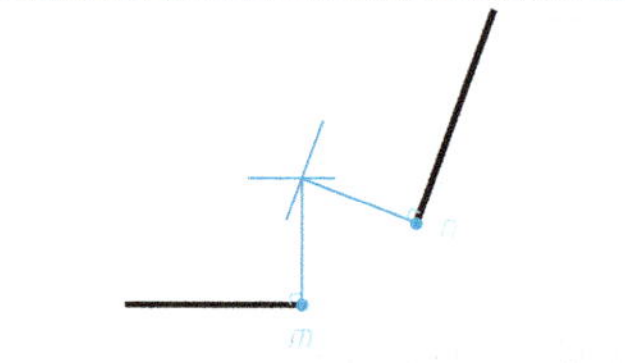	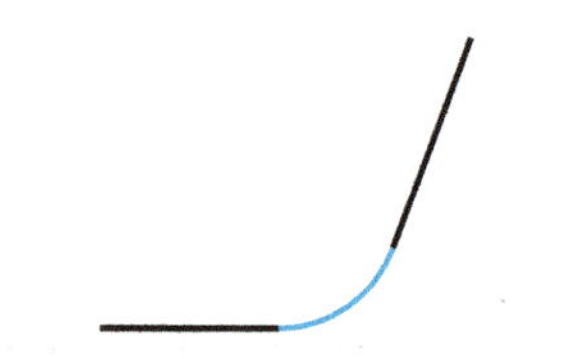
连接直线与圆	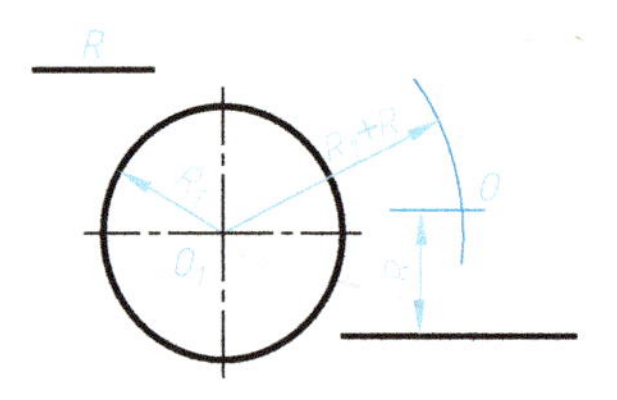	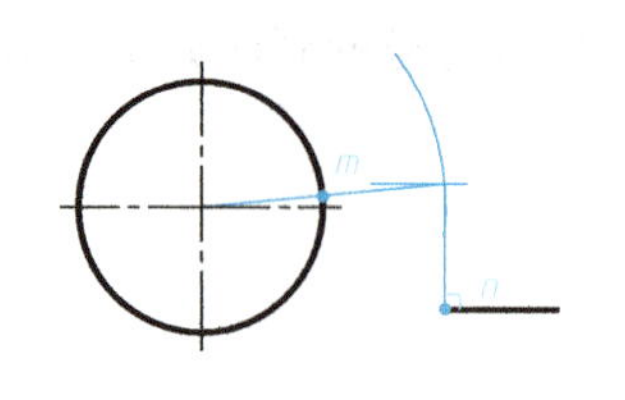	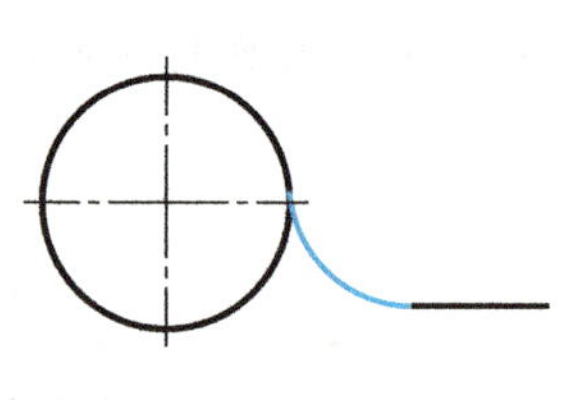
连接两圆	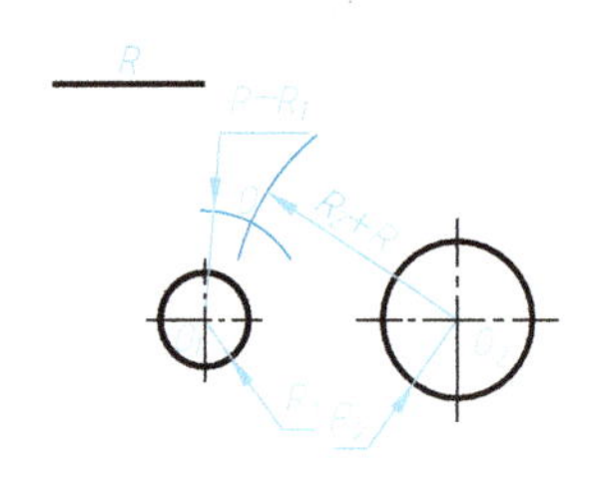	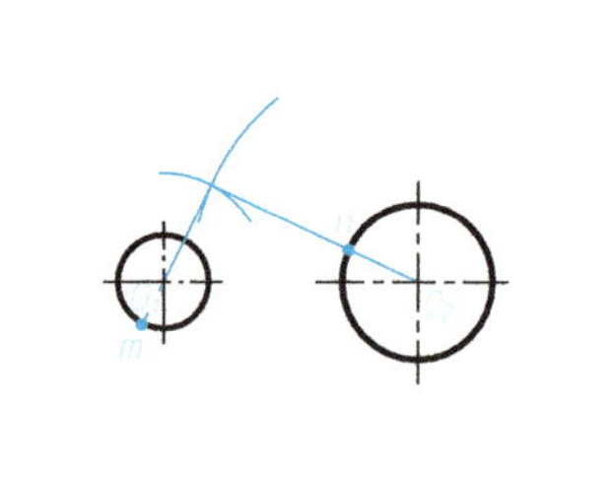	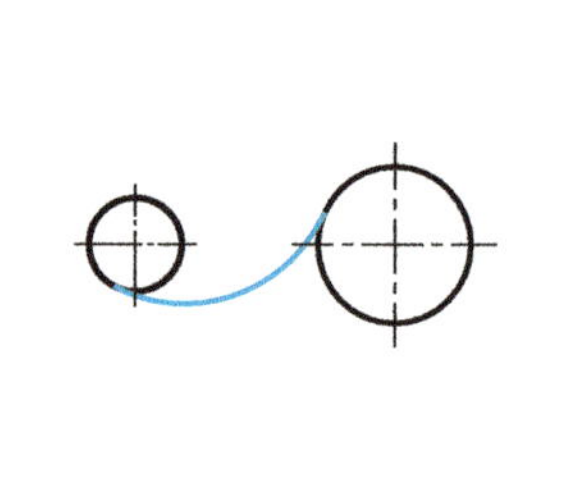

1.4 平面图形的分析及画图步骤

平面图形常由若干线段（直线或曲线）连接而成。要正确绘制一个平面图形，首先必须对平面图形进行尺寸分析和线段分析，弄清哪些线段可以直接作出，哪些线段定位尺寸不全，然后根据与其他线段的几何关系，通过作图画出。

1.4.1 平面图形的尺寸分析

要想确定平面图形中线段的相对位置，必须引入尺寸基准的概念。尺寸基准是确定各线段位置所依据的几何要素。对于二维图形，需要两个方向的基准，即水平方向尺寸基准和竖直方向尺寸基准。一般平面图形中常选用作为尺寸基准的要素有对称图形的对称中心线、主要的轮廓线等。图 1-42 所示的手柄是以水平的中心线和 φ19 左端面作为竖直方向和水平方向的尺寸基准。

尺寸按其在平面图形中所起的作用，可以分为定形尺寸和定位尺寸两类。

1. 定形尺寸

定形尺寸是确定平面图形中各几何要素形状与大小的尺寸，如直线长度、角度的大小及圆弧的直径或半径等。如图1-42所示的尺寸$\phi11$、$\phi19$、$R5.5$、14、6、$R52$、$R30$等均是定形尺寸。

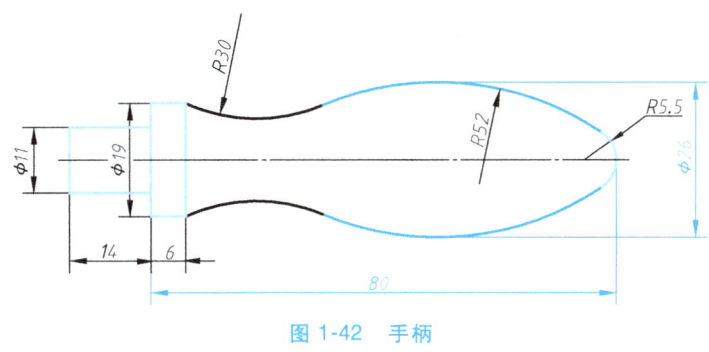

图1-42 手柄

2. 定位尺寸

定位尺寸是确定平面图形中各几何要素相对位置的尺寸。如图1-42所示的尺寸$\phi26$、80均为定位尺寸。

1.4.2 平面图形的线段分析

平面图形的线段根据其定位是否完整可以分为以下三类。

1. 已知线段

定位齐全，可直接按所注尺寸画出的线段为已知线段。如图1-42所示的$\phi19$、$\phi11$两圆柱及$R5.5$的圆弧便是已知线段。

2. 中间线段

缺少一个方向的定位，但可根据与相邻线段的连接关系画出的线段称为中间线段。如图1-42所示，定位尺寸$\phi26$决定了$R52$圆弧在竖直方向上的位置，其水平方向无尺寸定位，故该圆弧为中间线段。$R52$圆弧的位置还需要与$R5.5$圆弧相内切的连接关系才能完全确定。

3. 连接线段

无定位的线段称为连接线段。这种线段只能在与之相连接的其他线段画出后，根据与其他线段连接关系画出。如图1-42所示，$R30$的圆弧便是连接线段，$R30$圆弧无定位尺寸，与$R52$圆弧外切，且过$\phi19$右侧两角点。

1.4.3 平面图形的画图步骤

平面图形常由很多线段连接而成，画平面图形时应该从哪里着手是必须要首先明确的，因此需要通过分析图形及其尺寸才能了解该平面图形的作图步骤。

平面图形的作图步骤如下。

1）分析图形，根据所注尺寸确定哪些是已知线段，哪些是中间线段，哪些是连接线段。

2）画出已知线段。

3）画出中间线段。

4）最后画出连接线段。

5）整理，检查图形，加深加粗图线。

如图 1-42 所示的手柄，根据前面对其图形的线段分析，其具体作图步骤如图 1-43 所示。画出已知线段：φ19、φ11、R5.5、14、6（图 1-43a）。画出连接圆弧 R52（与 R5.5 内切，与相距 26 的两条范围线相切）（图 1-43b）。连接线段 R30（与 R52 外切，过 φ19 右侧上、下两端点）（图 1-43c）。擦除多余的图线，按线型要求加深、加粗图线，完成全图（图 1-43d）。

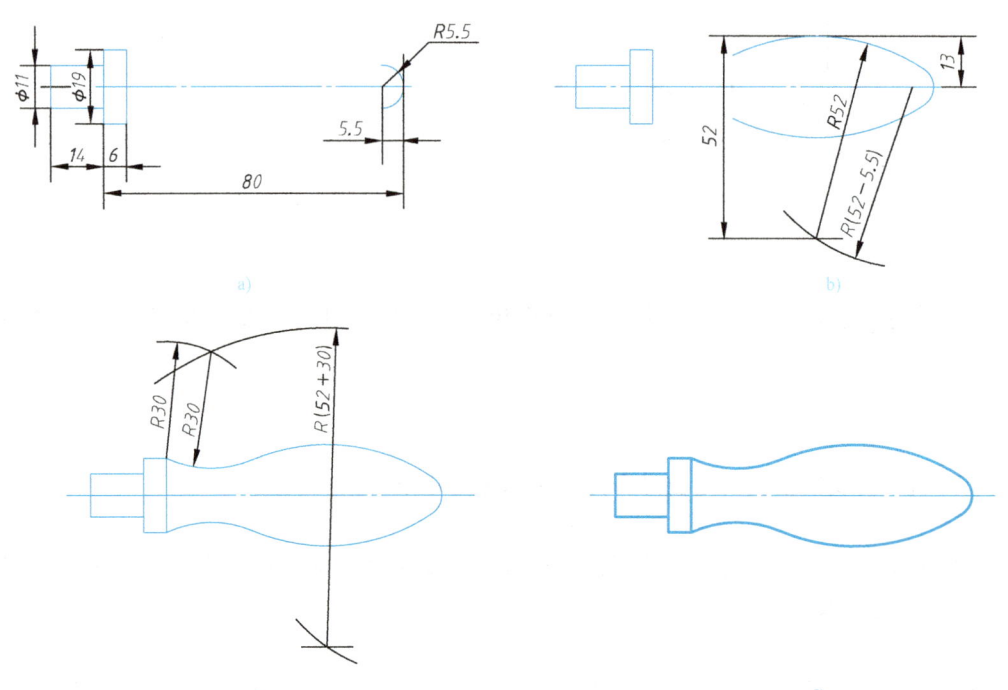

图 1-43 手柄的作图步骤

1.5 绘图方法

根据绘图使用的工具来划分，绘制图样有三种方法：仪器绘图、计算机绘图和徒手绘图。每种方法都有其各自的特点和适用场合。仪器绘图是传统的绘图方法；而计算机绘图以精度高、速度快、便于存储查询和管理等优势为当前推广、普及的重点；徒手绘图则是学习现场即时交流讨论最方便的手段。从学习工程制图课程的需要出发，掌握这三种方法都是十分必要的。本节着重讲解仪器绘图和徒手绘图的基本方法。

1.5.1 仪器绘图的一般步骤

1. 画图前的准备工作

画图前应做好以下准备工作。

1）准备好必需的绘图工具和仪器。
2）确定图形采用的比例和图纸幅面的大小。
3）分析所画图形上尺寸的作用和线段的性质，确定绘图的先后次序。

2. 固定图纸

将图纸靠近图板的左下角，将图纸的图框或标题栏的上边框与丁字尺工作边对齐，用胶带纸粘牢图纸的四角。

3. 布图

首先，要根据图样中各图形的大致大小，以及各图形间的间隔，确定出各图形的基准的位置。图纸上各图形的间隔要均匀，并注意留有尺寸标注所需的空间。整个图样要适当地居于图纸的中间。

4. 绘制底稿

画底稿一般用较硬的铅笔（如H或2H）来画。先画各图形的基准线，再画出图形的主要轮廓，这时就可以基本反映出整个图纸的布局情况，如有需要可以进行必要的调整，然后再画出各个细节部分。底稿要轻画，无论何种线型都应画得细而淡，图形的大小要准确，并及时擦除错线、多余线和作图辅助线。剖面线在绘制底稿时只在相应区域绘制出一部分，可区分方向与间隔即可。底稿完成后要检查有无错误及遗漏。

5. 加深加粗图线

在绘制底稿时，所有的图线都细而淡，所以无论粗线或细线最后都应加粗加深以达到线型要求。加深加粗（以下简称加深）图线的一般顺序如下。

1）加深所有的点画线。
2）先依次加深粗实线的圆和圆弧，再从上到下加深水平粗实线，然后从左到右加深竖直粗实线，最后从左上开始加深倾斜的粗实线。
3）按照加深粗实线的步骤加深其他图线，如波浪线、虚线、细实线等。

6. 尺寸标注、填写标题栏

先完成尺寸界线和尺寸线，经检查确定无遗漏且尺寸标注的布局合理后，再画箭头和标注尺寸数字。按照要求将图名、图号、比例等内容填写到标题栏中。

7. 检查全图

绘图时应注意：用铅笔加深描粗图线时，用力要均匀，以保证图线粗细、浓淡一致。应及时磨削铅笔，新磨削的铅笔应在与图纸材质相同的纸上试画，以确保与现有图线的宽度基本一致。按照上述的加深描粗顺序，可以有效地提高绘图的速度和精度，并可减少绘图工具在已加深的图线上的移动，从而确保图面整洁。

1.5.2 徒手绘图的基本方法

依靠目测来估计物体各部分的尺寸比例，徒手绘制的图样称为草图。在设计、测绘、修配机器时，常需要绘制草图。所以对于工程技术人员来说，除了要学会使用仪器绘图外，还必须具备徒手绘制草图的能力。

绘制草图时使用软一些的铅笔（如HB、B或者2B），铅笔削长一些，铅芯呈圆锥形，粗、细各一支，分别用于绘制粗、细线。

1. 直线的画法

画直线时，可先标出直线的两端点，在两点之间可先画一些短线，再连成一条直线。运笔时手腕要灵活，目光应注视线的端点，不可只盯着笔尖。

水平线应自左至右画出；垂直线自上而下画出；斜度较大的斜线可自左上向右下或自左下向右上画出，也可以将图纸旋转到斜线处于水平或竖直位置时再绘制，如图 1-44 所示。

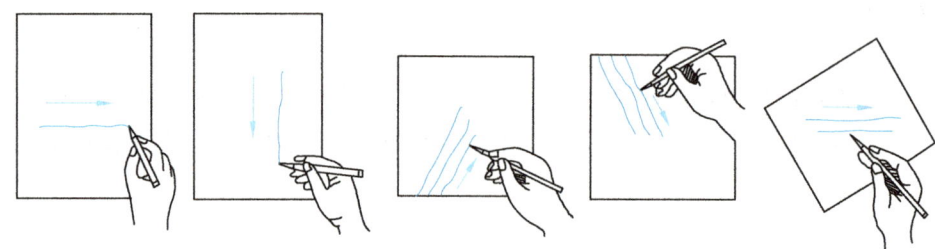

图 1-44　徒手画直线的方法

2. 圆和圆角的画法

徒手画圆时，应先定圆心，画出两条互相垂直的中心线，再过中心点画出与水平线成 45°角的斜交线，然后在各线上定出半径长度相同的八个点，过八点画圆，如图 1-45 所示。

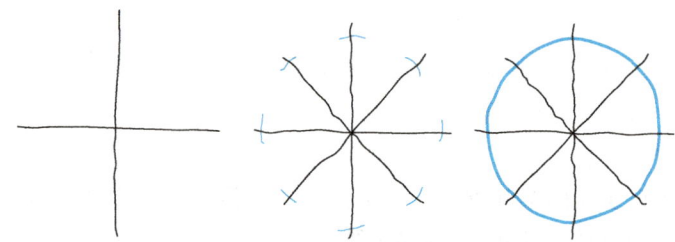

图 1-45　徒手画圆的方法

画圆角时，先用目测在角平分线上选取圆心位置，使它与角的两边的距离等于圆角的半径大小。过圆心向两边引垂线，定出圆弧的起点和终点，并在角平分线上也定出圆弧上的一点，然后作圆弧把三点连接起来，如图 1-46 所示。

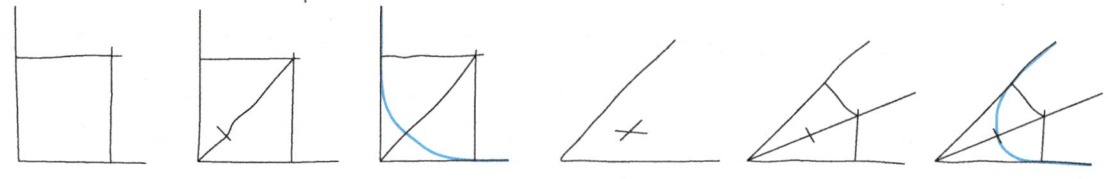

图 1-46　徒手画圆角的方法

第2章 正 投 影 法

在现代工业生产中，会用到各种各样的工程图样，不同的工程图样是采用不同的投影方法绘制出来的，本课程所研究的机械图样是采用正投影法绘制的。

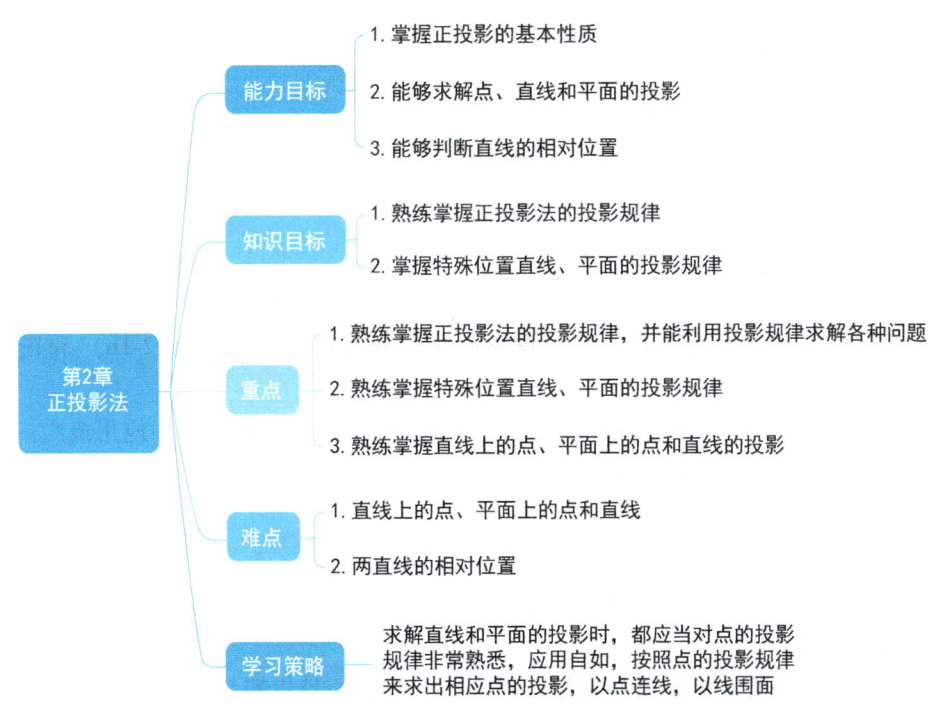

2.1 投影法的基本知识

2.1.1 投影法的概念

物体在光线照射下就会在平面上出现影子，如图2-1a所示，△ABC在光源S的照射下，就在平面上得到△abc。其中，S称为投射中心，光线SA、SB和SC称为投射线，投射线的方向称为投射方向，P面称为投影面。延长光线SA、SB和SC与P面相交，其交点分别为

a、b 和 c，连接这三点，$\triangle abc$ 称为 $\triangle ABC$ 在 P 面上的投影。

投射线通过物体向选定的面投射，并在面上得到图形的方法称为投影法。投影法按照投射线是否平行又分为中心投影法和平行投影法。

1. 中心投影法

投射线交汇于一点的投影法称为中心投影法。用中心投影法得到的投影称为中心投影，如图 2-1a 所示。中心投影法作图复杂且度量性差，但图形富有立体感，常用于绘制建筑物和产品的效果图。

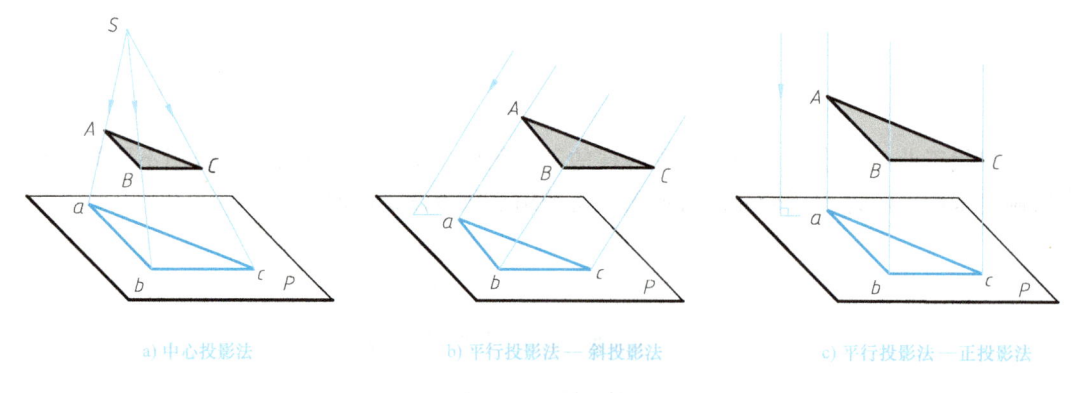

a) 中心投影法　　　　b) 平行投影法—斜投影法　　　　c) 平行投影法—正投影法

图 2-1　投影法

2. 平行投影法

若把投影中心移至无穷远，则所有的投射线互相平行，这种投影法称为平行投影法。

平行投影法按投射方向是否垂直于投影面又可分为斜投影法（图 2-1b）和正投影法（图 2-1c）两种。

正投影能真实反映物体的形状和大小，且作图简单，故在工程图样中应用最广。本书主要介绍正投影法，后面若无特殊说明，所述投影均指正投影。

2.1.2　正投影法的基本特性

（1）**真实性**　当直线或平面与投影面平行时，直线的投影反映实长，平面的投影反映实形，如图 2-2a 所示。

（2）**积聚性**　当直线或平面与投影面垂直时，直线的投影积聚为一点，平面的投影积聚成一条直线，如图 2-2b 所示。

（3）**类似性**　当直线或平面与投影面倾斜时，直线的投影为小于实长的直线，平面的投影则为其类似形。所谓类似形，即物体和其投影的边数相同，对应点的凹凸性质不变，如图 2-2c 所示。

（4）**从属性**　直线上点的投影一定在该直线的同面投影上，平面上的直线和点的投影一定在该平面的同面投影上，如图 2-2d 所示。

（5）**定比性**　空间直线上一点分直线的比值与该点的投影分该直线同面投影的比值相同，如图 2-2e 所示。

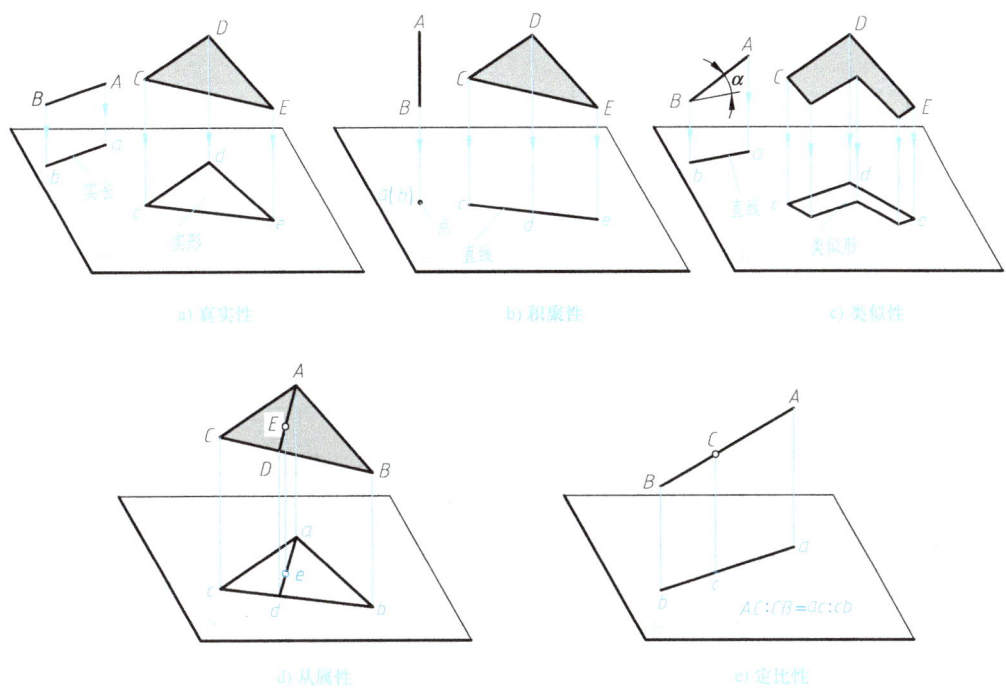

图 2-2 正投影法的基本性质

2.2 点的投影

点是构成立体的基本几何元素,因此,掌握点的投影是学习立体投影的基础。

点的投影仍然是点,而且是唯一的。如图 2-3 所示,已知空间点 A 和投影面 P,过点 A 作垂直于投影面 P 的投射线,其交点 a 即为点 A 在投影面 P 上的唯一投影。反之,若已知点 B 在投影面 P 上的投影,则不能唯一确定点 B 的空间位置。这是因为过点 b 且垂直于投影面 P 的垂线上所有点(如 B_1、B_2、…)在 P 面上的投影都是 b。

由此可见,若点仅向一个面作投影,则投影不能唯一确定该点的空间位置。

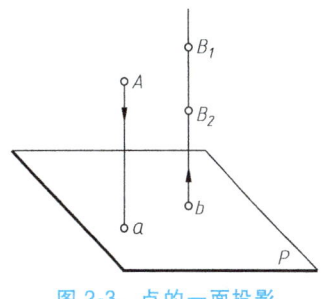

图 2-3 点的一面投影

2.2.1 点在两投影面体系中的投影

1. 两投影面体系

设立两个相互垂直的正立投影面(用 V 表示,简称正面)和水平投影面(用 H 表示,简称水平面)组成两投影面体系,两投影面的交线 OX 称为投影轴,如图 2-4a 所示。

2. 点的两面投影

在两投影面体系中,过空间点 A 分别作垂直于 H、V 面的投射线,与 H、V 面分别交于 a、a',a 和 a' 分别称为点 A 的水平投影和正面投影。

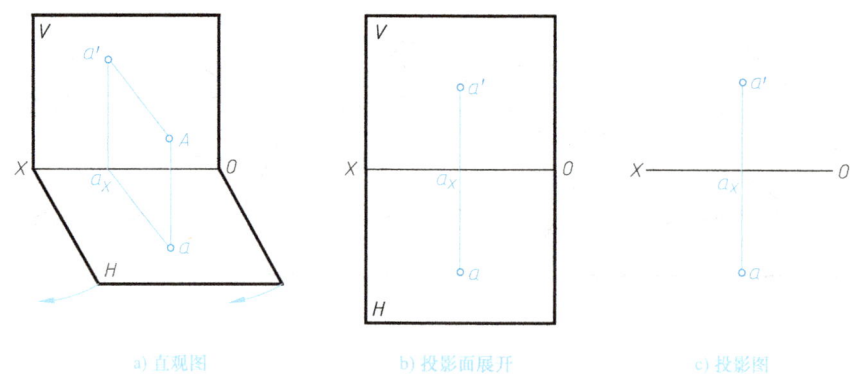

a) 直观图　　　　　b) 投影面展开　　　　　c) 投影图

图 2-4　点在两投影面体系中的投影

在投影图中，空间点用大写字母（如 A、B、…）表示，其水平投影用相应的小写字母（如 a、b、…）表示，正面投影用相应的小写字母加一撇（如 a′、b′、…）表示。

为把两个投影表达在同一平面上，规定移去空间点 A，V 面不动，H 面绕 OX 轴向下旋转 90°与 V 面重合，如图 2-4a、b 所示。由于投影面实际上是无限大的，在画图过程中，不必画出投影面的边界，图 2-4c 所示即为点 A 的两面投影图。

3. 点的两面投影规律

如图 2-4a 所示，可知，由 Aa、Aa′ 确定的平面 $Aaa_Xa′$ 同时垂直于 H 面和 V 面，也必垂直于 H 面和 V 面的交线 OX 轴，故有 $a′a_X \perp OX$，$aa_X \perp OX$，当 a 随 H 面旋转至与 V 面垂直时，$aa_X \perp OX$ 的关系不变。因此，在投影图上 a、a_X、a′ 三点共线，即 $a′a \perp OX$。

由此得出以下点的两面投影规律。

1) 点的正面投影 a′ 和水平投影 a 的连线垂直于 OX 轴，即 $a′a \perp OX$。
2) 点的投影到投影轴的距离，等于该点到相邻投影面的距离，即 $a′a_X = Aa$，$aa_X = Aa′$。

2.2.2　点在三投影面体系中的投影

1. 三投影面体系

在两投影面体系的基础上再加一个同时垂直于 H 面和 V 面的侧立投影面（用 W 表示，简称侧面），便构成三投影面体系。如图 2-5 所示，三个投影面两两垂直并相交，形成 OX 轴、OY 轴和 OZ 轴三个投影轴。三投影轴的交点 O 称为原点。

相互垂直的三个投影面把空间分为八个分角，其中第Ⅰ分角和第Ⅲ分角的位置如图 2-5 所示。国家标准规定，绘制工程图样时，优先在第Ⅰ分角中绘制，必要时允许在第Ⅲ分角中绘制，以下先讨论点在第Ⅰ分角中的投影规律。

2. 点的三面投影

由空间点 A 分别作垂直于 H、V 和 W 面的投射线，其交点 a、a′和 a″（点在 W 面上的投影用字母加两撇表示）即为点 A 的三面投影。其中，投射线 Aa、

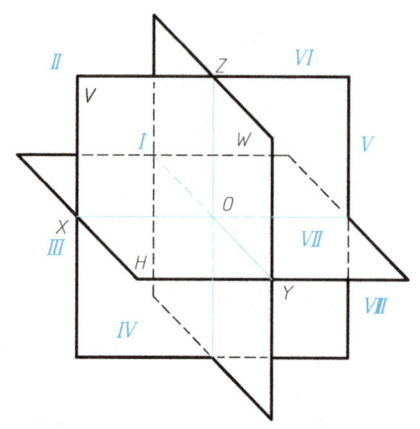

图 2-5　三投影面体系

Aa'' 构成的平面和投射线 Aa'、Aa'' 构成的平面分别与 OY 轴和 OZ 轴相交于 a_Y 和 a_Z, 如图 2-6a 所示。为了把点的三面投影绘制在同一平面上, 在两投影面展开的基础上, 再将 W 面绕 OZ 轴向右后旋转 $90°$, 同样旋转到与 V 面在同一平面上, 如图 2-6b 所示。省去边框线, 即为点 A 的三面投影图, 如图 2-6c 所示。

在点的投影直观图中, OY 轴是 H 面和 W 面的交线, 即两投影面的共有线。投影面展开后, OY 轴分别随 H 面旋转到 OY_H 的位置, 同时随 W 面旋转到 OY_W 的位置。

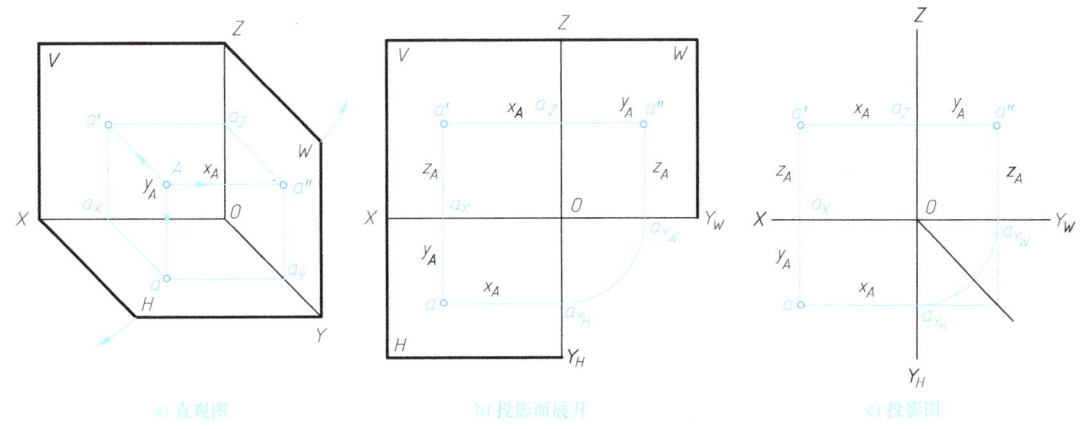

图 2-6 点的三面投影

3. 点的三面投影规律

如图 2-6a 所示, 根据点的两面投影规律可知, Aa、Aa'、Aa'' 分别为点 A 到 H、V、W 面的距离, 该距离与点的投影的关系为

$$Aa = a'a_X = a''a_Y = Oa_Z$$
$$Aa' = aa_X = a''a_Z = Oa_Y$$
$$Aa'' = a'a_Z = aa_Y = Oa_X$$

上述情况说明, 点的投影反映空间点到各个投影面的距离。因此, 若已知点的空间位置, 就可以作出点的投影图; 反之, 若已知点的投影图, 就可唯一确定该点的空间位置。

从图 2-6c 所示的投影图中可以明显看出: 点的各个面的投影不是孤立存在的, 而是在三者之间存在确定的相互位置, 其相互关系如下。

1) 点的正面投影和水平投影的连线垂直于 OX 轴, 即 $aa' \perp OX$, 则 $aa_{Y_H} = a'a_Z$。
2) 点的正面投影和侧面投影的连线垂直于 OZ 轴, 即 $a'a'' \perp OZ$, 则 $a'a_X = a''a_{Y_W}$。
3) 点的水平投影和侧面投影的连线分别垂直于 OY_H 和 OY_W 轴, 即 $aa_{Y_H} \perp OY_H$, $a''a_{Y_W} \perp OY_W$, 则 $aa_X = a''a_Z$。

概括以上关于点的三面投影的位置规律, 可以得到普遍性投影规律。

1) 点的投影到投影轴的距离等于点到相邻投影面的距离。
2) 点的任意两面投影的连线垂直于所夹的投影轴。

在投影图中, 为了表示 $aa_X = a''a_Z$ 的关系, 常用过原点 O 的 $45°$ 斜线或用以原点 O 为圆心的圆弧把点的水平面投影和侧面投影连接起来, 如图 2-6c 所示。

[例 2-1] 已知点 B 的两面投影 b 和 b', 点 C 的两面投影 c 和 c'', 如图 2-7a 所示。试求点 B 和点 C 的第三面投影。

解 由已知点的两面投影,根据普遍性投影规律作图,如图 2-7b 所示。

作图步骤:

1) 如图 2-7b 所示,过 b' 作 OZ 轴的垂线;过 b 作 OY_H 轴的垂线与 45°斜线相交,并自交点作 OY_W 轴的垂线,与上述 OZ 轴的垂线相交,交点即为 b'',如图 2-7c 所示。

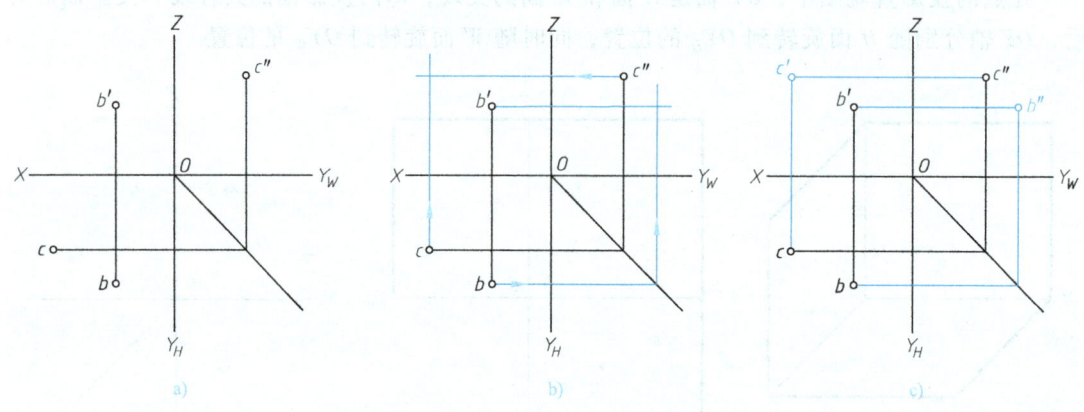

图 2-7 由点的两面投影求第三面投影

2) 如图 2-7b 所示,过 c 作 OX 轴的垂线,过 c'' 作 OZ 轴的垂线,与上述 OX 轴的垂线相交,交点即为 c',如图 2-7c 所示。

2.2.3 点的投影与坐标值之间的关系

在三投影面体系中,三个投影轴构成一个空间直角坐标系,如图 2-6a 所示,空间点 A 的位置用坐标值 (x_A, y_A, z_A) 表示,则点的投影与坐标值之间的关系为

点 A 在 H 面的投影:$a(x_A, y_A)$
点 A 在 V 面的投影:$a'(x_A, z_A)$
点 A 在 W 面的投影:$a''(y_A, z_A)$

且有

$$x_A = a'a_Z = aa_Y = Oa_X$$
$$y_A = aa_X = a''a_Z = Oa_Y$$
$$z_A = a'a_X = a''a_Y = Oa_Z$$

由以上可得,点的一个投影由两个坐标值确定,而点的任意两投影已含有三个坐标,这说明点的两面投影就可以确定点的空间位置。所以,若已知点的三个坐标值或任意两面投影,便可作出该点的三面投影图。

[例 2-2] 已知点 A (25, 15, 20),求作该点的三面投影图。

解 根据点的已知三个坐标,作出点的三面投影。

作图步骤:

1) 在 OX 轴上取 $Oa_X = 25$,得 a_X,过点 a_X 作 OX 轴的垂线,如图 2-8a 所示。

2) 在 OY 轴上取 $Oa_Y = 15$,得 a_{Y_H} 和 a_{Y_W},过这两点分别作 Y_H 轴和 Y_W 轴的垂线,在水平面上得到的交点即为点 A 的水平投影 a,如图 2-8b 所示。

3）在 OZ 轴上取 $Oa_Z = 20$，得 a_Z，过点 a_Z 作 OZ 轴的垂线，在正面上得到的交点即为点 A 的正面投影 a'，在侧面上得到的交点即为点 A 的侧面投影 a''，如图 2-8c 所示。

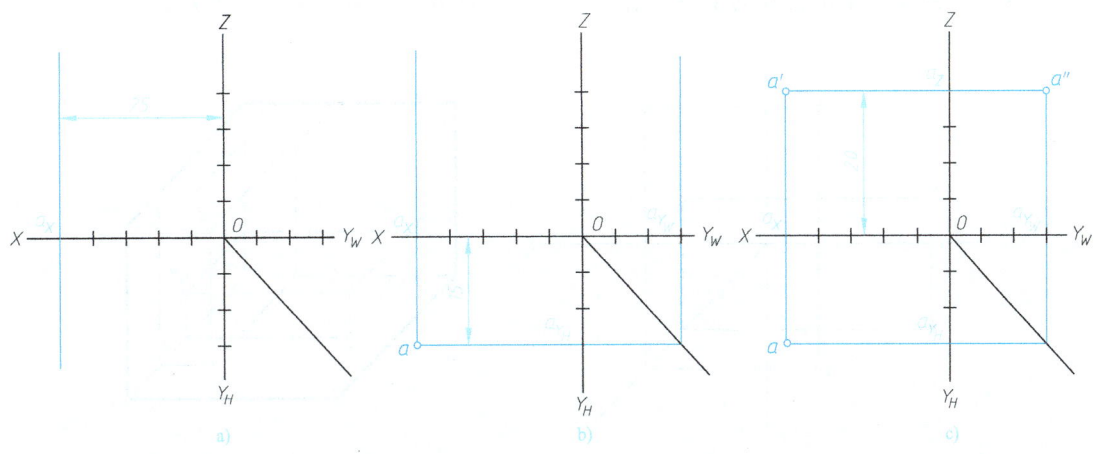

图 2-8　由点的坐标作点的三面投影

2.2.4　特殊位置点的投影

若空间点位于投影轴或投影面上，则该点称为特殊位置点。特殊位置点的投影会落在投影轴上或和该点本身重合。如图 2-9a 所示，空间点 A 位于投影轴 OX 上，空间点 B 位于正立投影面上，投影图如图 2-9b 所示。

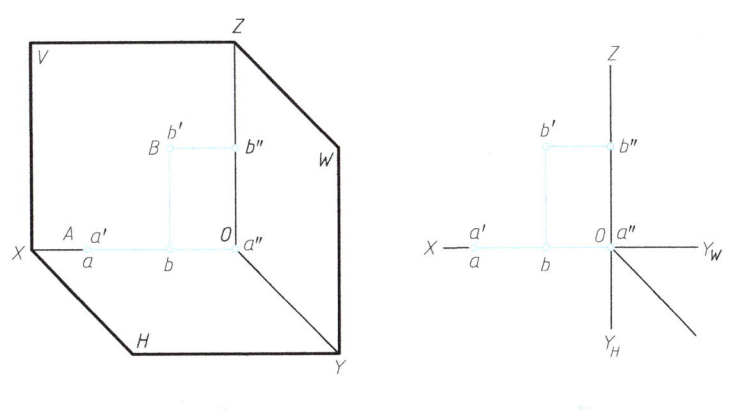

图 2-9　特殊位置点的投影

2.2.5　两点的相对位置

1. 两点的相对位置

在三投影面体系中，空间两点的相对位置是指两点之间左右、前后和上下的位置关系。空间两点的相对位置可根据两点的坐标值来确定。x 坐标值大的点在左方，反之，点在右方;y 坐标值大的点在前方,反之,点在后方;z 坐标值大的点在上方,反之,点在下方。

如图 2-10 所示,$x_A>x_B$,则表示空间点 A 在点 B 的左方;$y_A<y_B$,表示点 A 在点 B 的后方;$z_A<z_B$,表示点 A 在点 B 的下方。总之,点 A 在点 B 的左方、后方、下方。

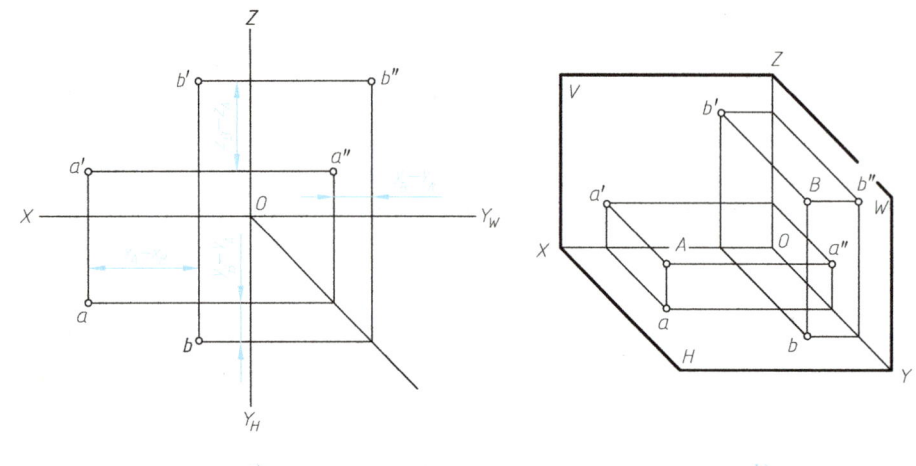

图 2-10 两点的相对位置

2. 重影点

在投影体系中,常会遇到空间两点的同面投影(在同一投影面的投影)重合的情况,这样一对点称为该投影面的重影点。如图 2-11a 所示,A、B 两点的水平投影 a 和 b 重合为一点,称 A、B 两点为对 H 面的重影点;C、D 两点的正面投影 c' 和 d' 重合为一点,称 C、D 两点为对 V 面的重影点。

重影点的实质是该两点位于同一条投射线上,即该两点相应的两个坐标值相等。

重影点主要根据坐标值大小来进行可见性判断。对 H 面的重影点,从上向下观察,z 坐标值小者为不可见;对 V 面的重影点,从前向后观察,y 坐标值小者为不可见;对 W 面的重影点,从左向右观察,x 坐标值小者为不可见。在投影图中,不可见点的投影用相应字母加圆括号来表示。如图 2-11 所示,因 $z_A>z_B$,故 a 可见,b 不可见;因 $y_C>y_D$,,故 c' 可见,d' 不可见。

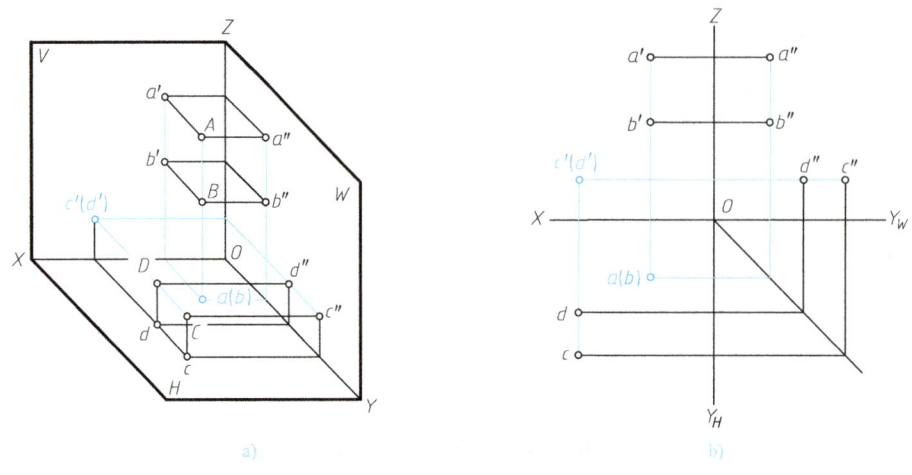

图 2-11 重影点

[例 2-3] 已知点 D 的两投影 d'、d，如图 2-12a 所示，点 C 在点 D 的左方 10mm、后方 20mm、上方 15mm，试求点 C 的三面投影。

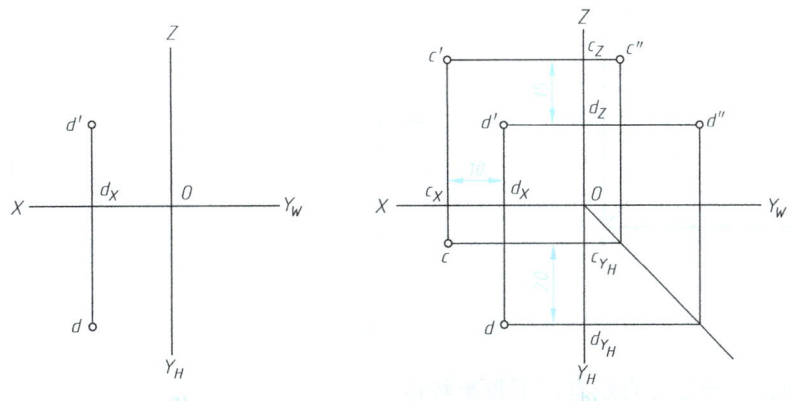

图 2-12 求点 C 的三面投影

解 作图步骤：

1) 由 d 和 d' 求出 d''。
2) 在 OX 轴上向左取 $d_X c_X = 10$mm，得点 c_X，过 c_X 作 OX 轴的垂线。
3) 在 OY_H 轴上向后取 $d_{Y_H} c_{Y_H} = 20$mm，得点 c_{Y_H}，过 c_{Y_H} 作 OY_H 的垂线，其与过 c_X 的垂线的交点即为 c。
4) 在 OZ 轴上向上取 $d_Z c_Z = 15$mm，得点 c_Z，过 c_Z 作 OZ 轴的垂线，其与过 c_X 的垂线的交点即为 c'。
5) 由 c 和 c'，可作出 c''，如图 2-12b 所示。

2.3 直线的投影

2.3.1 直线的投影

在三投影面体系中（图 2-13a），欲求直线 AB 的三面投影，可分别作出两端点 A、B 的三面投影 a、a'、a'' 和 b、b'、b''，如图 2-13b 所示，然后用粗实线连接两点的各同面投影，则 ab、$a'b'$ 和 $a''b''$ 即为直线段 AB 的三面投影，如图 2-13c 所示。

2.3.2 直线的分类及投影特性

根据直线对三投影面的相对位置，直线分为一般位置直线、投影面平行线和投影面垂直线。

1. 一般位置直线

对三个投影面都倾斜的直线称为一般位置直线。如图 2-14 所示，AB 为一般位置直线段，它与 H、V 和 W 面的夹角分别用 α、β 和 γ 表示，则直线段的投影与其实长有如下关系：$ab = AB\cos\alpha$；$a'b' = AB\cos\beta$；$a''b'' = AB\cos\gamma$。

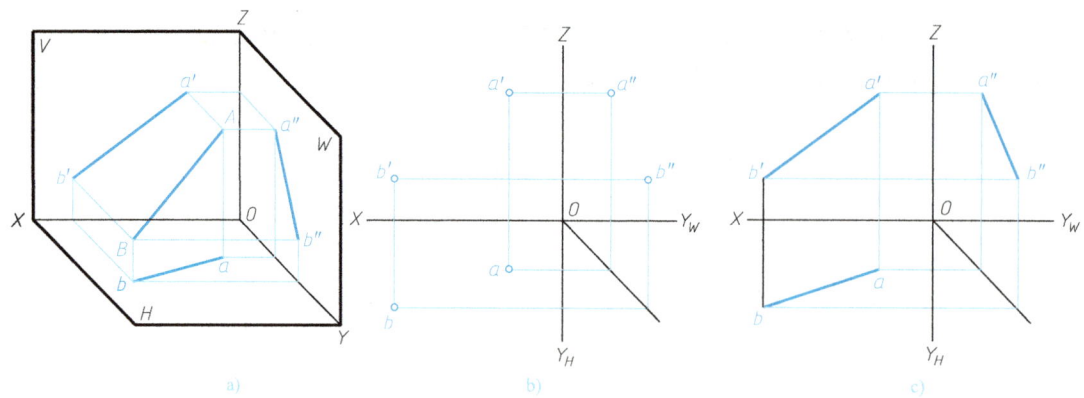

图 2-13 直线的投影

由此可知,一般位置直线有以下投影特性。

1)三面投影都倾斜于投影轴,投影长度均小于实长。

2)三面投影与各投影轴的夹角不反映直线对投影面的真实倾角。

2. 投影面平行线

平行于某一投影面且倾斜于另两投影面的直线称为投影面平行线。投影面平行线分为正平线(平行于 V 面,与 H 面、W 面相倾斜)、水平线(平行于 H 面,与 V 面、W 面相倾斜)和侧平线(平行于 W 面,与 H 面、V 面相倾斜)三种。表 2-1 列出了它们的立体图、投影图和投影特性。

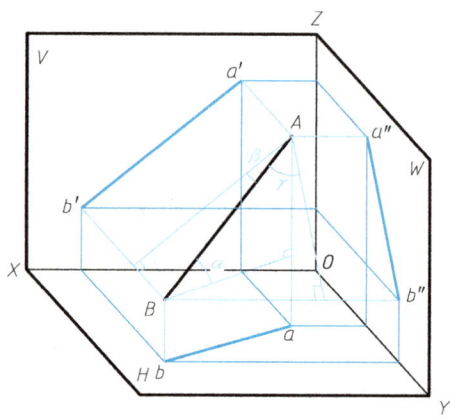

图 2-14 一般位置直线

表 2-1 投影面平行线的投影特性

名称	正平线	水平线	侧平线
立体图			
投影图			

（续）

投影特性	1. 正面投影 $a'b'$ 反映实长，$a'b'$ 与投影轴 OX、OZ 的夹角分别反映直线与相邻的水平面和侧面的真实倾角 2. $ab//OX$，$a''b''//OZ$，ab 和 $a''b''$ 均小于实长	1. 水平投影 cd 反映实长，cd 与投影轴 OX、OY_H 的夹角分别反映直线与相邻的正面和侧面的真实倾角 2. $c'd'//OX$，$c''d''//OY_W$，$c'd'$ 和 $c''d''$ 均小于实长	1. 侧面投影 $e''f''$ 反映实长，$e''f''$ 与投影轴 OY_W、OZ 的夹角反映直线与相邻的水平面和正面的真实倾角 2. $e'f'//OZ$，$ef//OY_H$，$e'f'$ 和 ef 均小于实长

根据表 2-1，可以得出以下投影面平行线的投影特性。

1）投影面平行线在所平行的投影面上的投影反映实长，投影与投影轴的夹角反映空间直线与相邻投影面的倾角。

2）其他两投影面上的投影平行于所夹的投影轴，且投影小于实长。

在投影图中，可以根据投影面平行线的投影特性来判断空间直线的位置。

1）已知直线的两面投影分别平行于与第三投影面所夹的投影轴，则该空间直线平行于第三投影面。

2）已知直线的两面投影，其中一面投影与两投影面所夹的投影轴平行，则该直线一定平行于另一个投影面；当另一投影面上的投影与投影轴倾斜时，则该直线为此投影面的平行线。

3. 投影面垂直线

垂直于某一投影面（即平行于另两个投影面）的直线称为投影面垂直线。投影面垂直线有正垂线（垂直于 V 面）、铅垂线（垂直于 H 面）和侧垂线（垂直于 W 面）三种。表 2-2 列出了它们的立体图、投影图和投影特性。

表 2-2 投影面垂直线的投影特性

名称	正垂线	铅垂线	侧垂线
立体图	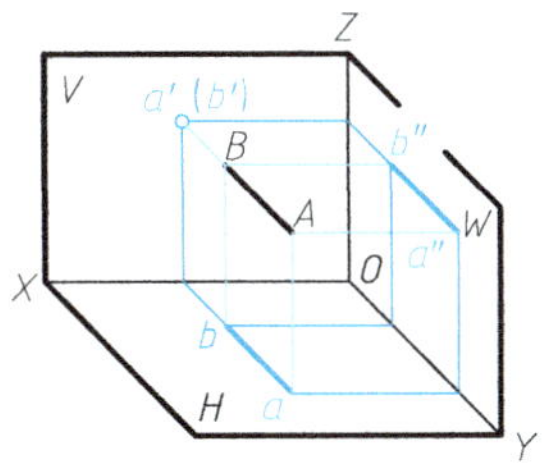	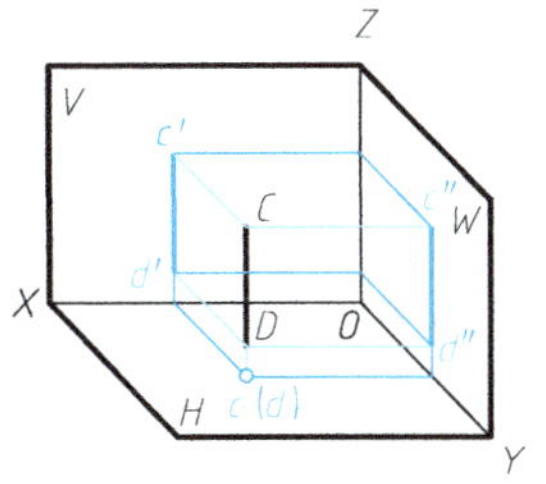	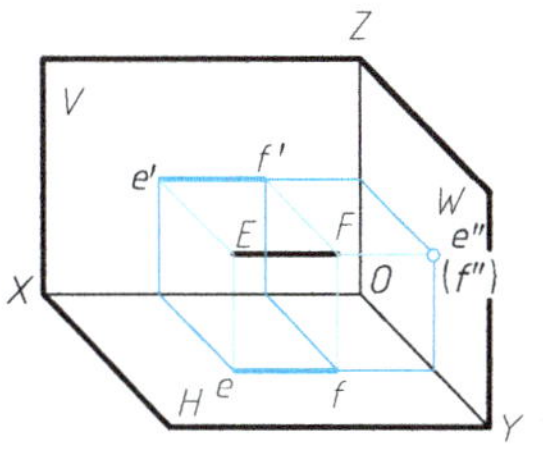
投影图	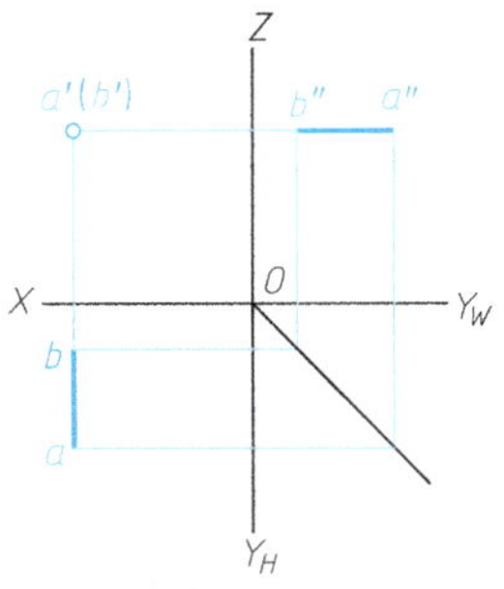	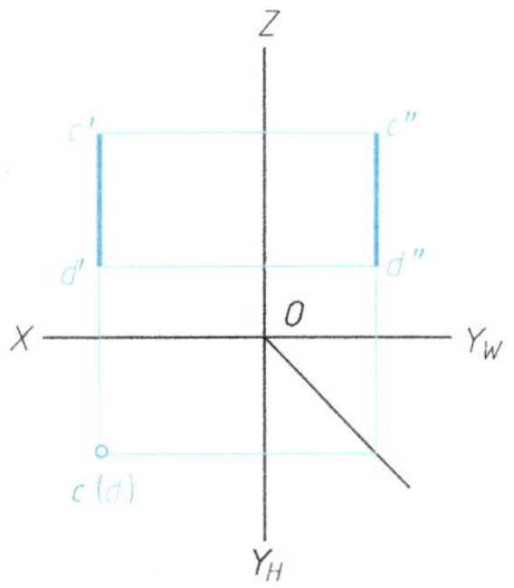	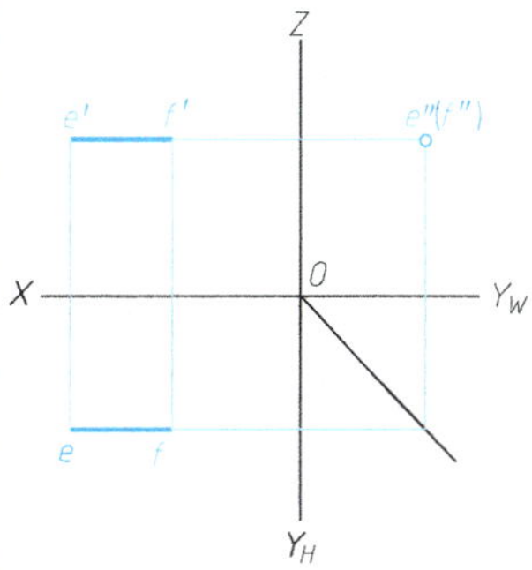
投影特性	1. 正面投影积聚成一点 $a'(b')$ 2. $ab\perp OX$，$a''b''\perp OZ$，ab 和 $a''b''$ 均反映实长	1. 水平投影积聚成一点 $c(d)$ 2. $c'd'\perp OX$，$c''d''\perp OY_W$，$c'd'$ 和 $c''d''$ 反映实长	1. 侧面投影积聚成一点 $e''(f'')$ 2. $e'f'\perp OZ$，$ef\perp OY_H$，$e'f'$ 和 ef 均反映实长

根据表 2-2，可以得出以下投影面垂直线的投影特性。

1) 空间直线在它所垂直的投影面上的投影积聚为一点。
2) 直线的另两投影分别垂直于与该投影面所夹的投影轴，且均反映实长。

在投影图中，可以根据投影面垂直线的投影特性来判断空间直线的位置。

1) 直线的一面投影为一个点，则该直线是投影面的垂直线。
2) 直线的两面投影分别垂直于与第三投影面所夹的投影轴（即直线的两面投影平行于两投影面所夹的投影轴），则直线与第三投影面垂直。

投影面平行线和投影面垂直线统称为特殊位置直线。

2.3.3 直线上的点

直线上点的投影特性有从属性和定比性两个特性。根据从属性可知，点在直线上，则点的投影必在该直线的各同面投影上。如图 2-15 所示，点 C 在直线 AB 上，则有 $c \in ab$，$c' \in a'b'$，$c'' \in a''b''$。根据定比性可知，若点在直线上，则有点分直线长度之比等于其投影长度之比。如图 2-15 所示，根据定比性有如下关系：$AC:CB = ac:cb = a'c':c'b' = a''c'':c''b''$。

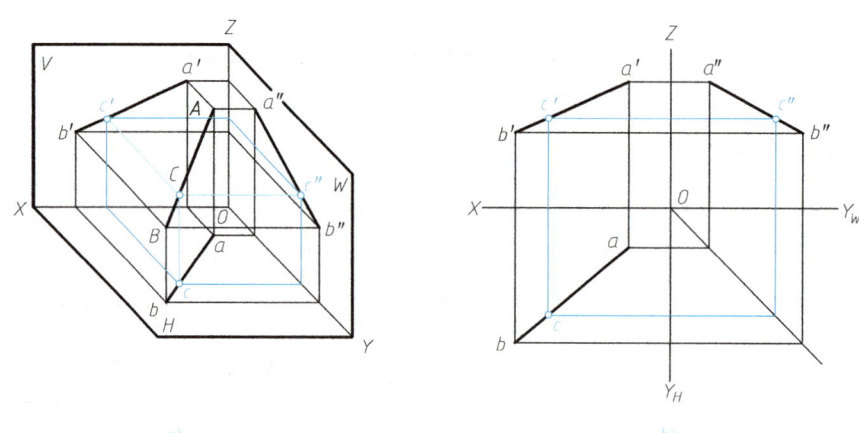

图 2-15 直线上的点

根据投影图判断点是否在直线上，对于一般位置直线，只要看两组同面投影即可判断出；若遇到投影面平行线，则不能由点在直线的两同面投影上就简单判断点在直线上（图 2-16a）。通常采用以下两种判断方法。

1) 通过作出点和直线的第三面投影来判断点和直线的关系。如图 2-16b 所示，从侧面投影判断出点 K 不在直线 AB 上。

2) 利用定比性来判断。如图 2-16c 所示，自 a 任作一直线段 $aB_0 = a'b'$，并取 $aK_0 = a'k'$，连接点 $B_0 b$，因 kK_0 不平行于 $B_0 b$，即 $ak:kb \neq a'k':k'b'$，不满足定比性，故点 K 不在直线 AB 上。

后一种判断方法更简便，故在实践中经常采用。

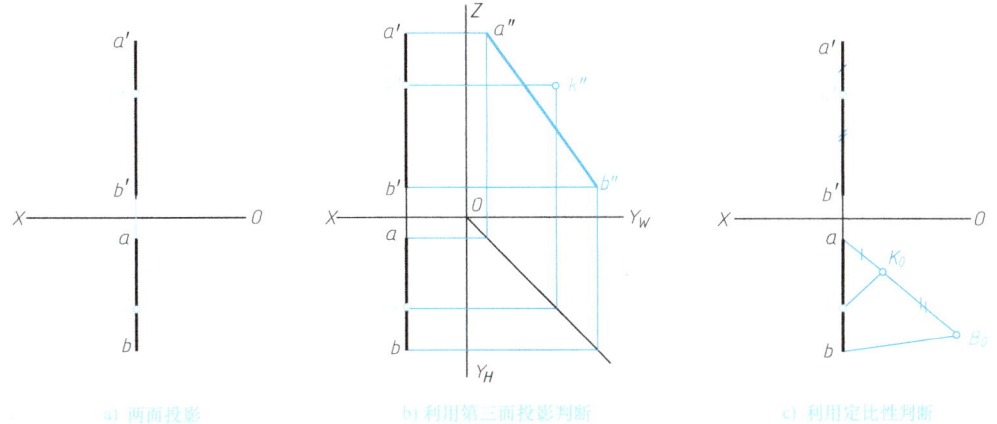

图 2-16 判断点 K 是否在直线 AB 上

2.3.4 两直线的相对位置

空间两直线的相对位置有平行、相交和交叉三种情况。

1. 平行两直线

平行两直线的各同面投影相互平行（或重合），如图 2-17 所示。

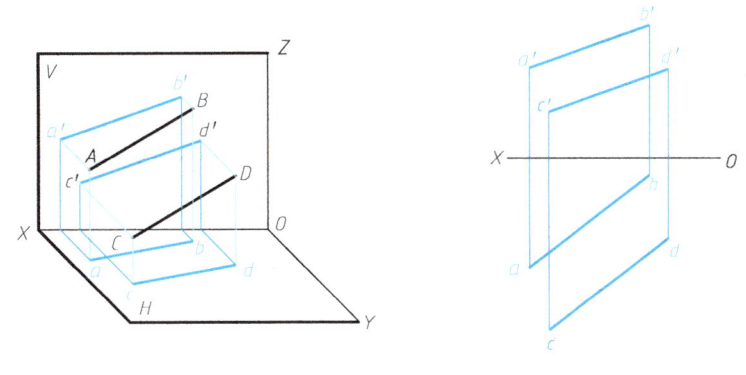

图 2-17 平行两直线

根据投影图判断两一般位置直线是否平行，只要看两组同面投影是否平行即可。

若遇到投影面平行线，如图 2-18a 所示的两侧平线 EF 和 GH，此时不能根据 ef//gh、e'f'//g'h'就简单判断两直线平行。

为判断两侧平线是否平行，可作出它们的侧面投影，如图 2-18b 所示，显然，侧面投影 e"f"不平行于 g"h"，则有 EF 不平行于 GH。

还可以利用辅助线来判断，如图 2-18c 所示，分别连接 eh 与 gf，相交于一点 n，e'h'与 g'f'相交于一点 m'，可以看出 n 点和 m'点不是空间一个点的两面投影，则空间直线 EH 和 GF 是交叉两直线。同理，E、F、G、H 四个点不在一个平面上，所以 EF 与 GH 是空间交叉两直线，即 EF 与 GH 不平行。

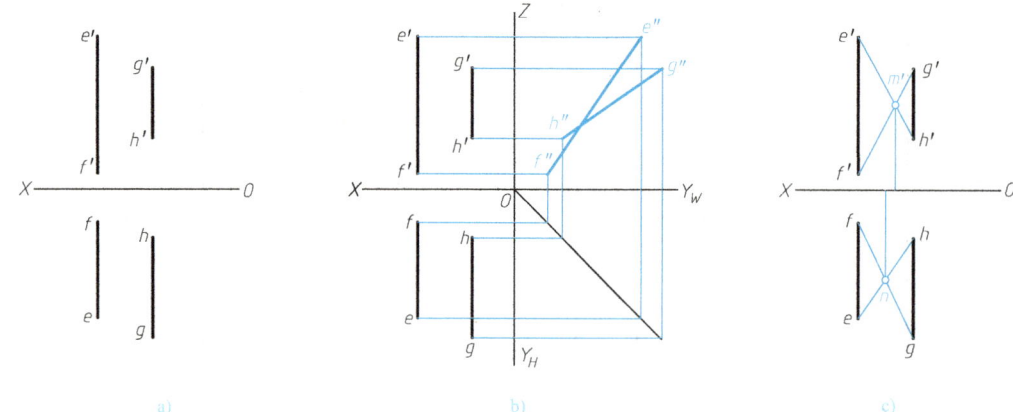

图 2-18 判断两直线是否平行

2. 相交两直线

相交两直线有一个公共点,相交两直线有以下投影特性。

1) 相交两直线的各同面投影相交,且交点的投影符合点的投影规律。
2) 交点分直线长度之比等于其投影长度之比。

利用这两点投影特性可以判断空间两直线是否相交。

如图 2-19 所示,AB 与 CD 交于点 K,则 ab 与 cd 的交点为 k,$a'b'$ 与 $c'd'$ 的交点为 k',而且 $kk' \perp OX$。若作出两直线的侧面投影也必定相交,其交点与两直线正面投影的交点连线必垂直于 OZ 轴。

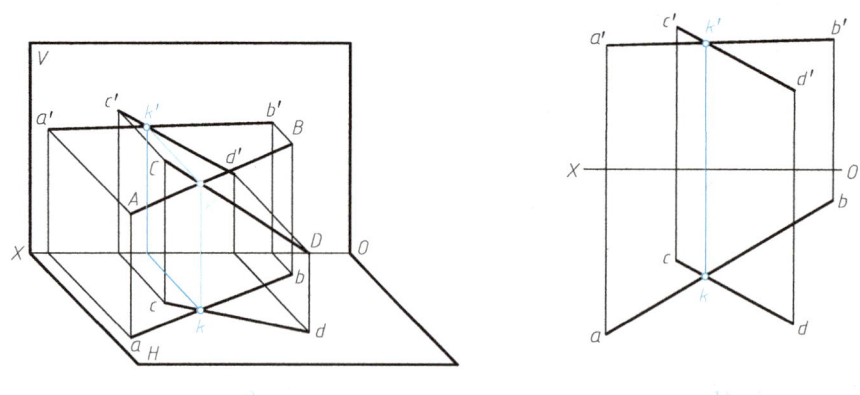

图 2-19 相交两直线

下面由图 2-20a 所示判断直线 AB 与 MN 是否相交。由图可知,AB 与 MN 的水平投影和正面投影均相交,其交点分别为 k 和 k',作出两直线的侧面投影图,如图 2-20b 所示,显然,侧面投影没有交点,因此两直线不相交。也可利用点分直线的定比性判断,如图 2-20c 所示,令 $m_0 k_0 = mk$,$k_0 n_0 = kn$,通过作图可以看出 $mk:kn \neq m'k':k'n'$,不满足定比性,故点 K 不在直线 MN 上,两直线不相交。当然,后者方法判断更为简便,故在实践中经常使用。

3. 交叉两直线

既不平行又不相交的两直线称为交叉两直线。

交叉两直线的投影有三种情况。

1) 两组同面投影平行，一组同面投影相交，如图 2-18b 所示。
2) 一组同面投影平行，两组同面投影相交，如图 2-20b 所示。
3) 三组同面投影都相交，如图 2-21 所示。

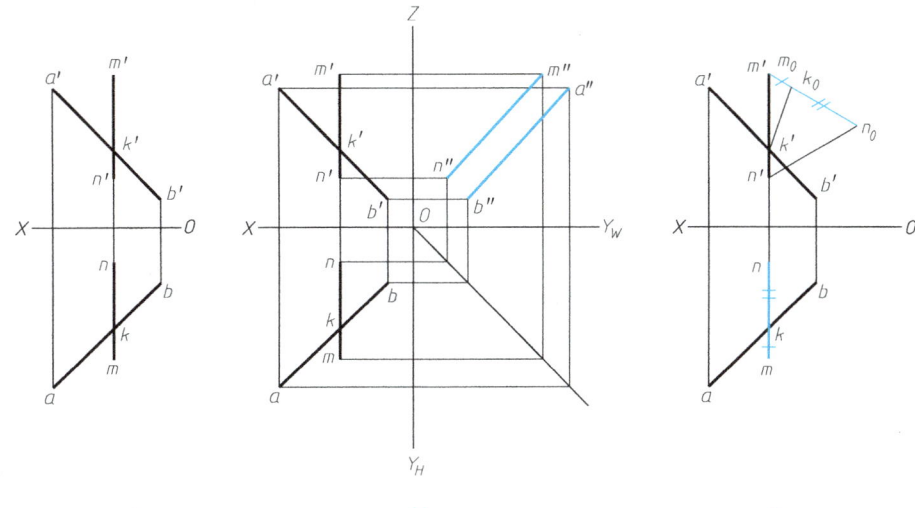

图 2-20 判断两直线是否相交

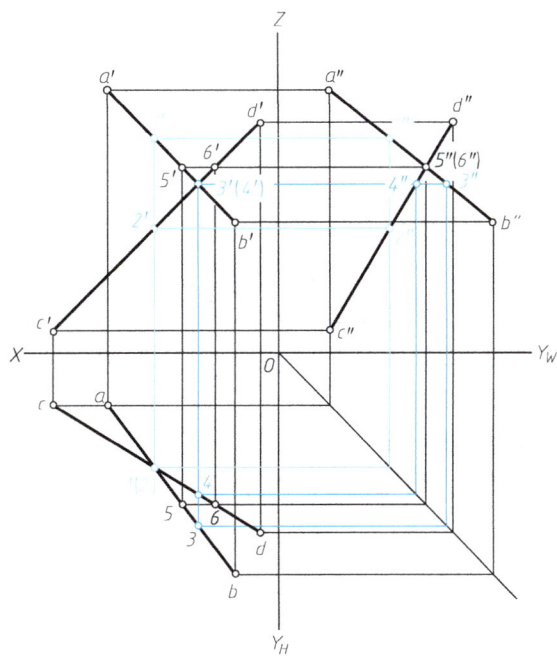

图 2-21 交叉两直线

对交叉直线来讲，无论它们的同面投影有几组相交，其投影的交点并不是空间两直线交点的投影，也不符合点的投影规律。实际上，两直线投影的交点，是两直线上对该投影面的一对重影点。如图 2-21 所示，水平投影 ab 与 cd 相交于点 1（2），该交点为直线 AB 和 CD 对 H 面的一对重影点 Ⅰ、Ⅱ 的投影。同理，交点 3′(4′) 为直线 AB 和 CD 对 V 面的一对重影点 Ⅲ、Ⅳ 的投影，交点 5″(6″) 为直线 AB 和 CD 对 W 面的一对重影点 Ⅴ、Ⅵ 的投影。

总之，根据投影图判断两直线的相对位置时，若两直线都处于一般位置，则根据两面投影即可判断；若有一直线处于特殊位置，则可能需要利用第三面投影或定比性等方法进行判断。

2.4 平面的投影

2.4.1 平面的表示法

平面可以由确定该平面的点、直线或平面图形等几何元素表示，因此，平面的投影可以用确定该平面的一组几何元素的投影来表示，如图 2-22 所示。

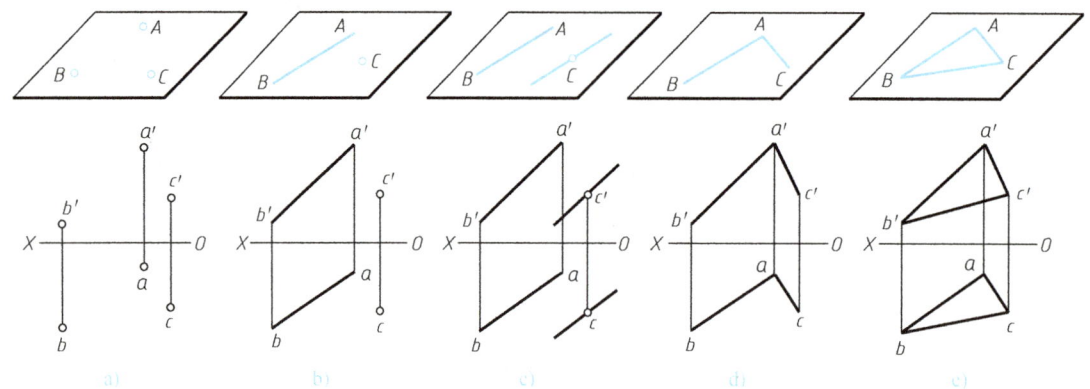

图 2-22 平面的表示方法

确定平面的几何元素有以下五组。
1）不在同一直线上的三个点，如图 2-22a 所示。
2）一直线和直线外的一点，如图 2-22b 所示。
3）两条平行直线，如图 2-22c 所示。
4）两条相交直线，如图 2-22d 所示。
5）任意平面图形，如图 2-22e 所示。

以上表示平面的五组几何元素，虽形式不同，但它们之间可以相互转换，且同一个平面可以用不同的几何元素表示。

2.4.2 平面的分类及投影特性

根据平面对投影面的相对位置不同，平面可分为一般位置平面、投影面垂直面和投影面平行面三类。

1. 一般位置平面

对三投影面都倾斜的平面称为一般位置平面。

如图 2-23a 所示，三棱锥的棱面 SAB 是一般位置平面，其三面投影都不反映实形，也不反映该平面对投影面的真实倾角，而是平面 SAB 的三个类似形。

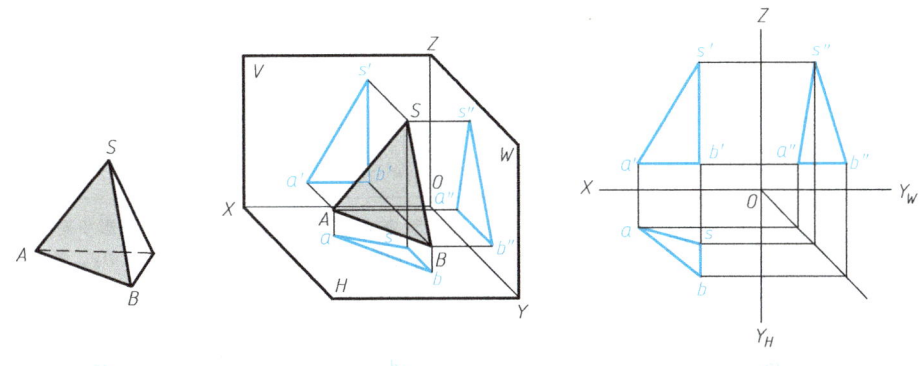

图 2-23 一般位置平面

由以上分析可以得出，一般位置平面的投影特性：一般位置平面在三投影面上的投影为三个类似的平面图形，既不反映该平面的真实几何形状，也不反映该平面对三投影面的真实倾角。因此，可根据三投影面中的三个类似的平面图形，判断该平面为一般位置平面。

2. 投影面垂直面

垂直于某一投影面且倾斜于另两投影面的平面称为该投影面的垂直面。投影面垂直面有正垂面（垂直于 V 面，与 H 面、W 面相倾斜）、铅垂面（垂直于 H 面，与 V 面、W 面相倾斜）和侧垂面（垂直于 W 面，与 H 面、V 面相倾斜）三种。表 2-3 列出了它们的立体图、投影图和投影特性。

表 2-3 投影面垂直面的投影特性

名称	正垂面	铅垂面	侧垂面
立体图	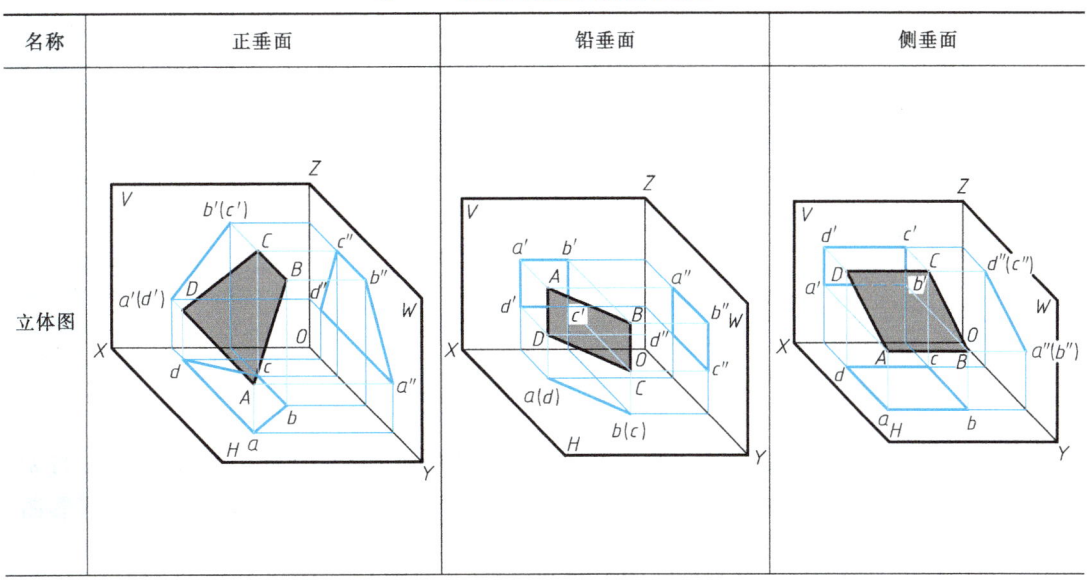		

(续)

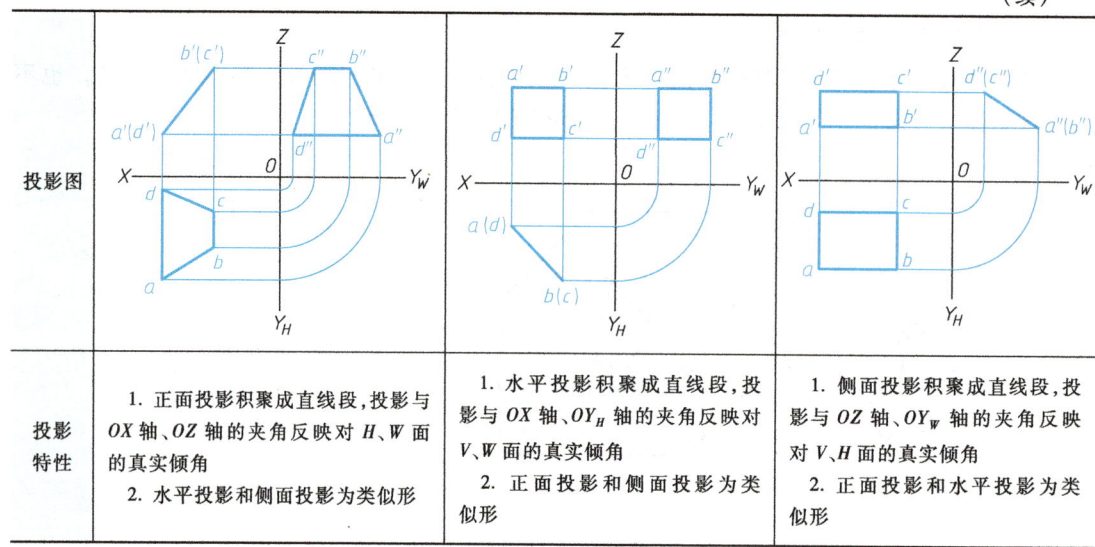

由以上分析可以得出投影面垂直面有以下投影特性。

1) 投影面垂直面在所垂直的投影面上的投影积聚为一直线，直线与投影轴的夹角等于空间平面与相邻投影面的夹角。

2) 另两面投影均为缩小的类似形。

在投影图中，可以根据投影面垂直面的投影特性来判断空间平面的位置：平面的一面投影为与投影轴倾斜的直线，则可以判断平面为该投影面的垂直面。

[例2-4] 四边形 ABCD 为正垂面，已知该平面与 H 面的夹角为 45°，它的 H 面投影 abcd 及 B 点的 V 面投影 b'，如图 2-24a 所示，求作其在 V 面和 W 面的投影。

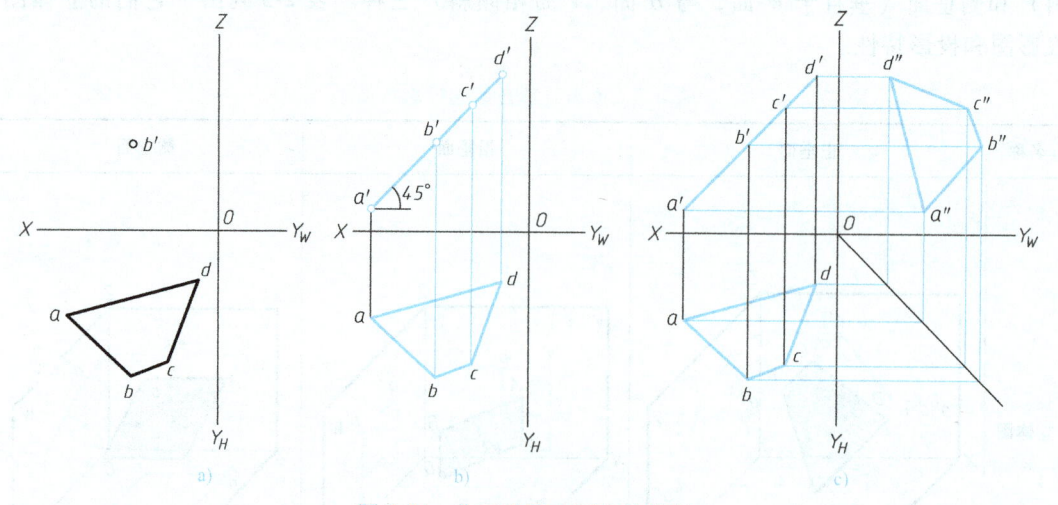

图 2-24 作正垂面 ABCD 的投影

解 已知四边形 ABCD 为正垂面，其正面投影为一积聚线，且与 H 面的夹角为 45°，过 b' 作与 OX 轴夹角为 45° 的直线，根据投影规律作出其 V 面投影图 a'b'c'd' 和 W 面的投影图 a"b"c"d"，如图 2-24b、c 所示。

3. 投影面平行面

平行于某一投影面（即垂直于另两投影面）的平面称为该投影面的平行面。投影面平行面有正平面（平行于 V 面）、水平面（平行于 H 面）和侧平面（平行于 W 面）三种。表 2-4 列出了它们的立体图、投影图和投影特性。

表 2-4 投影面平行面的投影特性

名称	正平面	水平面	侧平面
立体图	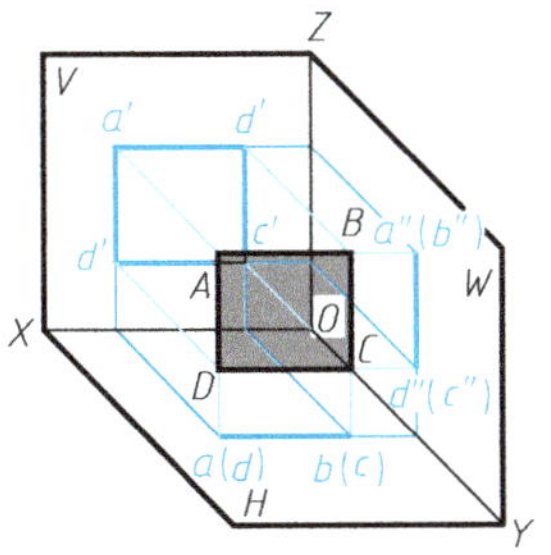	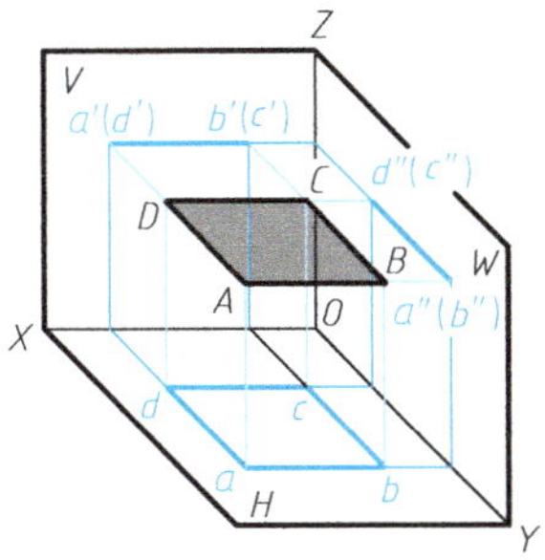	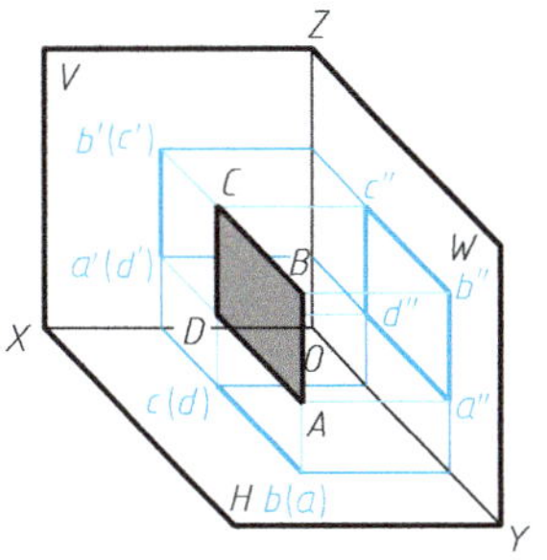
投影图	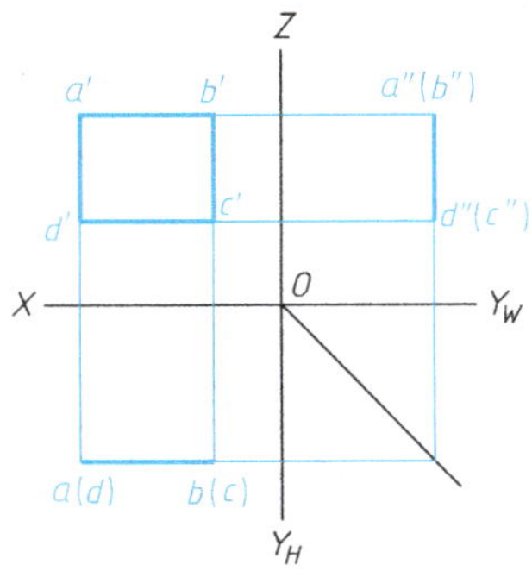	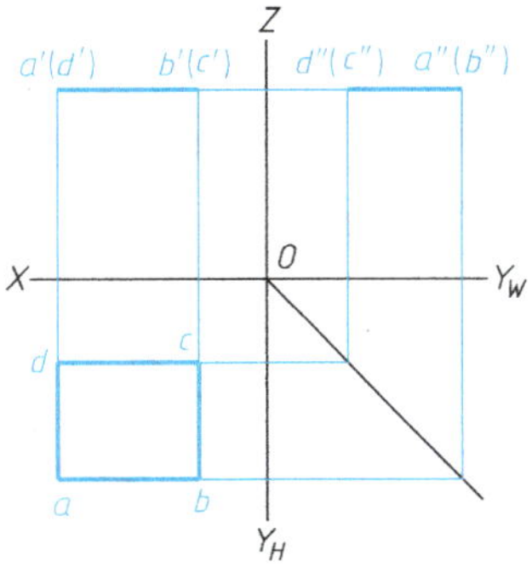	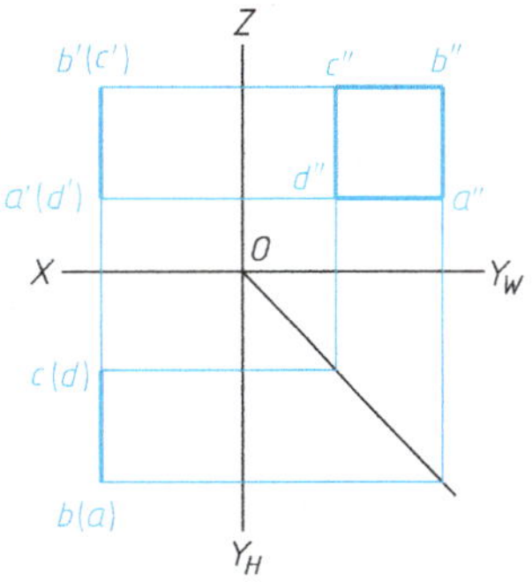
投影特性	1. 正面投影反映实形 2. 水平投影积聚成直线且平行于 OX 轴 3. 侧面投影积聚成直线且平行于 OZ 轴	1. 水平投影反映实形 2. 正面投影积聚成直线且平行于 OX 轴 3. 侧面投影积聚成直线且平行于 OY_W 轴	1. 侧面投影反映实形 2. 正面投影积聚成直线且平行于 OZ 轴 3. 水平投影积聚成直线且平行于 OY_H 轴

由以上分析可以得出投影面平行面有以下投影特性。
1) 平面在所平行的投影面上的投影反映该平面的实形。
2) 平面的另两投影均积聚为平行于相应投影轴的直线。

在投影图中，可以根据投影面平行面的投影特性来判断空间平面的位置：平面的一面投影为平行于投影轴的直线，则平面为相邻投影面的平行面，即在相邻投影面上的投影反映了该平面的实形。

2.4.3 平面内取点和直线

1. 在平面内取点

要在平面上取点，必须取在该平面的已知直线上。如图 2-25 所示，已知相交两直线 AB 和 BC 所确定的平面 P，在 AB 上取点 D，在 BC 上取点 E，则点 D 和 E 必在由直线 AB 和 BC 确定的平面 P 上。在投影图中，点的投影位于平面 P 的同面投影上。

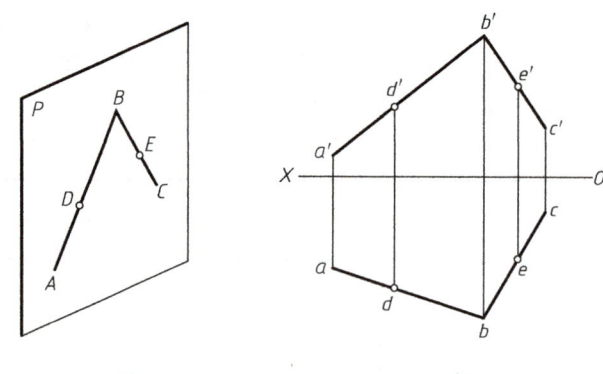

图 2-25 在平面内取点

[例 2-5] 如图 2-26a 所示，已知平面 △ABC 上一点 M 的水平投影 m，求其正面投影 m'。

解 在水平投影 abc 上过 b 点和 m 点作一辅助线 bm 交 ac 于 n 点，再求出 N 的正面投影 n'，如图 2-26b 所示。连接 b'n'，过 m 作 OX 轴的垂线，延长并与 b'n' 交于一点，该点就是 M 的正面投影 m'，如图 2-26c 所示。

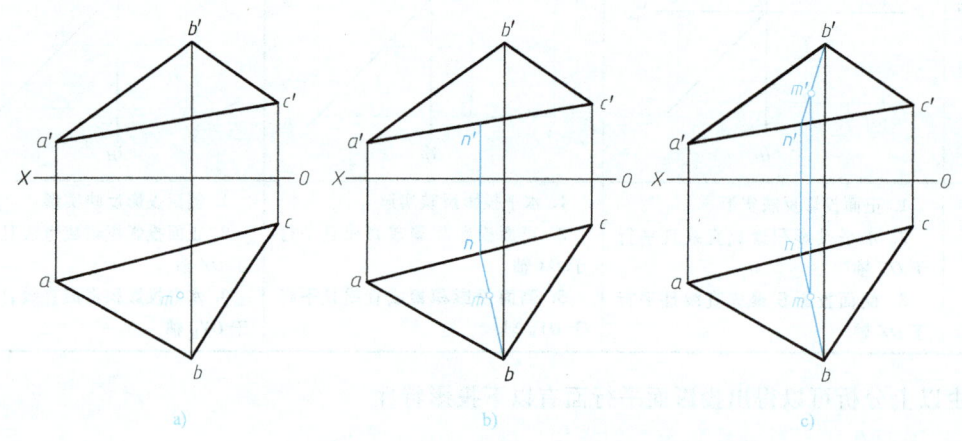

图 2-26 求 M 点的正面投影

2. 在平面内取直线

在平面内取直线，需通过该平面内的两点，或通过该平面内一点，作平行于该平面内一直线的平行线，如图 2-27a 所示。

如图 2-27b 所示，因点 M 和 N 分别在直线 AB 和 BC 上，所以过点 M、N 的直线必在由直线 AB 和 BC 所确定的平面内。如过点 C 作直线 CF 平行于直线 AB，即 cf//ab、c'f'//a'b'，则直线 CF 也必在由直线 AB 和 BC 所确定的平面内。

综上所述，在平面内取点和直线是密切相关的，在平面内的直线上可以取点，通过平面内的点可以取直线。

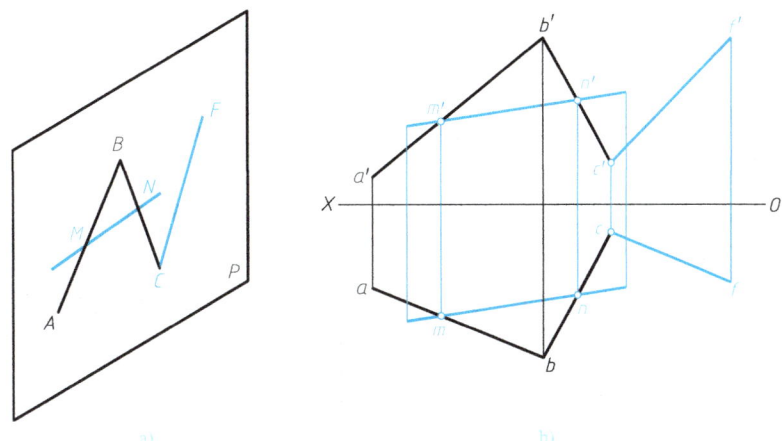

图 2-27 在平面内取直线

[例 2-6] 如图 2-28 所示，ABCD 为一平面四边形，已知其水平投影 abcd 和正面投影 $a'b'$、$b'c'$，试完成此四边形的正面投影。

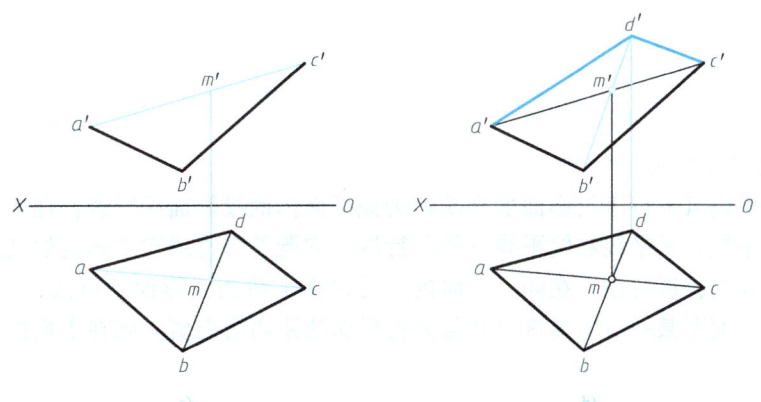

图 2-28 完成四边形的投影

解 由已知条件可知，只要求出点 D 的正面投影 d'，即可作出四边形的正面投影。而点 D 是平面四边形 ABCD 的一个顶点，所以它一定在△ABC 所确定的平面内。

作图步骤：

1) 连接 ac 和 bd，得交点 m。
2) 连接 $a'c'$，过 m 作 OX 轴的垂线，与 $a'c'$ 交于 m'，如图 2-28a 所示。
3) 连接 $b'm'$ 并延长，与过 d 作 OX 轴的垂线交于 d'。
4) 连接 $a'd'$ 和 $c'd'$，即为四边形 ABCD 的正面投影，如图 2-28b 所示。

[例 2-7] 如图 2-29a 所示，已知平面八边形的正面投影和 AB、BC 边的水平投影 ab、bc，且 $a'h'$ 和 $e'd'$ 共线，并同时平行于 $g'f'$ 和 $b'c'$，求作该平面的水平投影。

解 作图步骤：

1）因为 $a'd'//b'c'$，所以过点 a 作 bc 的平行线可求出 ad，由 e'、h' 可求出 e、h，如图 2-29b 所示。

2）延长 $e'f'$，与 $b'c'$ 的延长线交于点 m'，由 m' 求出 m，连接点 e、m，由 f' 求出 f。过 f 作 bc 的平行线，与过 g' 所作的投影连线交于 g。

3）顺次连接 $abcdefgha$ 即完成八边形的水平投影，如图 2-29c 所示。

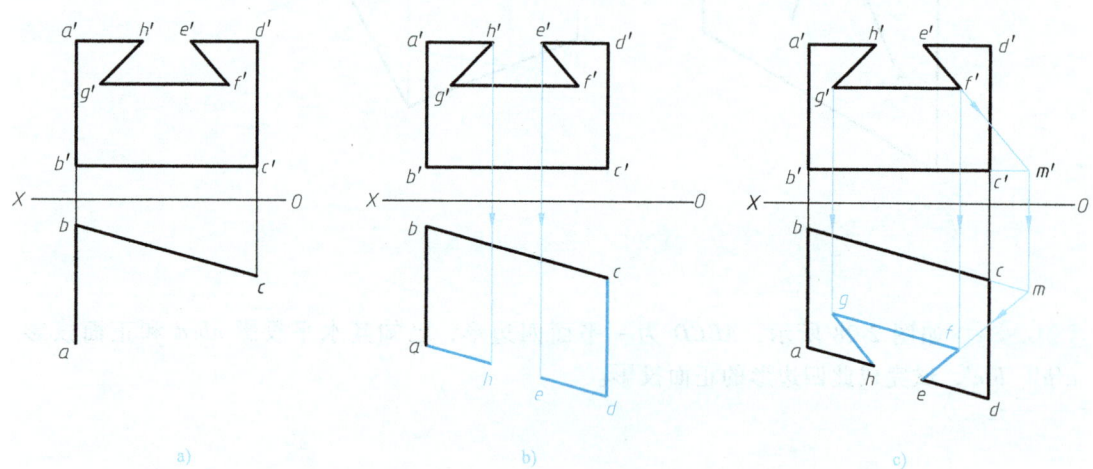

图 2-29 完成平面的水平投影

3. 平面内的投影面平行线

在给定平面内且平行于投影面的直线称为该平面内的投影面平行线。在一个一般位置平面内可以有水平线、正平线和侧平线三种平行线，它既符合直线在平面内的几何条件，又具有投影面平行线的投影特性。在同一平面内，可以作无数条投影面平行线，且都相互平行。如果要求通过平面上某一点，或规定其与某投影面的距离为定值，则在平面内只能作一条投影面平行线。

[例 2-8] 直线 MN 为平面四边形 $ABCD$ 内的一条与 V 面距离为 20mm 的正平线，求作直线 MN 的正面投影及水平投影，如图 2-30a 所示。

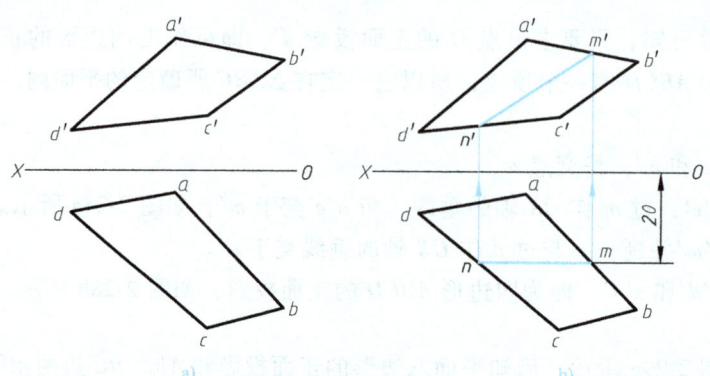

图 2-30 作平面内的正平线

解 根据正平线的投影特性,正平线的水平投影与 OX 轴平行,且与 OX 轴的距离等于正平线到正面的距离。

如图 2-30b 所示,在 H 面上作一条平行于 OX 轴且与 OX 轴距离为 20mm 的直线,分别与直线 ab、cd 相交于 m、n 两点,mn 即为直线 MN 的水平投影;由点 m 和 n 可求出 m' 和 n',连接 $m'n'$,则 $m'n'$ 为直线 MN 的正面投影。

第3章 立体的投影

一般的机器零件都可以看作由一些单一的几何形体按某种方式组合而成,这些单一的几何形体称为基本立体。本章将在掌握点、线、面投影知识的基础上,进一步学习基本立体的投影,以及切割体、相贯体的投影。

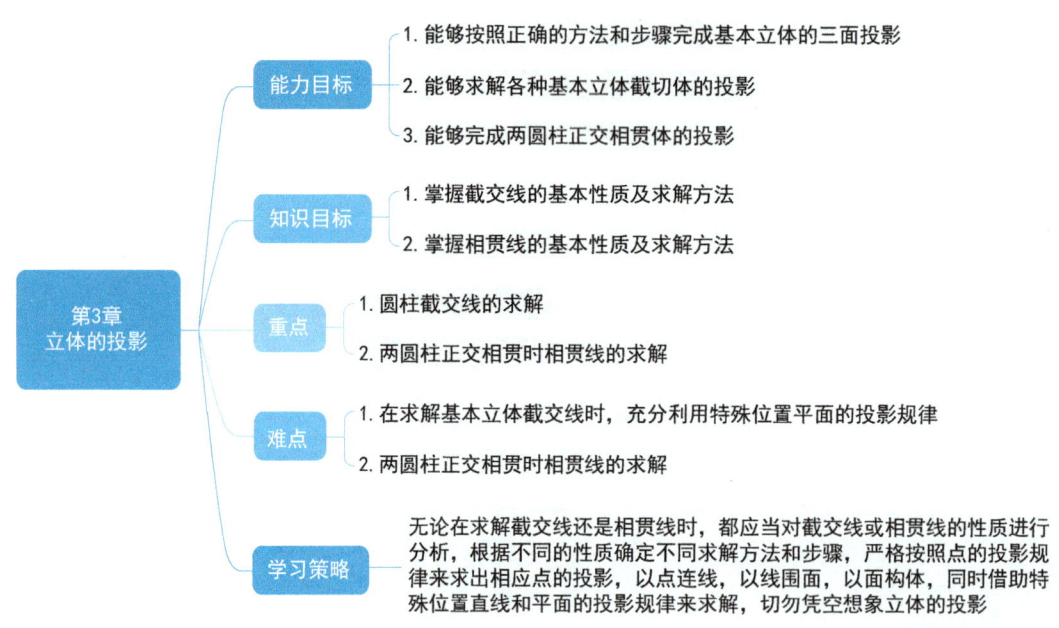

3.1 基本立体的投影

基本立体可分为平面立体和曲面立体。表面均为平面的基本立体称为平面立体,常见的有棱柱、棱锥;表面由曲面和平面或完全由曲面组成的基本立体称为曲面立体,最常见的曲面立体是回转体,包括圆柱、圆锥、圆球、圆环等。

将基本体放在三投影面体系中进行投射时,为了画图、读图的方便,通常将其"放平,摆正"。放平就是让基本体的底面处于平行面位置;摆正是在放平的基础上,让其余各面尽可能处于平行面或垂直面位置。在以后画组合体视图或零件图时也要遵循这个原则。

3.1.1 平面立体的投影及其表面取点

在投影图上表示平面立体就是把组成立体的平面和棱线表示出来，然后判断其可见性，把看得见的棱线投影画成粗实线，看不见的棱线投影画成虚线。

1. 棱柱

(1) 棱柱的投影　图 3-1a 所示为一正六棱柱，由六个相同的矩形棱面和上下底面（正六边形）所围成。将其放平摆正后，上、下底面为水平面，其水平投影反映实形，另外两面投影积聚为直线段。正六棱柱的六个棱面中，前、后两个面是正平面，正面投影反映实形；其余四个棱面均为铅垂面。正六棱柱的三面投影如图 3-1b 所示。

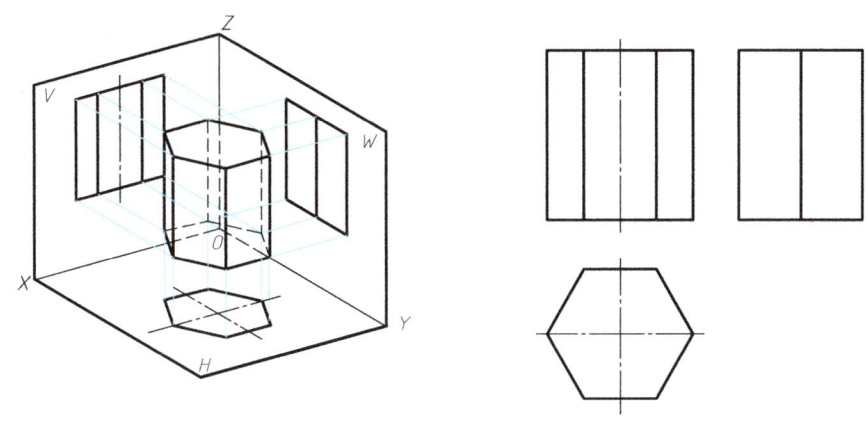

图 3-1　正六棱柱的三面投影

正六棱柱的三面投影的作图过程如图 3-2 所示。

棱柱的投影特性：在与棱线垂直的投影面上的投影为一多边形，它反映棱柱上、下底面的实形；另两面投影都是由粗实线或虚线组成的矩形线框，它反映棱面的实形或类似形。

(2) 棱柱表面上取点　在棱柱表面上取点，其原理和方法与在平面内取点相同。图 3-1 所示的正六棱柱的各个表面都处于特殊位置，因此在其表面上取点均可利用平面投影积聚性的原理作图，并判断其可见性。

如图 3-3a 所示，已知正六棱柱表面上点 M 的正面投影 m' 和点 N 的水平投影 n，求这两点的其他两面投影。

根据正六棱柱表面上点 M 的正面投影 m' 可知，M 点在正六棱柱的左前面，该平面的水平投影积聚为直线，即正六边形的左下边。过 m' 作正面投影和水平投影的投影连线，连线与正六棱柱水平投影中的左下边线的交点即为 M 点的水平投影 m。根据 m 和 m' 可以求出侧面投影 m''，如图 3-3b 所示。

根据正六棱柱表面上点 N 的水平投影 n 可知，N 点在正六棱柱的上底面，上底面的正面投影和侧面投影均积聚为直线。过 n 作水平投影和正面投影的投影连线，与上底面的交点即为 N 点的正面投影 n'。N 点的侧面投影也可以直接通过在水平投影中量取该点前后方向的相对位置，从而在侧面投影中确定其投影 n''，如图 3-3b 所示。

2. 棱锥

(1) 棱锥的投影　常见的棱锥有正三棱锥和正四棱锥等。图 3-4a 所示为一正三棱锥，

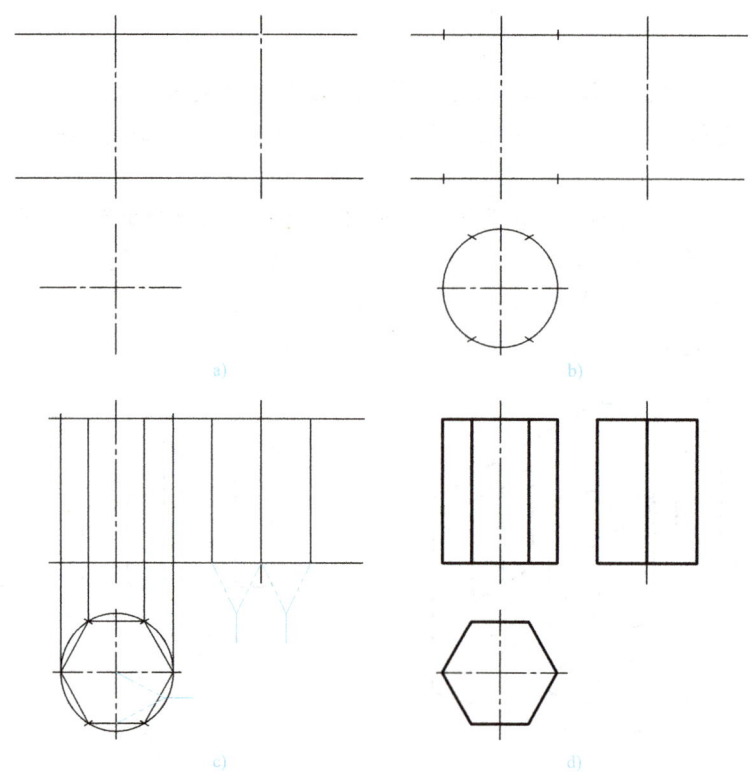

图 3-2 正六棱柱的三面投影的作图过程

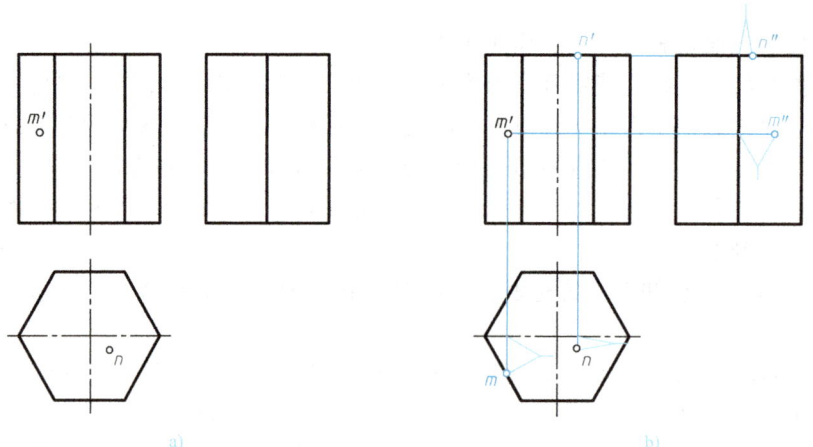

图 3-3 正六棱柱表面点的投影

锥顶为 S，其底面为等边 △ABC，是水平面；三个棱面为全等的等腰三角形，其中棱面 △SAB、△SBC 是一般位置平面，它们的各个投影均为类似形；棱面 △SAC 为侧垂面。底边 AB、BC 为水平线，底边 CA 为侧垂线；棱线 SB 为侧平线，棱线 SA、SC 为一般位置直线。

作图时，先画出底面 △ABC 的各面投影，再作出锥顶的各面投影，然后连接各棱线，即得正三棱锥的三面投影，如图 3-4b 所示。

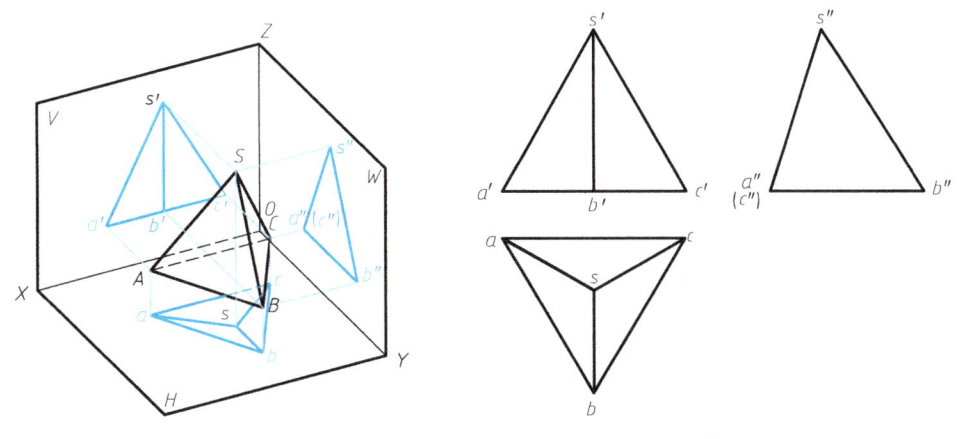

图 3-4 正三棱锥的投影

棱锥的投影特性：在与棱锥底面平行的投影面上的投影反映棱锥底面的实形。在该投影面上，棱锥棱面的投影均为三角形；其余两面投影为一个或几个三角形线框，其中棱锥底面的投影为一条直线段，棱面的投影或积聚为直线段，或是其类似形。

(2) 棱锥表面取点　组成棱锥的表面可能是特殊位置的平面，也可能是一般位置的平面。凡属特殊位置表面上的点，其投影可利用平面投影的积聚性直接求得。如图 3-5a 所示，已知侧垂面 SAC 上点 N 的水平投影 n，可利用平面投影的积聚性直接求得其侧面投影 n''，最后根据投影规律求出正面投影 n'。

对属于一般位置平面上的点，可通过在该面作辅助线的方法求得。如图 3-5 所示，已知立体表面上点 M 的正面投影 m'，求其他两面投影。因点 M 所在表面 △SAB 为一般位置平面，所以可利用辅助线法来作图。

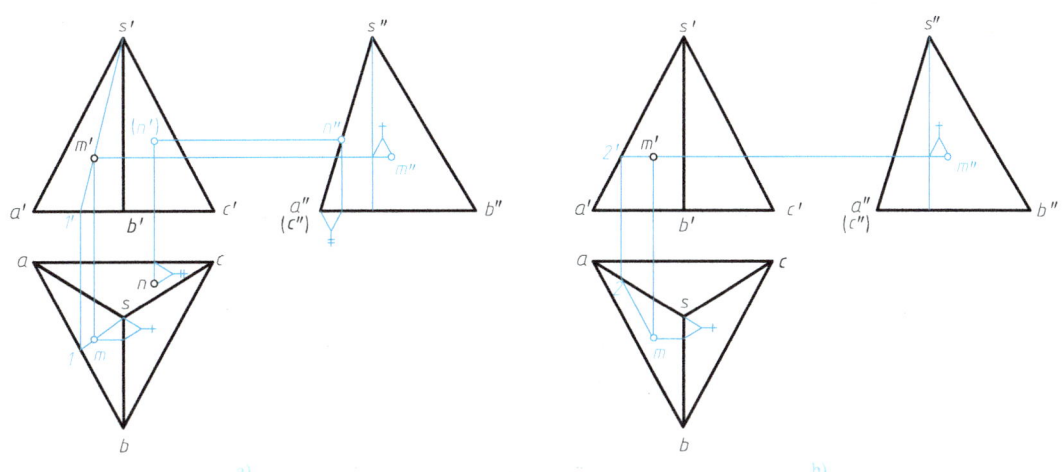

图 3-5 棱锥表面点的投影

方法一：如图 3-5a 所示，过锥顶 s' 和 m' 点作一辅助线 $s'1'$，求出 1 点，再连接 $1s$，则 $1s$

与过 m'作的投影连线的交点即为 m，再根据 m、m'求出 m"。

方法二：如图 3-5b 所示，过 m'点在 △s'a'b'上作 a'b'的平行线 m'2'，求出点 2，再过 2 点作 ab 的平行线，与过 m'作的投影连线的交点即为 m，再根据 m、m'求出 m"。

3.1.2 回转体的投影及其表面取点

由一动线（直线或曲线）绕一固定直线旋转而成的曲面，称为回转面。动线称为回转面的母线，固定直线称为轴线。由回转面或回转面和平面所围成的立体称为回转体。母线在回转面上的任一位置称为素线，母线上任一点的运动轨迹皆为垂直于轴线的圆，这些圆称为纬圆。对于某投影面，回转面可见部分与不可见部分的分界线称为转向轮廓线。转向轮廓线一般由特殊位置素线组成（如最左、最右、最前、最后、最上、最下素线）。在作回转面的投影时，不必将其所有素线绘出，只需绘出其转向轮廓线的投影即可。

1. 圆柱

（1）圆柱的形成　圆柱体表面由圆柱面和上、下两底面所组成。圆柱面可以看作由直线绕与它平行的直线旋转而成，如图 3-6a 所示。

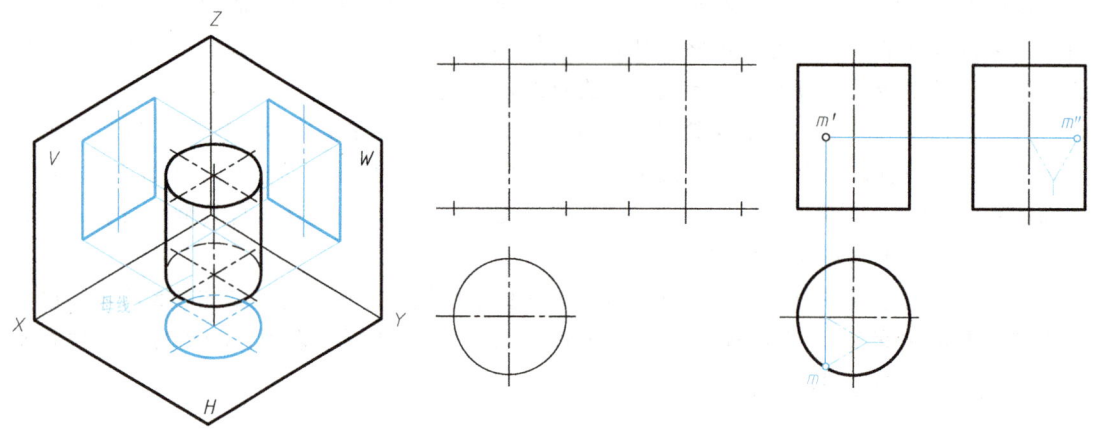

图 3-6　圆柱的投影及表面取点

（2）投影分析　如图 3-6a 所示的圆柱体轴线为铅垂线，上、下底面为水平面，其水平投影反映实形，正面和侧面投影积聚为一直线段。圆柱面的水平投影积聚为圆，圆柱面上任何点和线的水平投影均积聚在该圆周上；圆柱面的正面投影和侧面投影均为圆柱面转向轮廓线的投影（即为圆柱面可见与不可见分界线的投影，其正面投影为最左、最右两条素线的投影，侧面投影为最前、最后两条素线的投影）；圆柱的正面投影和侧面投影为两个全等的矩形线框。

（3）画法　首先画出对称中心线和轴线并确定上、下底面的位置，画出圆柱体的水平投影，再以半径在上、下底面上量取各面投影的转向轮廓线的位置，如图 3-6b 所示。绘制出各面投影的转向轮廓线，整理线段，加深加粗图线，完成圆柱体的三面投影，如图 3-6c 所示。

(4) 圆柱表面上取点　如图 3-6c 所示，已知圆柱面上一点 M 的正面投影 m'，求作它的水平投影 m 和侧面投影 m"。

由于圆柱面的水平投影积聚为一个圆，因此 m 应在圆柱面水平投影所积聚的圆周上。由于 M 点的正面投影 m' 可见，所以 M 点在左前四分之一圆柱面上，该四分之一圆柱面的水平投影为左下四分之一圆弧，侧面投影为右半个矩形线框。

过 m' 作正面投影和水平投影的投影连线，与水平投影中左下四分之一圆弧相交的交点即为 M 点的水平投影 m'。在水平投影中量取 M 点在圆柱轴线前方的距离，在过 m' 点所作的正面投影和侧面投影的投影连线上量取对应距离，即可求出 m"。

2. 圆锥

(1) 圆锥的形成　圆锥体的表面由圆锥面和底面组成。圆锥面可以看作母线绕与其相交的轴线旋转而成，如图 3-7a 所示，圆锥面上通过锥顶的任一直线都是圆锥面的素线。

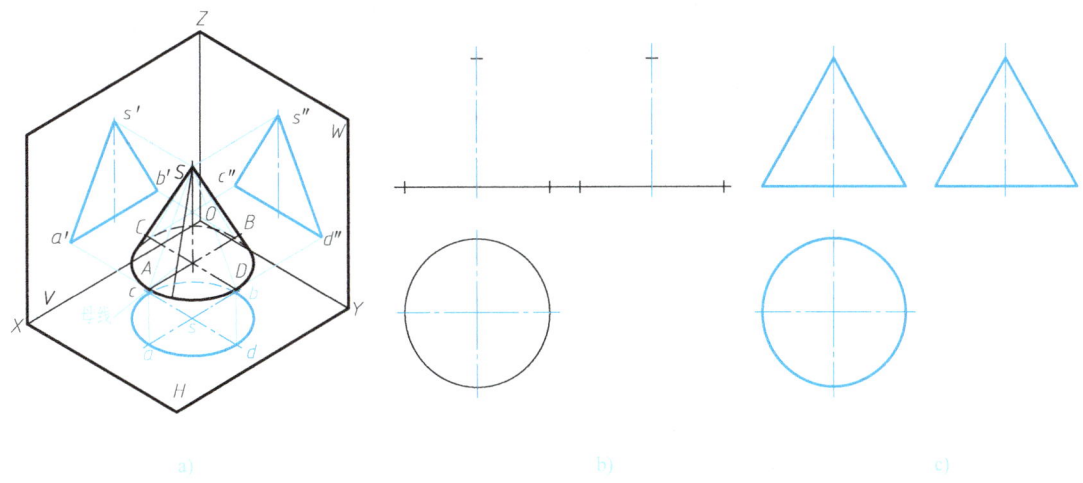

图 3-7　圆锥的投影

(2) 投影分析　图 3-7a 所示的圆锥体轴线为铅垂线，底面为水平面，其水平投影反映实形，正面投影和侧面投影均积聚为直线段。圆锥面的水平投影为圆，因为圆锥面上所有素线都倾斜于水平面，这个圆锥面的各面投影都没有积聚性；它的正面投影和侧面投影是两个全等的等腰三角形，两腰为圆锥面转向轮廓线的投影（即为圆锥面可见与不可见分界线的投影，正面投影为最左、最右两条素线的投影，侧面投影为最前、最后两条素线的投影）。

(3) 画法　首先画出对称中心线和轴线，确定底面的位置及圆锥高度，画出圆锥体的水平投影，再以半径在底面上量取各面投影的转向轮廓线的位置，如图 3-7b 所示。绘制出各面投影的转向轮廓线，整理线段，加深加粗图线，完成圆锥体的三面投影，如图 3-7c 所示。

(4) 圆锥表面上取点　轴线为投影面垂直线的圆锥，只有底面的两个投影有积聚性，而圆锥面的三个投影都没有积聚性。因此，在圆锥表面上取点，除圆锥面转向轮廓线上的点或底面上的点可直接求出之外，其余处于一般位置的点，则必须用素线法或纬圆法作出，并表明其可见性。

如图 3-8a 所示，已知圆锥面上一点 M 的正面投影 m'，求作它的水平投影 m 和侧面投影 m"。

由 M 点的正面投影 m' 可见可知 M 点在左前四分之一圆锥面上，其水平投影应在左下四分之一圆面内，侧面投影在右半可见的三角形线框内。有以下两种求解方法。

方法一：素线法，如图 3-8a 所示，过 s' 和 m' 点作一辅助线 s'1'，求出其水平投影 s1，过 m' 作投影连线，与 s1 的交点即为 M 点的水平投影 m，再根据点的投影规律求出 m"。

方法二：纬圆法，如图 3-8b 所示，在圆锥面上过点 m' 作垂直于轴线的纬圆，在水平投影面中作出纬圆的水平投影，过 m' 作投影连线，与纬圆水平投影的左下四分之一圆弧的交点即为 M 点的水平投影 m，再根据点的投影规律求出 m"。

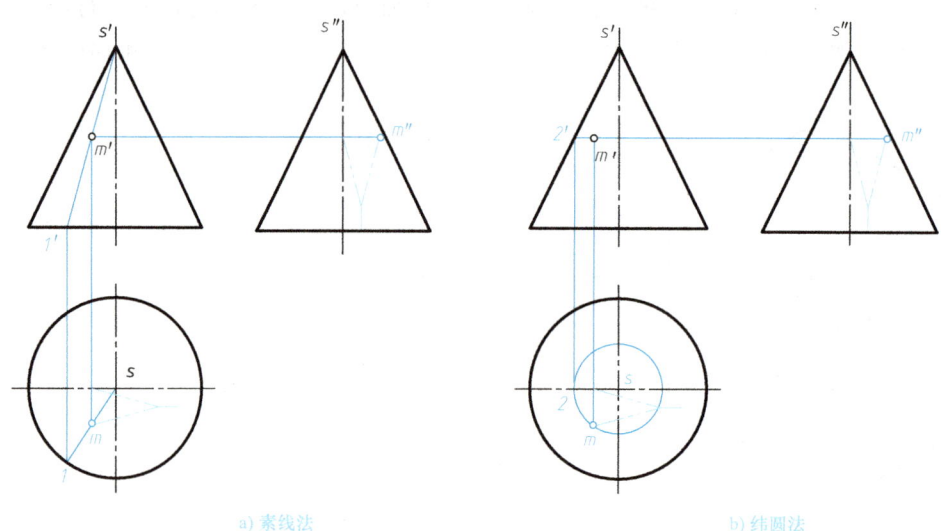

a) 素线法   b) 纬圆法

图 3-8 圆锥表面点的投影

3. 圆球

（1）圆球的形成　圆球可以看作由一母线圆绕其直径旋转而成，如图 3-9a 所示。

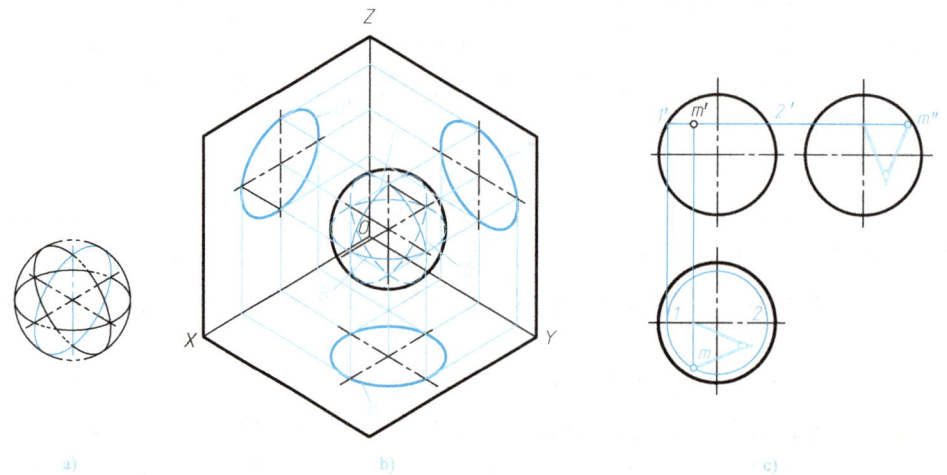

图 3-9 圆球的投影及球面上取点

（2）**投影分析**　圆球的三面投影均为与球直径相等的圆，它们分别是圆球对三个投影面的转向轮廓线的投影。正面投影圆 a' 是正面投影的转向轮廓线圆，也是前半球与后半球的分界圆，同时还是球面上平行于 V 面的最大素线圆的投影；水平投影圆 b 是水平投影的转向轮廓线圆，也是上半球与下半球的分界圆，同时还是球面上平行于 H 面的最大素线圆的投影；侧面投影圆 c'' 是侧面投影的转向轮廓线圆，也是左半球与右半球的分界圆，同时还是球面上平行于 W 面的最大素线圆的投影。这三个圆的其余两面投影均与中心线重合，不必画出。

（3）**画法**　画圆球的三面投影时，先确定球心的位置，画出圆的中心线（球面对称平面），再以球心为圆心画出球面对三个投影面的转向轮廓线的投影，如图 3-9c 所示。

（4）**圆球表面上取点**　由于圆球的三个投影均无积聚性，所以在圆球表面上取点，除属于各投影面的转向轮廓线上的点可直接求出之外，其余处于一般位置的点，都需用纬圆法作圆，并表明其可见性。

如图 3-9c 所示，已知圆球表面上一点 M 的正面投影 m'，求其水平投影 m 和侧面投影 m''。根据 m' 的位置和可见性，可知 M 点位于前半球的左上部位。为找出 M 点的水平投影 m，可过点 M 作纬圆（正平圆、水平圆、侧平圆）求解。如过 m' 作水平辅助纬圆与圆球正面投影（圆）交于点 $1'$、$2'$，以 $1'2'$ 为直径在水平投影上作水平圆，则点 M 的水平投影 m 必在该纬圆上，再由 m' 和 m 求出 m''，m 和 m'' 均可见。

4. 圆环

（1）**圆环的形成**　圆环可以看作以圆为母线，绕圆外一条与其共面的轴线回转而形成，如图 3-10a 所示。其中半圆 ABC 回转形成外环面，半圆 ADC 回转形成内环面。

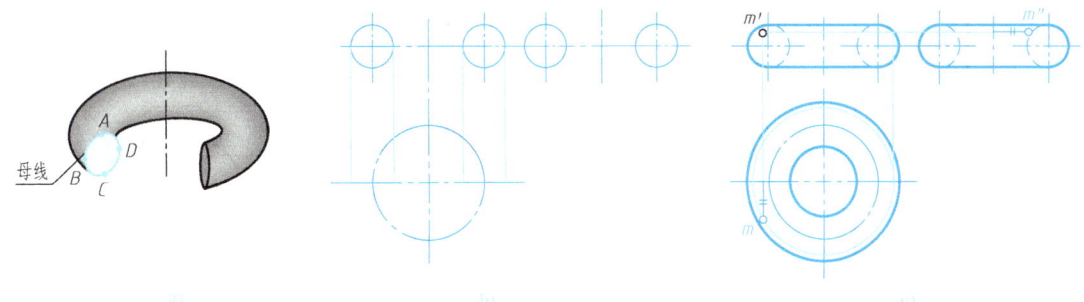

图 3-10　圆环的投影及圆环面上的点

（2）**投影分析**　水平投影是三个同心圆，其中的细点画线圆是母线圆心轨迹的水平投影；内、外粗实线圆表示圆环上半部（可见部分）与下半部（不可见部分）的分界线的投影，即水平投影的转向轮廓线。

正面投影是由平行于正面的两个素线圆和上、下两条轮廓线组成的，它们是内、外环面分界处的圆的投影。因为圆环的内环面从前面看是不可见的，所以内环面的轮廓应该画成虚线。

圆环的侧面投影与正面投影类似，形状完全一样，在此不再叙述，请读者自行分析。

（3）**画法**　画圆环的三面投影时，首先画投影的中心线和轴线，然后画出正面和侧面两个素线圆的投影，并根据投影规律确定水平投影的轮廓线位置，如图 3-10b 所示。完成三个投影面上的轮廓线,整理线段,加深加粗图线,如图 3-10c 所示。

(4) **圆环表面上取点** 如图 3-10c 所示,已知圆环表面上一点 M 的正面投影 m',求其水平投影 m 和侧面投影 m''。根据 m' 为可见投影,可知 M 点位于外圆环面上的前上部。为求出 m、m'',可过点 M 作一个纬圆,该圆垂直于圆环轴线,找出这个圆的水平投影,即可得出 M 点的水平投影 m,再由 m' 和 m 求得 m'',且均为可见。

3.1.3 基本立体的尺寸标注

基本体标注尺寸时以能确定基本体的形状大小为原则。

1. 平面立体的尺寸注法

平面立体一般标注其长、宽、高三个方向上的尺寸,常见平面立体的尺寸标注方法如图 3-11 所示。

2. 曲面立体的尺寸注法

曲面立体的直径一般应标注在投影为非圆的视图上,并在尺寸数字前加注直径符号"ϕ",球面直径加注"$S\phi$"。常见曲面立体的尺寸标注方法如图 3-12 所示。

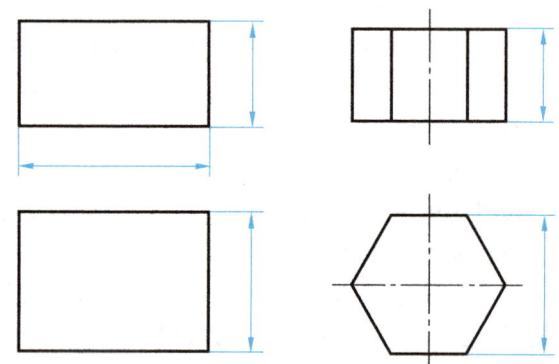

图 3-11 常见平面立体的尺寸标注方法

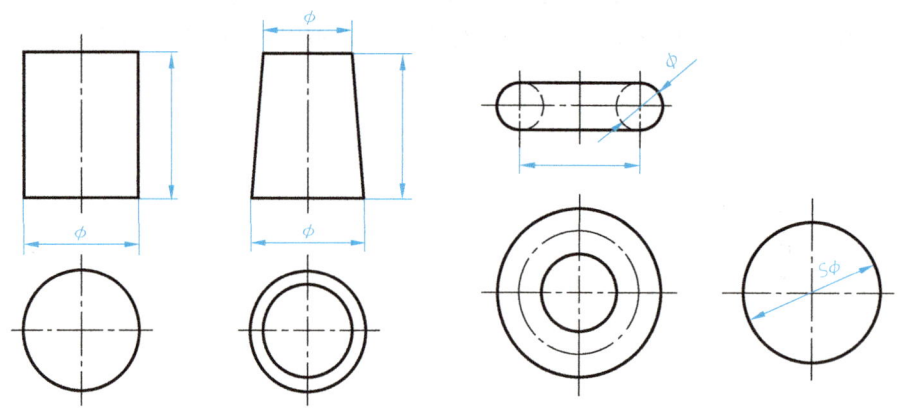

图 3-12 常见曲面立体的尺寸标注方法

3.2 切割体的投影

较为复杂的机器零件的形体,往往不是单一、完整的基本体,而是根据某种结构需要,将一些基本体切去某个部分,或由几种基本体相交而成的形体。其中基本体被平面截切后的部分称为切割体,截切基本体的平面称为截平面,基本体被截切后的断面称为截断面,截平面与基本体表面的交线称为截交线,如图 3-13 所示。图 3-14 所示的联轴器、连杆头、切刀的表面都有被平面截切而产生的截交线。

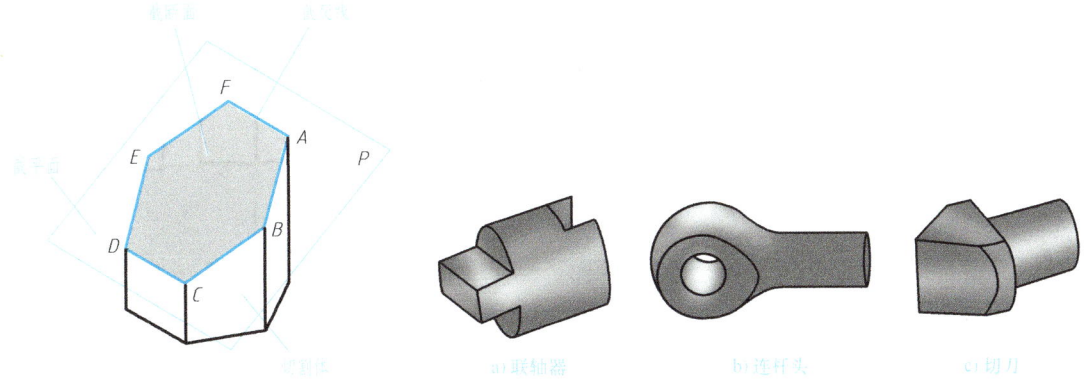

图 3-13 截平面与截交线　　　　图 3-14 截交线的实例

3.2.1 概述

截交线的形状与基本体表面形状及截平面的位置有关，任何截交线都具有以下两个基本性质。

(1) 共有性　截交线既属于截平面，又属于立体表面，故截交线是截平面与立体表面的共有线，截交线上每一点均为其共有点。

(2) 封闭性　由于任何立体表面都是封闭的，而截交线又为平面截切立体所得，故截交线所围图形一定是封闭的平面图形（平面折线、平面曲线或两者的组合）。

由以上性质可以看出，求画截交线的实质就是要求出截平面与立体表面的一系列共有点，然后依次连接即可。截交线既可利用积聚性法直接作图求出，也可通过辅助线法求出。

3.2.2 平面立体的截交线

由于平面立体的表面都是由平面所组成的，所以它的截交线是由直线围成的封闭的平面多边形。多边形的各个顶点是截平面与平面立体的棱线或底边的交点，多边形的每一条边是截平面与平面立体表面的交线。因此，求平面立体截交线的投影，就是求出截平面与平面立体上各被截棱线或底边的交点，然后依次连接同面投影即可。

[例 3-1]　如图 3-15a 所示，求正六棱柱斜切后的投影。

解　如图 3-15a 所示，由于正六棱柱被正垂面 P 所截切，六棱柱与 P 面的交线为一个封闭的六边形 ABCDEF，顶点就是截平面与各棱线的交点。因为正垂面 P 的正面投影积聚为一直线，根据共用性可知截平面 P 与六棱柱各棱线交点的正面投影 a'、b'、c'、d'、e'、f' 已知，对应的水平投影为 a、b、c、d、e、f 也已知。

在分析了各交点所在棱线的侧面投影的基础上，根据点的投影规律求出各交点的侧面投影 a''、b''、c''、d''、e''、f''，如图 3-15b 所示。

依次连接各点即为所求截交线的投影，整理轮廓线，完成截切体的投影，如图 3-15c 所示。

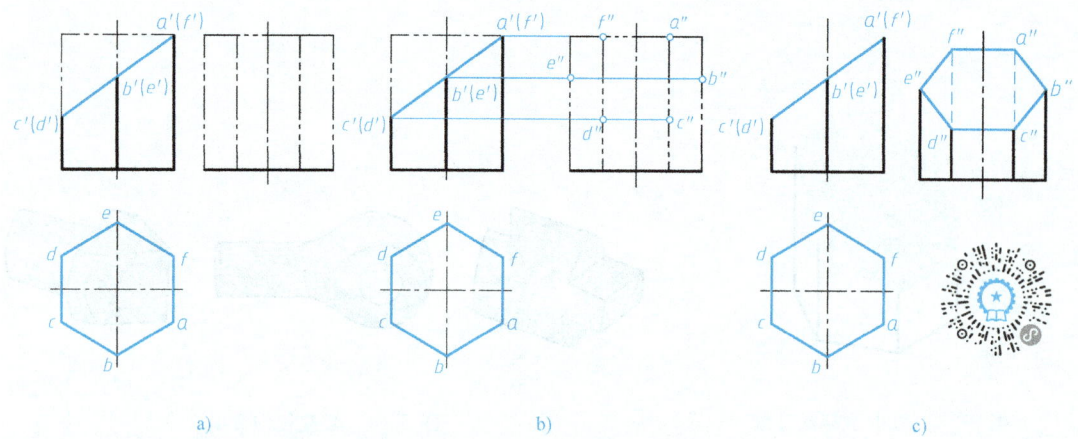

图 3-15 正六棱柱的截交线

当用两个以上平面截切棱柱时，在棱柱上会出现切口、凹槽或穿孔等。作图时，只要作出各个截平面与棱柱的截交线，并画出各截平面之间的交线，就可作出这些截切体的投影。

[例 3-2] 如图 3-16a 所示，求带切口正三棱锥的投影。

解 分析：如图 3-16a 所示，该正三棱锥的切口是由两个相交的截平面切割而形成的。两个截平面一个是水平面，一个是正垂面，它们都垂直于正面，因此切口的正面投影具有积聚性，因而可以确定各交线端点的正面投影 e'、d'、g'、f'。

作图步骤：

1) E 和 G 点是棱线 SA 上的点，根据 e'、g' 可求出其水平投影 e、g 和侧面投影 e''、g''，如图 3-16a 所示。

2) 因为 $e'd'//a'b'$，$e'f'//a'c'$，所以 $ed//ab$，$ef//ac$，所以过 e 点分别作 ab 和 ac 的平行线，平行线与过 $d'(f')$ 所作的投影连线的交点即为 d、f。根据投影规律可求出 d''、f''，如图 3-16b 所示。

3) 依次连线，整理轮廓线，完成截切体的投影，如图 3-16c 所示。

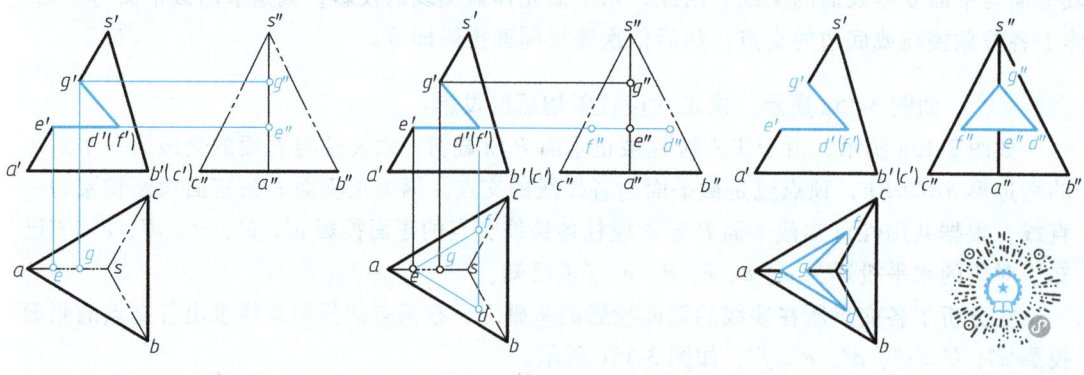

图 3-16 带切口正三棱锥的投影

3.2.3 回转立体的截交线

回转体的表面是由回转面与平面或完全由回转面所组成的,它们的截交线一般是封闭的平面曲线或平面曲线与直线围成的平面图形。因此,求平面截切回转面所形成的截交线,就是要求出截平面与回转面上若干素线的交点,然后依次光滑连接各点即可。

1. 圆柱的截交线

根据截平面与圆柱轴线相对位置的不同,平面截切圆柱所得的截交线有三种:圆、椭圆和矩形,见表 3-1。

表 3-1 圆柱的截切

截平面位置	与轴线垂直	与轴线倾斜	与轴线平行
截交线形状	圆	椭圆	矩形
直观图	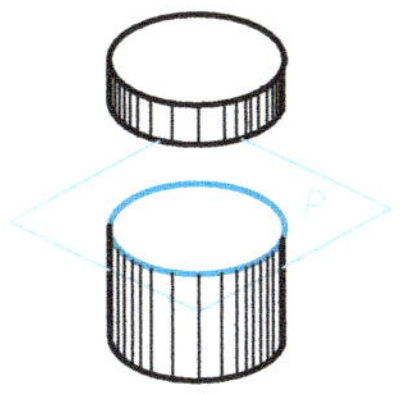	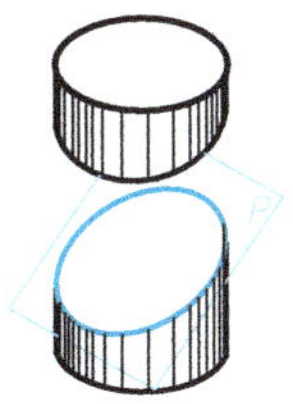	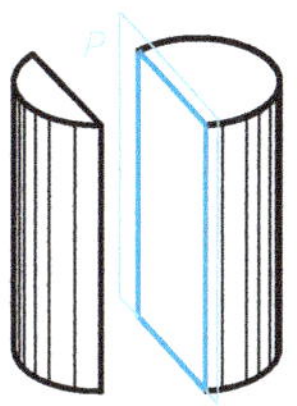
投影图	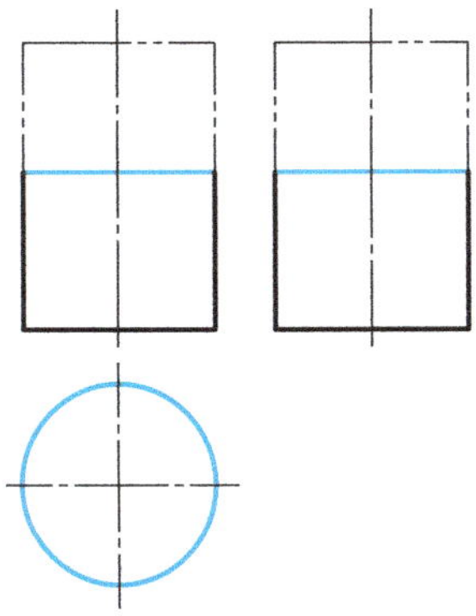	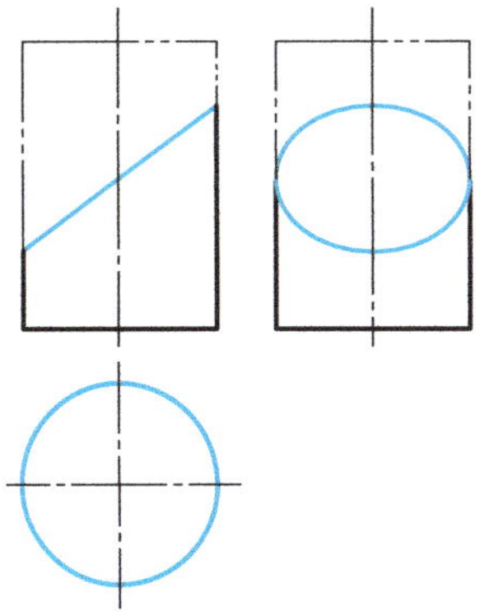	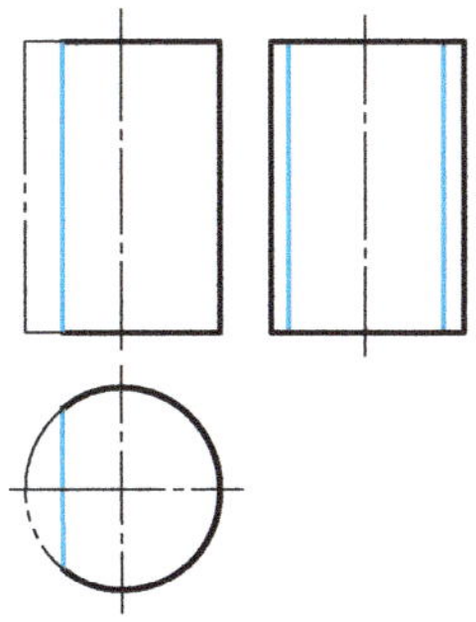

[例 3-3] 如图 3-17a 所示,求一斜切圆柱的截交线。

解 分析:圆柱被正垂面 P 截切,由于截平面 P 与圆柱轴线斜交,故所得截交线是一椭圆。截交线既位于截平面 P 上,又位于圆柱面上。因截平面 P 在正面上的投影有积聚性,故截交线的正面投影应当与 P 重合。圆柱面的水平投影有积聚性,其水平投影与圆柱面的水平投影重合,所以,只需求出截交线的侧面投影。

作图步骤:

1)求特殊位置点。由于截交线是一椭圆,所以应先求解出其四个极限位置点,即长、短轴的端点的投影。长轴的端点 A、B 在正面投影的转向轮廓线上,短轴的端点 C、D 在侧面投影的转向轮廓线上,如图 3-17b 所示。

2)求一般位置点。在截交线的已知投影上任取一点,如 e',根据积聚性求出该点的水平投影 e,从而可以根据点的两面投影求出其第三面投影 e''。同理,可以求出 F、G、H

点的三面投影。由此可知该截交线上任一点的投影都可求解,所以该截交线的投影是可求的,如图 3-17c 所示。

3) 依次光滑连接各点,即得截交线的侧面投影图,整理轮廓线,即完成圆柱截切体的投影,如图 3-17d 所示。

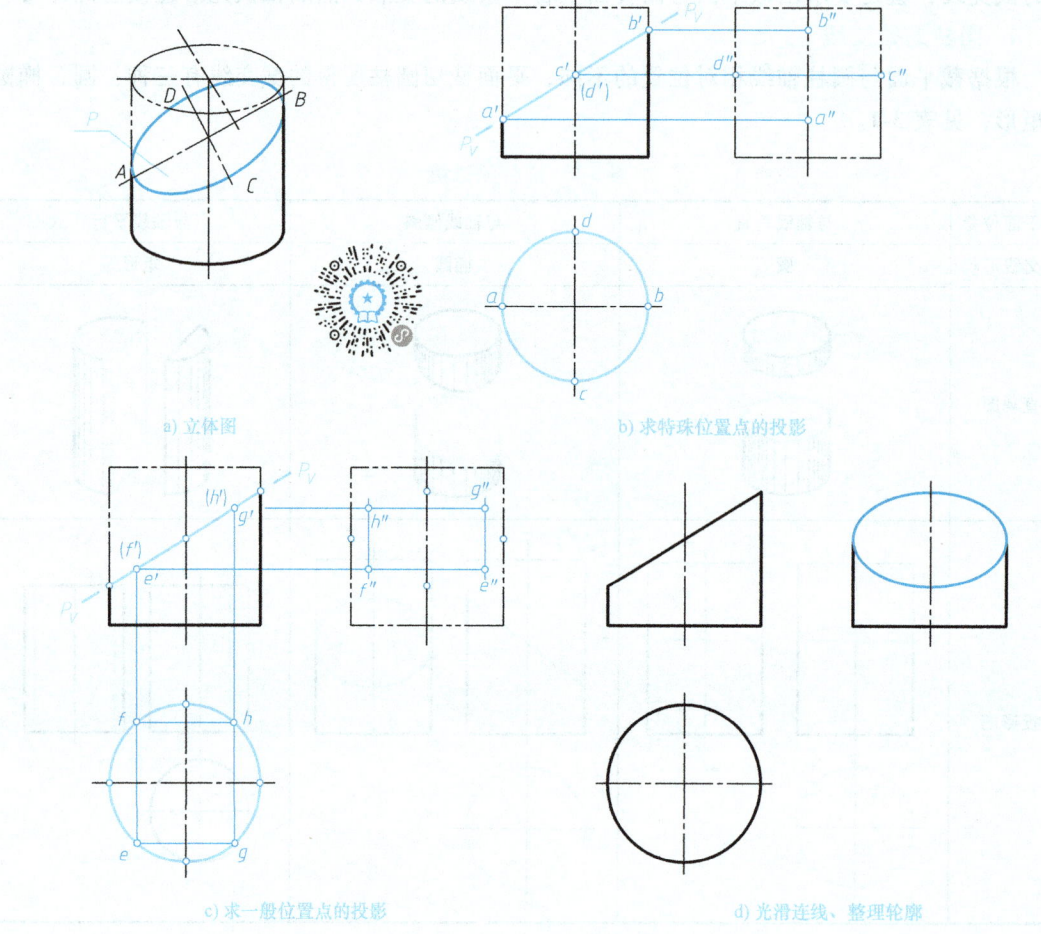

图 3-17 斜切圆柱的截交线

[例 3-4] 如图 3-18a 所示,求作圆柱切割体的投影。

解 分析:如图 3-18a 所示,该圆柱被切去了 Ⅰ、Ⅱ、Ⅲ 等三部分形体。Ⅰ、Ⅱ 部分为由两平行于圆柱轴线的平面和一垂直于圆柱轴线的平面切割圆柱而成,切口为矩形。Ⅲ 部分也为由两平行于轴线的平面和一垂直于轴线的平面切割圆柱而成,即在圆柱右端开一个槽,切口亦为矩形。

作图步骤:

1) 画出整个圆柱的三个投影,并切去 Ⅰ、Ⅱ 部分。如图 3-18b 所示,截平面分别为两个水平面和一个侧平面,所以截交线的正面投影已知。根据两个水平面的正面投影可以求出其侧面投影,而侧平面的实形即为两个水平面的侧面投影上、下两侧圆面。根据水平面的侧面投影和侧平面的正面投影可以求出该结构的水平投影。

2)画切去Ⅲ部分后的投影。如图3-18c所示,截平面分别为两个正平面和一个侧平面,所以截交线的水平面投影已知,由此可以求出两正平面的侧面投影,而侧平面的实形即为两正平面的侧面投影所夹的圆面。根据侧平面的水平投影和两个正平面的侧面投影,即可求出该结构的正面投影。

3)整理轮廓线,完成全图,如图3-18d所示。

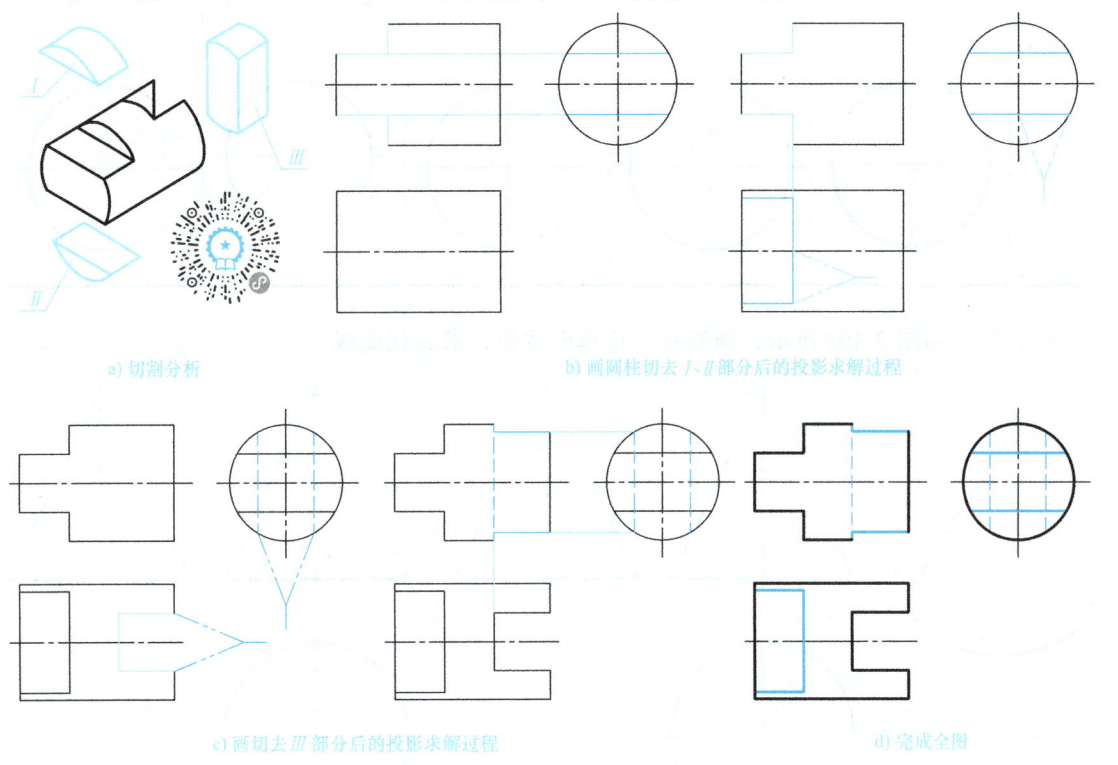

a) 切割分析　　　　　　　　　b) 画圆柱切去Ⅰ、Ⅱ部分后的投影求解过程

c) 画切去Ⅲ部分后的投影求解过程　　　　　　d) 完成全图

图 3-18　圆柱切割体的投影

2. 圆锥的截交线

根据截平面与圆锥轴线相对位置的不同,其截交线有五种情况:见表3-2。

表 3-2　圆锥的截切

截平面位置	$\theta = 90°$	$\theta > \alpha$	$\theta = \alpha$	$0 \leq \theta < \alpha$	P_r 面过锥顶
截交线形状	圆	椭圆	抛物线	双曲线	三角形
直观图					

(续)

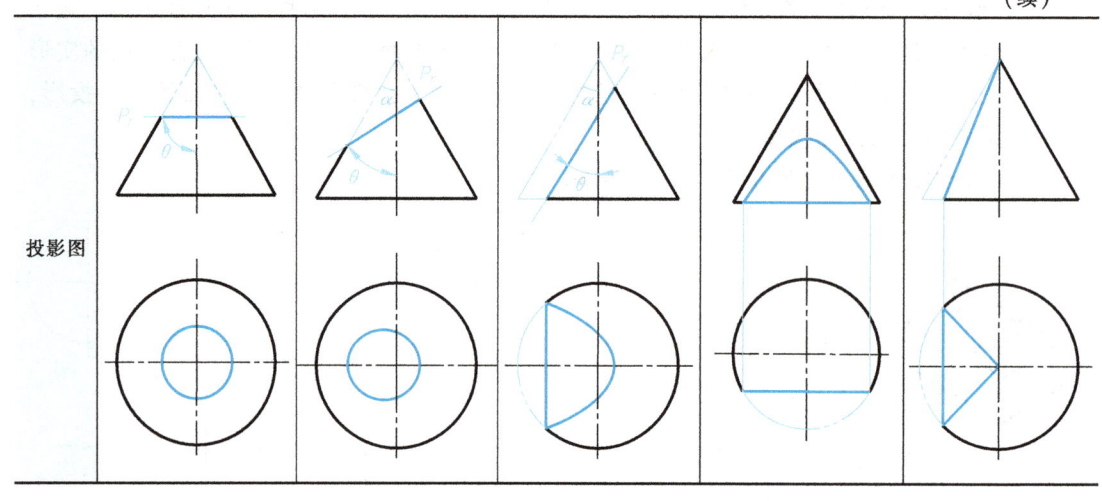

[例 3-5] 如图 3-19a 所示,圆锥被一正垂面截切,求其截交线。

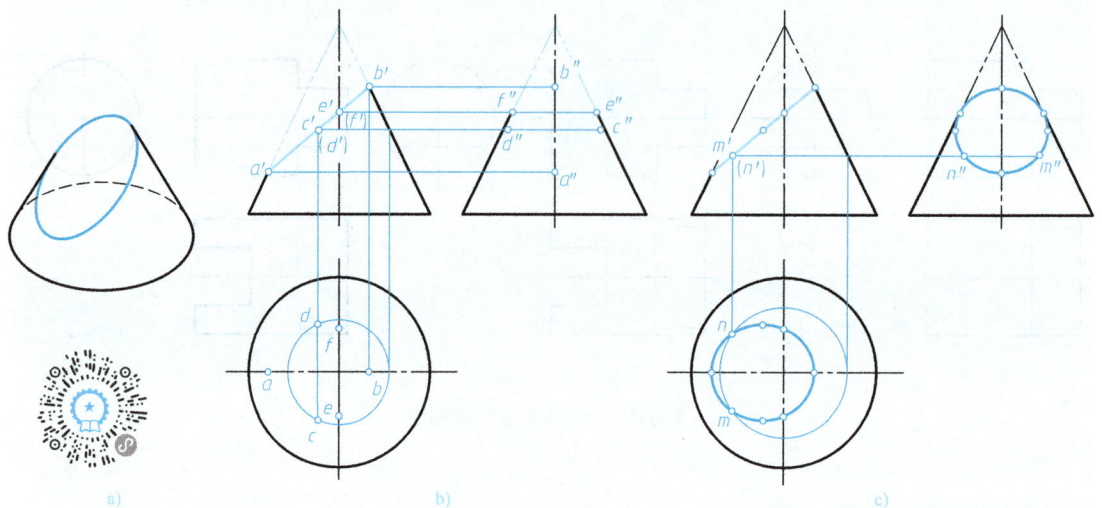

图 3-19 正垂面截切圆锥

解 分析:如图 3-19 所示,可知圆锥被一正垂面截切,截交线为一椭圆,它的正面投影积聚成一直线,而其水平投影和侧面投影则为椭圆。作图时,应先找出长、短轴的端点,然后再适当找一些中间点,将它们光滑地连接起来即可。

作图步骤:

1) 求特殊位置点的投影。椭圆的长轴 AB 和短轴 CD 互相垂直平分,A、B 两点是截交线上最高、最低点,同时也是最左、最右点。C、D 两点的正面投影 c'、d' 位于 $a'b'$ 的中点处,并重影为一点,如图 3-19b 所示。采用纬圆法求出椭圆短轴的端点 C、D 的水平投影 c、d,进而可以求出其侧面投影 c''、d''。

E、F 两点在圆锥侧面投影的转向轮廓线上,这两点既是侧面投影中椭圆与轮廓线的切点,同时也是轮廓线的端点,所以也应作为特殊位置点求出。

2）求一般位置点的投影。在正面投影中，过截交线的已知投影上任意一点作纬圆，该纬圆与截交线的投影相交于 m' 和 n'。求出该纬圆的水平投影，m 和 n 在该纬圆的水平投影上，进而求出 m'' 和 n''，如图 3-19c 所示。截交线上所有点的投影都可以采用相同的方法求出。

3）依次光滑连接各点，整理轮廓线，即得截交线的水平投影和侧面投影，如图 3-19c 所示。

[例 3-6] 如图 3-20a 所示，圆锥被一正平面截切，求作截交线的投影。

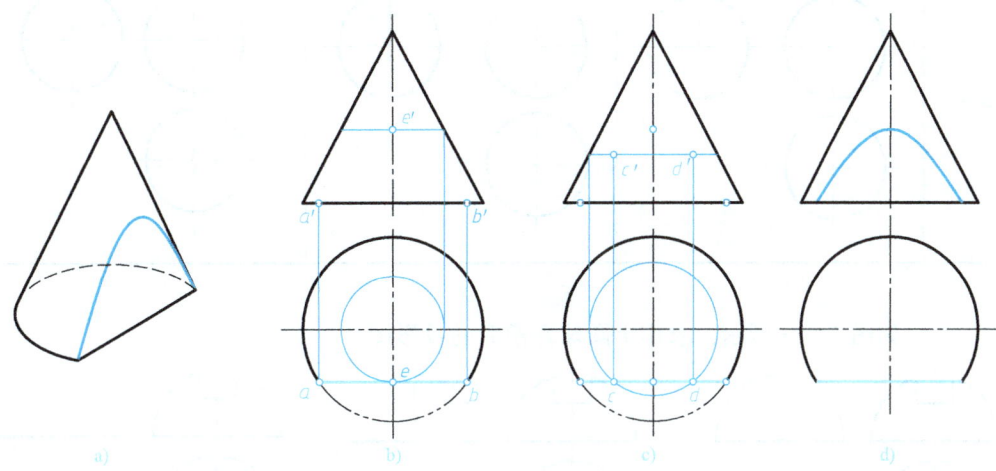

图 3-20 正平面截切圆锥

解 分析：由于正平面与圆锥的轴线平行，所以截交线是双曲线。其水平投影积聚为一条直线，而它的正面投影则反映实形。

作图步骤：

1）求特殊位置点的投影。最低点 A、B 的水平投影 a、b 是截平面 P 与圆锥底圆的水平投影的交点，由此得出 a'、b'。最高点 E 在最前素线上，其水平投影 e 位于线段 ab 的中点，即与对称中心线的交点。过 e 作一纬圆，求出该纬圆的正面投影。纬圆的投影与对称中心线的交点即为 e'，如图 3-20b 所示。

2）求一般位置点的投影。在水平投影中，过截交线的已知投影上任意一点作一纬圆，纬圆与已知投影交于 c 和 d 两点。求出该纬圆的正面投影，c' 和 d' 在该纬圆的正面投影上，如图 3-20c 所示。截交线上所有点的投影都可以采用相同的方法求出。

3）依次光滑连接各点即得截交线的正面投影，如图 3-20d 所示。

3. 圆球的截交线

平面切割圆球时，无论截平面与圆球处于何种位置，其截交线均为圆，圆的大小由截平面与球心之间的距离而定。截平面通过球心，所得截交线（圆）的直径最大；截平面离球心越远，圆的直径就越小。根据截平面对投影面的相对位置不同，截交线圆的投影可能是圆、椭圆或直线段，见表 3-3。

表 3-3 圆球的截切

截平面位置	截平面为正平面	截平面为水平面	截平面为正垂面
截交线特点	正面投影为截交线圆的实形	水平投影为截交线圆的实形	截交线圆的水平投影为椭圆
立体图			
投影图			

[例 3-7] 如图 3-21a 所示，求作半圆球开槽后的投影图。

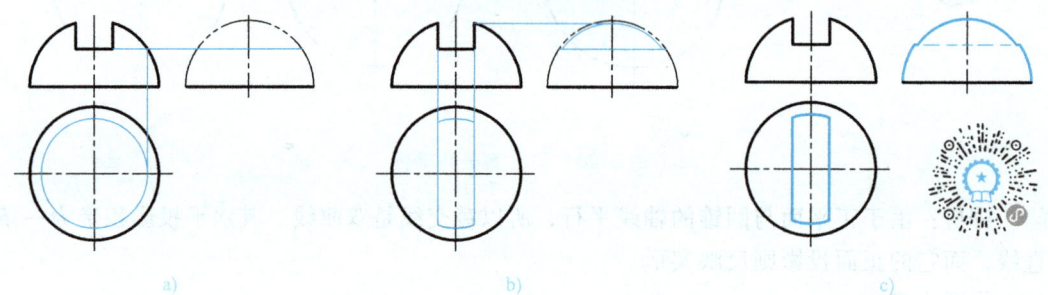

a)　　　　　　　　　　　　b)　　　　　　　　　　　　c)

图 3-21　半圆球开槽后的投影

解 分析：对称于球面中心的通槽是由一对侧平面和一水平面截切而成的。它们和圆球表面的交线都是圆弧，这些圆弧的正面投影有积聚性，因而其正面投影为已知，只需求作它们的水平投影和侧面投影。

作图步骤：

1) 在正面投影中，根据水平截平面的位置求出截交线——圆的直径，从而完成截交线的水平投影；水平截平面的侧面投影也是直线，且贯穿球体前后，如图 3-21a 所示。

2) 在正面投影中，根据侧平截平面的位置求出截交线——圆的直径，从而完成截交线的侧面投影，侧平截平面所产生的截交线仅限于水平截平面的上面那部分；完成两个侧平面的水平投影，水平截平面所产生的截交线仅限于两个侧平面之间的部分，如图 3-21b 所示。

3) 判断各线段的可见性，加深加粗图线，完成截切体的投影，如图 3-21c 所示。

3.2.4 组合回转体的截交线

组合回转体由若干基本回转体组成。平面截切组合回转体，则形成组合截交线。作图时，首先要分析各部分的曲面性质，然后按照它们各自的几何特性确定其截交线的形状，再分别作出。

[例 3-8] 如图 3-22a 所示，求顶尖头的水平投影。

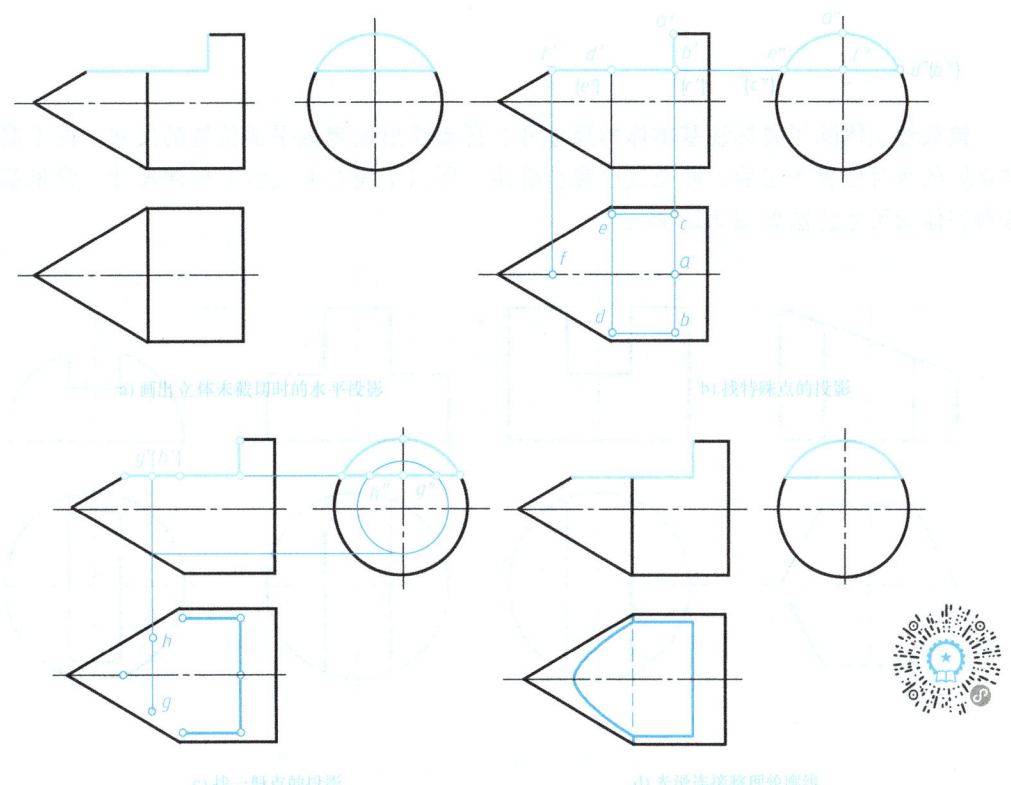

图 3-22 顶尖头的水平投影求法

解 分析：如图 3-22a 所示，顶尖头是由同轴的圆锥体和圆柱体构成后被两个截平面截切而成的。一个截平面是侧平面，即与圆柱轴线垂直，所以它与圆柱的截交线为圆弧，其正面投影和水平投影均积聚为直线段，侧面投影为圆弧实形并与已有的投影圆重合；另一个截平面为水平面，即与圆柱、圆锥轴线平行，所以该平面与圆柱的截交线为两段平行素线，与圆锥的截交线为双曲线，其水平投影均反映实形，正面投影和侧面投影都积聚为直线段。

作图步骤：

1) 找特殊位置点。圆弧截交线的最高点 A 和前、后两端点 B、C 的正面投影 a'、b'、(c')，以及侧面投影 a''、(b'')、(c'') 可直接求出。由两面投影可求出水平投影 a、b、c，圆弧的水平投影为直线。B、C 两点也是水平截平面与圆柱的截交线（矩形）右侧的两个端点，故在左侧两个端点 D、E 的投影 d、e、d'、(e') 和 d''、e'' 也可直接求出。点 D、E 也是双曲线右侧的两个端点，双曲线左侧端点 F 的正面投影为 f'，由点 F 所在素线的从属关系可求出 f'' 和 f，如图 3-22b 所示。

2）求一般位置点。选择适当位置作辅助平面，其正面投影与截交线正面投影的交点为 g'、(h')，g''、h'' 一定在该辅助平面与圆锥相交的纬圆的侧面投影上，根据 G、H 的两面投影即可求出其水平投影 g、h，如图 3-22c 所示。

3）光滑连接 d、g、f、h、e 各点，即得顶尖头的水平投影，如图 3-22d 所示，图中虚线为顶尖头下部圆锥面与圆柱面的交线。

4）整理轮廓线。

3.2.5 被截切立体的尺寸标注

被截切立体除了要标注基本体的尺寸外，还要注出确定截平面位置的尺寸。由于截平面与立体的相对位置确定后，截交线已完全确定，所以不应在截交线上标注尺寸。常见基本立体截切体的尺寸注法如图 3-23 所示。

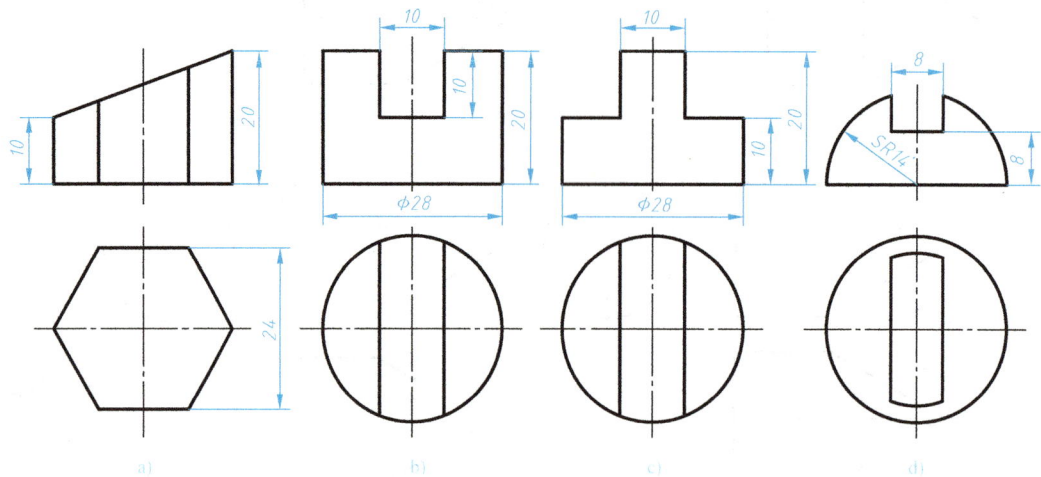

图 3-23　常见基本立体截切体的尺寸注法

3.3 相贯体的投影

3.3.1 概述

上节已经提到，较为复杂的机器零件往往不是单一、完整的基本体，而是由几种基本体切割或相交而成。切割的问题在上节中已经详细介绍，现在分析相交的情况。

两立体相交也常称为相贯，它们表面产生的交线称为相贯线。由相贯所形成的立体称为相贯体，如图 3-24 所示。根据相贯体表面几何形状的不同，可分为两平面立体相交、平面立体与回转体相交及两回转体相交三种情况。本节只讨论两回转体正交相贯线的性质和求解方法。

相贯线的形状取决于两相交立体的形状、大小及其相对位置，两回转体的相贯线在一般情况下是封闭的空间曲线，特殊情况下是平面曲线或直线。

相贯线有以下基本性质。

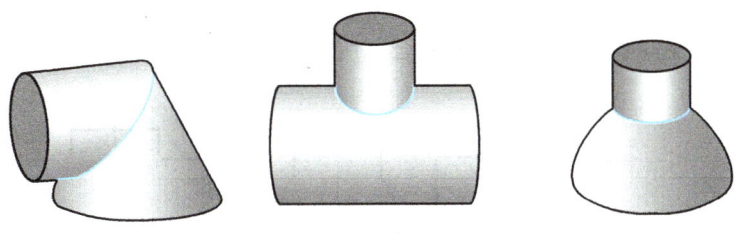

图 3-24 相贯线及零件示例

（1）**共有性** 相贯线是两相交立体表面的共有线，也是两立体表面的分界线，相贯线上的点一定是两相交立体表面的共有点。

（2）**封闭性** 由于立体具有一定的空间范围，所以相贯线一般都是封闭的。

由上述性质可知，求画相贯线，就是要求出相贯线上一系列的共有点。求共有点的方法有积聚性法、辅助平面法和辅助同心球面法。本节只讨论前两种方法。

求相贯线的方法与求截交线类似，具体步骤如下。

1）找出一系列特殊位置点。

2）求出一般位置点。

3）判断可见性。

4）顺次连接各点的同面投影。

5）整理轮廓线。

相贯线可见性判断的方法：相贯线同时位于两个立体的可见表面上时，其投影才是可见的，否则就不可见。

3.3.2 利用积聚性作相贯线

当相交的两回转体中有一个或两个圆柱面，且其轴线垂直于投影面时，可利用圆柱面的积聚性投影，而其他投影可根据表面上取点、线方法作出。

[例 3-9] 求两圆柱正交的相贯线，如图 3-25a 所示。

解 分析：这是一个轴线直立圆柱与轴线水平圆柱正交，直立圆柱直径小于水平圆柱，其相贯线的水平投影积聚在直立圆柱的水平投影圆上，侧面投影积聚在水平圆柱的侧面投影圆上，并限于直立圆柱的轮廓范围之内。通过以上分析，相贯线的水平投影和侧面投影已知，如图 3-25b 所示。

作图步骤：

1）求特殊位置点。点 A、C 是直立圆柱的最左、最右素线与水平圆柱的最上素线的交点，是相贯线上的最左、最右点，同时也是最高点。a' 和 c' 可根据 a、a'' 和 c、c'' 求得，点 B 和点 D 是直立圆柱的最前、最后素线与水平圆柱的交点，它们是最前点和最后点，也是最低点，b' 和 d' 可根据它们的侧面投影 b'' 和 d'' 按投影规律作出，如图 3-25c 所示。

2）求一般位置点。在直立圆柱的水平投影圆上取点 e、f，求出该两点的侧面投影 e'' 和 f'' 的位置，根据投影规律可求出其正面投影 e'、f'，如图 3-25d 所示。同理，还可以再求出若干点。

3）顺次光滑地连接 a'、e'、b'、f'、c'等点即为相贯线的正面投影。由于相贯体前后对称，相贯线看得见与看不见的两部分重合，所以只用粗实线表示，如图 3-25e 所示。

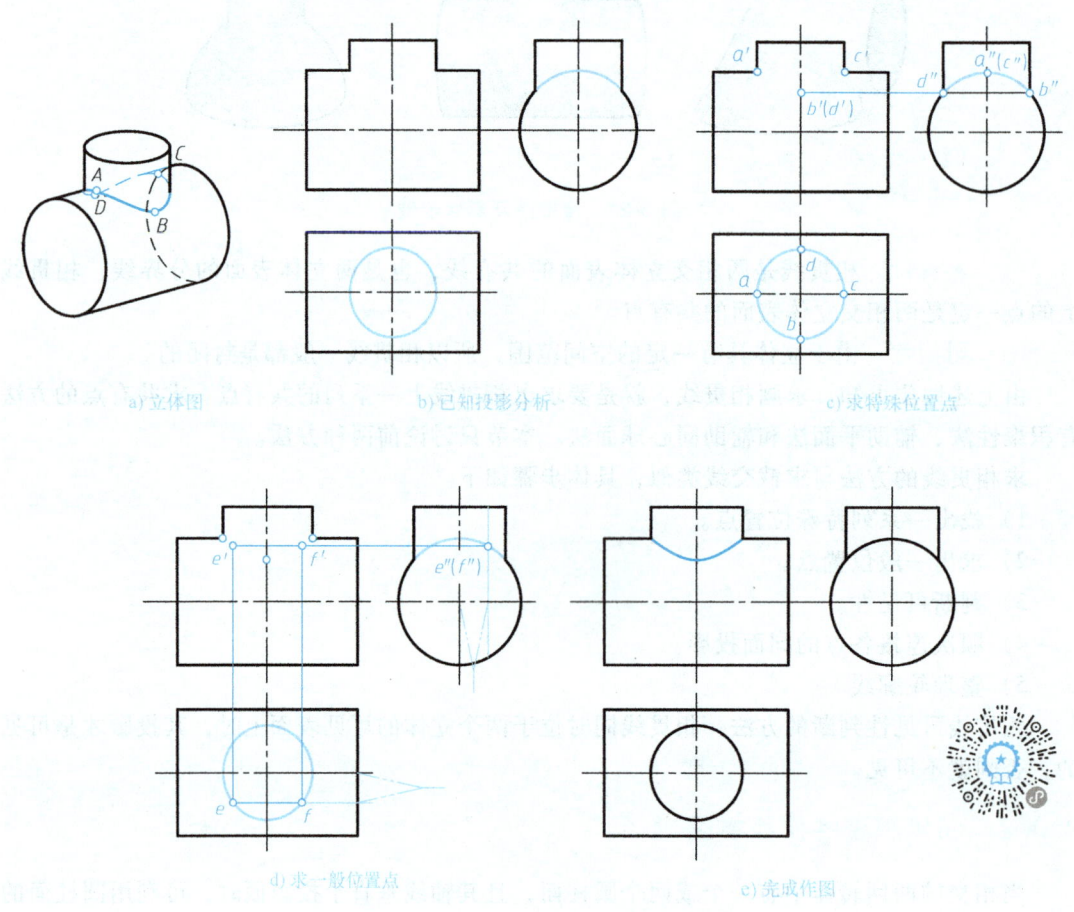

图 3-25 两圆柱正交相贯线的画法

在两圆柱正交时，会出现表 3-4 列出的两外表面相交、外表面与内表面相交、两内表面相交三种形式，无论哪种相交形式，它们的相贯线形状和作图方法都是相同的。

表 3-4 两圆柱相交的三种形式

相交形式	两外表面相交	外表面与内表面相交	两内表面相交
立体图			

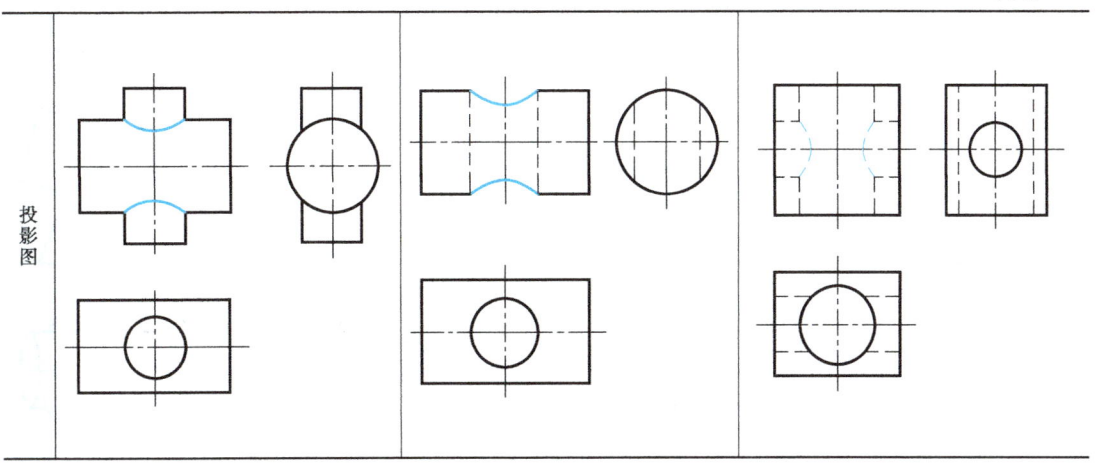

3.3.3 相贯线的特殊情况

两回转体相交的相贯线一般为空间曲线。但在特殊情况下，也可能是平面曲线（圆或椭圆）或直线段。

1）轴线重合的两回转体。当两回转体具有公共轴线时，相贯线为垂直于轴线的圆，该圆在与轴线平行的投影面上的投影积聚为直线，在与轴线垂直的投影面上的投影为圆的实形，如图 3-26 所示。

2）当两圆柱体轴线平行或两圆锥共锥顶相交时，相贯线为直线，即为圆柱或圆锥表面上的两条素线，如图 3-27 所示。

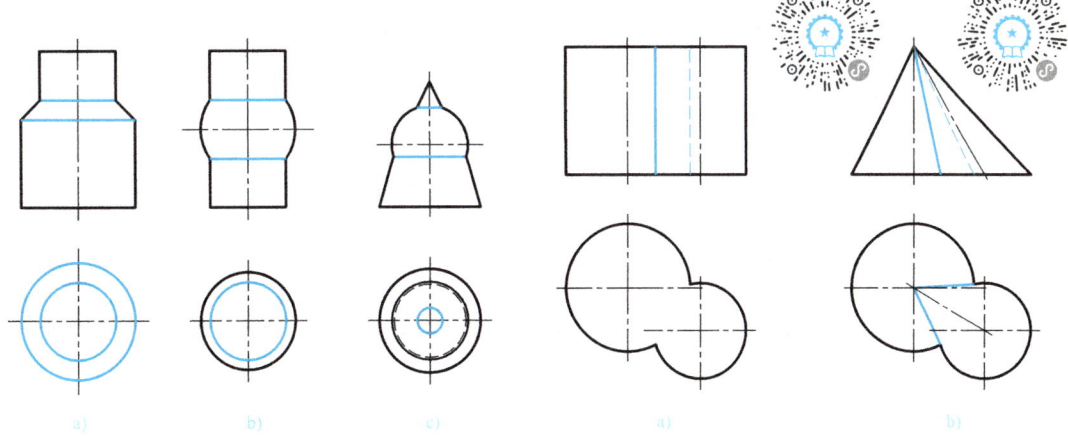

图 3-26 相贯线为平面圆　　　　　图 3-27 相贯线为直线

3）两回转体公切于一个球时，其相贯线为两条平面曲线——椭圆。椭圆平面垂直于两轴线所确定的平面，所以在与轴线平行的投影面上的投影积聚为相交两直线段，如图 3-28 所示。

3.3.4 影响相贯线形状的因素

相贯线的形状取决于两回转体的表面性质、轴线的相对位置和它们的尺寸大小。表 3-5

图 3-28 相贯线为椭圆

和表 3-6 所列表明了圆柱和圆锥相交分别受到轴线相对位置以及尺寸大小对相贯线的影响。

表 3-5 表面性质和相对位置对相贯线的影响

表面性质	相贯线形状		
	轴线正交	轴线斜交	轴线交叉
柱柱相贯			
锥柱相贯			

3.3.5 相贯线的简化画法

在绘制机件图样过程中,当两圆柱正交且两圆柱(或圆孔)的直径相差较大时,相贯线的投影可用圆弧来代替,即用大圆柱的半径作圆弧来代替相贯线,并向大圆柱轴线方向弯曲,如图 3-29a 所示;也可用直线代替相贯线,如图 3-29b 所示。

表 3-6 表面性质和尺寸变化对相贯线的影响

表面性质	相贯线形状		
	轴线正交	轴线斜交	轴线交叉
柱柱相贯	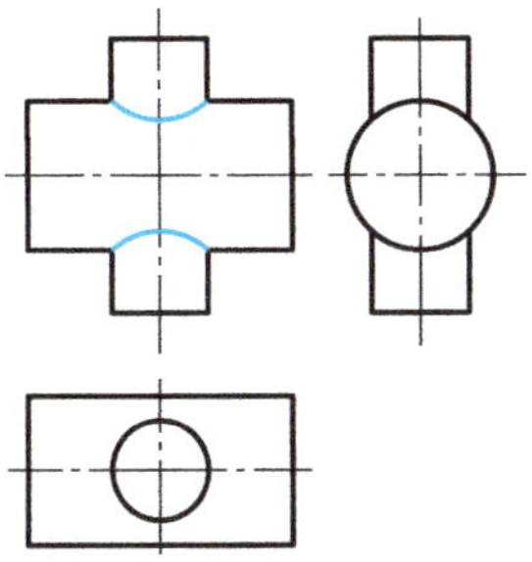	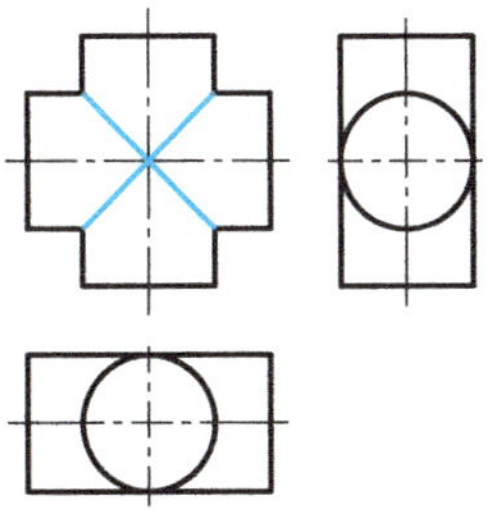	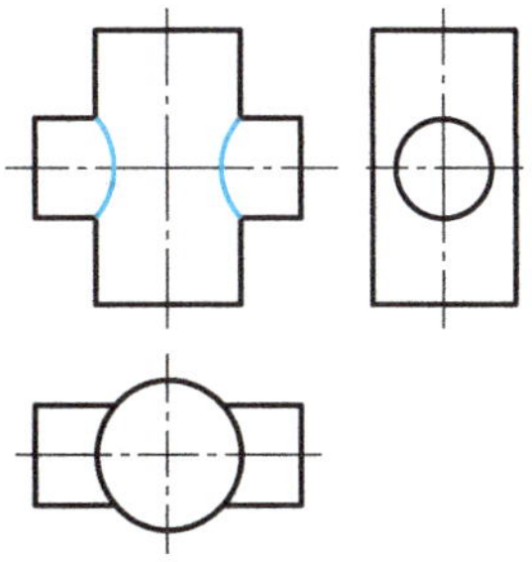
锥柱相贯	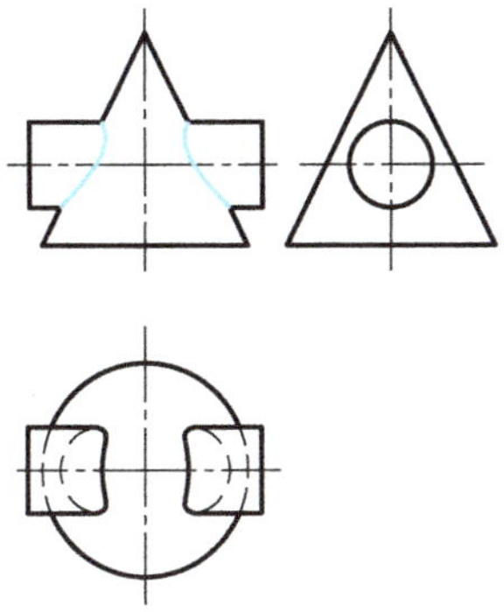	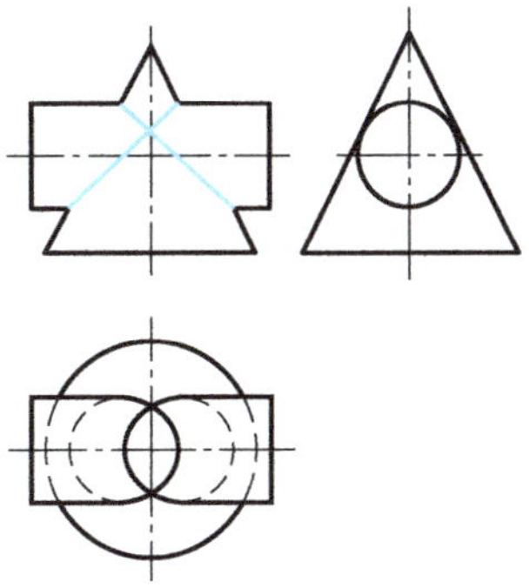	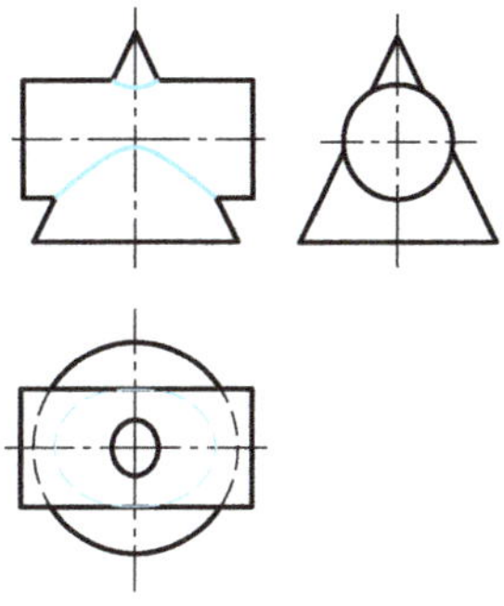

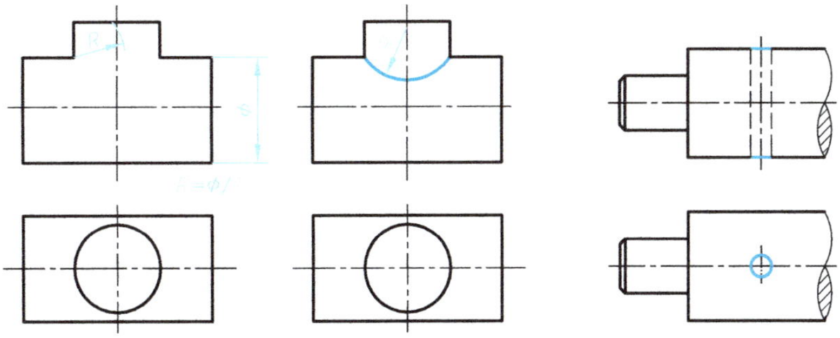

a) 用圆弧代替相贯线　　　　　　　b) 用直线代替相贯线

图 3-29 相贯线的简化画法

3.3.6 过渡线

由于设计、工艺上的要求，在机件的表面相交处，常常存在铸造圆角或锻造圆角，使面与面之间光滑过渡。为了在图样中更好地表示各面的范围，用细实线来绘制无圆角时各面的交线，但交线的两端不与轮廓线的圆角相交，这种交线称为过渡线，如图 3-30 所示。

3.3.7 相贯体的尺寸标注

两立体相交，除了要标注两立体的尺寸外，还要注出两立体相对位置的尺寸，如图 3-31 所示。

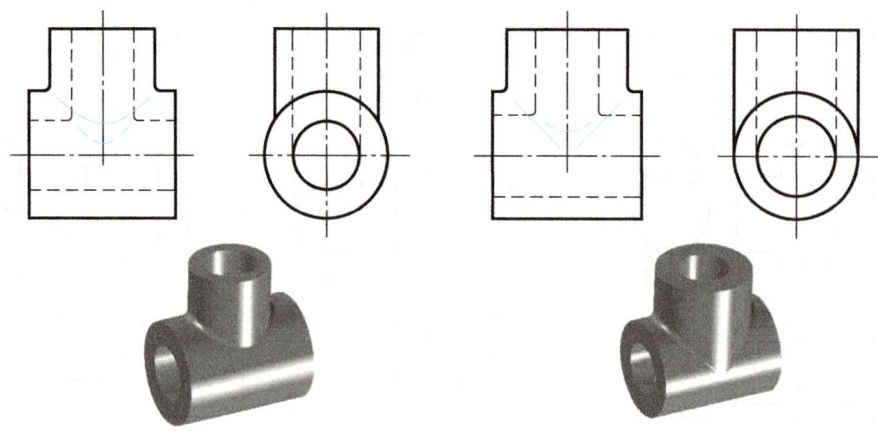

图 3-30 常见的过渡线及其画法

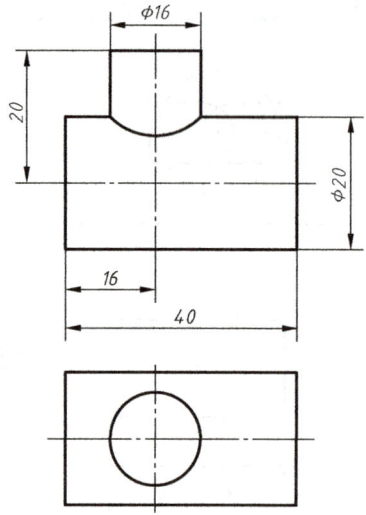

图 3-31 相贯体的尺寸标注

第4章 组合体

由若干基本体经过叠加、挖切、综合等方式构成的类似机件的立体称为组合体。本章将学习画、读组合体视图及组合体尺寸标注的基本方法，为今后学习零件图打下必要的基础。

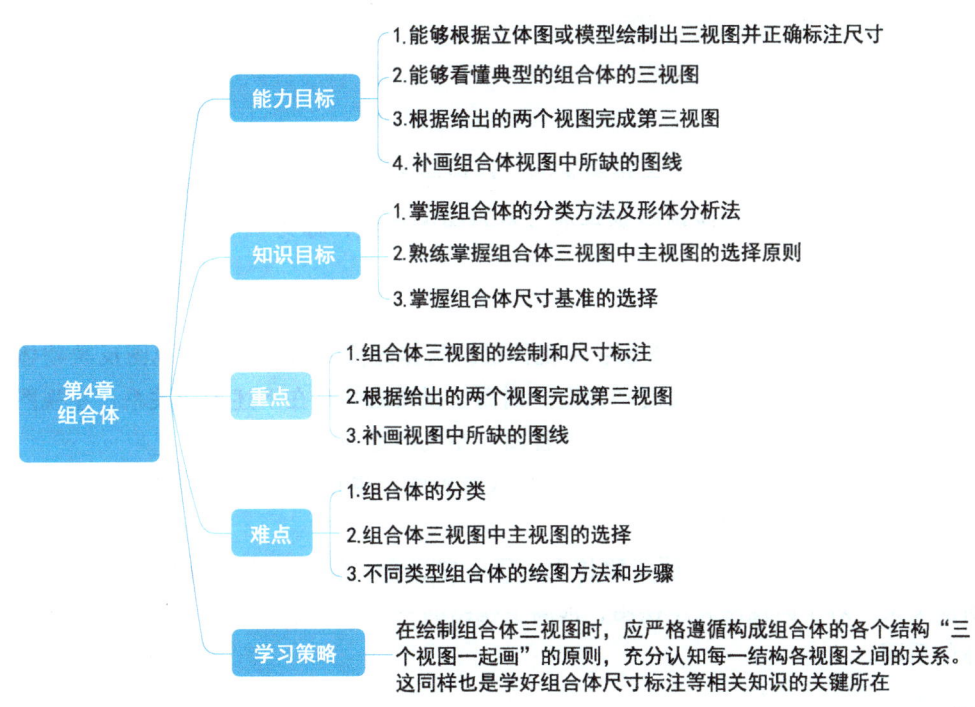

4.1 组合体视图的基本知识

4.1.1 三视图的形成及其投影规律

1. 三视图的形成

工程上把根据相关标准和规定用正投影法绘制出的物体的图形称为视图。在三投影面体系中可得到物体的三个视图，如图 4-1a 所示，分别称为主视图、俯视图和左视图。

1) 主视图——正面（V 面）投影。

2）俯视图——水平（H 面）投影。

3）左视图——侧面（W 面）投影。

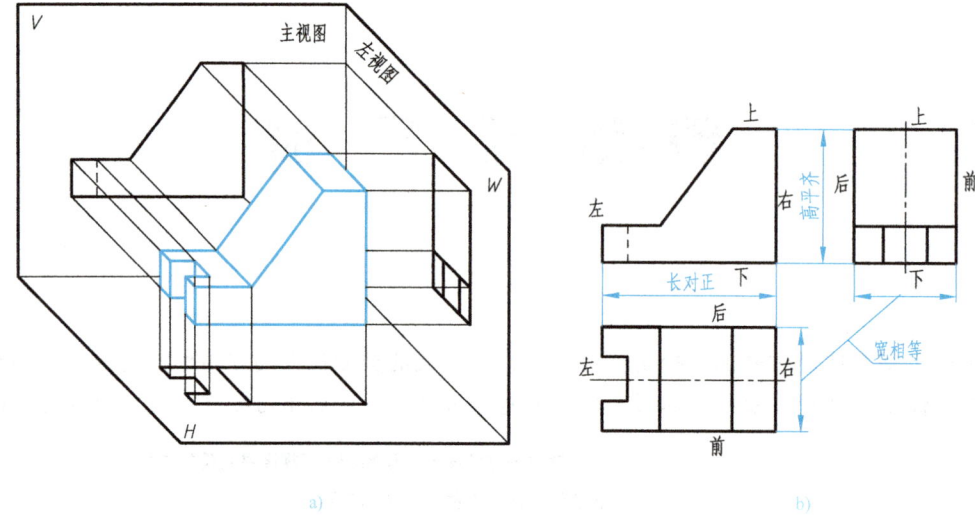

图 4-1　组合体的三视图

三视图的相对位置关系：以主视图为准，俯视图在它的正下方，左视图在它的正右方。画物体的三视图时，必须按此规定来排列三个视图的位置，称为"按投影关系配置视图"，如图 4-1b 所示。

2. 三视图的投影规律

由图 4-1 所示的三视图可以看出：主视图反映物体的长度和高度；俯视图反映物体的长度和宽度；左视图反映物体的高度和宽度。因而三视图之间存在下述投影关系：主视图、俯视图长对正；主视图、左视图高平齐；俯视图、左视图宽相等。

"长对正、高平齐、宽相等"是三视图的投影特性，也称为"三等"关系，它不仅适用于整个物体，也适用于物体的局部。

如图 4-1b 所示，图中还标明了物体上、下、左、右、前、后六个方位及它们在三视图中的对应关系。对于俯视图和左视图，远离主视图的一侧为物体的前面，靠近主视图的一侧为物体的后面。

4.1.2　组合体的组合形式及表面连接关系

1. 组合形式

组合体的组合形式有叠加、挖切和综合三种。

（1）叠加　叠加是基本立体构成组合体的基本形式，即基本形体间通过简单叠加而构成组合体，如图 4-2a 所示。

（2）挖切　挖切是用平面或回转面切除或挖掉基本体的某一部分而构成组合体，它是构成组合体的又一种基本形式，如图 4-2b 所示。

（3）综合　既有叠加又有挖切的综合形式称为综合，是最常见的组合形式，如图 4-2c 所示。

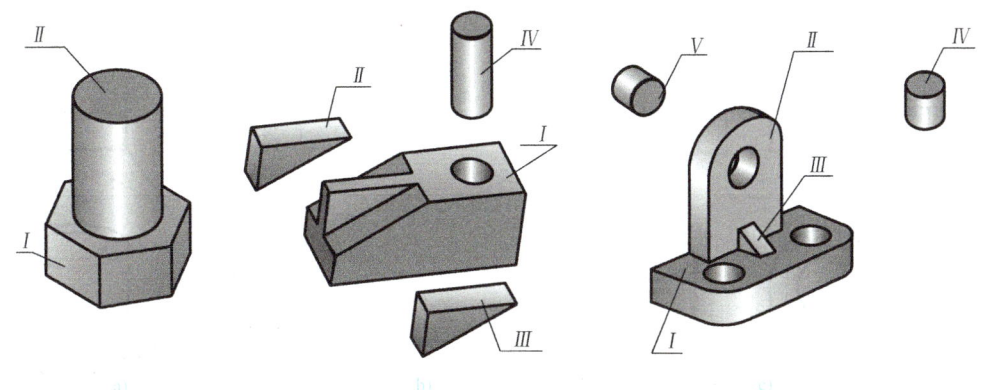

图 4-2 组合体的组合形式

需要注意的是,组合体是一个整体,组合形式是分析组合体的方法,而不是它成形的方法。

2. 表面连接关系

组合体上相邻基本体间表面的连接关系可分为平齐、相交和相切三种情况。

(1) 平齐 如图 4-3 所示,上、下两形体的相应表面平齐连成一个平面,结合处没有分界线,因而主视图所指处不应画线;反之,若上、下两形体的相应表面没有对齐,不在同一平面内(与底座上表面相交),主、左视图中应画出两表面的分界线,如图 4-4 所示。

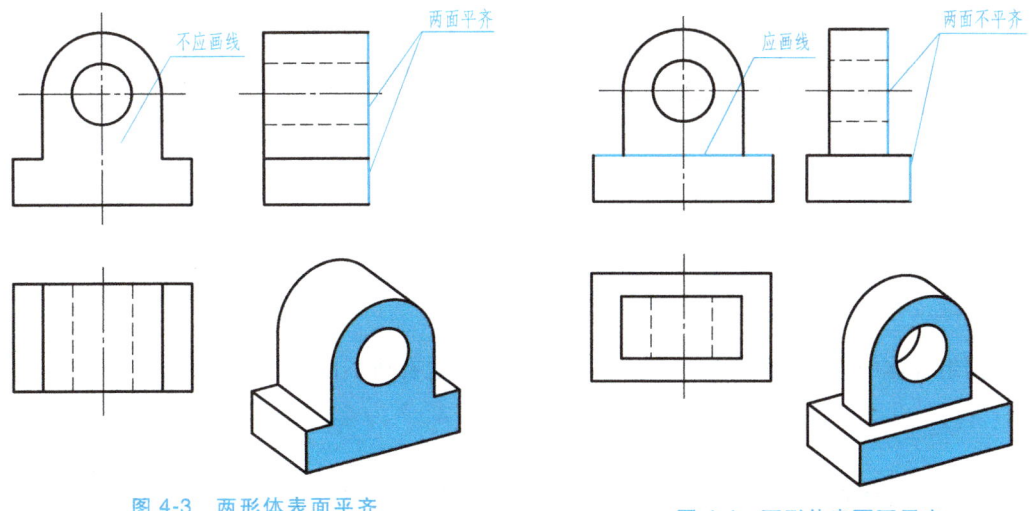

图 4-3 两形体表面平齐　　　　图 4-4 两形体表面不平齐

(2) 相交 如图 4-5 所示,底板与圆柱面相交,产生交线,所以主视图中应画出交线的投影。

(3) 相切 如图 4-6 所示,底板的前、后平面分别与圆柱面相切,相切时面与面之间光滑过渡,所以两相切的表面之间不画分界线。

图 4-7 所示为各种不同类型的阶梯孔,画法上应注意上、下两部分空腔结合处的表面投影有无分界线。

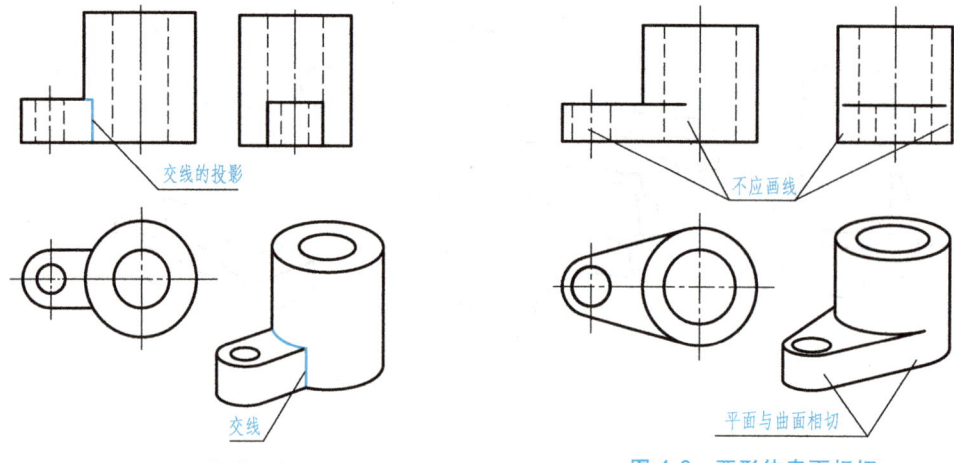

图 4-5 两形体表面相交　　　　图 4-6 两形体表面相切

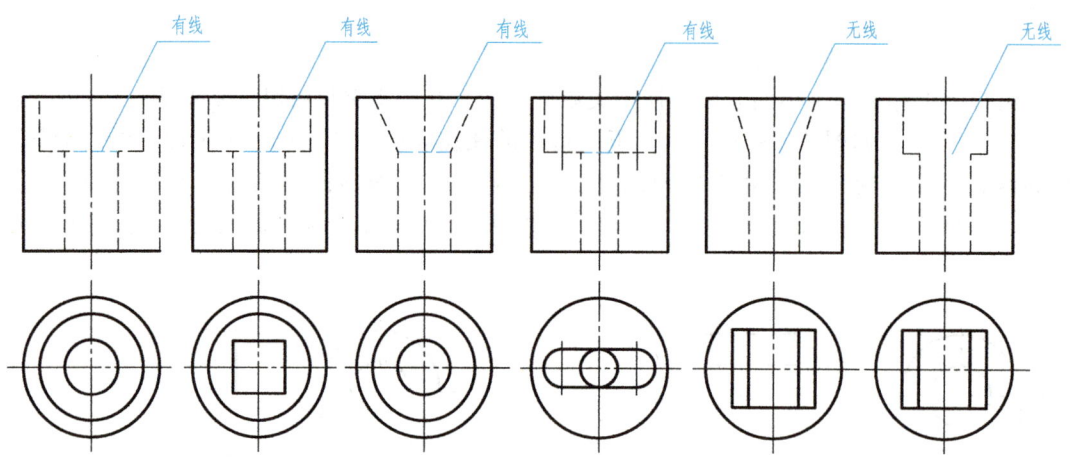

图 4-7 各种阶梯孔的画法

4.2 组合体视图的画法

根据组合体的组合形式不同，组合体视图的画法也有所不同。

4.2.1 挖切式组合体视图的画法

挖切式组合体首先要分析挖切前的结构及各个挖切结构的特点，研究各挖切结构对组合体结构的影响，最后确定一个合理的挖切顺序。

在绘图过程中，首先要绘制出挖切前的完整结构，然后根据所确定的挖切过程逐个完成各结构的三视图。其中，在绘制某一个挖切结构的视图时，应先画出反映该挖切部分形状特征的那个视图，再由投影关系画出其他两个视图。

下面以图 4-8a 所示挖切式组合体为例，说明三视图的画法。

1. 形体分析

挖切前该组合体为一四棱柱，左、右两侧各挖切一个四棱柱，上部中间挖去半圆柱槽，

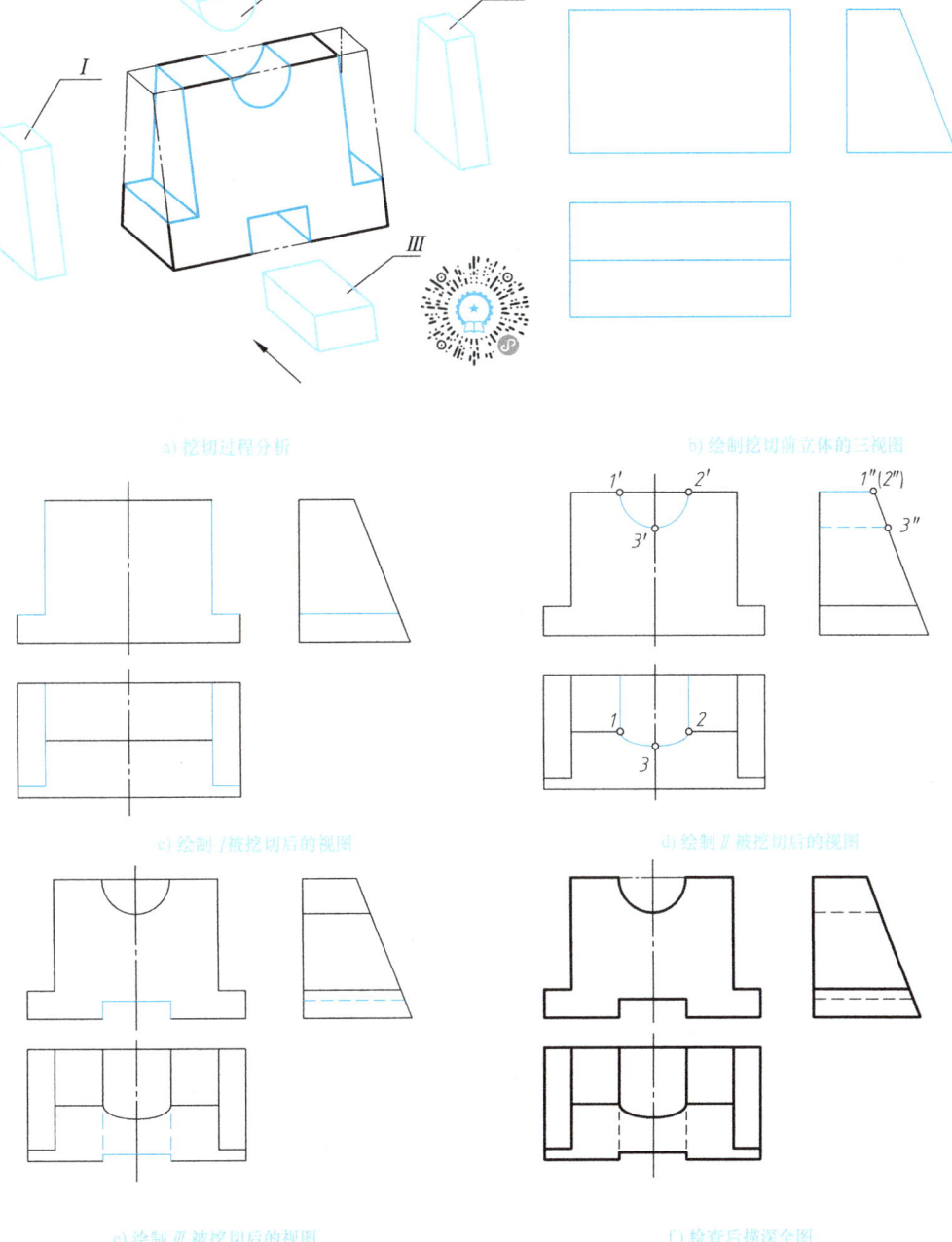

图 4-8 画挖切式组合体三视图的步骤

下部中间挖去一方槽,如图 4-8a 所示。

2. 选择主视图

对于挖切式组合体而言,最多挖切面投影积聚为线的视图是最能反映其形状特征的视图,因而应作为主视图。如图 4-8a 所示箭头所指方向,各挖切面均积聚为直线和圆弧,所以该方向为主视方向。

3. 绘图

1）绘制出组合体挖切前的三面投影，如图 4-8b 所示。

2）左、右两侧的结构，是由一个水平面和两个侧平面挖切完成的，主视图最能反映挖切平面的位置。由主视图可以完成水平面和两个侧平面的左视图，根据左视图中水平面的投影和主视图中两侧平面的投影可以求出这两个水平面的水平投影，如图 4-8c 所示。

3）上部中间的半圆柱槽，主视图最能反映挖切面的位置和形状特征。由主视图可以完成该结构的左视图。该组合体的前面是一侧垂面，所以它与半圆柱槽的交线应为半个椭圆。其俯视图上的投影应为半椭圆，*1* 和 *2* 为椭圆短轴的端点，*3* 为椭圆长轴的端点。根据这三个点的正面和侧面投影可以求出其水平投影，这是椭圆弧的三个特殊位置点。再求适当数量的一般位置点的投影，即可完成半椭圆的投影，如图 4-8d 所示。

4）下部中间的方槽，主视图最能反映其形状特征。由主视图可以完成方槽的左视图。根据左视图中方槽上底面的投影，可以完成上底面与组合体前面的交线的水平投影，从而完成该结构的俯视图，如图 4-8e 所示。

5）检查全图，加深加粗图线，完成组合体三视图的绘制，如图 4-8f 所示。

4.2.2 叠加式和综合式组合体视图的画法

绘制叠加式和综合式组合体视图的基本方法是形体分析法。所谓形体分析法，就是"化整为零"，假想把组合体分解成若干个基本形体，并弄清每一形体的形状；进而"积零为整"，弄清各形体之间的相对位置、组合形式及相邻两表面间的连接关系，从而达到了解整体的目的。形体分析法是画、看组合体视图，以及进行组合体尺寸标注的基本方法。

现以图 4-9a 所示的轴承座为例，说明形体分析法绘制组合体三视图的方法和步骤。

1. 形体分析

画组合体视图之前，应对组合体进行形体分析，了解组合体各基本形体的形状、组合形式、相对位置及其在某方向上是否对称，以便把握组合体的整体结构，为画视图做好准备。

轴承座可看作由底板、支撑板、肋板和圆柱体四个基本形体构成，各基本形体形状如图 4-9b 所示。其中，支撑板叠放在底板上，它们的后表面平齐；支撑板的上部支在圆柱体下侧，其两侧面与圆柱面相切，它们的后表面不平齐；肋板居中叠放在底板上，后面与支撑板连接，而肋板的上部支在圆柱体下侧，两侧面与圆柱面相交。轴承座的总体构形左右对称。

2. 选择主视图

主视图是三视图中最重要的视图。首先应把组合体按自然位置放平、摆正，以使组合体各表面尽量处于特殊位置，然后选择主视图的投射方向。

主视图的选择原则：将最能反映组合体的形状特征、基本形体的形状及相对位置的投射方向作为主视图的投射方向；同时还应使俯视图和左视图中虚线的数量尽量少。

将图 4-9 所示的轴承座的底板朝下置于水平位置，这样符合人们日常放置物体的习惯，使物体具有稳定感。

如图 4-10 所示，有 *A、B、C、D* 四个方向可选择作为主视图的投射方向。投射方向 *A* 和 *B* 比较，*B* 向视图虚线过多，不如 *A* 向视图清晰；投射方向 *C* 和 *D* 比较，*C* 向作为主视图投射方向时，对应的左视图会出现较多的虚线，不如 *D* 向好；再比较 *A* 向和 *D* 向，两者对反映轴承座各部分的结构形状和相对位置关系各有特点，均可作为主视图投射方向，这里

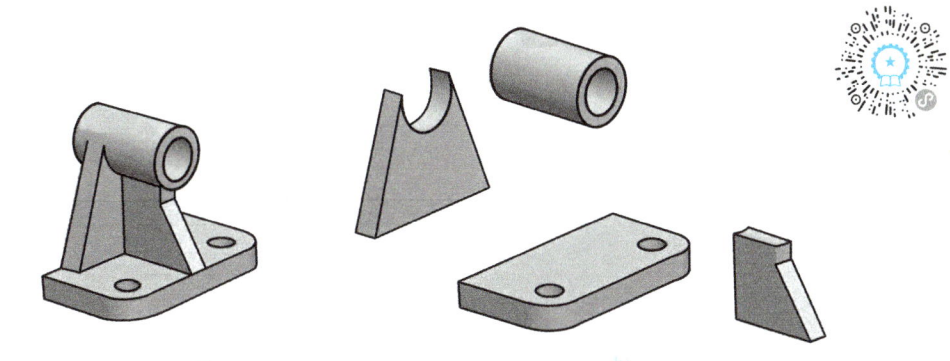

图 4-9 轴承座的形体分析

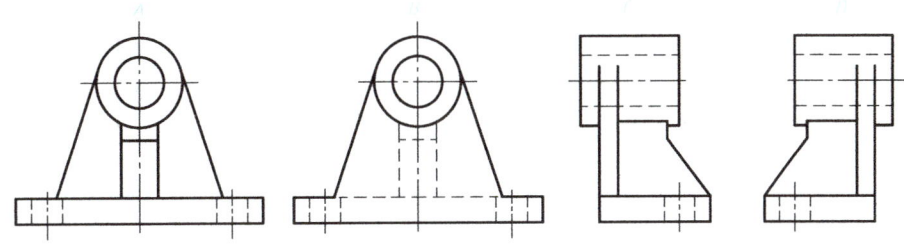

图 4-10 主视图的选择

选择 A 向视图作为主视图，更便于布图。

主视图确定后，左视图、俯视图亦随之确定。

3. 绘图

画轴承座三视图的步骤如图 4-11 所示。要迅速而又正确地画出组合体三视图，画底稿时应注意以下三点。

1）画图的先后顺序应根据形体分析，先画主要形体，后画细节部分；先画可见部分，后画不可见部分。

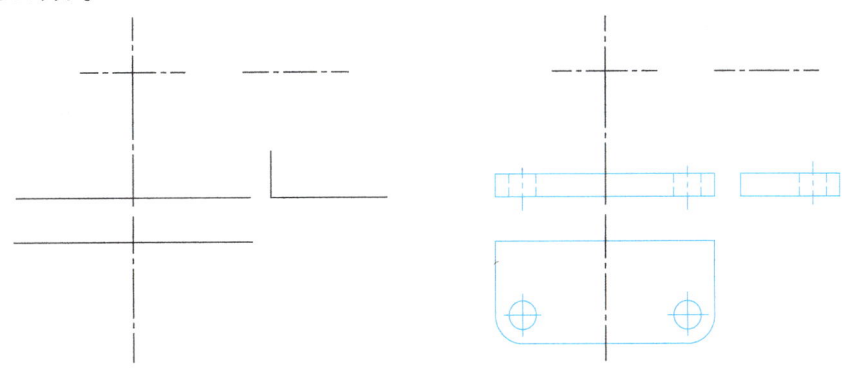

a) 画轴线、对称中心线和基准线　　　　　　　　　　b) 画底板三视图

图 4-11 画轴承座三视图的步骤

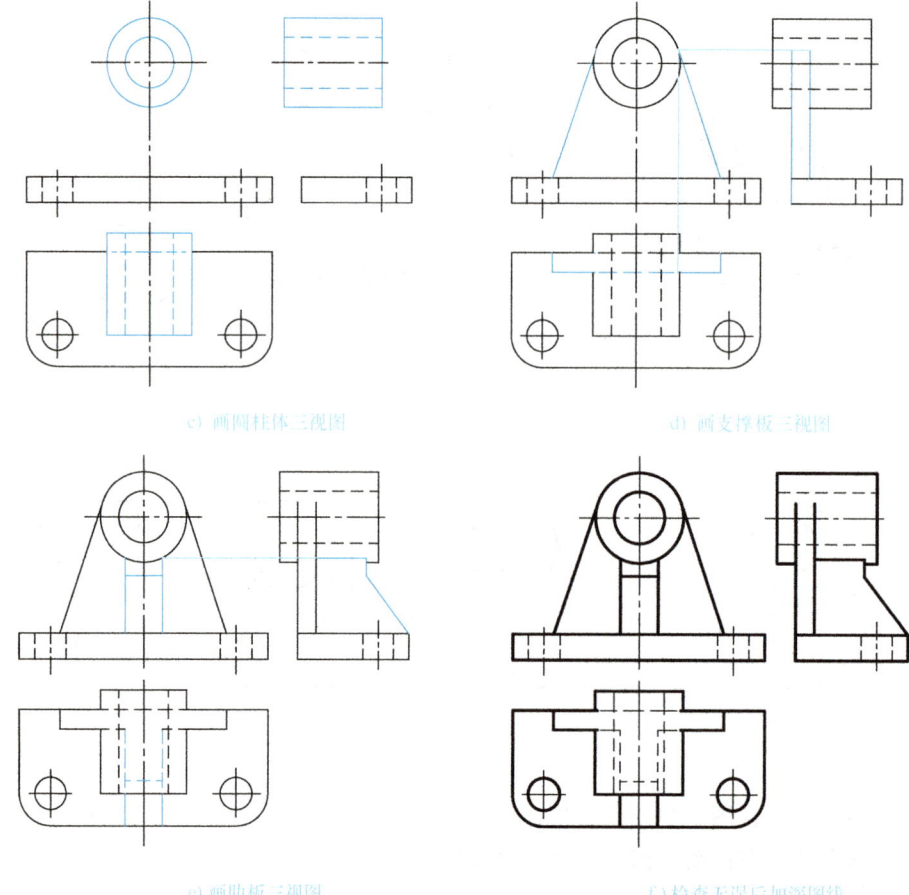

图 4-11 画轴承座三视图的步骤（续）

2）各基本形体应从反映形体特征明显的视图入手，并分析投影对应关系，三个视图相互参照一起画，可以避免缺漏、错画，提高绘图速度。

3）在组合体的叠加过程中，除了要特别注意各形体表面的连接关系，绘制各形体之间应有的表面交线，还应该特别注意，组合体是一个整体，在各形体叠加时是相融为一体的，绘图过程中应擦去叠加后不再存在的轮廓线。在图 4-11d 所示的俯视图和左视图中，支撑板和圆柱体之间没有了圆柱轮廓线；如图 4-11e 所示，俯视图中肋板和支撑板之间不再有轮廓线，左视图中的肋板和圆柱体之间不再有轮廓线。

4.3 组合体的尺寸标注

4.3.1 组合体尺寸标注的基本要求

视图仅能表示组合体的形状，而组合体各组成部分的大小及相对位置还需由尺寸来确定，标注组合体尺寸时应做到以下三点。

（1）正确　必须符合国家标准中尺寸注法的一般规定。

（2）完整 所注尺寸必须能完全确定组合体的形状、大小及各部分间的相对位置关系，标注尺寸时不能遗漏尺寸，也不要重复标注。

（3）清晰 尺寸的布置要整齐清晰，便于看图。

4.3.2 尺寸种类

1. 定形尺寸

定形尺寸是确定组合体各基本形体形状、大小的尺寸，如图 4-12 所示。

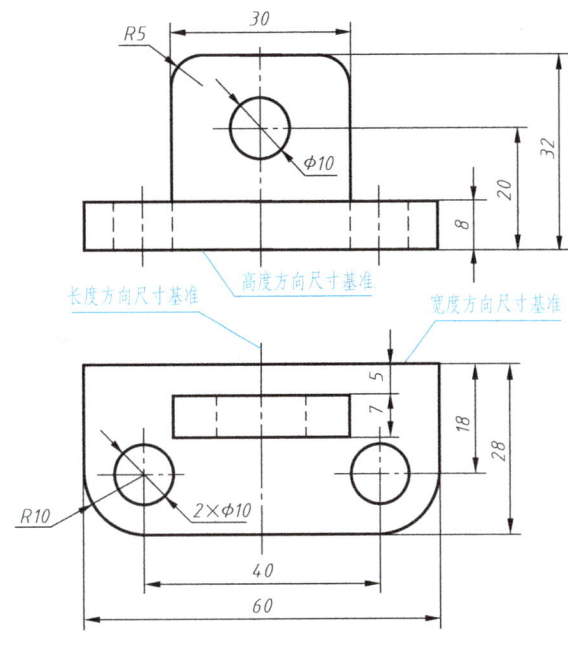

图 4-12 组合体尺寸标注分析

底板的尺寸：长 60、宽 28、高 8；圆孔 2×φ10 和圆角 R10。注意：相同的圆孔要注写数量，如 2×φ10，但相同的圆角（如 R10）则不注写数量。

立板的尺寸：长 30、宽 7、高 24（=32-8）；圆孔尺寸 φ10 和圆角 R5。

2. 定位尺寸

定位尺寸是确定组合体各基本形体之间相对位置的尺寸。

确定相对位置，一般用长、宽、高三个方向的定位尺寸。度量尺寸的起点称为尺寸基准。对于一般的三维立体，有长、宽、高三个方向的尺寸，每个方向至少应该有一个尺寸基准。一般选择组合体的底面、重要端面或大端面、对称平面（对称中心线）及回转体轴线等作为尺寸基准，如图 4-12 所示。

底板和立板的左右对称平面作为长度方向的尺寸基准，确定两板和圆孔的对中关系，可以确定长度方向的相对位置，如底板上两圆孔的定位尺寸 40。

底板后端面作为宽度方向的尺寸基准，确定宽度方向的相对位置，如底板上小圆孔的定位尺寸 18、立板的定位尺寸 5。

高度方向以底板的底面为基准，确定立板上圆孔的高度位置 20。

同方向的尺寸基准不管有多少，只能有一个主要基准，即起主要作用（通常由它注出的尺寸较多）的那一个基准。同方向除了一个主要基准外，通常还有若干个辅助基准。

在标注定位尺寸时应注意以下三点。

1) 原则上每个基本形体在长、宽、高三个方向上均需定位，但有些情况下可不必标注。当基本形体之间的相对位置为叠加、平齐或处于组合体的对称平面时，在相应方向上不需要定位尺寸。

2) 基准的"起点"作用通常有两种表现形式，自此位置开始向单一的方向度量，如图 4-12 所示的尺寸 20、5 和 18；或自此位置开始对称向两相反方向度量，即以对称中心线为基准的定位尺寸，不是从对称中心线注起，而是直接标注互相对称的两要素之间的距离，如图 4-12 所示的尺寸 40。

3) 回转体的定位尺寸必须直接确定其轴线的位置，如图 4-12 中的尺寸 20。

3. 总体尺寸

总体尺寸即组合体的总长、总宽、总高尺寸。组合体一般需要标注总体尺寸。由于组合体定形、定位尺寸已标注完整，若再加注总体尺寸会出现多余尺寸，所以在加注总体尺寸的同时，必须去掉一个同方向的定形尺寸或定位尺寸。图 4-12 所示组合体的总长和总宽尺寸即底板的长和宽，不必重复标注，总高尺寸 32 宜直接注出。注意，在标注组合体的总高尺寸 32 和底板的高度尺寸 8 以后，立板的高度尺寸 24 则不再注出。

当组合体的端部为回转体时，为了突出圆弧中心或孔的轴线位置，注出定位尺寸后，一般不再注出该方向的总体尺寸，如图 4-13 所示。

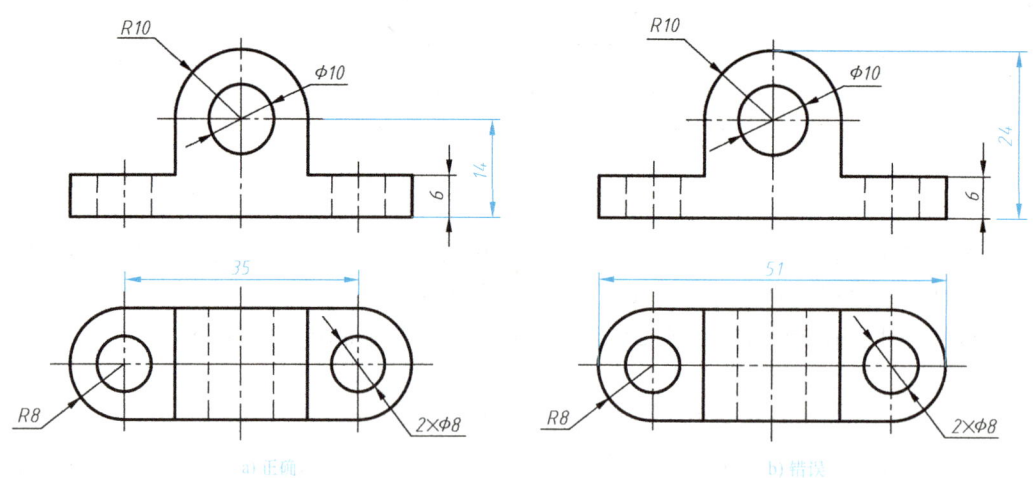

图 4-13 不必标全总体尺寸的尺寸注法

4.3.3 尺寸标注的基本方法

尺寸标注要清晰，具体应注意以下几点。

1) **反映形体，集中标注**。同一形体的定形尺寸和定位尺寸应尽量集中标注，并尽可能标注在反映形体特征最明显的视图上，如图 4-14a 所示的燕尾槽尺寸 22、10 和 12，以及方槽尺寸 10 和 6。

2）虚线尽量不注。如图 4-14a 所示左视图中的尺寸 6 和 10。

3）尺寸尽量标注在视图外部，配置在两视图之间。如图 4-14a 所示的尺寸 32 和 40。但有时为了避免尺寸界线越过图形太长，或与其他图线相交，且当图形有足够的地方能清晰地注写尺寸数字时，也可注在视图内，如图 4-14a 所示燕尾槽的定形尺寸 22 和 10。

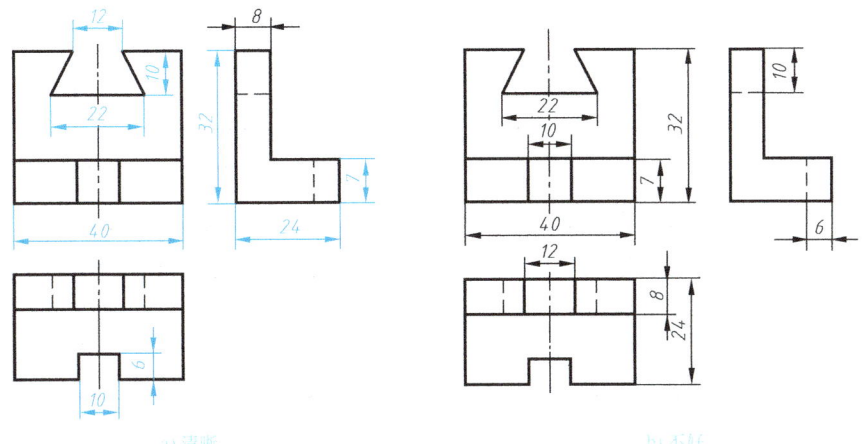

图 4-14 尺寸应集中标注在形体特征明显的视图上

4）排列整齐，便于看图。同一方向连续的几个尺寸，尽量放在一条线上，如图 4-15 所示。同方向的平行尺寸，应使大尺寸在外而小尺寸在内，并且间隔均匀，避免尺寸线和另外尺寸的尺寸界线相交，以保持图面清晰。两视图之间同方向的尺寸应排列在一直线上，这样既整齐又便于画图，如图 4-16 所示。

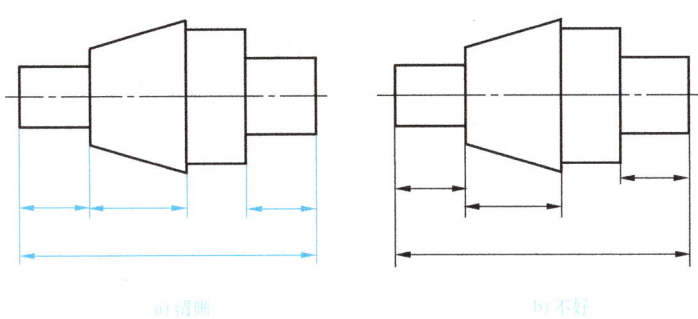

图 4-15 同一方向的尺寸标注

5）直径注法。回转体的直径一般应尽量注在投影为非圆的视图上，半径尺寸必须注在投影为圆弧的视图上，如图 4-17 所示。但板件上为多孔分布时，其直径应注在反映为圆的视图上，如图 4-13a 所示。

在标注尺寸时，以上几点不一定能同时兼顾，应根据具体情况，统筹安排，合理布置。

4.3.4 常见简单形体的尺寸标注

运用形体分析法标注组合体的尺寸时，一般是首先把组合体分解成若干简单形体，再分别标注出各简单形体的尺寸和它们之间的定位尺寸。因此，除熟悉一些基本体的尺寸标注外，还必须掌握一些常见的简单形体的尺寸标注，如图 4-18 所示。

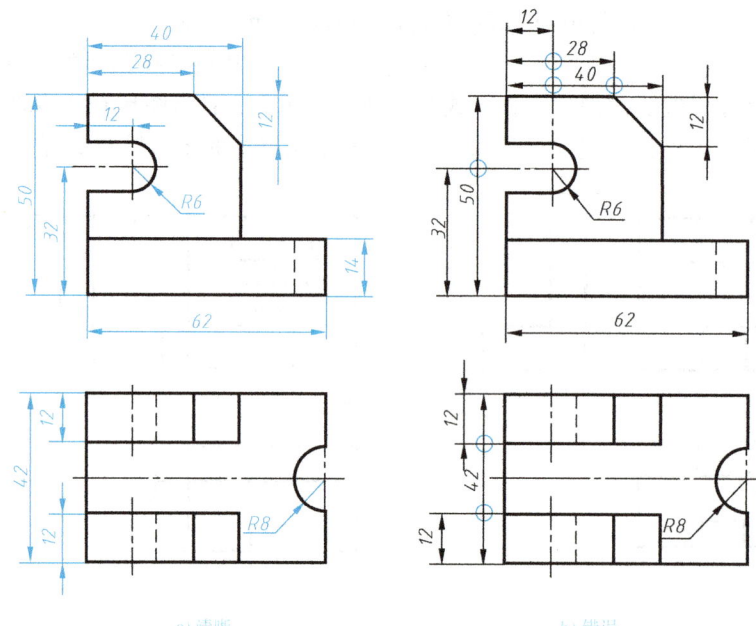

图 4-16　尺寸排列要清晰

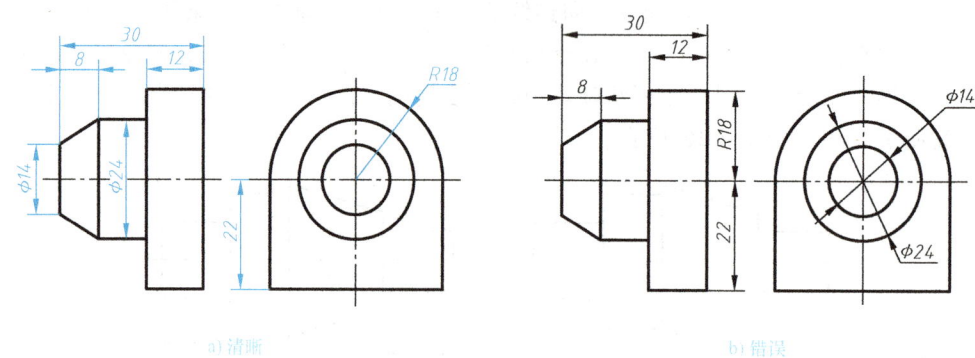

图 4-17　直径和半径的尺寸注法

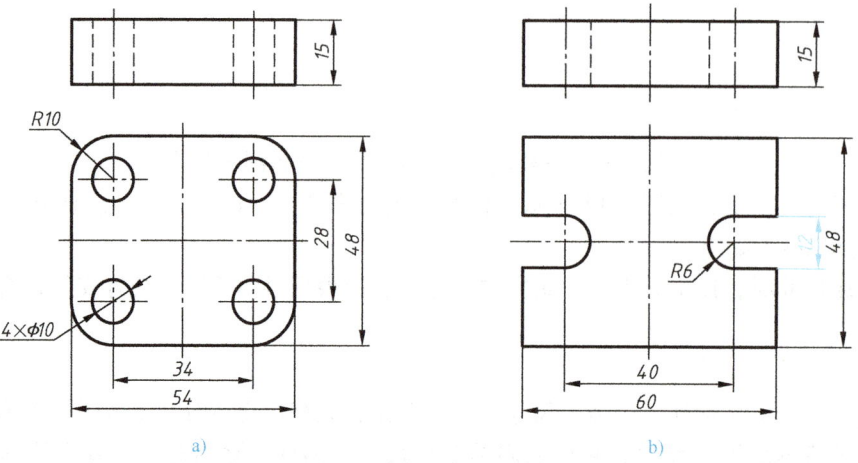

图 4-18　常见简单形体的尺寸标注

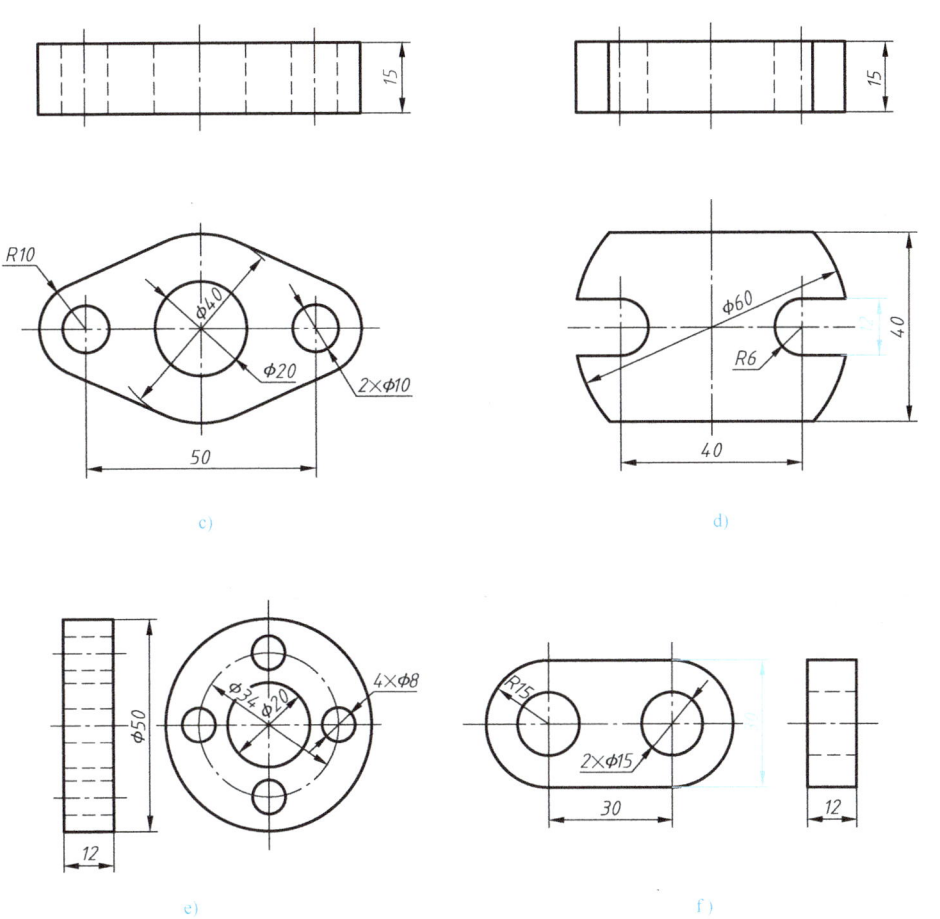

图 4-18 常见简单形体的尺寸标注（续）

需要特别指出的是，图 4-18a 所示形体的四个圆角，无论是否与小孔同心，整个形体的长度尺寸和宽度尺寸、圆角半径，以及四个小孔的长度方向和宽度方向的定位尺寸都要注出；当圆角与小孔同心时，应注意上述尺寸数值之间不得发生矛盾。图 4-18b、d、f 所示三组视图中蓝色标注的尺寸标或不标都可以。

4.3.5 组合体尺寸标注的步骤

进行组合体尺寸标注时应遵循以下步骤。

1）作形体分析。

2）选长、宽、高三个方向的尺寸基准，逐一注出各基本形体的定形尺寸和定位尺寸。

3）标注组合体的总体尺寸。

4）检查、调整。

下面以图 4-19 所示的组合体为例，说明尺寸标注的方法与步骤。

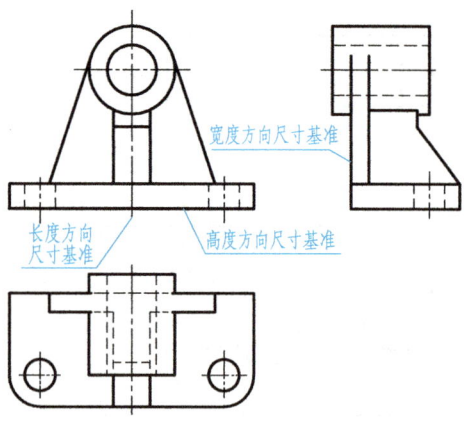

a) 确定尺寸基准

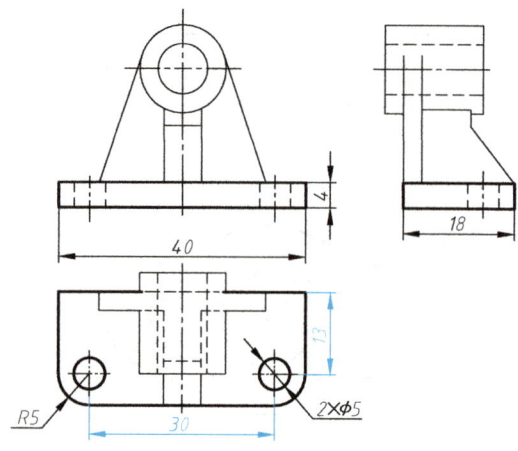

b) 标注底板尺寸

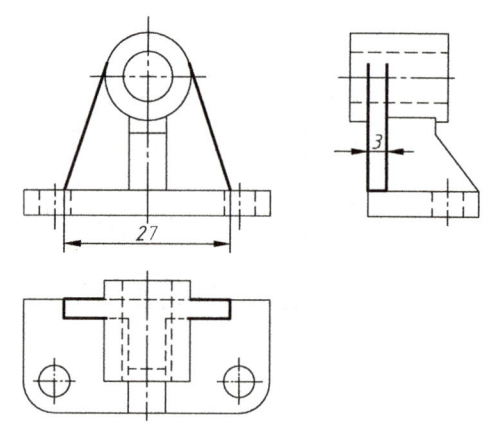

d) 标注支撑板尺寸

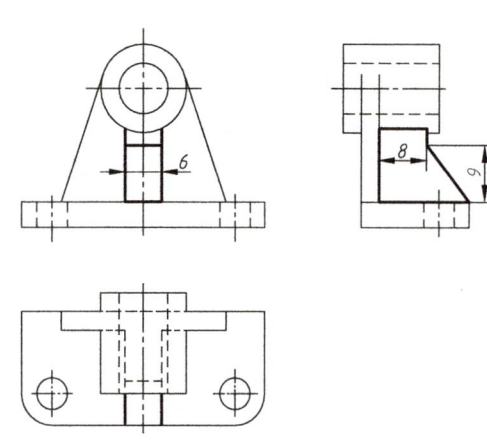

e) 标注肋板尺寸

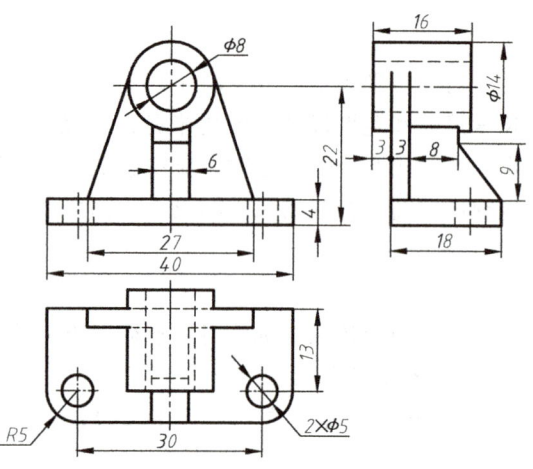

f) 完整的尺寸标注

图 4-19 组合体的尺寸标注

4.4 组合体的读图

4.4.1 读图的基本知识

画图是把空间的组合体用正投影方法表达在平面上,而读图则是根据给定的视图想象出组合体的空间形状。读图与画图在方法上有着紧密的联系。形体分析法仍然是读图的基本方法。

1. 几个视图联系起来看

一般情况下,一个视图不能确定组合体的唯一的形状,一个视图只反映两个方向的尺寸大小和相对位置关系。除了圆锥、圆柱等一些回转体在图中借助符号 ϕ、R、S 能用一个视图确定立体的形状外,一般一个视图可能与多个形体对应。

如图4-20所示的四组视图,所表达的形体各异,但它们的主视图完全相同。有时只看两个视图也不能完全确定物体的形状,例如图4-20a、b所示的两组视图,以及图4-20c、d所示的两组视图,左视图相同,但由于俯视图不同,故表达的是不同的形体。由此可见,看图时必须将几个视图结合起来,互相对照,同时进行分析,这样才能准确地想象出物体的形状。

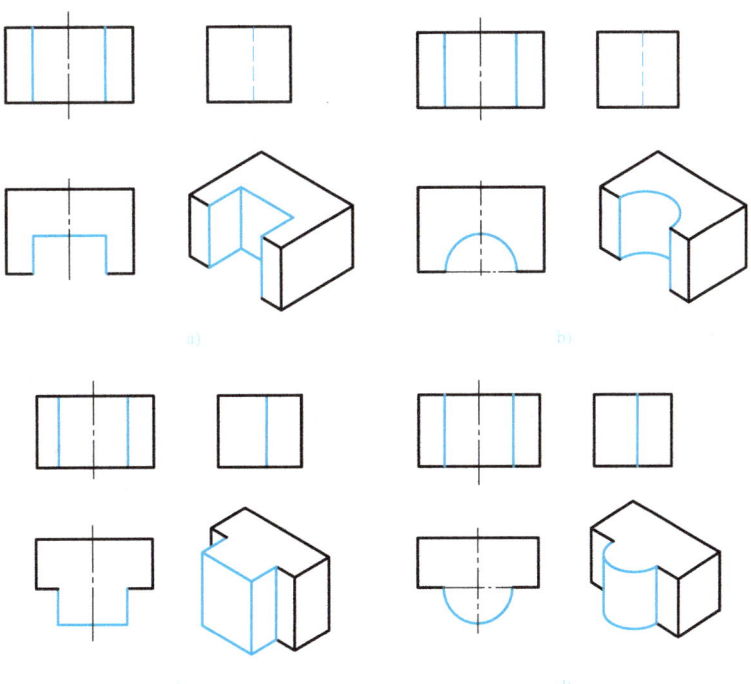

图 4-20 几个视图联系起来想象物体的形状

2. 理解封闭线框和图线的空间含义

图4-21a所示仅为组合体的一个视图,因而可以构思出它可能是很多种不同形状物体的投影,图4-21b~f所示仅表示了其中五种物体的形状。随着空间物体形状的改变,在同样一

个视图上,它的每个封闭线框及每条线所表示的意义均不相同。分析图 4-21 所示的例子,可以得出以下结论。

1) 视图上的每一条线可以是物体的下列各种要素之一的投影:①两表面的交线,如视图上的直线 l,可以是物体上两平面交线的投影(图 4-21c)或平面与曲面交线的投影(图 4-21d、e);②具有积聚性的平面或柱面的投影,如视图上的直线 l 和 m,可以是物体上相应的侧平面 L 和 M 的投影(图 4-21b、f);③曲面的转向轮廓线,如视图上的直线 m,可以是物体上圆柱的某一转向轮廓线的投影(图 4-21d)。

2) 视图上的每一封闭线框(图线围成的封闭图形),可以是物体上不同位置平面或曲面的投影,也可以是通孔的投影:①平面,如视图上的封闭线框 A,可以是物体上的平行面的投影(图 4-21e、f)或垂直面的投影(图 4-21b、c);②曲面,如视图上的封闭线框 A,可以是物体上圆柱面的投影(图 4-21d);③曲面和其切平面,如视图上的封闭线框 D,可以是物体上圆柱面及与它相切平面的投影(图 4-21d、e)。

3) 视图上任何相邻的封闭线框,必定是物体上相交的或有前后关系的两个面(或其中一个是通孔)的投影。如图 4-21c、d、e 所示,线框 B 和 C 表示相交的两个面;如图 4-21b、f 所示,线框 B 和 C 表示前后两个面。视图中大线框内含小线框,表示中间有凹、凸形体或空孔,如图 4-22 所示。

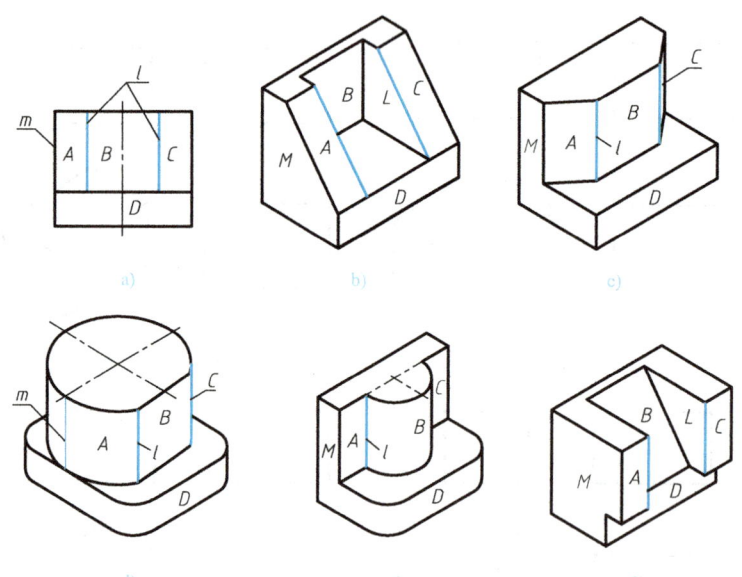

图 4-21 视图中线和线框的含义

3. 先从反映形体特征的视图看起

读图时,必须从反映形体特征(形状特征和位置特征)的视图入手。主视图作为最重要的视图,通常能较多地反映物体的形体特征,因而读图时一般先从主视图入手;但有时组成组合体的各形体的形状和位置特征不一定全集中在主视图上,此时必须善于找出反映形体特征的那个视图,再联系其相应投影,这样就便于想象其形状与位置。如图 4-22a 所示为物体的三视图,主视图反映其形状特征较明显,但只看主视图,物体上的 I 和 II 两部分哪个凸出、哪个凹进无法确定,从俯视图上也无法确定,可能是图 4-22b 或 c 所示的形体,而左

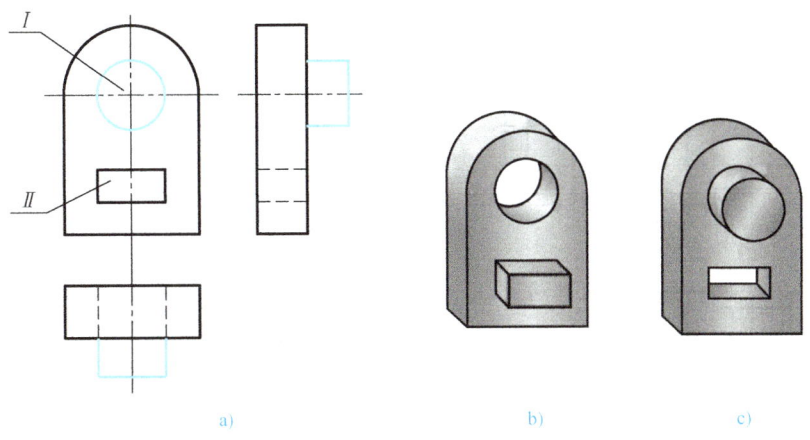

图 4-22 视图中相邻封闭线框的含义

视图却明显反映了位置特征,将主、左两个视图联系起来看,就可唯一判定是图 4-22c 所示的形状。

4.4.2 读图的基本方法

根据组合体三视图的构形特点,读图的基本方法可分为形体分析法和线面分析法两大类。形体分析法是用于有叠加过程的组合体的读图方法,线面分析法是用于挖切式组合体的读图方法。

1. 形体分析法

根据组合体视图的特点,从图中划分出基本形体,然后按照投影对应关系逐个分析每一基本形体的几个投影,确定其形状及各部分间相对位置,最后组合起来想象出整体的结构形状,这种先分解后组合的读图方法就是形体分析法。这个过程与形体分析法绘制组合体视图是相一致的。

下面以图 4-23a 所示组合体三视图为例,说明形体分析法读图的方法和步骤。

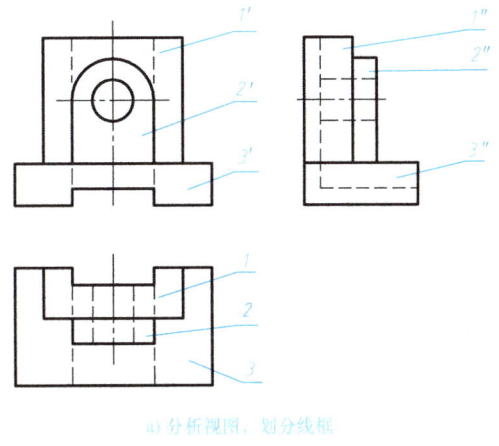

a) 分析视图,划分线框

图 4-23 形体分析法读图

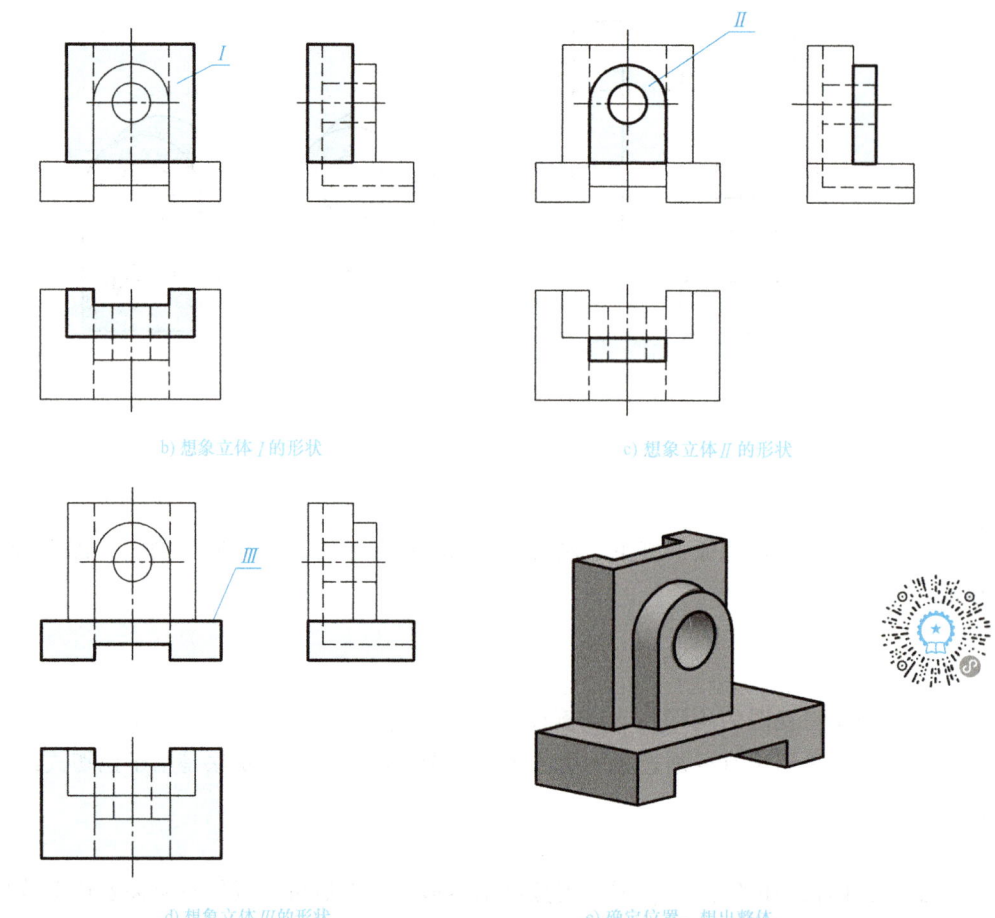

b) 想象立体 I 的形状　　c) 想象立体 II 的形状

d) 想象立体 III 的形状　　e) 确定位置，想出整体

图 4-23　形体分析法读图（续）

（1）**分析视图，划分线框**　从主视图入手，结合其他两视图，按照投影对应关系把该组合体划分成三个部分：立板 I、凸台 II、底板 III，如图 4-23a 所示。

（2）**对照投影，想出形体**　根据每一部分的三视图，逐一想象出各个基本体的空间结构形状，如图 4-23b~d 所示。

（3）**确定位置，想出整体**　确定各形体的相对位置后，就可以想象出组合体的整体形状，如图 4-23e 所示。

2. 线面分析法

线面分析法就是根据视图中图线和封闭线框的含义，来分析物体各表面的形状和位置关系，从而想象出物体的形状的读图方法。

下面以图 4-24a 所示压块三视图为例，说明线面分析法读图的方法和步骤。

读图一般应遵循由整体到局部、由简单到复杂的顺序。

（1）**分析视图，还原形体**　从图中可以看出形体前后对称，三个视图的主要轮廓接近矩形，可以认为挖切前的基本立体为长方体。从主视图和左视图中虚线所表达的结构形状及与俯视图中对应的两圆间的投影关系，容易确定这个结构为从上到下挖出的一个柱形沉孔，轴线位于对称面上。

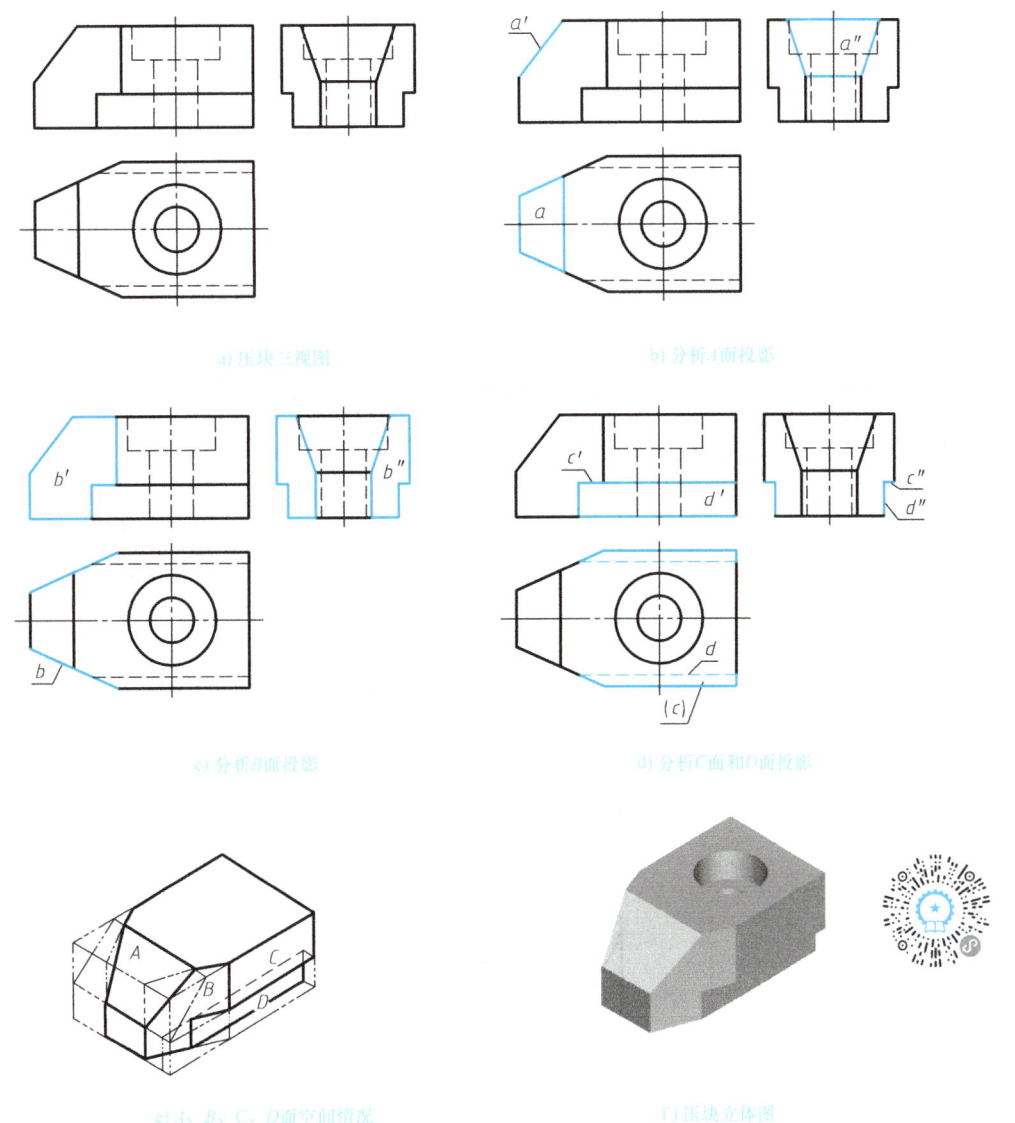

图 4-24 线面分析法读图

（2）分线框，识面形　在三视图中，凡"一框对两线"则表示投影面平行面；"一线对两框"则表示投影面垂直面；"三框相对应"则表示一般位置平面。投影面垂直面的两个投影、一般位置平面的三个投影都具有类似性，其线框呈类似形。熟记这些特点，可以很快想出面形及其空间位置。如图 4-24b 所示俯视图中的 A 面对应的线框，在主视图中找不到与之对应的符合投影关系的线框，但在左视图中可以找到一个类似形的线框与之对应，主视图中对应一条线段，结合主视图外形轮廓切去左上角的特征，便可确定 A 面为一正垂面，切割基本形体的结果如图 4-24e 所示。

同样可以分析出 B 面为铅垂面，前后对称地切割形体，如图 4-24c 所示。还可以分析出 C 面和 D 面的情况，综合分析各个面相对于基本形体的相对位置情况，想象出的立体如图 4-24e 所示。

(3) 识交线，想整体形状 将面、线的分析综合起来，便可以想象出压块的整体形状，如图 4-24f 所示。

4.4.3 综合训练

1. 补画视图

由已知的两视图，补画出第三视图，习惯称为"二补三"。对于培养画图与读图能力、提高分析问题和解决问题的能力，补画视图是行之有效的方法。补画视图是一种画图与读图的综合训练，给定的一组视图必须能够完全确定形体的结构形状，因此，训练需在读懂已知视图的前提下进行。

下面以挖切为主的组合体为例说明补画视图的方法和步骤，如图 4-25 所示。

a) 画外轮廓   b) 画前层半圆槽   c) 画中层半圆槽

d) 画后层半圆槽   e) 画中层与后层的通孔   f) 加深

图 4-25 补画左视图

分析：主视图和俯视图的外轮廓都是矩形，可以认为该组合体是在一四棱柱的基础上挖切而成的。因主视图中各轮廓线均为粗实线，说明该组合体是前低后高的结构。从俯视图可以看到，该组合体从前到后有三段结构，这三段结构中都有大小不一的半圆槽。主视图中的圆对应于俯视图的两条虚线，可知此结构为贯穿中后部的圆柱孔。

绘图步骤如下。

1) 画出完整的四棱柱的左视图，如图 4-25a 所示。
2) 按从前到后的顺序依次完成三个半圆槽的左视图，如图 4-25b、c、d 所示。
3) 完成通孔的左视图，如图 4-25e 所示。
4) 整理线段，加深加粗图线，完成补画的左视图，如图 4-25f 所示。

2. 补画缺线

补画缺线是一种训练读图能力的有效方法，和补画视图一样，运用读组合体视图的基本方法，分线框、对投影，根据投影规律读懂视图，想象出所表达物体的空间结构形状，然后正确地补全视图。

下面以图 4-26a 所示为例，说明补画组合体视图中所缺的图线的方法和步骤。

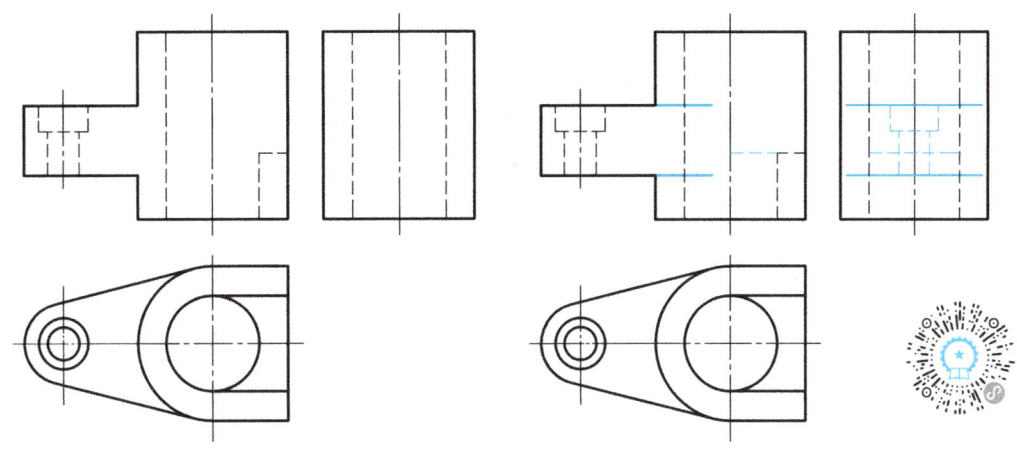

图 4-26　补画缺线

分析：从主视图、俯视图可分析出形体由一个耳板和一个 U 形柱组合而成。耳板的俯视图最能反映其形状特征，主视图反映了耳板在高度方向上的位置及其厚度，但缺少了耳板与 U 形柱连接部分的图线，左视图中缺少整个耳板结构。

对照主视图和俯视图可以看出 U 形柱结构为一半圆柱与四棱柱结合而成，其中有一个与半圆柱同轴的上下贯通的圆柱孔，孔的上部向右开了一个宽度与孔直径相同的方槽。主视图中缺少方槽与圆柱孔相交的图线，左视图中缺少表示方槽结构的图线。

绘图步骤如下。

1) 组合体的左边耳板部分的前、后侧面与圆柱面相切，所以在主视图上左边部分的上、下两条边线应补画到与俯视图中切点相对正的位置。左视图根据与主视图"高平齐"的原则，补出上、下两底面的积聚性投影，宽度与俯视图中前、后两切点间的距离相等。耳板上还有一个圆柱阶梯孔，在左视图上应补出其投影。

2) 组合体的右边部分，从俯视图可知槽宽等于圆柱孔的直径，所以槽的前、后侧面正好与圆柱孔在前、后素线处相切，故在主视图上槽底面的投影积聚线应补画到圆柱孔的轴线投影处，在左视图中应画到圆柱孔的前、后素线的投影处。

补画缺线结果如图 4-26b 所示。

第5章 轴 测 图

多面正投影图能完整、清晰地反映物体的结构形状，且作图简单，度量性好，是工程上的主要用图，但其立体感不强，只有具备一定读图能力的人才能读懂，如图 5-1a 所示。因而，工程上还采用一种立体感较强的图作为辅助用图，如图 5-1b 所示，这种图就是轴测图。轴测图在产品造型设计、空间管路布置及房屋建筑上也有广泛的应用。

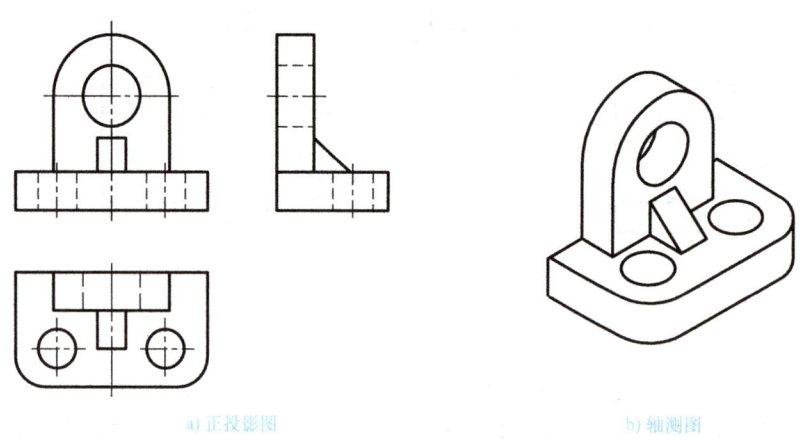

a) 正投影图　　　　　　　　　b) 轴测图

图 5-1　正投影图与轴测图的比较

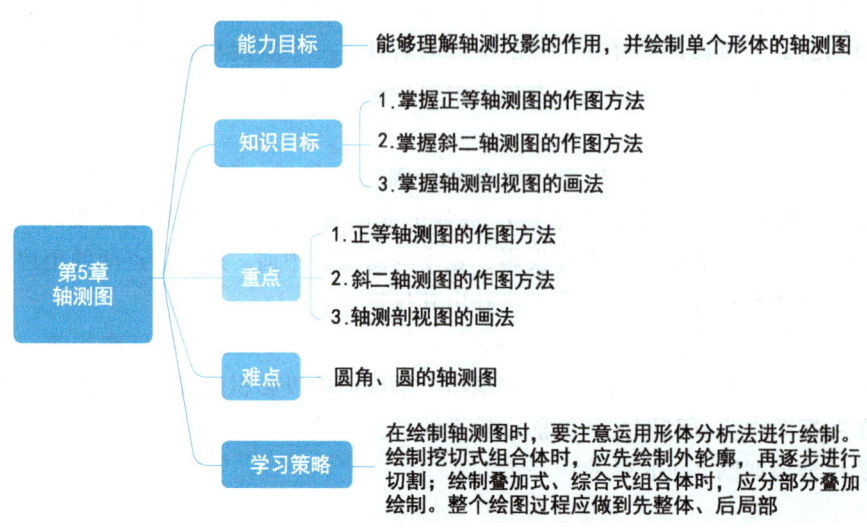

5.1 轴测图的基本知识

5.1.1 轴测图的基本概念

轴测图是一种单面投影图。如图 5-2 所示，在适当位置设置一个投影面 P，将物体连同确定其空间位置的直角坐标系一起沿一定的投射方向用平行投影法向该投影面作投射，得到的具有立体感的图形，称为轴测投影图，简称轴测图。

其中，投影面 P 称为轴测投影面；空间直角坐标轴在轴测投影面上的投影称为轴测投影轴，简称轴测轴，分别用 O_1X_1、O_1Y_1、O_1Z_1 表示；两轴测轴之间的夹角称为轴间角，分别用 $\angle X_1O_1Y_1$、$\angle Y_1O_1Z_1$、$\angle Z_1O_1X_1$ 表示；轴测轴上线段与相应坐标轴上对应线段的长度之比称为轴向伸缩系数，对应 O_1X_1、O_1Y_1、O_1Z_1 的轴向伸缩系数分别用 p_1、q_1、r_1 表示，其中，$p_1 = \dfrac{O_1A_1}{OA}$，$q_1 = \dfrac{O_1B_1}{OB}$，$r_1 = \dfrac{O_1C_1}{OC}$，如图 5-2 所示。

5.1.2 轴测图的分类

根据投射方向和轴测投影面的相对关系，轴测投影图可分为以下两种。
1）正轴测图，轴测投射方向垂直于轴测投影面。
2）斜轴测图，轴测投射方向倾斜于轴测投影面。

每类轴测图根据轴向伸缩系数不同，又可分为以下三种。
1）正（或斜）等轴测图，$p_1 = q_1 = r_1$，简称正（或斜）等测。
2）正（或斜）二轴测图，$p_1 = q_1 \neq r_1$，或 $p_1 = r_1 \neq q_1$，或 $q_1 = r_1 \neq p_1$，简称正（或斜）二测。

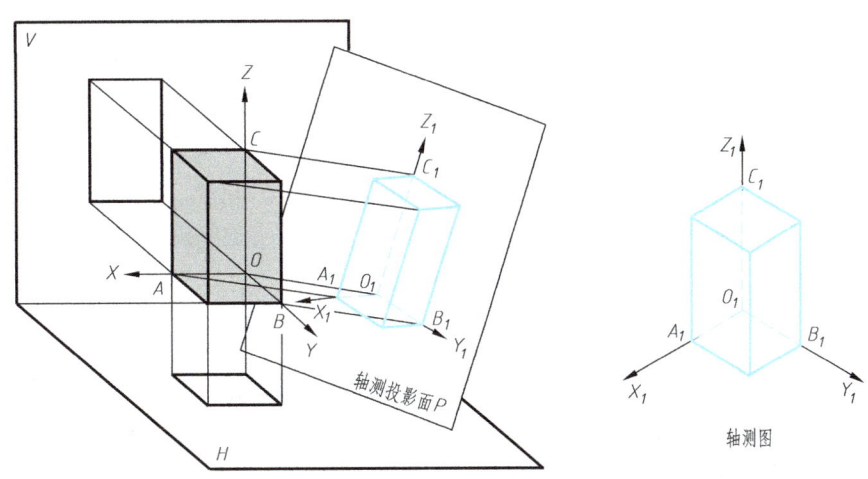

图 5-2 轴测图的形成

3）正（或斜）三轴测图，$p_1 \neq q_1 \neq r_1$，简称正（或斜）三测。

本章只介绍工程上常用的正等轴测图和斜二轴测图。

5.1.3 轴测图的基本性质

由于轴测图是按照平行投影法绘制出来的，因而具有平行投影的基本性质。
1）物体上平行于坐标轴的线段在轴测图中也必定平行于相应的轴测轴。
2）物体上相互平行的线段，其轴测投影仍然相互平行。
轴测图中的"轴测"是指沿轴测轴或平行于轴测轴的方向度量。

5.2 正等轴测图

5.2.1 正等轴测图的形成、轴间角和轴向伸缩系数

当物体上的三个坐标轴与轴测投影面的倾角相等时，根据正投影法得到的图形，称为正等轴测图，简称正等测。

正等轴测图中，三个轴间角相等且均为120°，轴向伸缩系数 $p_1 = q_1 = r_1 = 0.82$，如图 5-3 所示。

为画图简便起见，实际常采用 $p_1 = q_1 = r_1 = 1$ 的简化轴向伸缩系数，这样绘制出来的轴测图沿轴测轴方向放大到约 1.22 倍，但不影响图形的立体感。图 5-4 所示为分别采用两种轴向伸缩系数绘制的正方体轴测图。

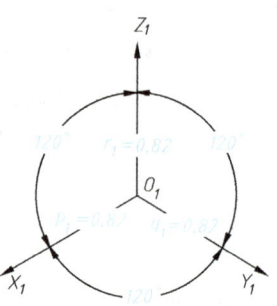

图 5-3 正等轴测图的轴

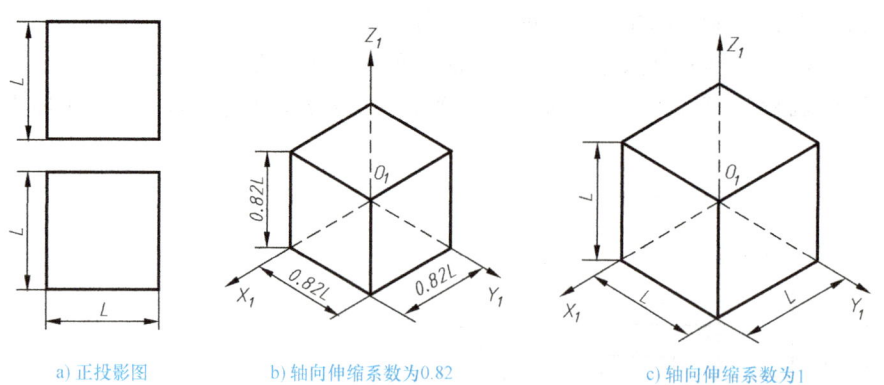

a) 正投影图　　b) 轴向伸缩系数为0.82　　c) 轴向伸缩系数为1

图 5-4　轴向伸缩系数为 0.82 和 1 的正方体的正等轴测图

5.2.2 平面立体正等轴测图的画法

画轴测图的基本方法是坐标法，即根据平面立体的各个顶点的坐标，分别绘制出相应点的轴测投影，最后依次连接即可。坐标法不仅适用于平面立体，而且适用于曲面立体；不仅适用于正等轴测图，而且适用于其他轴测图。在实际作图中，应根据立体的形状特点灵活运用。绘制轴测图时，确定恰当的直角坐标系，能使绘图过程便捷，其次，轴测图中的不可见轮廓线一般省略不画。

绘制长方体的正等轴测图，如图 5-5 所示。在视图上选定坐标系（图 5-5a），绘制轴测轴（图 5-5b），绘制下底面（图 5-5c），绘制侧棱（图 5-5d），绘制上底面（图 5-5e），整理

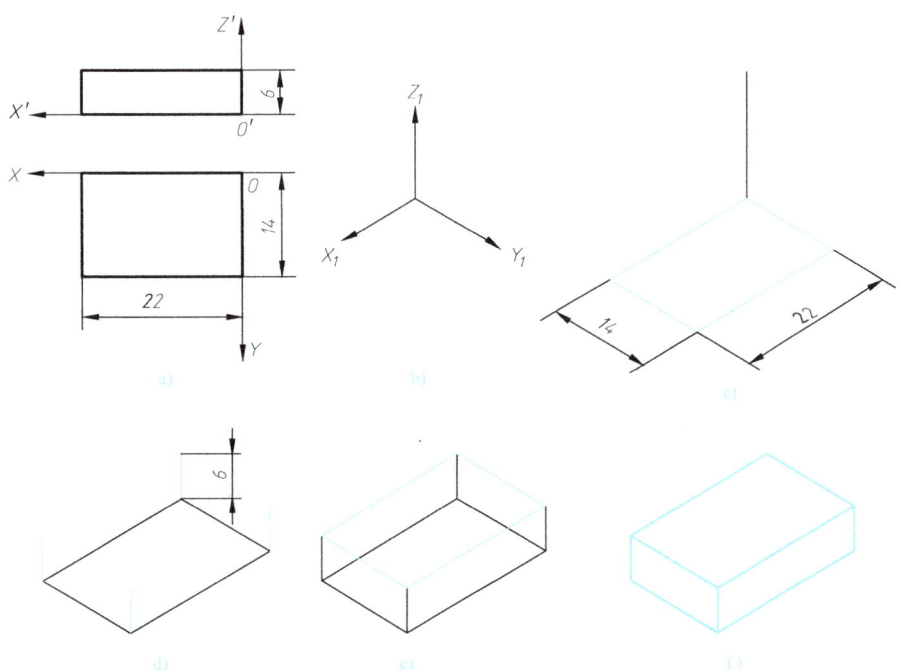

图 5-5 长方体正等轴测图的画法

可见轮廓线并加深（图 5-5f）。

绘制正六棱柱的正等轴测图，如图 5-6 所示。在视图上选定坐标系（图 5-6a），绘制轴测轴，根据尺寸绘制上底面 1_1、2_1、3_1、4_1 点（图 5-6b），过 1_1、2_1 两点分别作平行于 O_1X_1 轴的直线，量取 $a/2$ 得四个顶点（图 5-6c），过各个顶点向下取 H 长度，得下底面各顶点（图 5-6d），连接各顶点，整理可见轮廓线并加深（图 5-6e）。

绘制切割体的正等轴测图，如图 5-7 所示。在视图上选定坐标系（图 5-7a），绘制出完

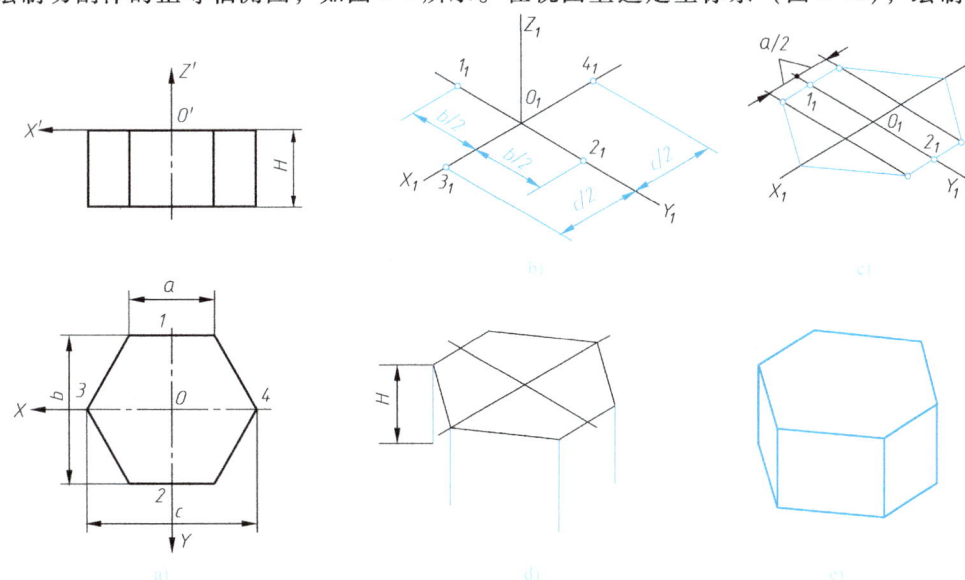

图 5-6 正六棱柱正等轴测图的画法

整长方体（图 5-7b），依次绘制出挖切部分（图 5-7c），依次绘制出挖切部分（图 5-7d），整理可见轮廓线并加深（图 5-7e）。

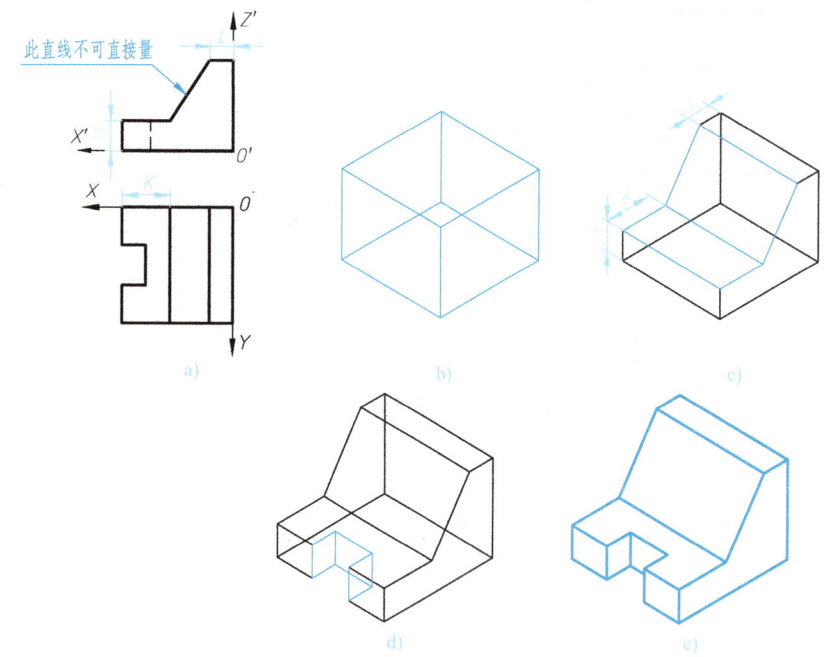

图 5-7 切割体正等轴测图的画法

5.2.3 曲面立体正等轴测图的画法

1. 平行于坐标面的圆的正等轴测图的画法

一般情况下，圆的正等轴测图是椭圆。平行于坐标面的圆，其正等轴测图通常采用菱形法近似画出椭圆，如图 5-8 所示。确定坐标系（图 5-8a），过 1_1、2_1、3_1、4_1 点作菱形（图

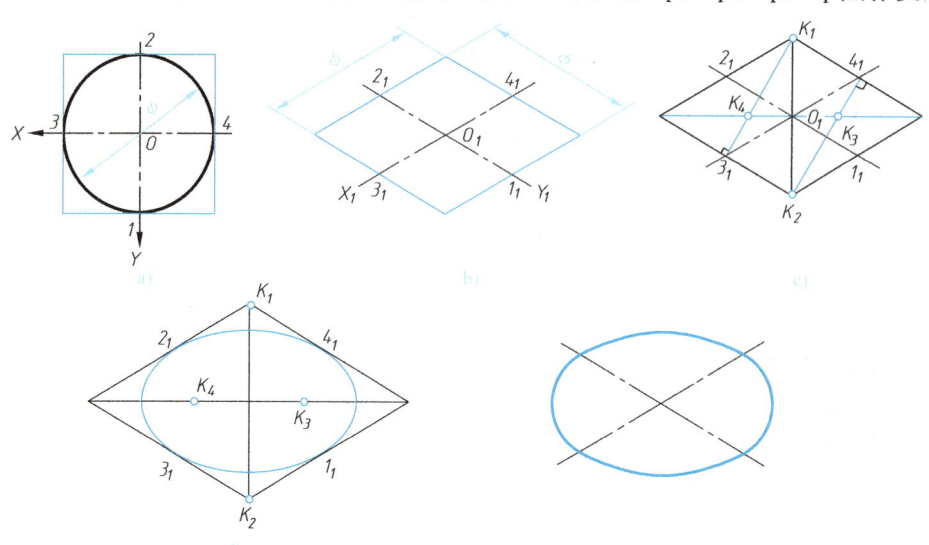

图 5-8 菱形法绘制椭圆

5-8b),连接线段得交点 K_1、K_2、K_3、K_4（图 5-8c），分别以 K_1、K_2、K_3、K_4 为圆心，以 $K_1 1_1$、$K_2 2_1$、$K_3 4_1$、$K_4 3_1$ 为半径作圆弧（图 5-8d），整理轮廓线得椭圆（图 5-8e）。

平行于不同坐标面的圆在绘制轴测图时，关键是要注意椭圆长、短轴方向的变化，如图 5-9 所示。

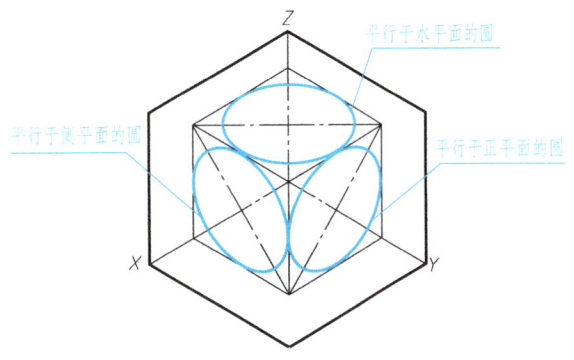

图 5-9 平行于不同坐标面的圆的正等轴测图的画法

2. 回转体正等轴测图的画法

单一回转体的正等轴测图，绘制方法比较简单，圆柱的绘制过程如图 5-10 所示。

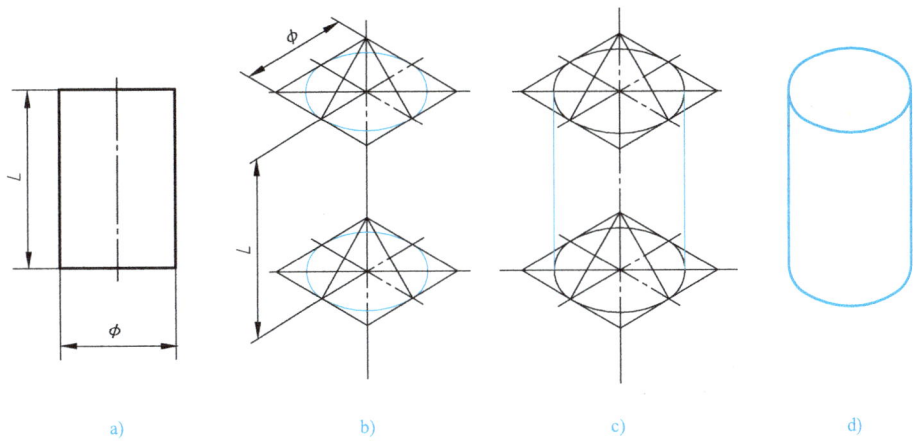

图 5-10 圆柱正等轴测图的画法

回转体切割体的画法是在绘制出完整立体轴测图的基础上，再绘制出挖切部分的轴测图。切割圆柱正等轴测图的画法如图 5-11 所示。

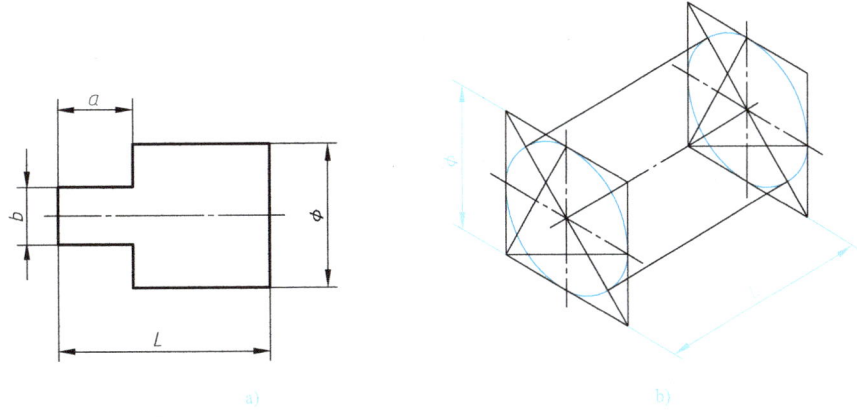

图 5-11 切割圆柱正等轴测图的画法

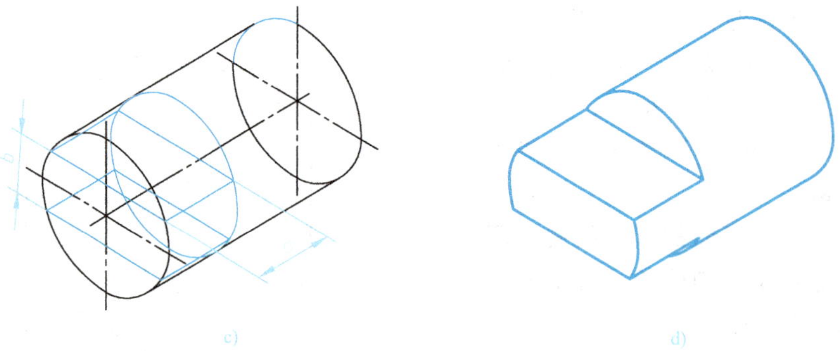

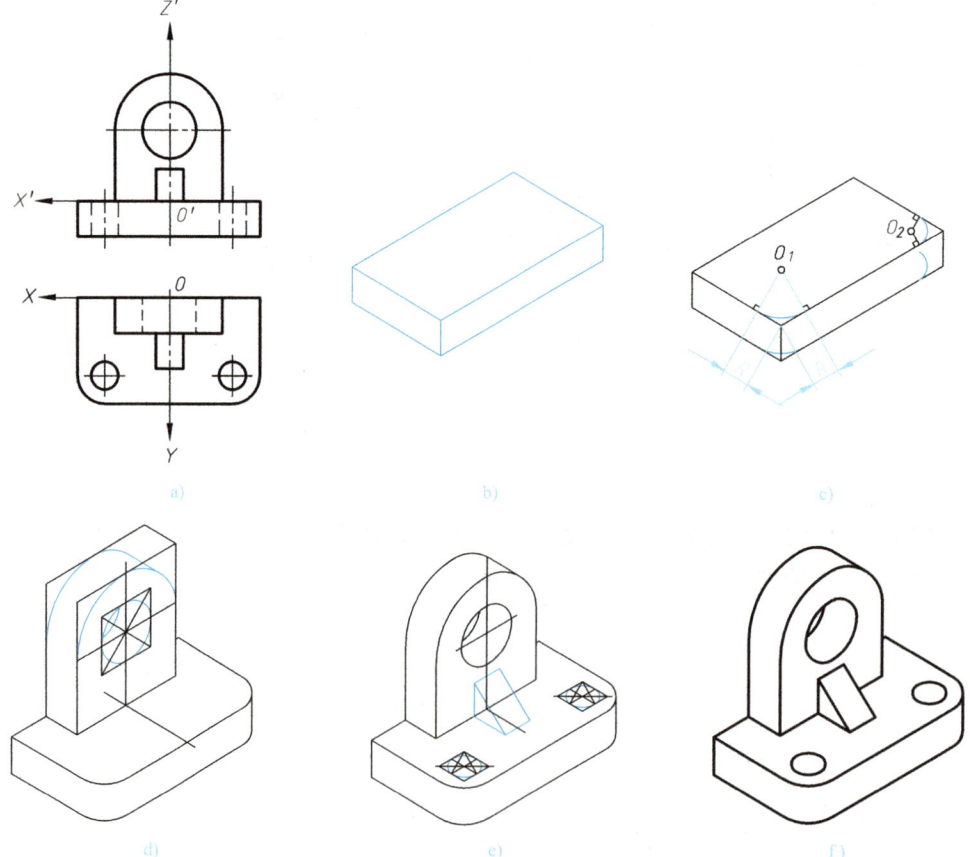

图 5-11 切割圆柱正等轴测图的画法（续）

3. 组合体正等轴测图的画法

画组合体的轴测图时，要先进行形体分析，然后综合考虑，按一定顺序作图，如图 5-12 所示。

图 5-12 组合体正等轴测图的画法

5.3 斜二等轴测图

将空间物体放正，使 *XOZ* 坐标面平行于轴测投影面，采用斜投影法，所得到的轴测图称为斜二等轴测图，简称斜二测。此时，O_1X_1 轴和 O_1Z_1 轴的轴向伸缩系数相等，即 $p_1 = r_1 = 1$。制图国家标准推荐采用 O_1Y_1 轴的轴向伸缩系数 $q_1 = 0.5$，且轴间角 $\angle X_1O_1Y_1$ 为 135° 的斜二等轴测图，如图 5-13a 所示。

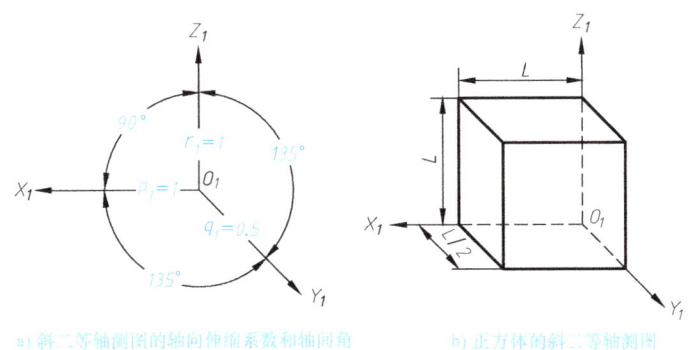

a) 斜二等轴测图的轴向伸缩系数和轴间角　　b) 正方体的斜二等轴测图

图 5-13　斜二等轴测画法

绘制斜二等轴测图时，由于一个坐标面 XOZ 平行于轴测投影面，故 XOZ 方向上的形状在轴测图上的投影反映实形；同时，Y 向长度在轴测图上绘制时应缩短一半。正方体的斜二等轴测图如图 5-13b 所示。

当物体某一个方向的形状复杂，或只有一个方向有圆及圆弧时，选择斜二等轴测图能使作图简便快捷，如图 5-14 所示。在视图上选定坐标系（图 5-14a），绘制前端面实形

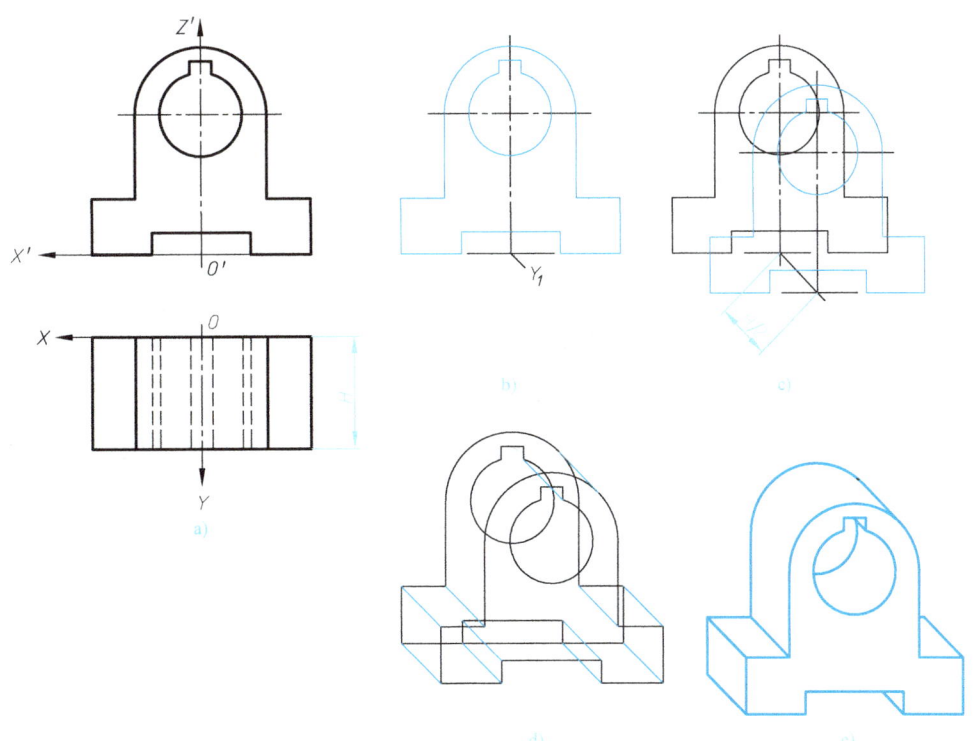

图 5-14　斜二等轴测图的画法

（图 5-14b），在 Y_1 方向 $H/2$ 处绘制后端面实形（图 5-14c），连接 Y_1 方向的棱线和公切线（图 5-14d），整理可见轮廓线（图 5-14e）。

5.4 轴测剖视图

为了在轴测图上能同时表达零件的内部结构形状，假想用剖切平面将零件剖切开，画成轴测剖视图。

5.4.1 绘制轴测剖视图的规定

1. 剖切平面的选择

一般采用两个相互垂直的剖切面进行剖切，且剖切平面应通过机件的主要轴线或对称面，同时，应避免采用一个剖切平面剖切，这样会使机件的外形表达不清楚，如图 5-15 所示。

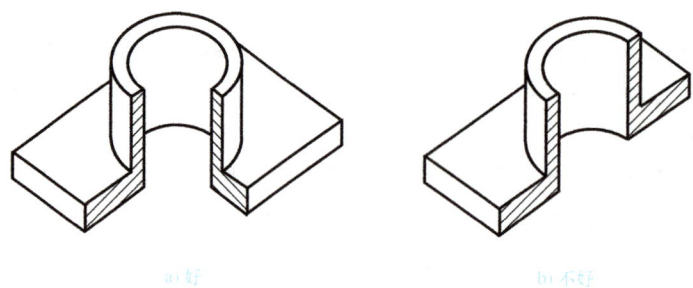

图 5-15 轴测图剖切平面的选择

2. 剖面线的画法

在剖开的断面上，一律画上等距、平行的细实线，剖面线的画法如图 5-16 所示。

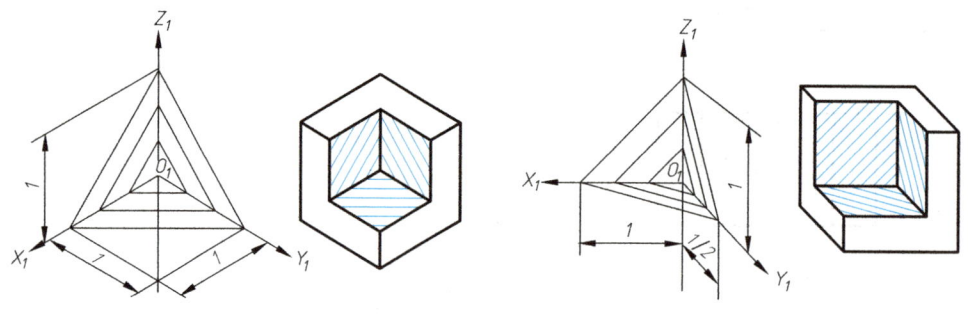

a) 正等轴测图的剖面线画法 b) 斜二等轴测图的剖面线画法

图 5-16 轴测剖视图中剖面线的画法

5.4.2 轴测剖视图的画法

画轴测剖视图，先绘制出完整机件的轴测图，然后沿轴测轴方向用剖切面剖开，画出断面和内部可见的结构，如图 5-17、图 5-18 所示。

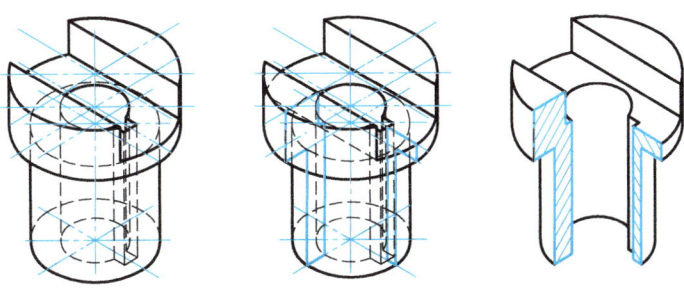

图 5-17 正等轴测剖视图的画法

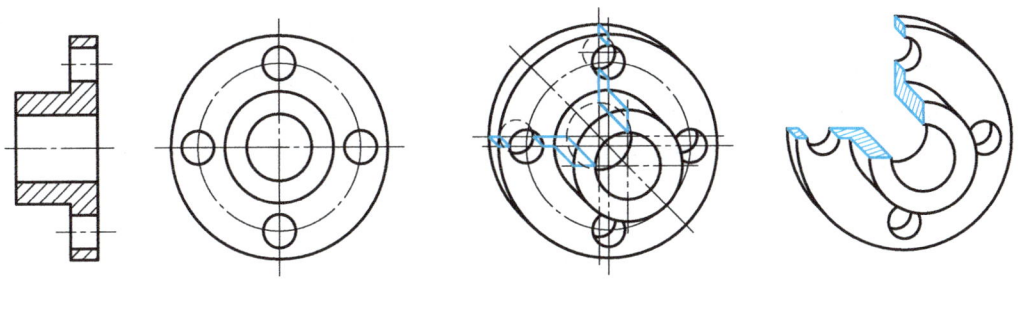

图 5-18 斜二等轴测剖视图的画法

第6章 机件的表达方法

在生产实际中，机件的形状、结构是多种多样的。当机件的结构形状比较复杂时，仅用前面介绍的三视图难以将机件的内外结构完整、清晰、简便地表达出来。为便于看图和绘图，国家标准《技术制图》和《机械制图》中规定了机件的各种表达方法，绘制机械图样时，可根据具体情况选用。本章将着重介绍视图、剖视图、断面图等表达方法。

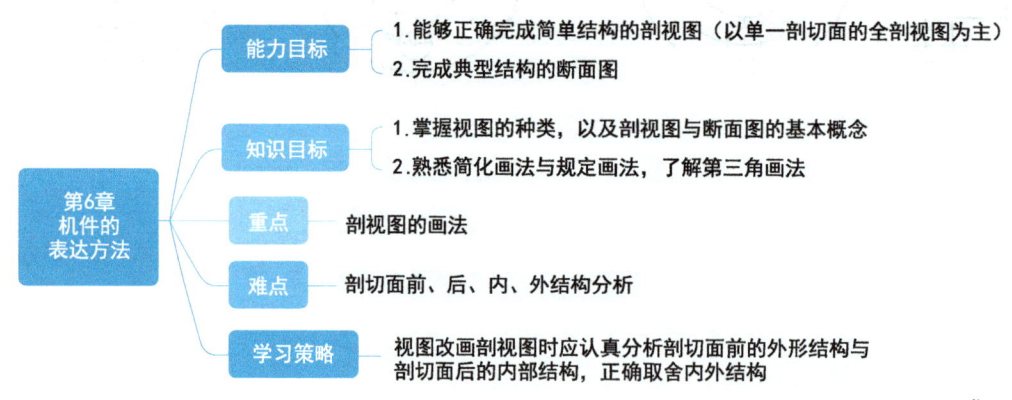

6.1 视图

视图分为基本视图、向视图、局部视图和斜视图。视图主要用来表达机件的外部结构形状，一般只画机件的可见部分，必要时才画出其不可见部分。

6.1.1 基本视图

为了清晰地表达机件的上、下、左、右、前、后方向的形状，国家标准规定采用正六面体的六个面为基本投影面，将机件置于其中，向基本投影面投射所得的视图，称为基本视图，如图6-1a所示。六个基本投影面的展开方法如图6-1b所示，各视图的名称和配置如图6-1c所示，按此位置配置在同一张图纸内的六个基本视图，一律不标注视图的名称。

六个基本视图的名称和投射方向规定如下：在前面已介绍的主视图（A）、俯视图（B）、左视图（C）三个视图的基础上，又增加了右视图——由右向左投射所得的视图（D），仰视图——由下向上投射所得的视图（E），后视图——由后向前投射所得的视图（F）。

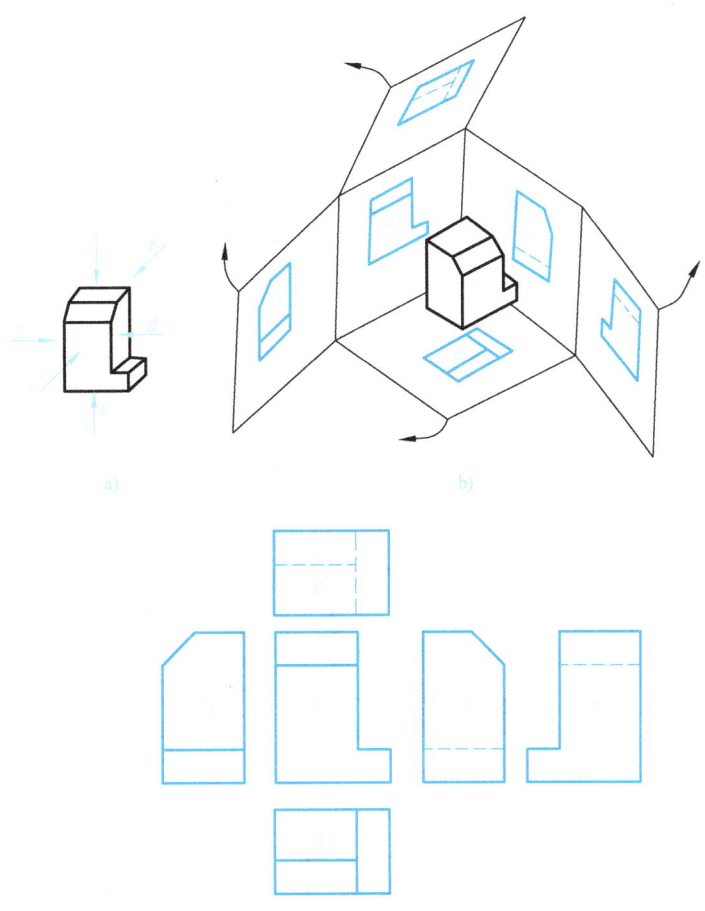

图 6-1 六个基本视图的形成及其配置

六个视图间仍遵循如下"三等"投影关系。

主视图、俯视图、仰视图，长对正；
主视图、左视图、右视图、后视图，高平齐；
俯视图、左视图、仰视图、右视图，宽相等。

画基本视图时，应注意以下三点。

1) 六个基本视图中，一般优先选用主、俯、左三个视图。

2) 除后视图外，俯、仰、左、右视图远离主视图的一侧是机件的前面，靠近主视图的一侧是机件的后面。

3) 绘图时，应根据机件的结构特点和复杂程度选用一定数量的基本视图，并合理地省略细虚线。图 6-2 所示的机件仅采用了主、左、右三个视图，并合理地省略了左端面在右视图中的虚线。

6.1.2 向视图

向视图是可自由配置的视图，是基本视图的另一种表达形式，是移位（不旋转）配置的基本视图。有时为合理地利用图幅，部分视图不按规定的位置关系配置时，可将其平移到

工程制图

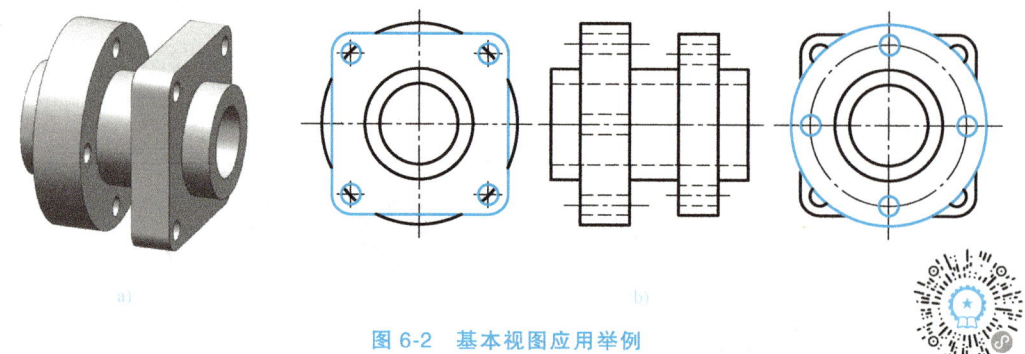

图 6-2 基本视图应用举例

适当位置自由配置，但应在视图上方用大写字母（如 A、B……）标注出视图的名称，并在相应的视图附近用箭头指明投射方向，注上相同的字母（一律水平书写），如图 6-3 所示。为了便于读图，主、俯、左三个视图不能自由配置。

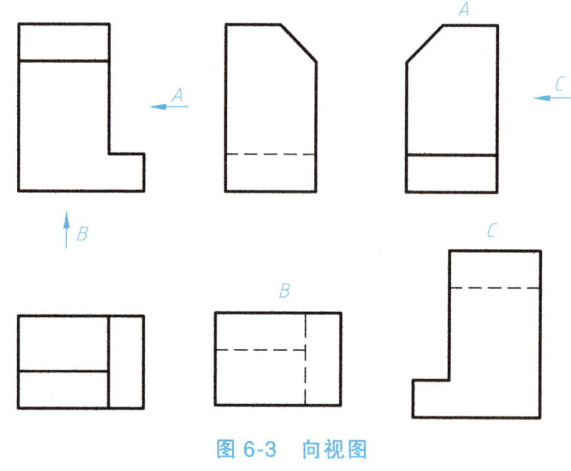

图 6-3 向视图

6.1.3 局部视图

将物体的某一部分向基本投影面投射所得到的视图称为局部视图。局部视图仅补充表达了其他视图尚未表达清楚的局部结构，这样可以减少基本视图的数量，简化作图过程，使视图表达简单明了。

图 6-4 所示的机件，其中间部分的主体结构为回转体，利用主视图和俯视图，并借助于标注尺寸便可表达清楚。而两侧凸台部分在主、俯视图中都未表达清楚，但又不必画出完整的左、右视图，故采用了局部视图表达。

局部视图的边界用波浪线表示，如图 6-4 所示的左侧凸台。但当所表示的局部结构是完整的且外形轮廓又自成封闭时，波浪线可省略不画，如图 6-4 所示的右侧凸台。

可按以下方法进行局部视图的配置和标注。

1) 局部视图可按向视图的形式自由配置并加以标注，如图 6-4a 所示的 A 向局部视图和图 6-4b 所示的 B 向局部视图。

2) 局部视图可按投影关系配置，如图 6-4a 所示的 A 向局部视图在图 6-4b 中就配置在左视图的位置上，且与主视图之间没有其他图形隔开时，允许省略标注。

3）局部视图可按第三角画法配置，如图 6-4b 所示的 B 向局部视图在图 6-4a 中就配置在第三角画法的右视图的位置上，且与主视图之间没有其他图形隔开时，允许省略标注。

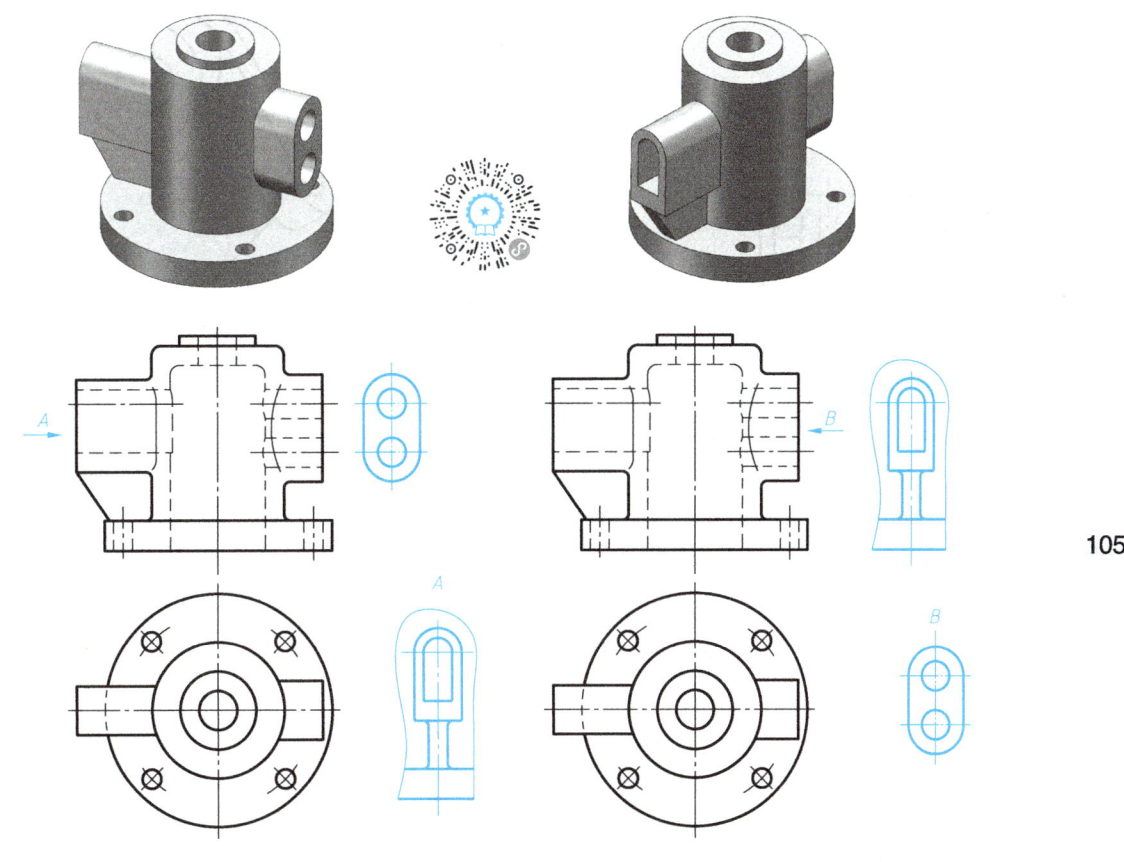

图 6-4 局部视图

6.1.4 斜视图

机件向不平行于基本投影面的平面投射所得的视图，称为斜视图。如图 6-5a 所示的机件，若用三视图来表达其结构形状，既烦琐又重复，且机件上的倾斜部分在俯视图和左视图中均未能反映出实形。如图 6-5b 所示，设置一个与该倾斜部分平行的投影面 P，在投影面 P 上画出倾斜部分的实形投影，即为斜视图。

可按以下方法进行斜视图的配置、标注及绘制。

1）斜视图按向视图的配置形式配置并标注，如图 6-6a 所示。在不致引起误解的情况下，允许将斜视图旋转配置，其标注形式为"×⌒"或"⌒×"，表示该视图名称的大写字母应靠近旋转符号的箭头端，箭头随斜视图旋转方向而确定，如图 6-6b 的"⌒A"所示。

2）斜视图用来表达机件倾斜部分的投影，故其余部分不必全部画出。断裂边界可用波浪线绘制，如图 6-6a 所示的 A 向视图的断裂边界。如果所表示的倾斜结构是完整的，且外形轮廓线又自成封闭，则波浪线可省略不画。

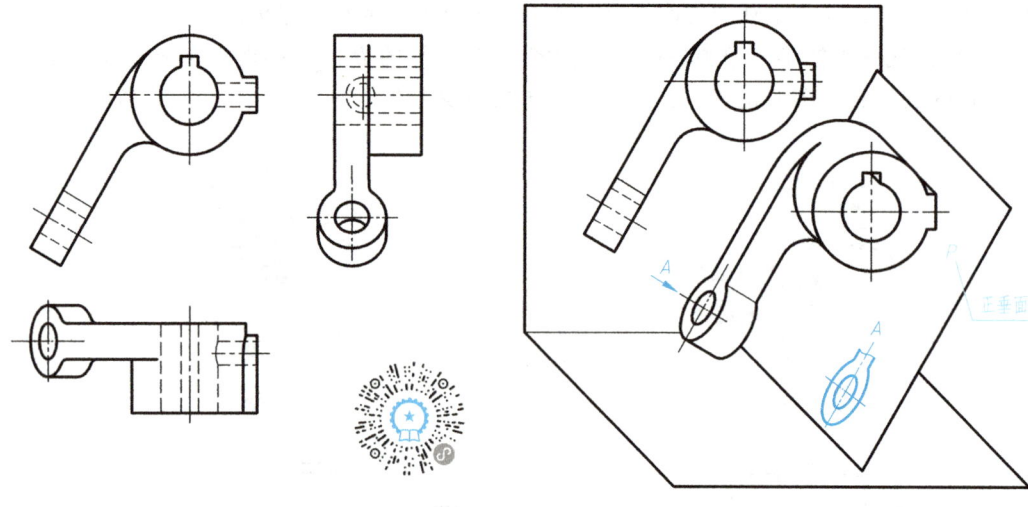

图 6-5 斜视图的形成

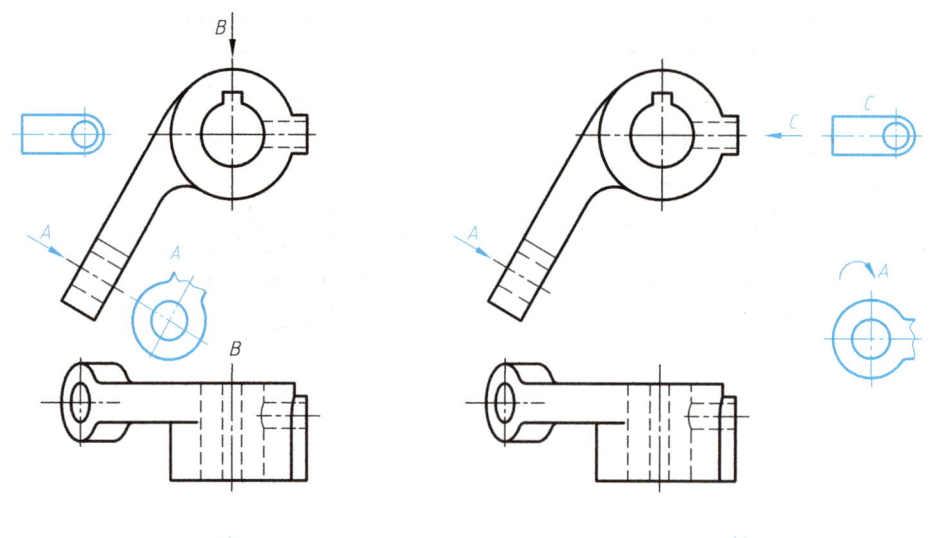

图 6-6 斜视图的配置与标注

图 6-6 所示的机件表达方案，采用一个主视图和局部俯视图来表达机件的整体形状，对尚未表达清楚的局部用 A 向斜视图和 C 向局部视图表达，既完整、简洁，又便于绘图和标注尺寸。

6.2 剖视图

当机件的内部结构形状复杂时，在视图中就会出现较多的虚线，影响图形的清晰度，既不便于看图，又不便于标注尺寸，如图 6-7a 所示。因此，国家标准规定了采用剖视图来表达机件的内部结构形状。

6.2.1 剖视的概念

1. 剖视图的形成

假想用剖切面（平面或柱面）在适当位置剖开机件，将处在观察者与剖切面之间的部分移去，剩余部分向投影面投射所得的图形，称为剖视图，简称剖视。

如图 6-7b 所示，假想用一个剖切平面沿机件前后对称平面处将机件剖开，移去剖切平面前的部分，将剩余部分向正投影面投射，这样内部的孔、槽在主视图上的投影由不可见转化为可见，由虚线转化为粗实线，如图 6-7c 的主视图所示，图形清晰，便于读图与画图。

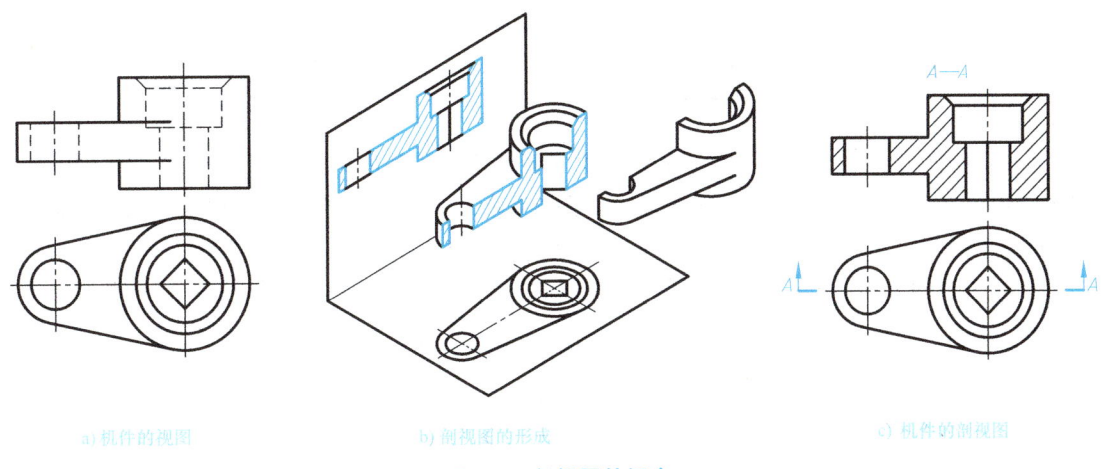

a) 机件的视图　　　　b) 剖视图的形成　　　　c) 机件的剖视图

图 6-7　剖视图的概念

2. 剖面符号

剖切面与机件接触的部分，称为断面。为区分机件的实心与空心部分，同时也为了区分材料的类别，国家标准规定剖视图要在断面上画出规定的剖面符号。表 6-1 列出了常用材料的剖面符号。

表 6-1　常用材料的剖面符号

材料	符号	材料	符号
金属材料(已有规定剖面符号者除外)		木质胶合板(不分层数)	
线圈绕组元件		基础周围的泥土	
转子、电枢、变压器和电抗器等的叠钢片		混凝土	
非金属材料(已有规定剖面符号者除外)		钢筋混凝土	

（续）

材料	符号	材料	符号
型砂、填砂、粉末冶金、砂轮、陶瓷刀片、硬质合金刀片等		砖	
玻璃及供观察用的其他透明材料		格网（筛网、过滤网等）	
木材 纵断面		液体	
木材 横断面			

金属材料的剖面符号（简称剖面线）是与主要轮廓或剖面区域的对称线成45°（向左、右倾斜均可）且间隔相等的平行细实线，如图6-8所示。当图形的主要轮廓线与水平方向成45°或接近45°时，该图形的剖面线应改画成与水平方向成30°或60°的剖面线。

在同一个图样中，同一机件的所有剖视图的剖面线，应同方向、同间隔；不同机件的剖面线在方向或间隔上应有所不同。

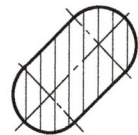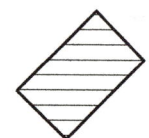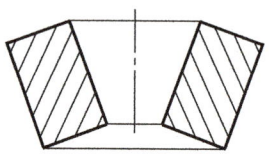

图6-8　剖面线的角度

3. 剖视图的标注

剖视图一般应进行标注，以指明剖切位置，指示视图间的投影关系，以免造成误读。

(1) 剖视图标注的三要素

1) 剖切线。指示剖切面位置的线，用细点画线表示。如果剖切面的位置明确无歧义，则剖切线可以省略不画。

2) 剖切符号。指示剖切面起讫和转折位置（用粗实线表示，长约5mm）及投射方向（用箭头表示）的符号。剖切符号不能与图形轮廓线相交。

3) 字母。注写在剖视图的上方，用大写拉丁字母标出剖视图的名称，为便于读图时查找，应在剖切符号外侧注写相同的字母。

(2) 剖视图的标注方法　一般应用大写的拉丁字母在剖视图的上方标出剖视图的名称"×—×"，在相应的视图上用剖切符号表示剖切位置和投射方向，并标注相同的字母，如图6-7所示。同一张图上有多个剖视图时，剖视图的名称应按字母顺序排列，不得重复。

但在下列情况下，剖视图可以简化或省略标注。

1) 当剖视图按投影关系配置，中间又无其他图形隔开时，可省略表示投射方向的箭头。

2) 若单一剖切平面通过机件的对称平面或基本对称平面，且剖视图按投影关系配置，中间又无其他图形隔开，则不必标注。

4. 绘制剖视图的方法和步骤

可按以下方法和步骤绘制剖视图。

1)分析机件的内外结构,确定合理的表达方案,根据内部结构及其位置,确定剖切面的位置,同时兼顾外形结构,确定剖视图的范围。

2)与绘制组合体视图的方法一致,利用形体分析法,分部分各个视图一起画,只是在绘制过程中,将剖视表达的内部结构直接画成粗实线。同时,对于为了剖视而剖切掉的外部结构的轮廓线可直接省略不画,对前面的绘图过程中已经完成的外部轮廓应及时擦除。

3)对剖视图进行标注。在标注过程中,对于规定可以省略的标注一定不要标注,以达到图样表达要简单、清晰的目的。如图 6-9 所示的剖视图的标注是可以完全省略的,在今后的绘图过程中不应再标注。

5. 画剖视图应注意的问题

画剖视图应注意以下问题。

1)剖视是一种假想画法,因此当机件的一个视图画成剖视图后,其他视图的表达方案仍应按完整的机件考虑,如图 6-9 所示的俯视图。

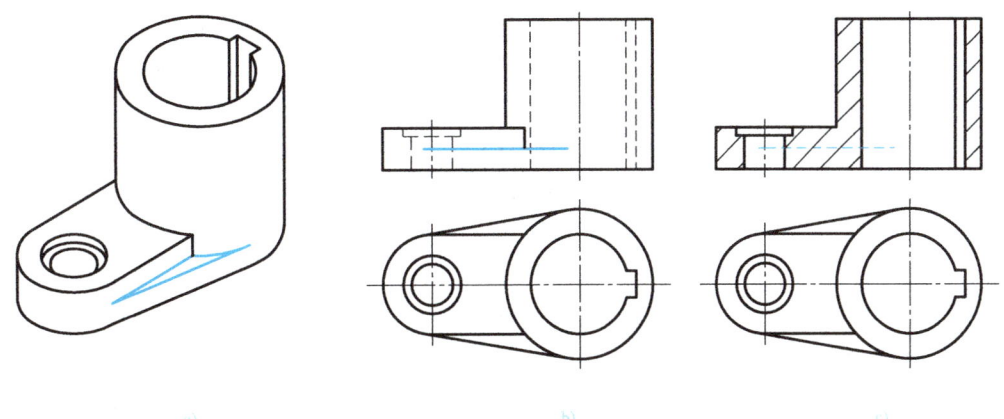

图 6-9 剖视图的画法

2)剖视图上一般不画虚线,只有在不影响剖视图的清晰度而又能减少视图的数量时,可画少量虚线。如图 6-9c 所示,在绘制剖视图的过程中,表示蓝色结构厚度的轮廓线被剖切掉,为了在视图中保留厚度信息,在剖视图中将剖切平面后面不可见的对称结构的轮廓线用虚线绘制,但其他不可见结构的虚线不得绘制。

3)为表达机件内部的实形,剖切面的位置应尽量通过被剖切机件的对称平面或孔、槽的中心线,且要平行于某一基本投影面,避免剖切出不完整的结构要素。选择剖切平面位置时,一般不与轮廓线重合。必要时,也允许紧贴机件的表面进行剖切,此时,该表面不画剖面线,如图 6-10 所示。

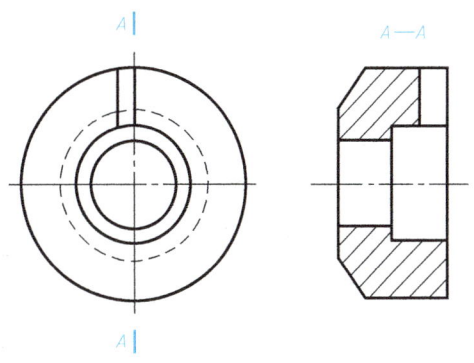

图 6-10 沿表面剖切的剖视图

工程制图

4）仔细分析剖切后的结构形状，不要漏线或多线，剖视图中容易漏线的示例见表 6-2。

表 6-2 剖视图中容易漏线的示例

立体图	正确视图	错误视图
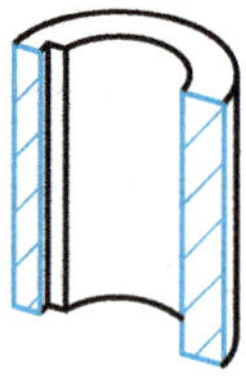	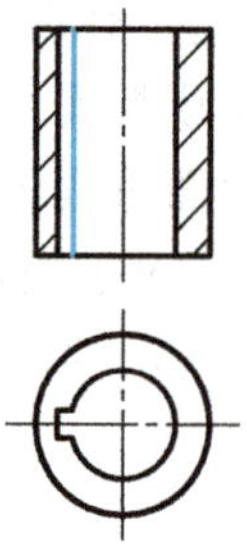	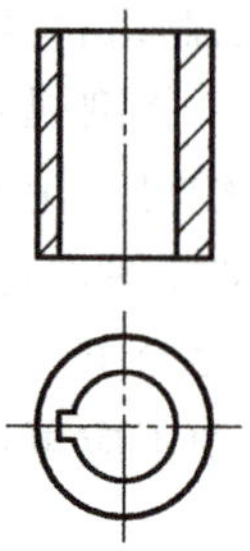
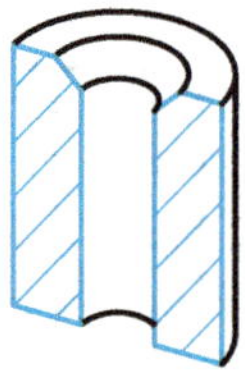	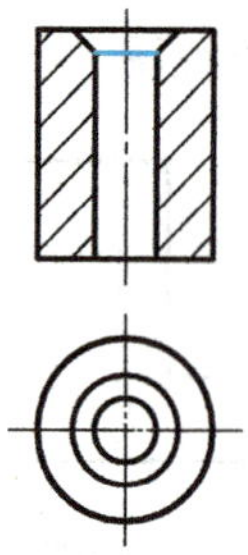	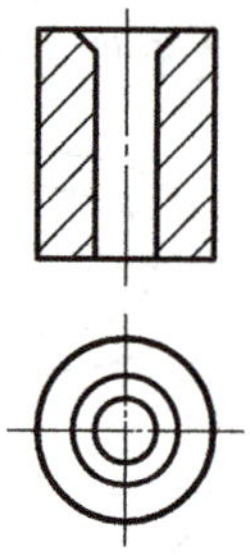
	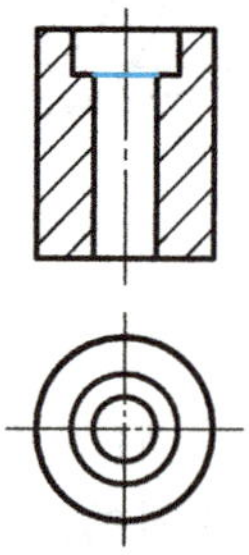	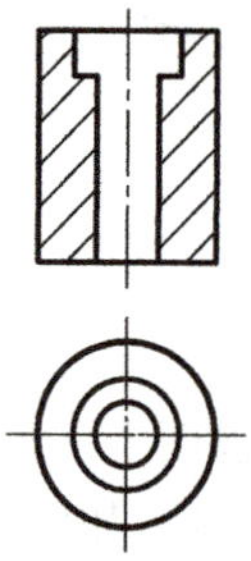
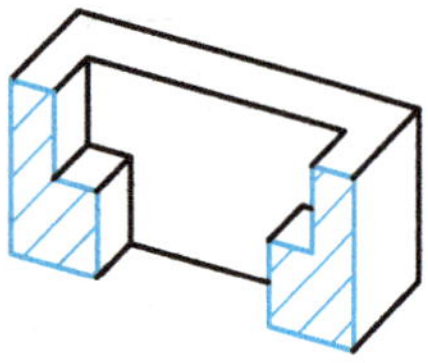	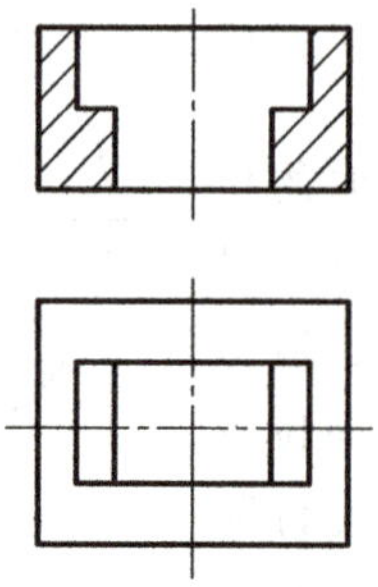	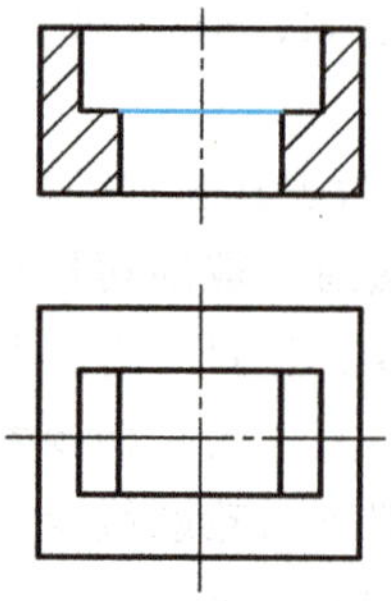

（续）

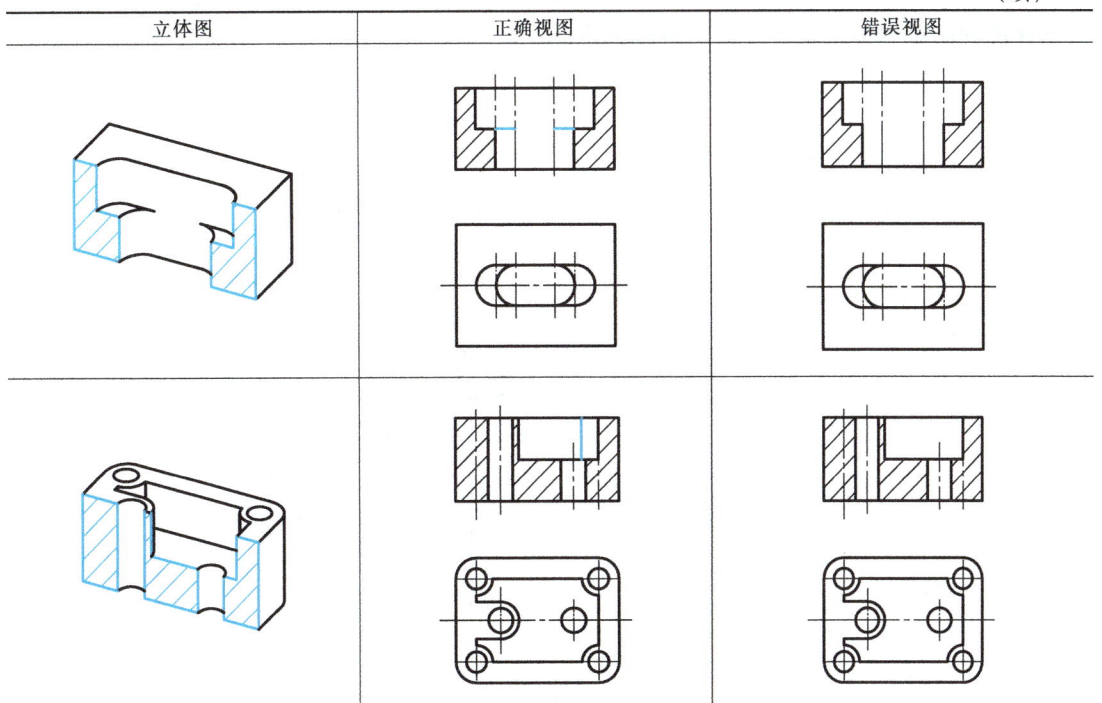

6.2.2 剖视图的种类

根据剖开机件范围的大小，剖视图可分为全剖视图、半剖视图和局部剖视图。下面介绍三种剖视图的适用范围、画法及标注方法。

1. 全剖视图

用剖切面完全地剖开机件所得的剖视图，称为全剖视图。图 6-11 所示的主视图和左视图均为全剖视图。

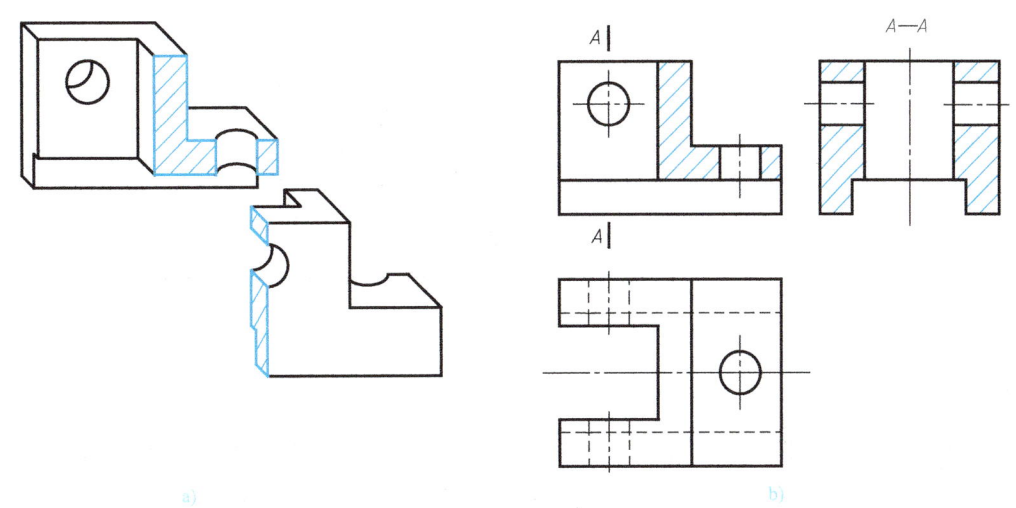

图 6-11 全剖视图

全剖视图适用于外形简单、内腔结构复杂的不对称机件或全由回转面构成外形的机件。全剖视图的画法和标注及注意事项同前所述。

2. 半剖视图

当机件具有对称平面时，向垂直于对称平面的投影面上投射所得的图形，以对称中心线（细点画线）为界，一半画成剖视图，另一半画成视图，这样的图形称为半剖视图。

根据其主视图左右对称的特点，以中心线为界，一半用视图表达外形，如凸台、圆孔等；另一半用剖视图表达内形，如圆柱孔、槽口等，如图6-12所示。

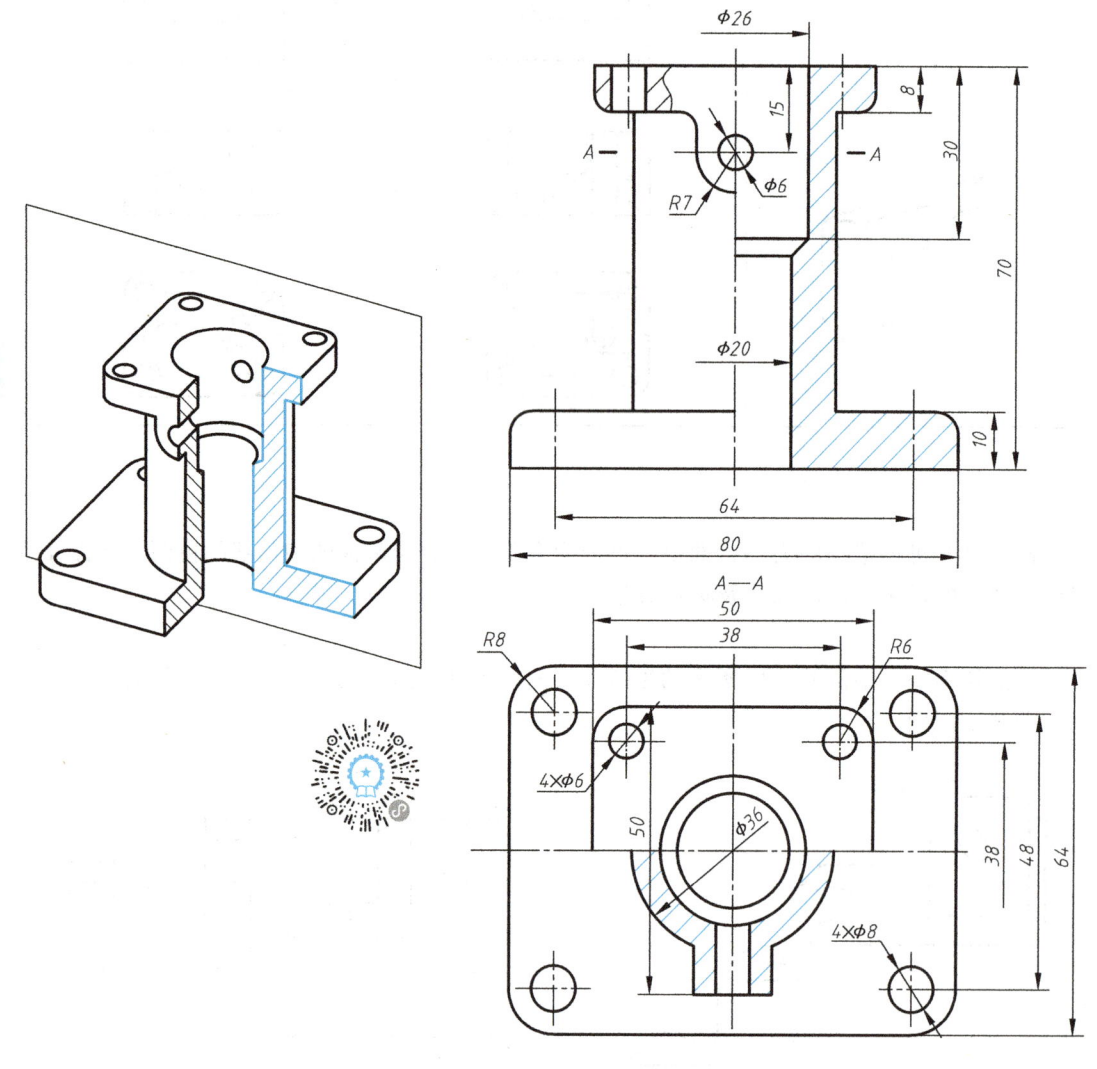

图 6-12 半剖视图及尺寸标注

半剖视图适用于内、外形状都需要表达的对称机件。当机件的形状接近于对称，且不对称部分已另有其他视图表达清楚时，也可画成半剖视图，如图6-13所示。

画半剖视图时，应注意以下六点。

1）半个视图与半个剖视图的分界线只能是细点画线。

2）为使视图清晰，在画成视图的那一半中，在剖视的那一半已表达清晰的内部形状的虚线应省去不画，如图 6-12 的俯视图所示。若有部分结构并未在剖视图中表达，则可在半剖视图的视图部分采用局部剖来表达这些结构，如图 6-12 的主视图所示。

3）半剖视图中，因为有些部分的形状只画一半，所以标注尺寸时，尺寸界线只有一条，尺寸线上只能画出一端箭头，而另一端只需超过中心线，不画箭头，如图 6-12 的尺寸，$\phi 20$、$\phi 26$、38 等所示。

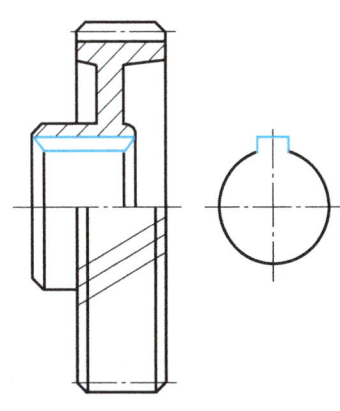

图 6-13　半剖视图实例

4）半剖视图中剖视的习惯位置是图形左右对称时剖右半部分，前后对称时剖前半部分，上下对称时剖下半部分。

5）若机件的对称面上有轮廓线时，不宜作半剖视图，而应采用局部剖，如图 6-14 所示。

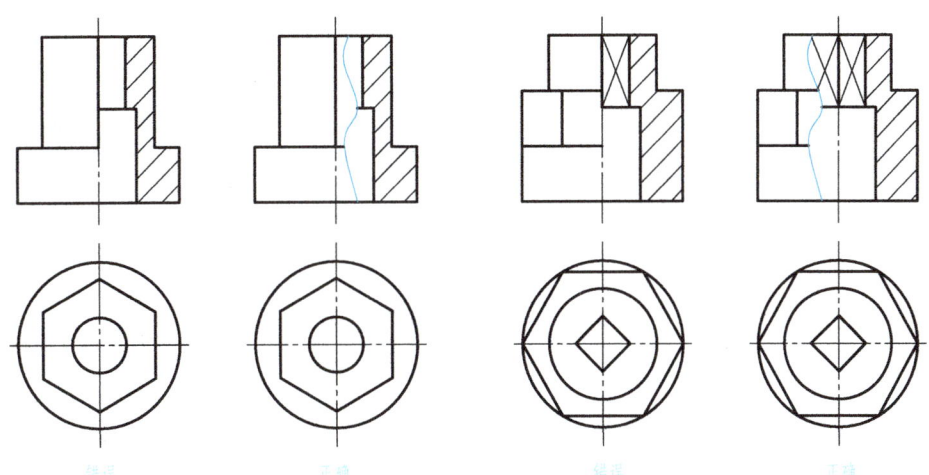

图 6-14　不宜作半剖视图的机件

6）半剖视图的标注方法与全剖视图的标注方法相同。图 6-12 所示主视图完全省略标注，俯视图省略箭头的标注。

3. 局部剖视图

用剖切面局部地剖开机件，所得的剖视图称为局部剖视图。如图 6-15 所示，从机件的主视图方向看，可剖开表示其内腔，但右侧空心圆筒上部的圆形凸台外形需要表达，故不宜采用全剖视图；俯视图右侧圆筒上的圆形凸台的内部相贯需要表达，底板上各种孔的外形及分布需要表达，因而在主视图、俯视图上均采用相应的局部剖表示。

局部剖视图适用于内、外形状都需表达的不对称机件，对于实心机件上的孔、槽结构和不宜作半剖的对称机件（图 6-14）也常采用局部剖视图的表达方法。

画局部剖视图时，应注意以下四点。

1）在局部剖视图中，剖视图与视图应以波浪线为界。波浪线表示机件假想断裂处的边

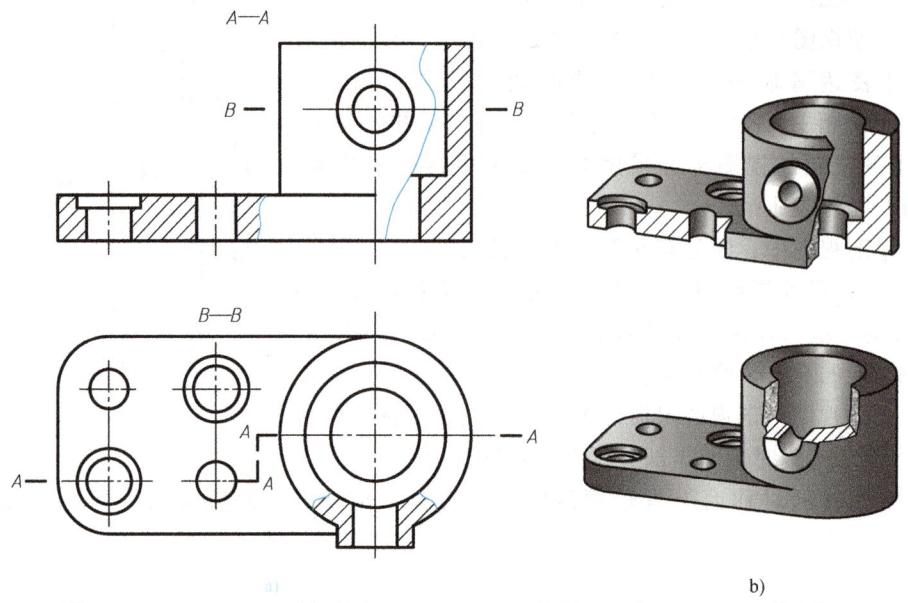

图 6-15　局部剖视图

界线。画波浪线时应注意：波浪线不能与其他图线重合或成为其他图线的延长线，如图 6-16a 所示；也不能超出图形轮廓线；若遇到孔、槽等结构，则必须断开，如图 6-16b 所示。

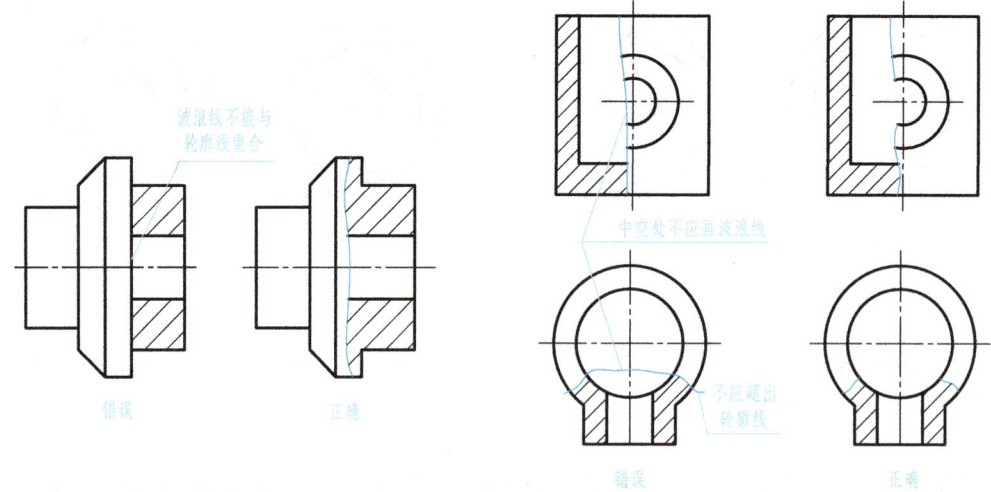

图 6-16　局部剖视图波浪线的画法

2）当被剖切的局部结构为回转体时，允许将回转体的中心线作为局部剖视与视图的分界线，如图 6-17a 所示。

3）局部剖视图是一种比较灵活的表达方法，其剖切范围和剖切位置视实际需要而定，运用恰当，可使视图简明清晰、重点突出，简化制图工作，如图 6-17b 所示。但在同一个视图中，局部剖视的数量不宜过多，否则图形会过于凌乱。

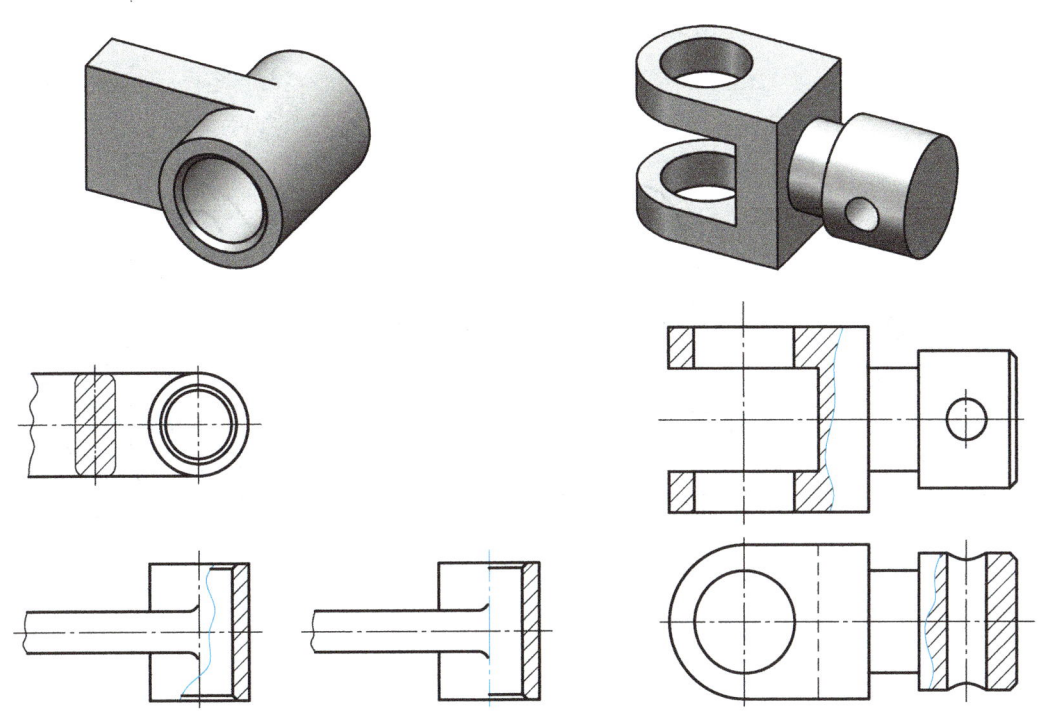

图 6-17 局部剖视图的画法

4）局部剖视图和全剖视图的标注方法相同。一般情况下，可省略标注。若采用多个剖切面或剖切位置不明显或局部剖视图未能按投影关系配置，则必须加以标注，如图 6-15 所示。

6.2.3 剖切面的种类及应用

剖切面可分为单一剖切面、几个平行的剖切平面、几个相交的剖切面三类。实际应用中，根据机件的结构特点，三类剖切面均可剖得全剖视图、半剖视图和局部剖视图。

1. 单一剖切面

单一剖切面包括单一剖切平面、单一斜剖切平面和单一剖切柱面。

（1）单一剖切平面　单一剖切平面一般采用平行于基本投影面的剖切平面，可剖得全剖视图（图 6-11）、半剖视图（图 6-12）和局部剖视图（图 6-15）。

（2）单一斜剖切平面　单一斜剖切平面适用于机件上具有倾斜的内部结构需要表达的情况，如图 6-18 所示机件的 A—A 全剖视图。

采用单一斜剖切平面剖切时，应注意：剖视图一般配置在箭头所指的方向，以保持与基本视图的投影关系。必要时，也可平移至其他适当位置将图形旋转摆正画出。采用此剖切方法得到的剖视图必须标注，对于旋转摆正画出的剖视图，应标注旋转符号，如图 6-19 中的"⌒ A—A"剖视图。

（3）单一剖切柱面　单一剖切柱面适用于表达位于柱面上的孔、槽等，图 6-20 所示为机件用圆柱面剖切后按展开画法画出的全剖视图。

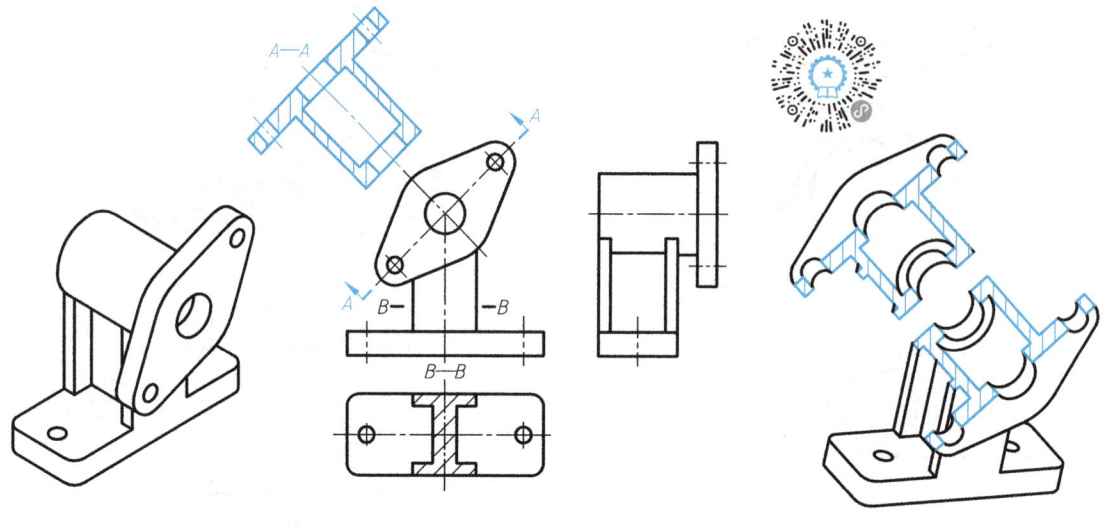

图 6-18 单一斜剖切面（一）

图 6-19 单一斜剖切面（二）

2. 几个平行的剖切平面

用几个相互平行的剖切平面剖开机件，这种剖切方法常用于内部孔、槽不处在同一剖切平面上且层次较多的机件。图 6-21 所示的机件就是采用三个互相平行的剖切平面进行剖切，得到 A—A 全剖视图。图 6-15 所示的 A—A 剖视图就是采用两个互相平行的剖切平面剖切得到的局部剖视图。

采用几个平行的剖切面画剖视图时，应注意以下四点。

1) 两个剖切平面的转折处必须是直角，不应在剖视图上画出转折处的分界线，应按单

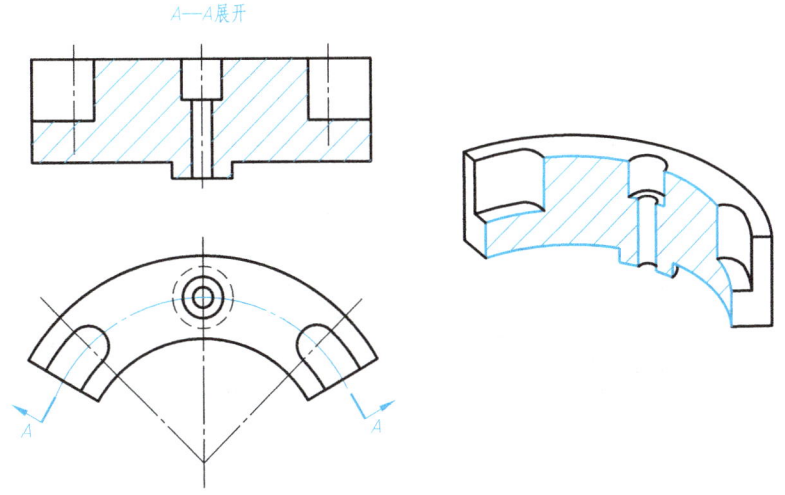

图 6-20 单一剖切柱面

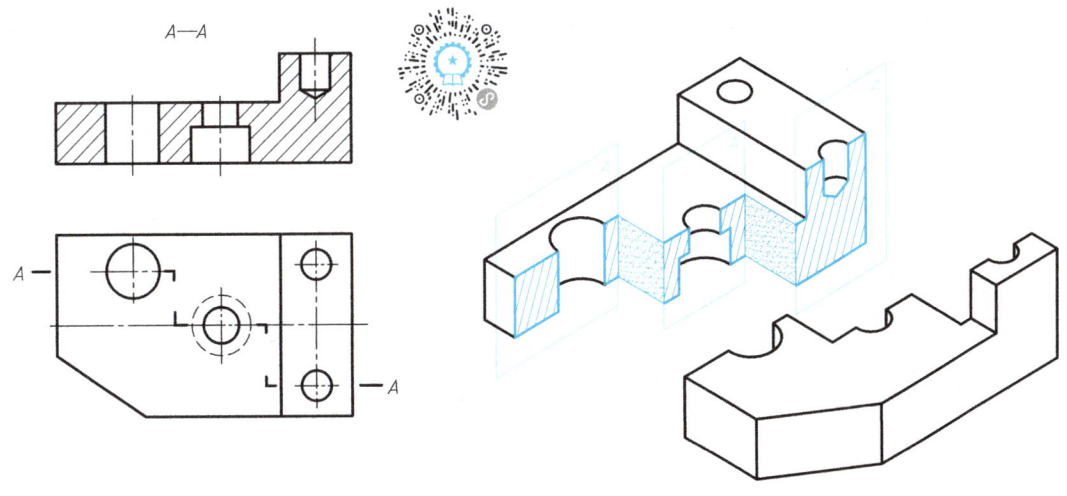

图 6-21 几个平行的剖切平面剖切

一剖切面进行画图,如图 6-22a 所示。

2)剖切平面的转折处不应与视图中的轮廓线重合,如图 6-22b 所示。在不致引起误解时,可不注写字母。

3)选择剖切位置要恰当,避免在剖视图上出现不完整的结构要素,如图 6-22b 所示。仅当机件上的两个要素具有公共对称中心线或轴线时,可以各画一半,中间以细点画线分界,如图 6-22c 所示。

4)采用几个平行剖切面进行剖切时,剖视图必须标注,即在剖切平面的起讫和转折处,用相同的大写字母及剖切符号表示剖切位置,并在起讫两端外侧画上与剖切符号垂直相连的箭头表示投射方向;在其相应的剖视图上方正中位置用相同的大写字母标出"×—×"表示剖视图的名称。当剖视图按投影关系配置、中间又无其他视图隔开时,可省略箭头,如图 6-21 所示。

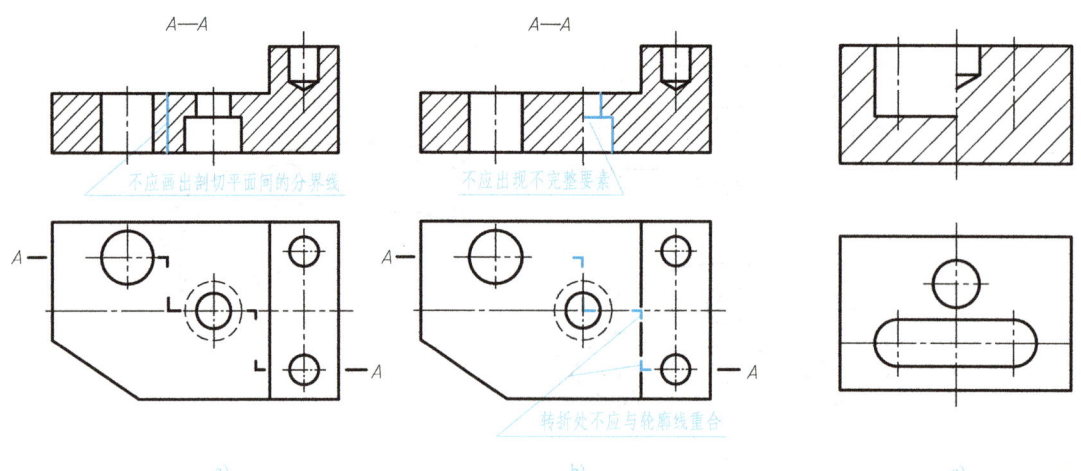

图 6-22 采用几个平行剖切面剖切时的注意事项

3. 几个相交的剖切面

用交线垂直于某一基本投影面的几个相交的剖切面剖开机件，主要用于表达具有回转轴机件（图 6-23）的内部形状和轮盘类机件的呈辐射状均匀分布的孔、槽（图 6-24）内部结构。

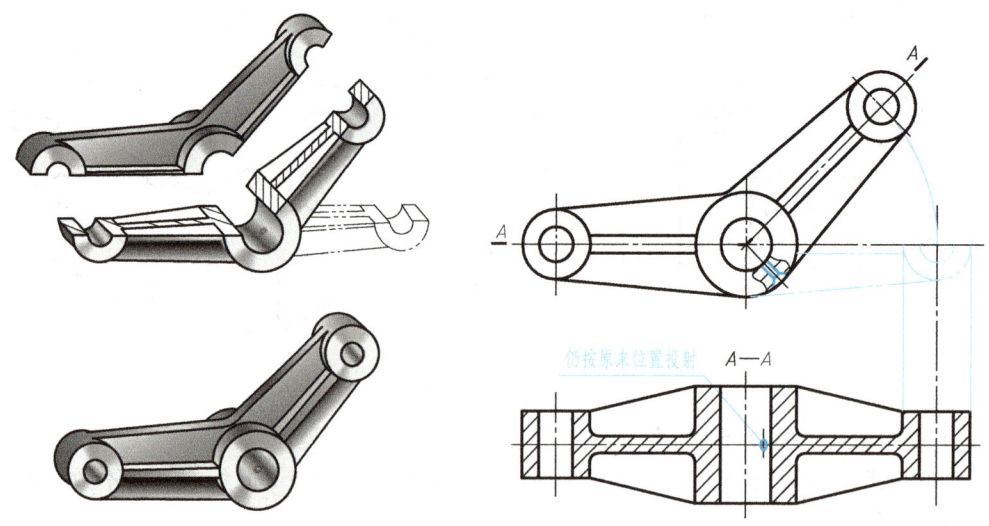

图 6-23 相交的剖切面剖切（一）

采用相交的剖切面画剖视图时，应注意以下四点。

1）相交的剖切面其交线应与机件上的回转轴线重合，并垂直于某一基本投影面，以反映被剖切结构的真实形状。

2）倾斜的剖切面必须旋转到与选定的投影面平行后再投射画出，使被剖开的结构投影反映实形。但在剖切平面后的其他结构一般应按原来位置投射画出，如图 6-23 所示的小油孔。

3）当相交剖切面剖切机件后，结构产生不完整要素时，应将此部分结构按不剖画出，

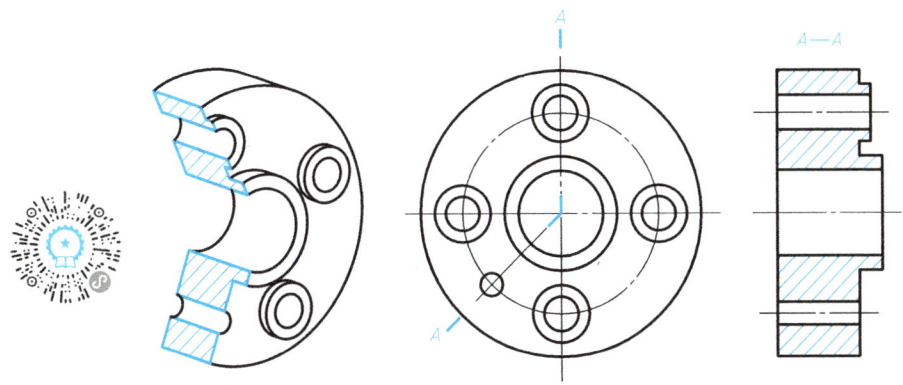

图 6-24 相交的剖切面剖切（二）

如图 6-25 所示中间部位的摇臂。

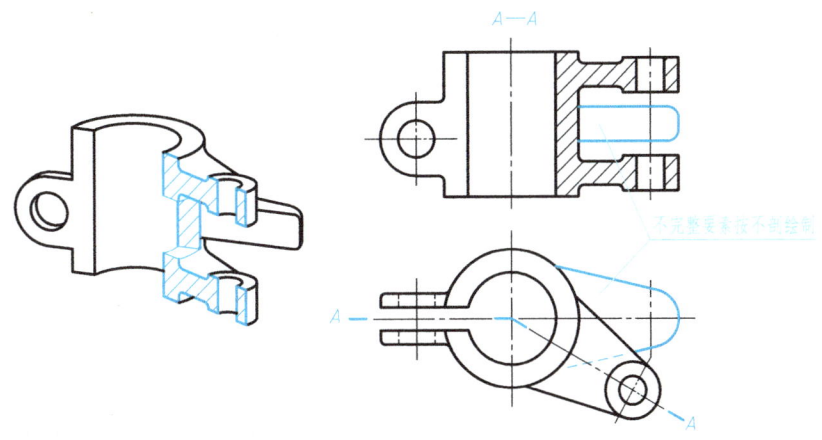

图 6-25 相交的剖切面剖切（三）

4）采用相交的剖切面进行剖切时必须标注，如图 6-23 所示；但当剖视图按投影关系配置，中间又没有其他图形隔开时，箭头可省略，如图 6-24、图 6-25 所示。

图 6-26 所示为采用几个相交的剖切面剖切获得的半剖视图。图 6-27 所示为采用几个相交的剖切面剖切获得的全剖视图，因采用了三个相交的剖切平面，所以主视图采用展开画法，并标注"A—A 展开"字样。

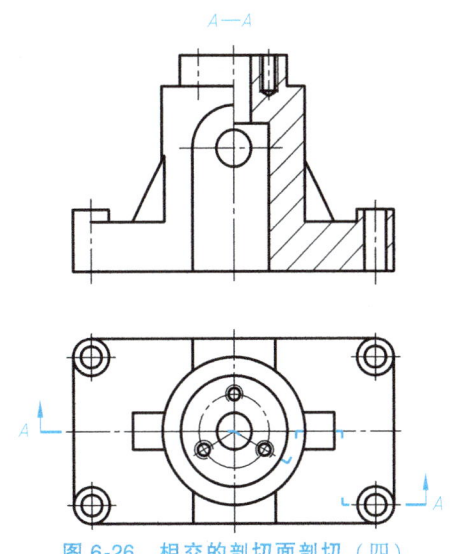

图 6-26 相交的剖切面剖切（四）

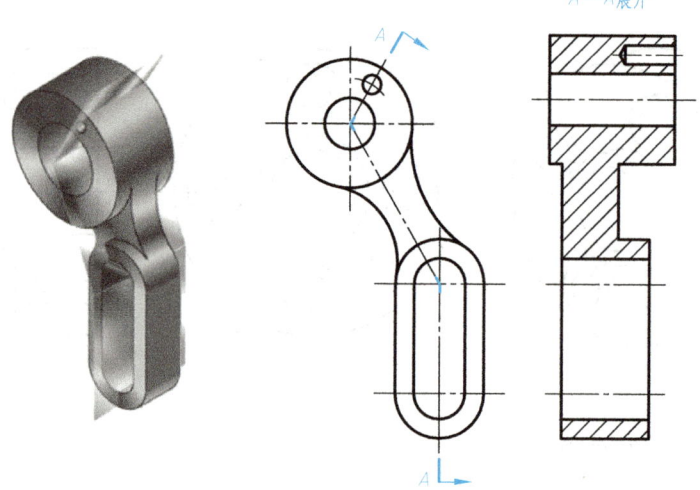

图6-27　采用相交的剖切面剖切的展开画法

6.3　断面图

6.3.1　断面图的概念

假想用剖切面将机件某处切断，仅画出断面的图形，称为断面图，简称断面。断面图主要用于表达机件某部分的断面形状，如机件上的肋板、轮辐、梁、杆、轴及型材的断面等。

如图6-28a所示的轴，为反映左端轴颈处键槽的深度和宽度，假想在键槽处用垂直于轴线的剖切平面将轴切断，仅画出断面的形状，并在断面上画出剖面线，如图6-28b所示。

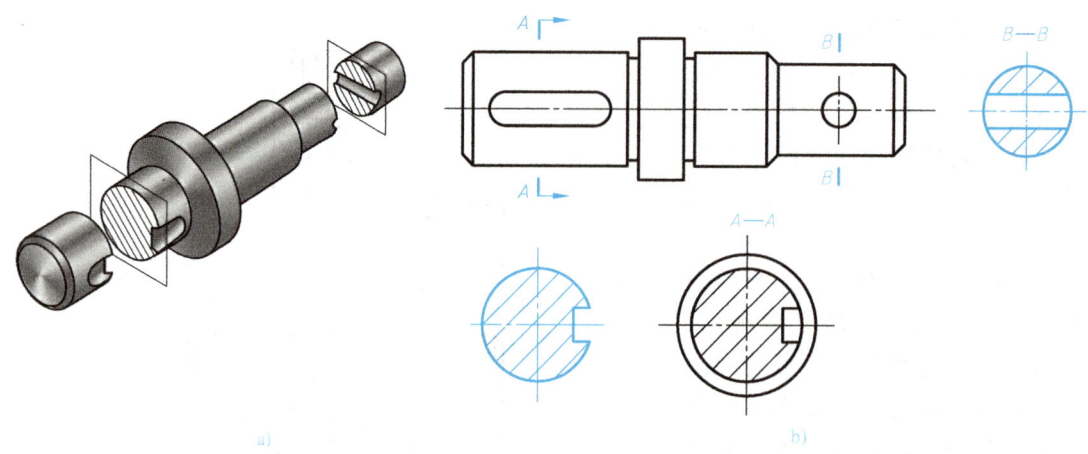

图6-28　断面图的概念

断面图与剖视图的主要区别在于：断面图仅画出机件被切断处的断面形状；而剖视图除了要画出断面形状外，还应画出剖切面后的可见轮廓线，如图6-28b所示。

6.3.2 断面图的种类和画法

断面图根据配置位置的不同,可分为移出断面和重合断面两类。

1. 移出断面

画在视图轮廓线之外的断面图,称为移出断面,如图 6-29 所示。

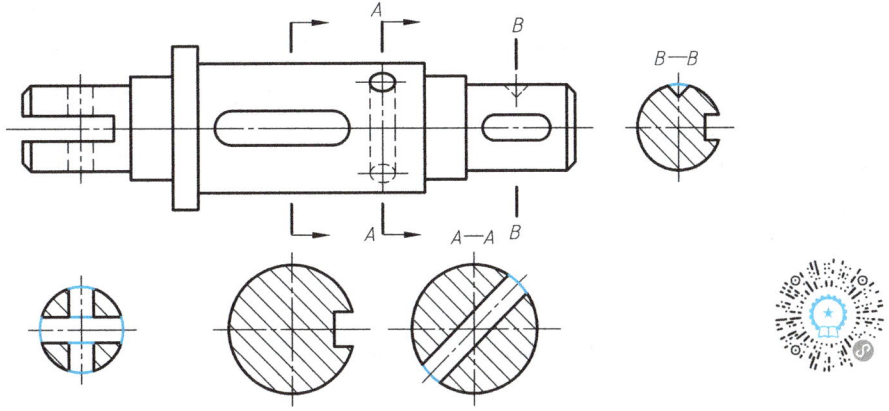

图 6-29 移出断面的画法和标注

（1）移出断面的画法

1）移出断面的轮廓线用粗实线绘制,如图 6-29 所示。

2）移出断面尽量配置在剖切线或剖切符号的延长线上,必要时也可画在其他位置。在不致引起误解时,允许将图形旋转画出,如图 6-30 的 *D—D* 断面所示。当移出断面的图形对称时,也可画在视图的中断处,如图 6-31 所示。

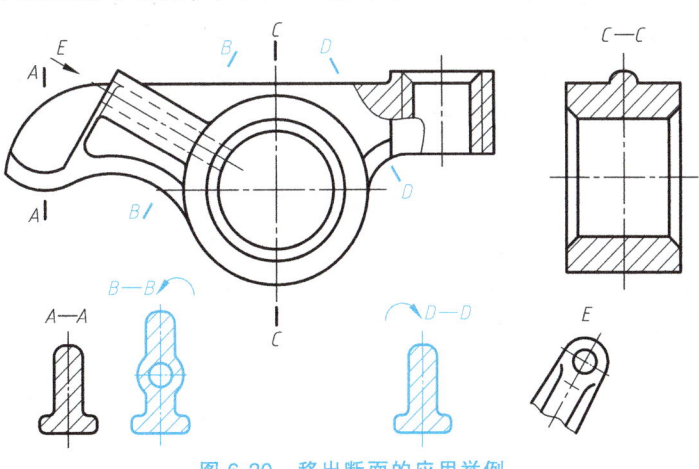

图 6-30 移出断面的应用举例

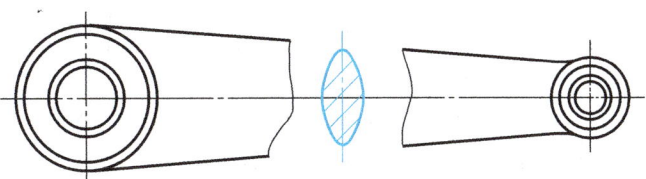

图 6-31 移出断面配置在视图中断处

3）为正确表达结构的断面形状，剖切平面要垂直于所需表达机件结构的主要轮廓线，如图 6-30 的 B—B 断面、D—D 断面所示。

4）当剖切平面通过回转面形成的孔或凹坑的轴线时，这些结构按剖视绘制，如图 6-29 中的 A—A 断面、B—B 断面所示。当剖切平面通过非圆孔或槽，会导致出现完全分离的两个断面时，则这些结构应按剖视绘制，如图 6-32 所示。

5）由两个或多个相交的剖切平面剖切得出的移出断面，中间一般应用波浪线断开，如图 6-33b 所示。

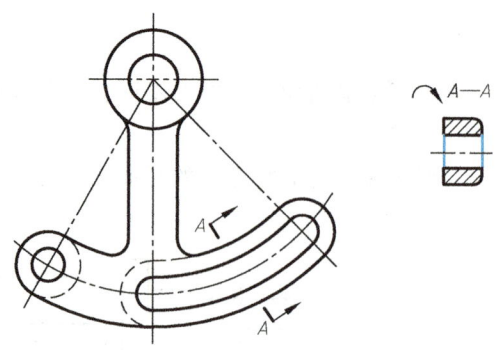

图 6-32 断面会分离时的画法

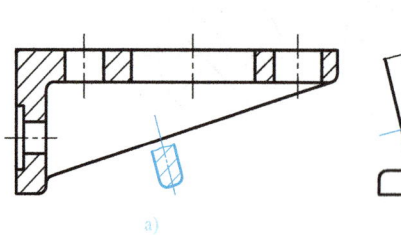 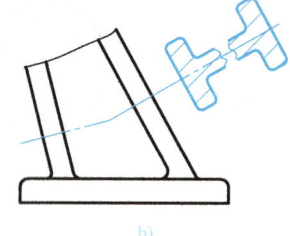

图 6-33 两相交剖切平面的断面画法

（2）移出断面的标注

1）移出断面一般应用剖切符号表示剖切位置，用箭头表示投射方向，并注上字母，在断面图上方用同样的字母标出相应名称"×—×"，如图 6-29 中的 A—A 断面所示。

2）当移出断面配置在剖切符号延长线上时，对称结构可全部省略标注，如图 6-29 的左段轴颈处的移出断面所示；不对称结构可省略标注字母，如图 6-29 的中段轴颈键槽处的移出断面所示。

3）不配置在剖切符号延长线上的对称结构及按投影关系配置的不对称结构的移出断面，允许省略箭头，如图 6-29 的 B—B 断面所示。不对称结构的移出断面未配置在剖切符号延长线上或不按投影关系配置时，不能省略标注，如图 6-29 的 A—A 断面所示。

2. 重合断面

画在视图轮廓线之内的断面图，称为重合断面，如图 6-34 所示。

（1）重合断面的画法　重合断面的轮廓线用细实线绘制。当重合断面轮廓线与视图中的轮廓线重合时，视图中的轮廓线仍应连续画出，不可间断，如图 6-34 所示。

（2）重合断面的标注　重合断面对称时，不必标注；不对称时，应标注剖切符号及箭头，在不致引起误解的情况下，可省略标注，如图 6-35 所示。

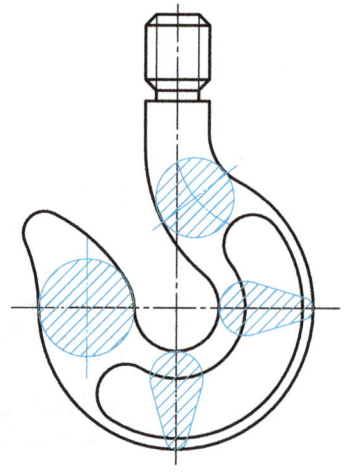

图 6-34 重合断面的画法

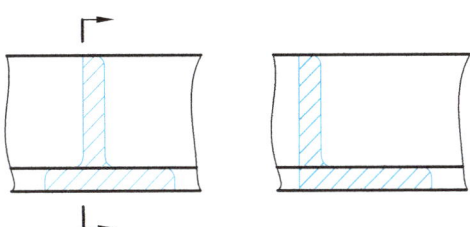

图 6-35　重合断面的标注

6.4　简化画法

为了方便制图，国家标准《机械制图》中规定了一些简化画法。

简化画法是在不影响对机件完整、清晰表达的前提下，对机件某些结构的图示画法进行简化而规定的表达方法。

1）当图形不能充分表达机件上的平面时，可用平面符号（相交的两细实线）表示，如图 6-36 所示。

图 6-36　平面符号

2）对于较长的机件（轴、杆、型材等），沿长度方向的形状一致或按一定规律变化时，可断开后缩短绘制。采用这种画法时，尺寸应按机件的实际长度标注，如图 6-37 所示。

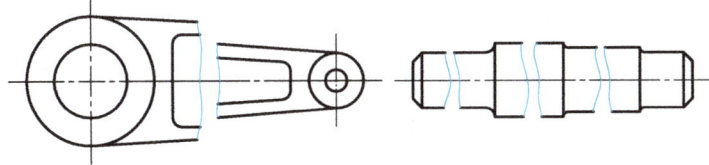

图 6-37　折断画法

3）在不致引起误解时，对称机件的视图可只画一半（图 6-38a）或四分之一（图 6-38b），并在对称中心线的两端画出两条与其垂直的平行细实线；有时还可画略大于一

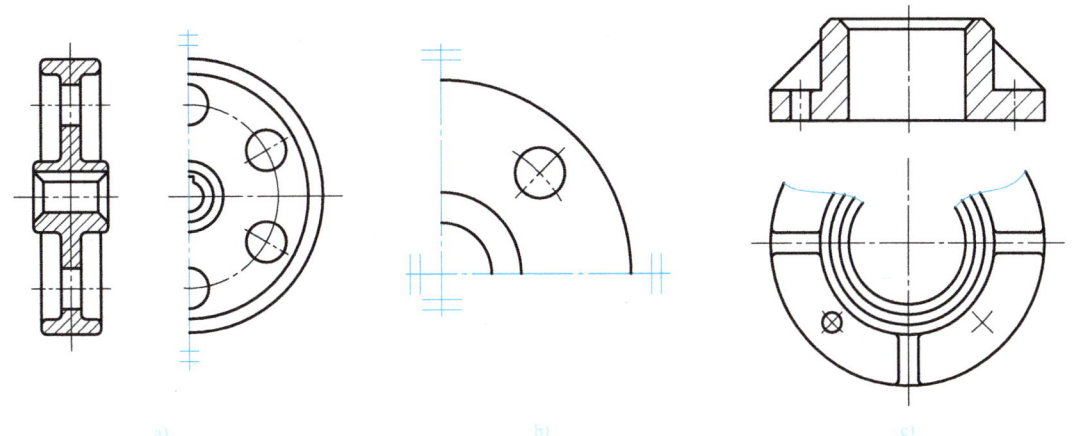

图 6-38　对称机件的省略画法

半，如图 6-38c 所示。

4）机件上较小结构产生的截交线、相贯线和过渡线，可简化或省略。如图 6-39 所示，轴上键槽所形成的截交线和相贯线均省略。图 6-40 所示的主视图简化了锥孔与内、外圆柱面的相贯线，俯视图中的相贯线简化为圆，并只画出大端和小端的视图。

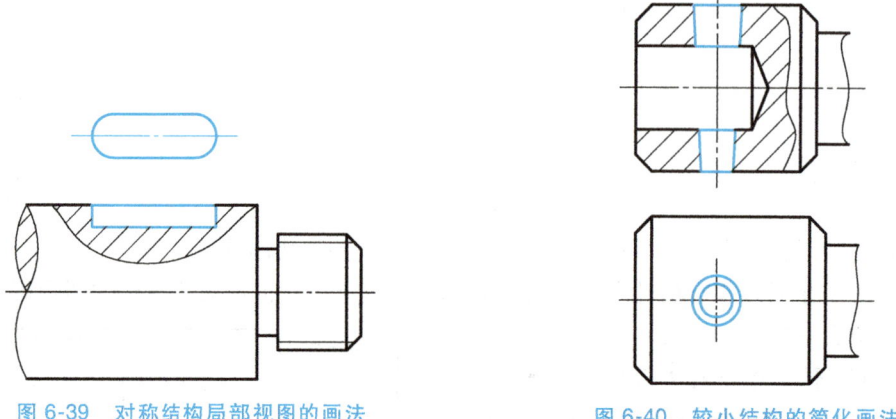

图 6-39　对称结构局部视图的画法　　　　图 6-40　较小结构的简化画法

5）法兰上均匀分布的孔的位置表达可采用图 6-41 所示的方法。

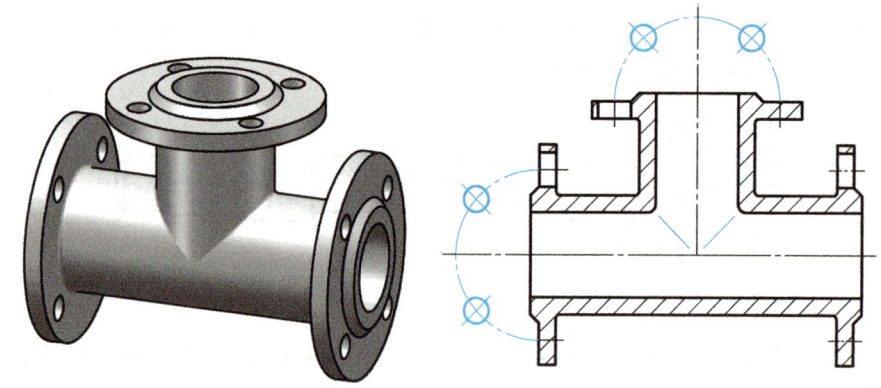

图 6-41　均布孔的简化画法

6）机件上斜度不大的结构，若在一个图形中已表达清楚，则其他图形可按小端画出，如图 6-42 所示。

7）在不致引起误解时，零件图中的小圆角、锐边倒圆或 45° 小倒角允许省略不画，但必须注明尺寸或在技术要求中加以说明，如图 6-43 所示。

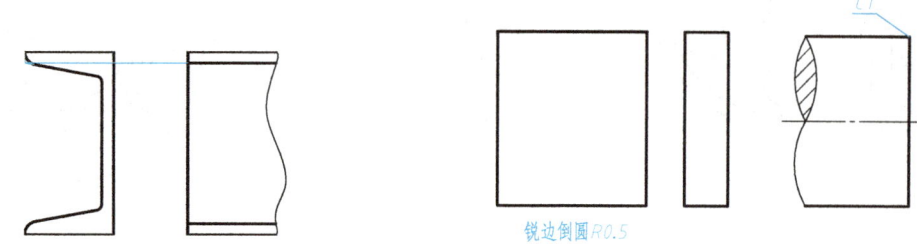

图 6-42　斜度不大的结构的简化画法　　　　图 6-43　小圆角、小倒角的简化画法

8）与投影面倾斜角度小于或等于 30°的圆或圆弧，其投影可用圆或圆弧代替，如图 6-44 所示。

9）用一系列断面表示机件上较复杂的曲面时，可只画出断面轮廓，并可配置在同一位置上，如图 6-45 所示。

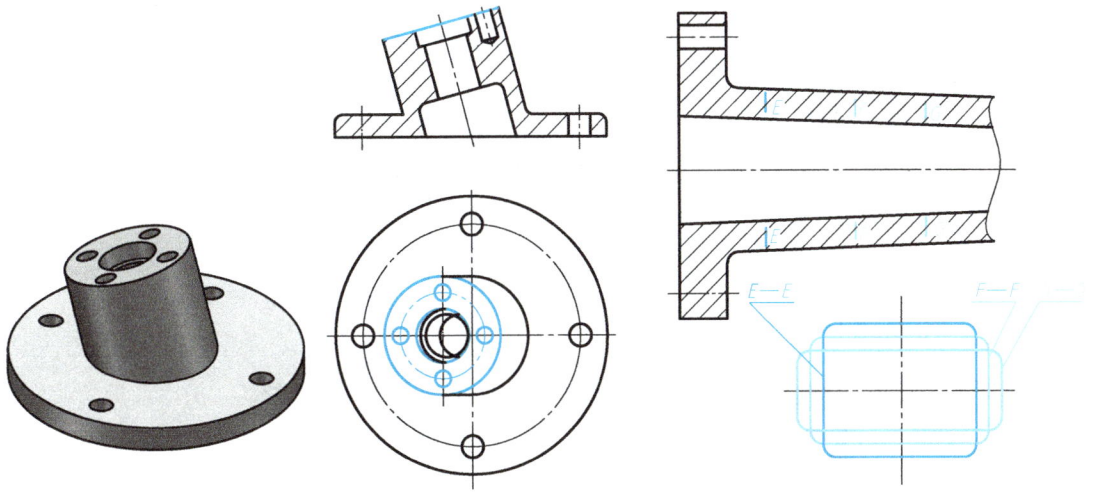

图 6-44　倾斜圆及圆弧的画法　　　　　图 6-45　复杂曲面的简化画法

10）在移出断面图中，一般要画出剖面符号。在不致引起误解时，允许省略剖面符号，但仍应遵守相关的断面图的标注规定，如图 6-46 所示。

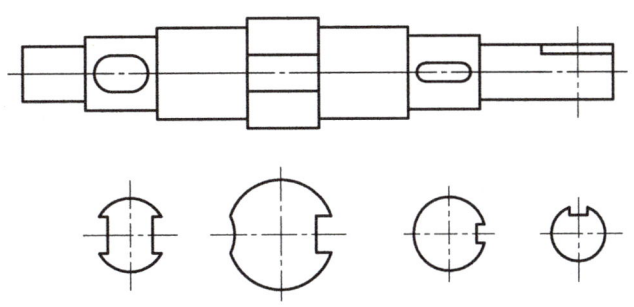

图 6-46　省略剖面符号

11）对于机件上的肋、轮辐及薄壁等，若按纵向（通过肋、轮辐等的轴线或对称平面）剖切，则这些结构都不画剖面符号，而用粗实线将它们与其邻接部分分开，如图 6-47、图 6-48 所示。

12）当回转体机件上均匀分布的肋、轮辐和孔等结构不处于剖切平面上时，可将这些结构假想旋转到剖切平面上画出，如图 6-48 所示。

13）当机件具有多个相同结构要素（如齿、槽等）并且按一定规律分布时，只需画出几个完整的结构，其余用细实线连接，或画出它们的中心线，然后在图中注明该结构的总数，如图 6-49 所示。

14）圆柱形法兰和类似机件上均匀分布的直径相同的孔，可按图 6-50 所示绘制。

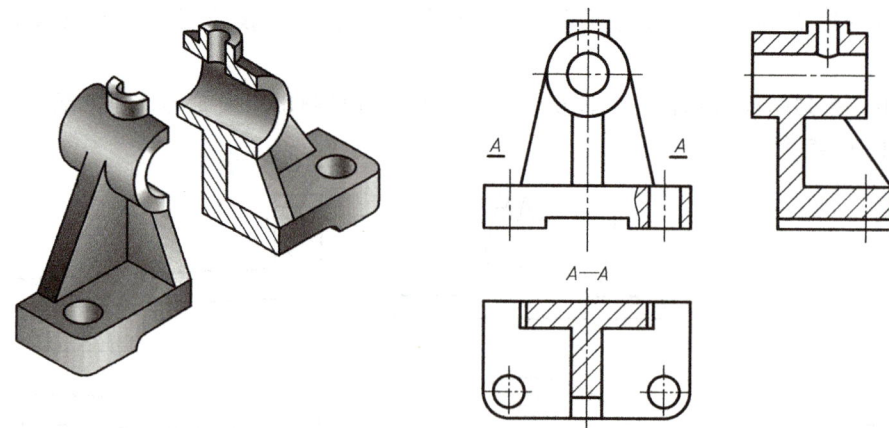

图 6-47 肋板的规定画法

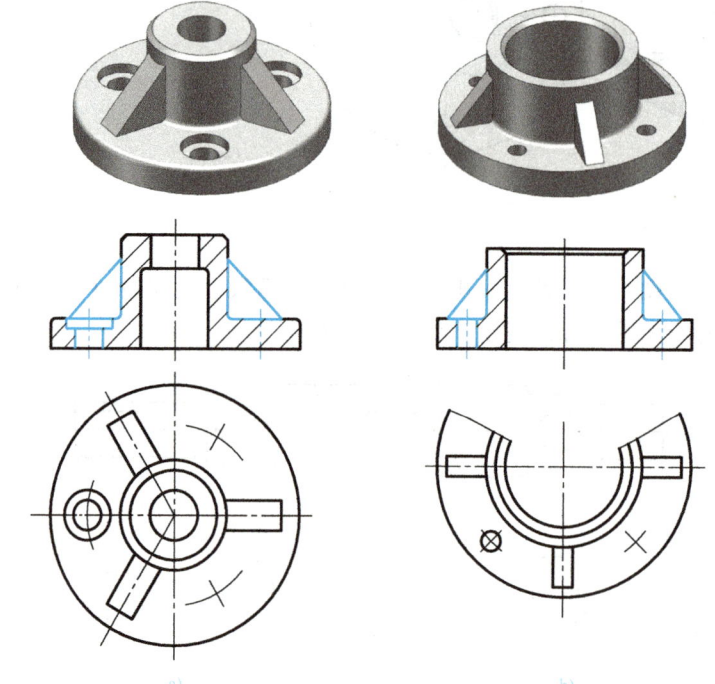

图 6-48 均布孔和肋的简化画法

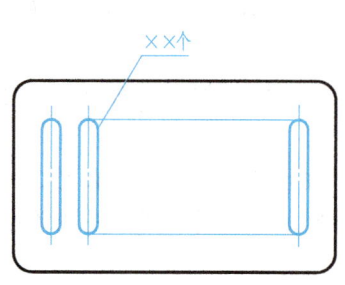

图 6-49 相同结构要素的简化画法

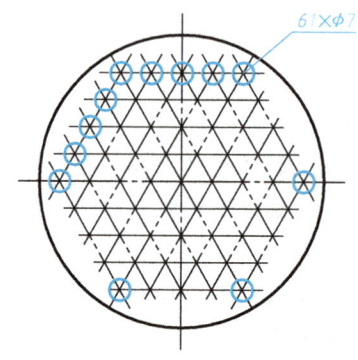

图 6-50 相同直径孔的简化画法

6.5 局部放大图

6.5.1 概念

将机件的部分结构用大于原图的比例画出的图形，称为局部放大图。当机件上某些细小结构在原图形中表达不够清楚或不便标注尺寸时，常采用局部放大图，如图6-51所示。

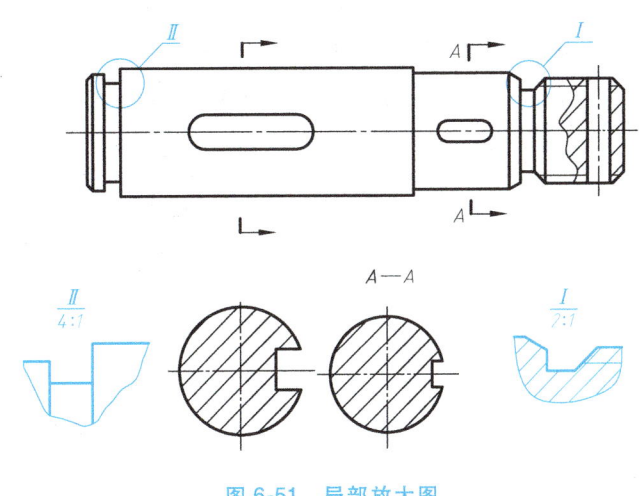

图6-51 局部放大图

6.5.2 画法及标注

局部放大图可画成视图、剖视或断面图，与被放大部分的表达方法无关，且与原图采用的比例无关。局部放大图应尽量配置在被放大部位的附近，并用细实线圆圈出被放大的部位。

当同一机件上有多个被放大的部位时，需用罗马数字依次注明，并在局部放大图的上方用分数形式标注出相应的罗马数字和所采用的比例，如图6-51中的Ⅰ、Ⅱ处所示。当机件上被放大的部位只有一处时，在局部放大图的上方只需标注所采用的比例即可。

在局部放大图上，局部范围的断裂边界线用波浪线画出。若为剖视或断面时，其剖面符号应与被放大部位的剖面符号一致。

6.6 表达方法综合应用举例

针对机件的具体结构形状，往往可考虑多种表达方案，经过比较，择优选用。选择机件表达方案的原则：在完整、清楚地表达机件内外结构形状及相对位置的前提下，力求看图方便，绘图简便。

[例6-1] 试选择图6-52所示阀体轴承座的表达方案。

解 从图6-52所示阀体立体图可以看出，该阀体的主体形状为直立圆筒和左右两水平圆

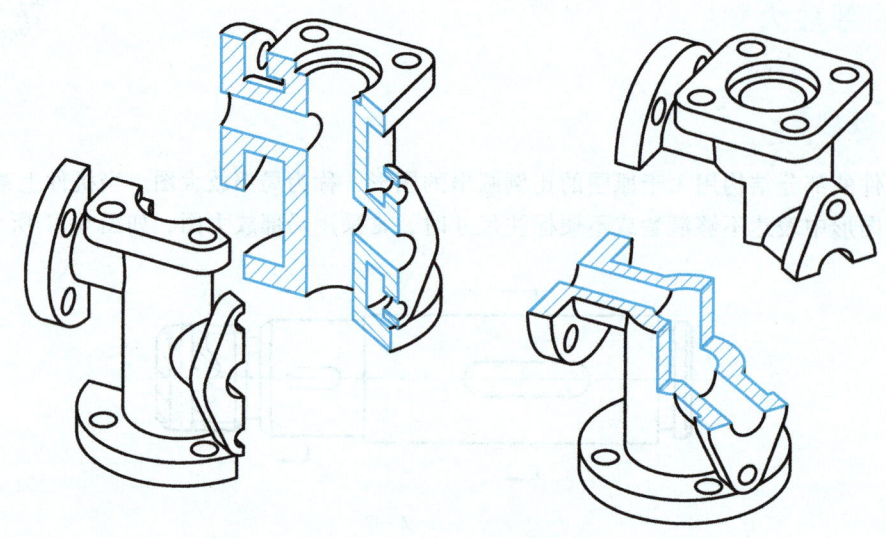

图 6-52 阀体轴承座

筒贯通而成,为了安装连接方便,还有上底板(正方形板)、下底板(圆形板)、左连接板(圆形板)和右连接板(腰形板)四部分结构。

选择表达方案时要综合考虑前面所介绍的各种表达方法,既要使每个视图、剖视图和断面图等具有明确的表达内容,又要注意它们之间的相互联系及分工,以达到表达完整、简洁、清晰的目的。

首先,分别分析各个部分的结构特点,确定各部分的视图表达所需的投射方向。该阀体的主体结构为回转体,只要过回转体的轴线进行剖切,即可将内外结构表示清楚。左边和下边的法兰都是圆柱形,所以应过其轴线剖切来表达其内外结构,并应从垂直于法兰表面的方向投射,表达各孔在法兰上的分布。上部法兰为正方形法兰,过其对称面剖切来表达其内形,也要对上面的四个安装孔进行剖切以表达内形,还需要从垂直于法兰表面的方向投射,表达各孔在法兰上的分布及其圆角结构。右边的连接法兰需要沿着其中间内孔和两个安装孔的轴线进行剖切,同样需要从垂直于法兰表面的方向投射,表达法兰的外形轮廓。

其次,除了要把各个部分的结构表示清楚,还要把四个法兰与主体结构的连接状态和位置关系表达清晰。

最后,综合上述分析,主视图采用了两个相交的剖切平面来剖切,这样可以集中地表达主体的内外结构。同时,主视图还表达了左边和下边的法兰的内形。主视图采用局部剖视图是为了在视图部分再局部剖,以表达上部正方形法兰的安装孔内形。俯视图采用两个平行的剖切平面,表达了主体上左右水平圆筒之间的位置关系,同时表达了下边圆形法兰的外形和右边法兰的内形。为了表示其他三个法兰的外形,采用 C、D 两个局部视图和 E 向斜视图来表达,如图 6-53 所示。

第6章 机件的表达方法

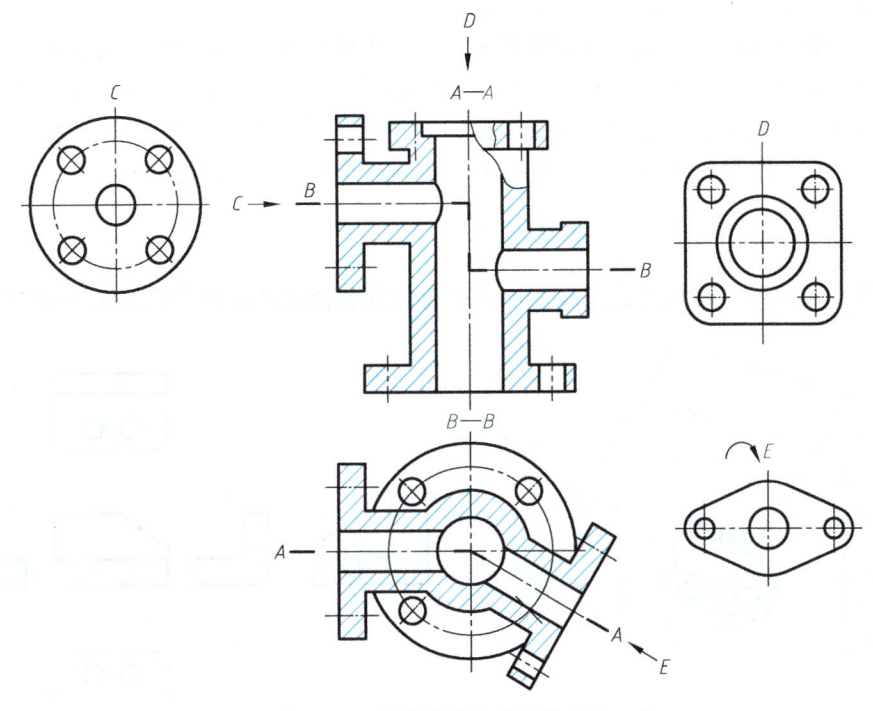

图 6-53 阀体轴承座的表达方法

6.7 第三角画法简介

国际标准 ISO 规定第一角画法和第三角画法具有同等效力。我国工程图样采用正投影法绘制，并优先采用第一角画法，必要时（如按合同规定等）才允许使用第三角画法。而美国、加拿大、澳大利亚、日本等国家则采用第三角画法。为便于开展国际技术交流和贸易活动，有必要了解一些第三角画法的基本知识。

6.7.1 第一角画法与第三角画法的区别

如图 6-54 所示，空间两个互相垂直的投影面，把空间分成了 I、II、III、IV 四个分角。将机件置于第一分角内，并使其处于观察者与投影面之间进行投射，然后按照规定展开投影面而得到多面正投影图的画法，称为第一角画法（简称 E 法）。而将机件置于第三分角内，并使投影面处于观察者与机件之间进行投射，然后按照规定展开投影面而得到多面正投

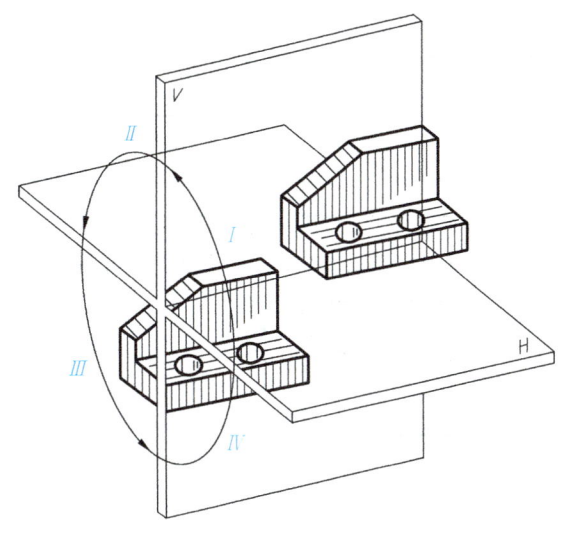

图 6-54 四个分角的形成

129

影图的画法，则称为第三角画法（简称 A 法）。

采用第一角画法时，从投射方向看是人→物（机件）→图（投影面）的关系；而第三角画法，将投影面视为透明的（像玻璃一样），投射时就像隔着"玻璃"看机件，将机件的轮廓形状映印在机件前面的"玻璃"（投影面）上，从投射方向看是人→图（投影面）→物（机件）的关系，如图 6-54 所示，这就是第三角画法与第一角画法的区别。

6.7.2 第三角画法视图的形成与配置

采用第三角画法，将机件放置在六面体中得到的各视图及配置关系如图 6-55 所示。

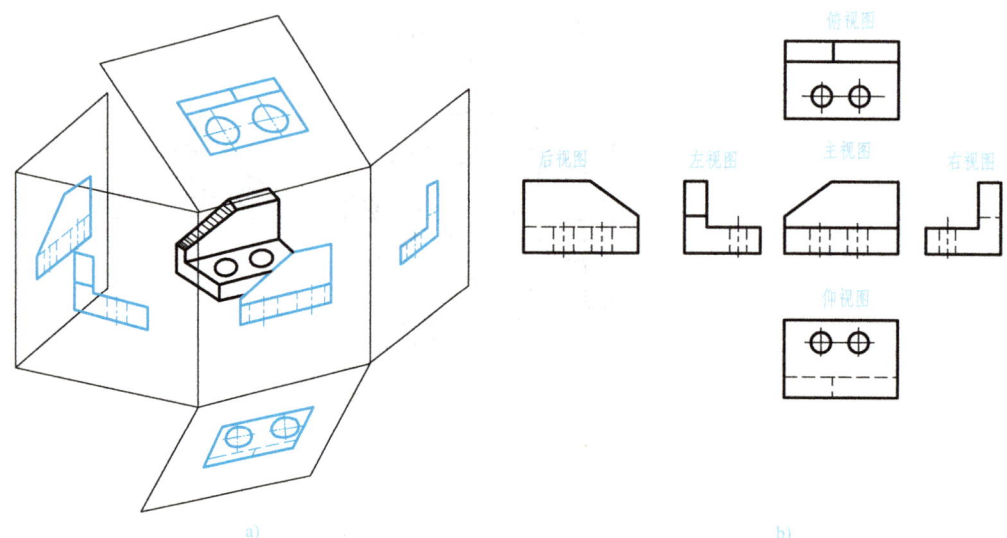

图 6-55　第三角画法六个视图的形成

注意第三角投影中，主视图、俯视图、右视图靠近主视图的一侧表示机件的前面，远离主视图的一侧表示机件的后面，这与第一角恰好相反。

图 6-56a 所示为机件采用第一角画法的主视图、俯视图、左视图，图 6-56b 所示为机件采用第三角画法的主视图、俯视图、左视图。

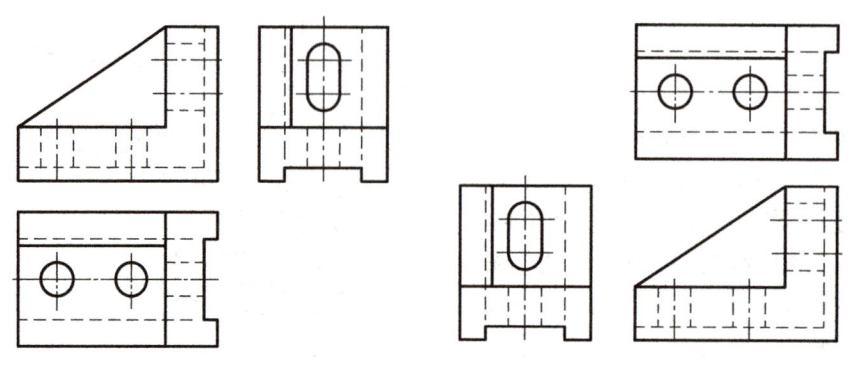

图 6-56　两种画法的比较

6.7.3 第三角画法的标识

国家标准规定，可以采用第一角画法，也可采用第三角画法。为了区别这两种画法，规定在标题栏中专设的格内用规定的识别符号表示。国家标准《技术制图 投影法》（GB/T 14692—2008）中规定的识别符号如图 6-57 所示。

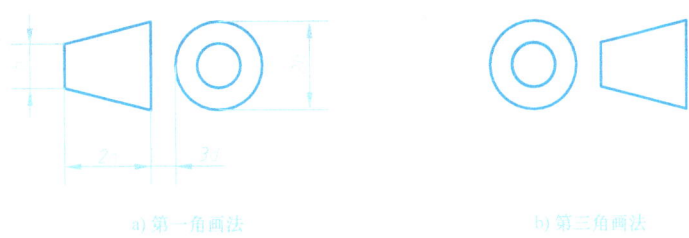

a) 第一角画法　　　　　　b) 第三角画法

图 6-57　两种画法的标识符号

d—图中粗实线的宽度

第7章 常用零部件和结构要素表示法

任何一台机器或设备都是由若干个零件按一定方式组合而成的。在组成机器或部件的众多零件中，除一般零件外，螺栓、螺钉、垫圈、键、销和滚动轴承等零件也被广泛使用。由于这些零件用途广、用量大，为了便于批量生产和使用，国家标准对这类零件的结构、尺寸及技术要求等做出了一系列的规定，即进行了标准化，故这类零件称为常用标准件。另有一些零件，如齿轮、弹簧等，国家标准只对其部分结构要素的尺寸和参数进行了标准化，这类零件结构典型，应用也十分广泛，被称为常用非标准件。零件上常出现的结构要素，如螺纹等，国家标准也对其结构、尺寸、画法和标注进行了标准化。

本章将介绍一些常用零部件和结构要素的基本知识、规定画法、标注及查表方法等。

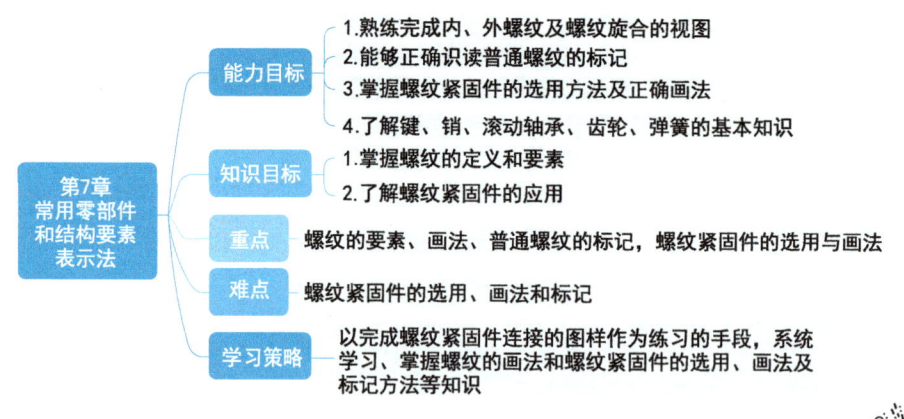

7.1 螺纹

7.1.1 螺纹的基本知识

1. 螺纹的定义

在圆柱或圆锥表面上，沿着螺旋线所形成的具有规定牙型的连续凸起称为螺纹。凸起部分的顶端称为牙顶，沟槽部分的底部称为牙底。在圆柱或圆锥外表面形成的螺纹，称为外螺纹；在圆柱或圆锥内表面形成的螺纹，称为内螺纹。

2. 螺纹的加工

螺纹的加工方法很多，常见的是在车床上车削内、外螺纹，还可用丝锥和板牙等手工工具加工螺纹，如图 7-1 所示。

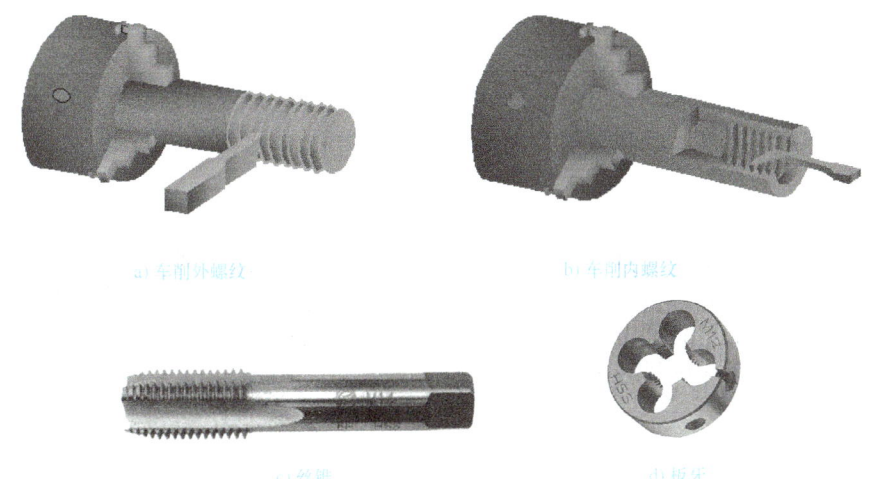

图 7-1 常见的螺纹加工方法及工具

3. 螺纹的要素

（1）牙型 在通过螺纹轴线的剖面上，螺纹的轮廓形状称为牙型。常见的牙型有三角形、梯形和锯齿形等。图 7-2 所示为普通螺纹和梯形螺纹牙型。

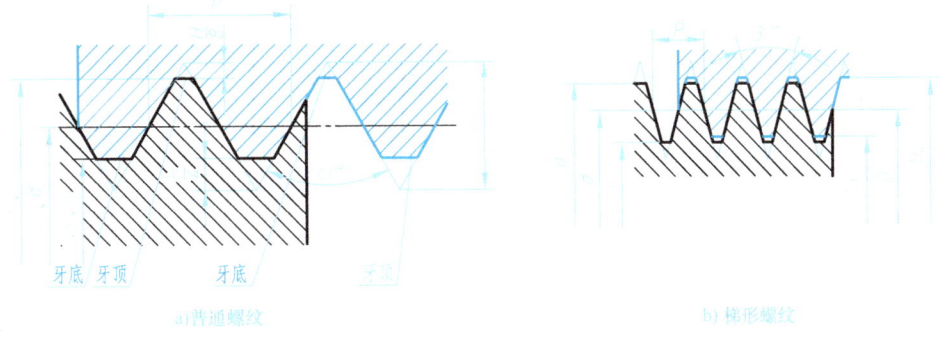

图 7-2 螺纹牙型及直径

（2）螺纹直径 螺纹直径包括大径、小径、中径、顶径和底径等。

大径是指与外螺纹牙顶或内螺纹牙底相重合的假想圆柱面的直径。普通内、外螺纹的大径分别用 D、d 表示；梯形内、外螺纹的大径分别用 D_4、d 表示。代表螺纹尺寸的直径称为公称直径，一般指外螺纹的大径。

小径是指与外螺纹牙底或内螺纹牙顶相重合的假想圆柱面的直径。普通内、外螺纹的小径分别用 D_1、d_1 表示；梯形内、外螺纹的小径分别用 D_1、d_3 表示。

中径是指一个假想圆柱的直径，该圆柱的母线通过牙型上的凸起宽度和沟槽宽度相等的地方。内、外螺纹的中径分别用 D_2、d_2 表示。

顶径是指与内、外螺纹牙顶相重合的假想圆柱面的直径。

底径是指与内、外螺纹牙底相重合的假想圆柱面的直径。

（3）**线数**　线数是指在同一圆柱（锥）面上螺纹的条数，用 n 表示。沿一条螺旋线所形成的螺纹称为单线螺纹；沿两条或两条以上螺旋线所形成的螺纹称为多线螺纹，如图 7-3 所示。

（4）**螺距和导程**　螺纹上相邻两牙在中径线上对应两点之间的距离，称为螺距，用 P 表示。同一条螺纹上相邻两牙在中径线上对应两点之间的距离，称为导程，用 P_h 表示。如图 7-3 所示，螺距、导程和线数三者之间的关系为 $P_h = nP$。

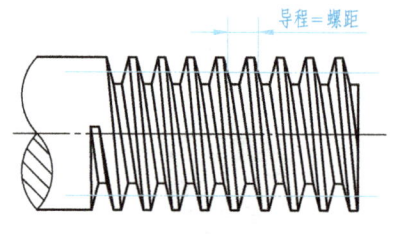 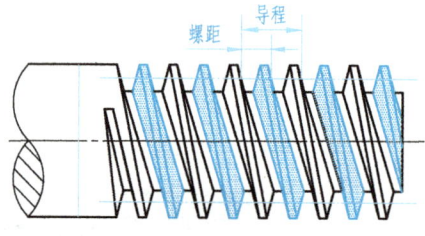

a) 单线螺纹　　　　　　　　b) 多线螺纹

图 7-3　单线及多线螺纹

（5）**旋向**　螺纹有左旋和右旋之分。内、外螺纹旋合时，顺时针旋入的螺纹，称为右旋螺纹；反之，则称为左旋螺纹，如图 7-4 所示。工程上常用的是右旋螺纹。

只有以上五要素都相同的内、外螺纹才能相互旋合。

7.1.2　螺纹的画法

1. 外螺纹的画法

在投影为非圆的视图上，螺纹大径（公称直径）用粗实线表示；螺纹小径用细实线表示（按

a) 右旋螺纹　　b) 左旋螺纹

图 7-4　螺纹的旋向

$d_1 = 0.85d$），并画入倒角内；螺纹终止线用粗实线表示。在投影为圆的视图上，表示螺纹大径的圆用粗实线画；表示小径的圆用细实线只画约 3/4 圈，倒角圆省略不画，如图 7-5a 所示。外螺纹剖切后，终止线按图 7-5b 所示画出，剖面线画到粗实线处。

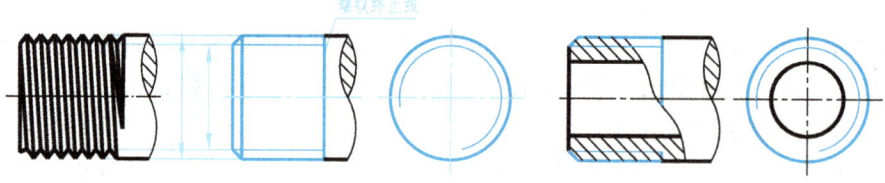

图 7-5　外螺纹的画法

2. 内螺纹的画法

内螺纹常用剖视图表示。在非圆的视图中，螺纹大径（公称直径）用细实线表示；小

径用粗实线表示（按 $D_1 = 0.85D$）；螺纹终止线用粗实线表示，剖面线画到粗实线处。在投影为圆的视图上，表示螺纹大径的圆用细实线只画约 3/4 圈；表示螺纹小径的圆用粗实线表示，倒角圆省略不画，如图 7-6 所示。图 7-7 所示为不穿通螺纹孔的画法。对于不穿通螺孔，一般钻孔深度应比螺孔深 $0.5D$，并且钻孔底部的锥角应为 120°。

不可见的螺纹，所有图线均为虚线。

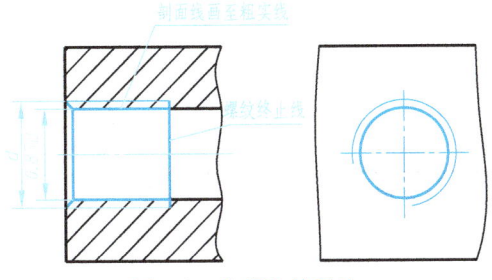

图 7-6　内螺纹的画法

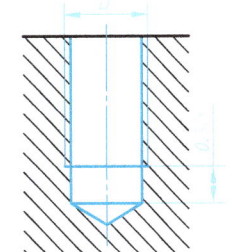

图 7-7　不穿通螺纹孔的画法

3. 内、外螺纹连接的画法

螺纹连接常用剖视图表示。内、外螺纹的旋合部分按外螺纹画，其余部分仍按各自的画法表示，如图 7-8 所示。实心螺杆通过其轴线剖切时，按不剖画，如图 7-8a、c 所示。外螺纹与不穿通螺纹孔的连接，内、外螺纹在长度上不能完全旋合，内螺纹应保留约 $0.5D$ 的余量，如图 7-8c 所示。

画图时应注意，表示内、外螺纹大径的细实线和粗实线，以及表示内、外螺纹小径的粗实线和细实线均应分别对齐。

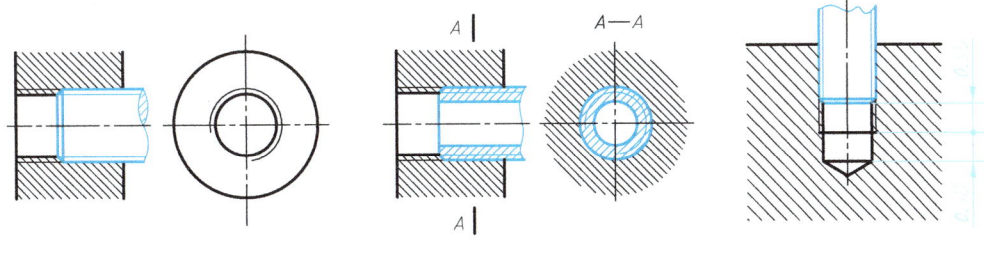

图 7-8　内、外螺纹连接的画法

7.1.3　螺纹的标记方法

1. 螺纹标记的规定

由于各种螺纹的画法都是相同的，图上无法反映出螺纹的要素和制造精度，因此，规定用某些代号标记加以说明，并在图中标注。各种螺纹的标记方法不尽相同，表 7-1 中列出了常用的标准螺纹的标记示例。下面仅详细介绍普通螺纹的标记方法。

普通螺纹的标记包括螺纹特征代号、公称直径、导程和螺距、公差带代号、旋合长度及旋向等内容，具体的示例如下

```
M 20 × Ph4P2 — 5g6g — S - LH
```

- 旋向代号：LH表示左旋；RH表示右旋(一般不标注)
- 旋合长度代号：S表示短，L表示长，N表示中等(可省略)
- 公差带代号：小写字母表示外螺纹；大写字母表示内螺纹
- 导程为4；螺距为2；故线数为2，多线螺纹。单线细牙螺纹只标螺距；单线粗牙螺纹不标螺距 } 尺寸代号
- 公称直径(大径)为20
- 特征代号：M表示普通螺纹

表 7-1　标准螺纹的标记示例

螺纹种类(特征代号)		螺纹标记示例	螺纹副标记示例	说明
普通螺纹（M）		M8×1-LH	M20-5H/5g6g-S-LH	中等公差精度(6H、6g)不注公差带代号 螺纹副的标记中斜线前、后分别为内、外螺纹的公差带代号(梯形螺纹与之相同)
梯形螺纹（Tr）		Tr40×14(P7)LH-7e	Tr36×6-7H/7e	公称直径为40，导程为14，螺距为7的多线螺纹，左旋，中径公差带代号为7e 梯形螺纹只标记中径公差带代号
55°非密封管螺纹(G)		G1½A G1½-LH	G1½A	1½为尺寸代号，无单位 外螺纹公差等级分A、B级两种，内螺纹公差等级仅一种 标注螺纹副时，仅标注外螺纹的标记
55°密封管螺纹	圆锥外螺纹（R₁/R₂）	R₁1½ R₂1½	Rc/ R₂1½LH Rp/ R₁1½	R₁、R₂分别表示与圆柱内螺纹、圆锥内螺纹配合的圆锥外螺纹
	圆锥内螺纹（Rc）	Rc1½LH		
	圆柱内螺纹（Rp）	Rp½		

注：梯形螺纹和55°密封管螺纹的旋向代号左侧无半字线。

2. 螺纹的图样标记

普通螺纹与梯形螺纹等公称直径以 mm 为单位的螺纹，其标记应直接标注在螺纹大径的尺寸线上，如图7-9所示。

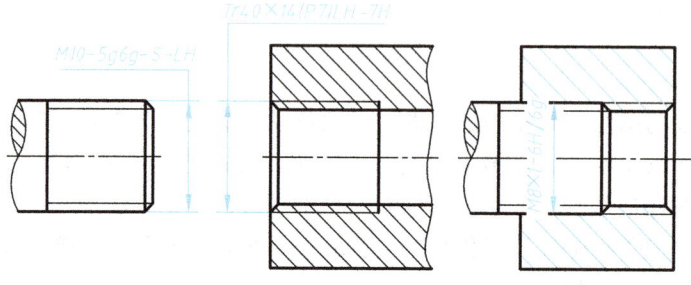

图 7-9　螺纹的图样标记 （一）

管螺纹的标记一律标注在螺纹的引出线上，引出线应由螺纹的大径或螺纹的轴线处引出，如图 7-10 所示。

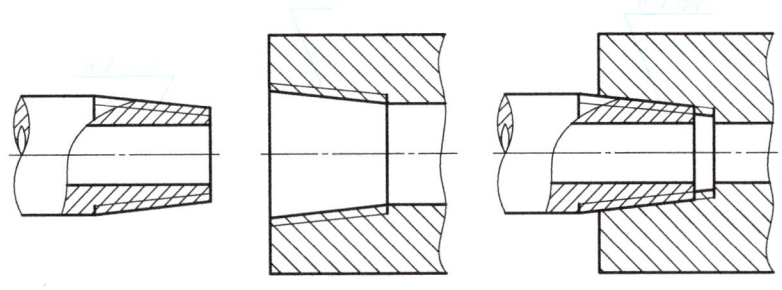

图 7-10　螺纹的图样标记（二）

7.2　螺纹紧固件及其连接

7.2.1　常用的螺纹紧固件

螺纹紧固件一般为标准件，设计制图时不必绘制出标准件的零件图。在装配图中通常采用比例画法来绘制螺纹紧固件，常用的螺纹紧固件的比例画法如图 7-11 所示。

7.2.2　螺纹紧固件连接的画法

绘制螺纹紧固件连接装配图，应遵守以下规定。

1）两零件接触表面只画一条线，凡不接触的相邻表面，无论间隙大小，都画两条线。

2）在剖视图中，相邻零件的剖面线的方向或间隔要加以区分，同一零件在各剖视图中剖面线的方向、间隔应相同。

3）当剖切平面通过螺纹紧固件的轴线时，这些零件按不剖画。

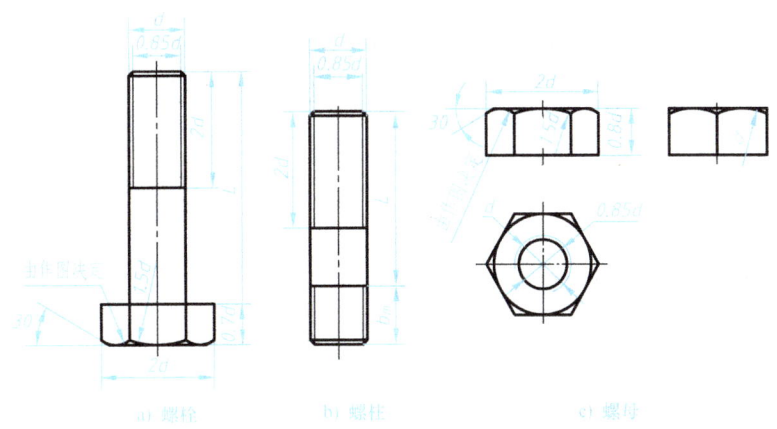

图 7-11　常用的螺纹紧固件的比例画法

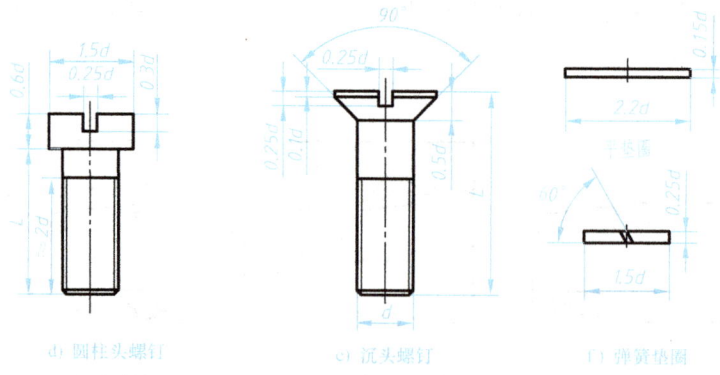

图 7-11　常用的螺纹紧固件的比例画法（续）

1. 螺栓连接

螺栓连接适用于两个不太厚并允许钻成通孔的零件间的连接。螺栓连接可以承受较大的载荷，并适用于常拆卸的场合。

（1）**螺栓公称长度的确定**　螺栓连接中被连接的两零件的厚度 δ_1、δ_2 由设计者确定，螺栓的公称长度 L 可按式（7-1）确定

$$L \geqslant \delta_1 + \delta_2 + h + m + a \tag{7-1}$$

式中　δ_1、δ_2——被连接零件的厚度；

　　　h——平垫圈厚度，$h = 0.15d$；

　　　m——螺母厚度，$m = 0.8d$；

　　　a——螺栓伸出螺母长度，$a = 0.3d$。

根据螺纹紧固件的比例画法可以得出

$$L \geqslant \delta_1 + \delta_2 + 1.25d \tag{7-2}$$

根据式（7-2）计算出的数值，可查附表选取螺栓的标准公称长度值。

（2）**螺栓连接的画法**　螺栓连接的画法如图 7-12 所示，被连接两工件的厚度 δ_1、δ_2 由设计者确定，其光孔与螺栓之间存在间隙，必须画成两条线，两工件的接触面应画成一条线。在剖视图中，被连接两工件的剖面线的方向或间隔必须加以区分，螺栓、螺母、垫圈按不剖画。

2. 螺柱连接

螺柱连接适用于被连接两零件之一较厚、不易钻成通孔、载荷较大、经常拆装的场合。

螺柱的两头都有螺纹，一端为旋入端，一端为紧固端。被连接两工件中，制有螺纹孔的工件，被称为螺孔件；另一个工件上加工有光孔，被称为光孔件。螺柱旋入端应全部旋入螺孔件的螺孔内，紧固端与螺母旋合起到紧固作用。

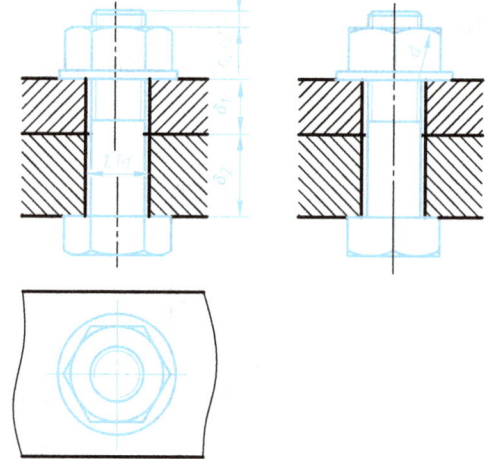

图 7-12　螺栓连接的画法

(1) 螺柱旋入端长度的确定　螺柱旋入端的长度 b_m 与螺孔件的材料有关，见表7-2。

表7-2　螺柱旋入端的长度及国家标准代号

螺孔件材料	旋入端长度 b_m	国家标准代号
钢、青铜、硬铝	$b_m = d$	GB/T 897—1988
铸铁	$b_m = 1.25d$	GB/T 898—1988
	$b_m = 1.5d$	GB/T 899—1988
铝、有色金属等较软材料	$b_m = 2d$	GB/T 900—1988

(2) 螺柱公称长度的确定　螺柱的公称长度 L 应按式（7-3）计算

$$L \geqslant \delta + s + m + a \tag{7-3}$$

式中　δ——光孔零件的厚度；

s——弹簧垫圈厚度，$s = 0.2d$；

m——螺母厚度，$m = 0.8d$；

a——螺柱伸出螺母长度，$a = 0.3d$。

根据螺纹紧固件的比例画法可以得出

$$L \geqslant \delta + 1.3d \tag{7-4}$$

根据式（7-4）计算出来的数值，可查附表选取螺柱的标准公称长度值。

(3) 螺柱连接的画法　螺柱连接的画法如图7-13所示。由于螺柱的旋入端完全旋入到螺孔件上的螺孔内，其旋入端的螺纹终止线应与被连接两零件的接触面平齐。螺柱与光孔之间存在有间隙，必须画成两条线。弹簧垫圈的开口应为向左倾斜并与水平线成60°。

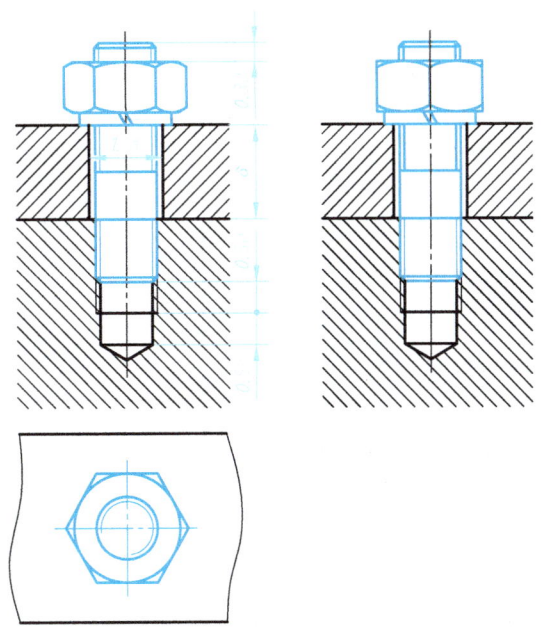

图7-13　螺柱连接的画法

3. 螺钉连接

螺钉一般用于受力不大而又不经常拆装的零件连接。被连接的两工件，较厚的加工出螺孔，较薄的加工出光孔，螺钉穿过光孔拧入螺孔内。

(1) 螺钉公称长度的确定 不同种类螺钉的公称长度的确定方法略有不同，一般由光孔件的厚度 δ 与旋入螺孔件的深度之和确定。螺钉旋入螺孔件的长度可以参照螺柱旋入端长度的选择来确定，并应相应加长，取标准值。

(2) 螺钉连接的画法 常见螺钉连接的画法如图 7-14 所示。当采用带一字槽的螺钉连接时，在投影为非圆的视图中，其槽口面对观察者，在投影为圆的视图上，一字槽按 45°方向画出。

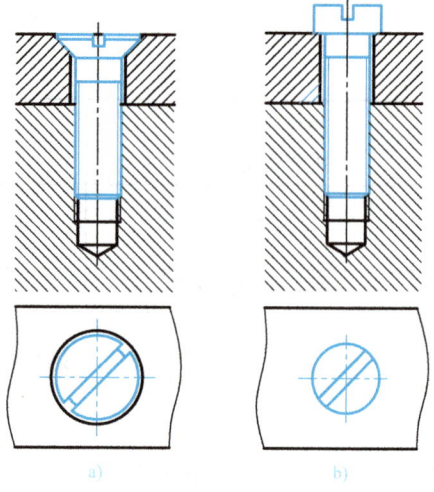

图 7-14 螺钉连接的画法

7.3 键连接与销连接

7.3.1 键连接

键用于连接轴和轴上的齿轮和带轮等零件，使它们一起转动。常用的键有普通平键、半圆键、楔键等，下面以普通平键为例介绍键的选用及其连接的画法。

1. 平键的选用

平键的规格应根据轴（或轮毂孔）的直径从相应的标准中查得，键的公称长度应小于或等于轮毂的长度并取标准值。如已知轴的直径为 φ30，轮毂长度等于 35，查附表可选用平键的规格为 $b = 8$，$h = 7$，$L = 28$。

2. 键槽的画法与尺寸标注

轴和轮毂上键槽的深度是根据所选平键的规格从相应的标准中查表得到的。如平键的 $b = 8$，$h = 7$，则轴和毂上键槽的宽度均为 8，轴上键槽的深度等于 4，轮毂上键槽的深度等于 3.3，键槽深度之和大于平键的高度。轴和轮毂上键槽的画法与尺寸标注如图 7-15 所示。

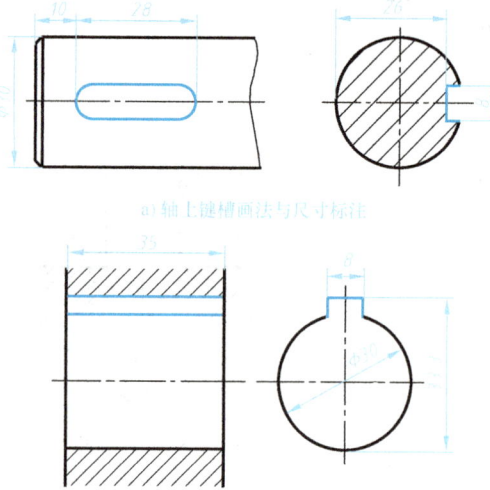

图 7-15 键槽的画法及尺寸标注

3. 键连接的画法

普通平键的两侧面为工作面，上、下两面为非工作面。在绘制装配图时，键的两侧面与键槽两侧面、平键的下面与轴上键槽的底面均为接触面，应画成一条线；平键的上面与轮毂上键槽的底面之间是有间隙的，必须画成两条线。普通平键连接的画法如

图 7-16 所示。

7.3.2 销连接

常用的销有圆柱销、圆锥销和开口销三种。圆柱销和圆锥销用于零件之间的连接或定位；开口销用于防止螺母松动或固定其他零件。

1. 圆柱销

圆柱销按配合性质不同，分为 m6、h8 两种形式，如图 7-17 所示。圆柱销的规格及其结构尺寸见表 7-3。

图 7-16　普通平键连接的画法　　　　图 7-17　圆柱销的形式

表 7-3　圆柱销的规格及其结构尺寸　　　　　　　　　（单位：mm）

d	1	1.2	1.5	2	2.5	3	4	5	6	8	10	12	16	20	25	30
c	0.2	0.25	0.3	0.35	0.4	0.5	0.63	0.8	1.2	1.6	2	2.5	3	3.5	4	5
l	4~10	4~12	4~16	6~20	6~24	8~30	8~40	10~50	12~60	14~80	18~95	22~140	26~180	35~200	50~200	60~200
l（系列）	4、5、6、8、10、12、14、16、18、20、22、24、26、28、30、32、35、40、45、50、55、60、65、70、75、80、85、90、95、100、120、140、160、180、200															

公称直径 $d=8$mm，公差为 m6，长度 $l=30$mm，材料为钢，不经淬火，不经表面处理的圆柱销标记为

销　GB/T 119.1　8m6×30

2. 圆锥销

圆锥销按表面加工要求不同，分为 A 型、B 型两种，如图 7-18 所示。圆锥销的公称直径指小端直径，其锥度为 1∶50。圆锥销的规格及其结构尺寸见表 7-4。

图 7-18　圆锥销的两种形式

公称直径 $d=10$mm，长度 $l=60$mm，材料为 35 钢，热处理硬度 28~38HRC，表面氧化处理的 A 型内螺纹圆锥销标记为

销　GB/T 117　10×60

表 7-4 圆锥销的规格及其结构尺寸 （单位：mm）

d	1	1.2	1.5	2	2.5	3	4	5	6	8	10	12	16	20	25	30
a	0.12	0.16	0.2	0.25	0.3	0.4	0.5	0.63	0.8	1	1.2	1.6	2	2.5	3	4
l	6~16	6~20	8~24	10~35	10~35	12~45	14~55	18~60	22~90	22~120	26~160	32~180	40~200	45~200	50~200	55~200
l（系列）	6、8、10、12、14、16、18、20、22、24、26、28、30、32、35、40、45、50、55、60、65、70、75、80、85、90、95、100、120、140、160、180、200															

3. 开口销

开口销的形式如图 7-19 所示。开口销的规格及其结构尺寸见表 7-5。开口销的公称直径是指与之相配的销孔直径，故其公称直径都大于其实际直径。

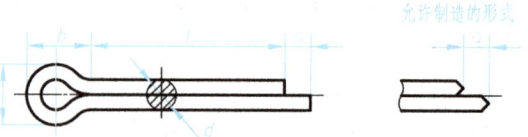

图 7-19 开口销的形式

表 7-5 开口销的规格及其结构尺寸 （单位：mm）

d	公称	0.6	0.8	1	1.2	1.6	2	2.5	3.2	4	5	6.3	8	10	12
	max	0.5	0.7	0.9	1	1.4	1.8	2.3	2.9	3.7	4.6	5.9	7.5	9.5	11.4
c_{max}		1	1.4	1.8	2.0	2.8	3.6	4.6	5.8	7.4	9.2	11.8	15	19	24.8
a_{max}		1.6				2.5				3.2		4			6.3	
$b\approx$		2	2.4	3	3	3.2	4	5	6.4	8	10	12.6	16	20	26
l		4~12	5~16	6~20	8~26	8~32	10~40	12~50	14~65	18~80	22~100	30~120	40~160	45~200	70~200
l（系列）		4、5、6、8、10、12、14、16、18、20、22、24、26、28、30、32、35、40、45、50、55、60、65、70、75、80、85、90、95、100、120、140、160、180、200													

公称直径 $d=5$mm，长 $l=50$mm，材料为低碳钢，不经表面处理的开口销标记为

销 GB/T 91 5×50

4. 销连接的画法

圆柱销与圆锥销主要用于确定装配体最佳运行状态时零件之间的位置，所以相应零件上销孔应在装配调试后一起加工，其连接图如图 7-20 所示。圆锥销可以在传动系统中连接轴和轴上零件，当系统载荷过大时，圆锥销被剪断，传动系统中断，对系统中的其他零部件起到安全保护的作用，如图 7-21 所示。图 7-22 所示为开口销与槽型螺母配合一起使用，可以起到防松脱的作用。

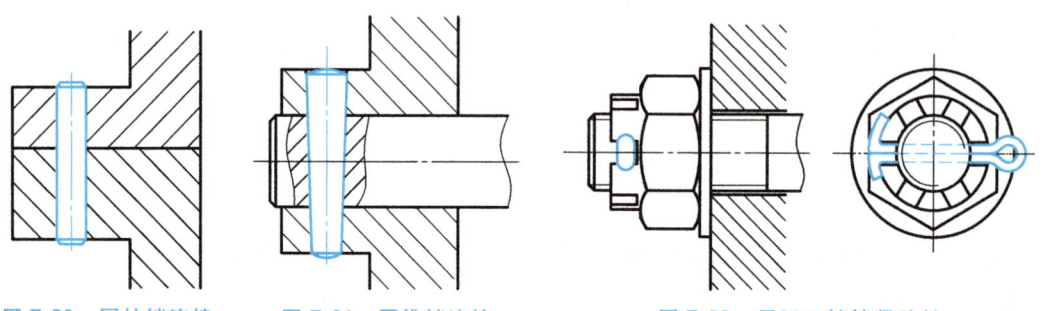

图 7-20 圆柱销连接　　图 7-21 圆锥销连接　　图 7-22 用开口销锁紧防松

7.4 滚动轴承

轴承分为滑动轴承和滚动轴承，在机器设备中，其用于支承旋转的轴。滚动轴承是标准件，它结构紧凑、摩擦阻力小、使用寿命长，因此得到广泛应用。

如图 7-23 所示，滚动轴承一般由内圈、外圈、滚动体和保持架组成。

7.4.1 滚动轴承的分类

滚动轴承的分类方法很多，常见的分类方法如下。

1. 按承受载荷的方向分

按承受载荷的方向不同，滚动轴承可分为向心轴承、推力轴承和向心推力轴承。

1) 向心轴承——主要承受径向载荷。
2) 推力轴承——只承受轴向载荷。
3) 向心推力轴承——同时承受径向和轴向载荷。

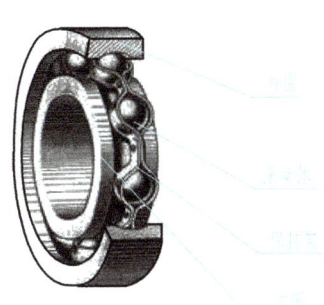

图 7-23 滚动轴承的结构

2. 按滚动体的形状分

按滚动体的形状不同，滚动轴承可分为球轴承和滚子轴承。

1) 球轴承——滚动体为球体的轴承。
2) 滚子轴承——滚动体为圆柱滚子、圆锥滚子和滚针等的轴承。

3. 按滚动体的排列和结构分

按滚动体的排列和结构不同，滚动轴承可以分为单列、多列和轻、重、宽、窄系列等。

7.4.2 滚动轴承的基本代号

滚动轴承代号是用字母加数字表示滚动轴承的结构、尺寸、公差等级、技术性能等特征的产品识别符号。

滚动轴承代号由基本代号、前置代号和后置代号构成，其排列形式为

| 前置代号 | 基本代号 | 后置代号 |

前置、后置代号是轴承在结构形状、尺寸、公差、技术要求等有改变时，在其基本代号左、右添加的补充代号。前置代号用字母表示，后置代号也用字母（或加数字）表示，其具体规定可查阅相关标准。本节只介绍滚动轴承基本代号的含义。

基本代号表示滚动轴承的基本类型、结构和尺寸，是滚动轴承代号的基础。基本代号由轴承类型代号、尺寸系列代号和内径代号构成。轴承类型代号用阿拉伯数字或大写拉丁字母表示，见表 7-6。尺寸系列代号和内径代号用数字表示。基本代号示例如下

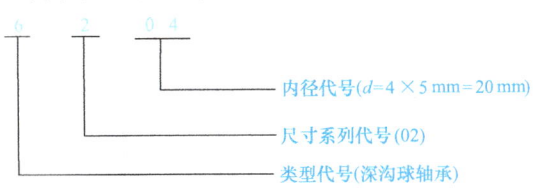

表 7-6 轴承类型代号

代号	轴承类型	代号	轴承类型
0	双列角接触球轴承	5	推力球轴承
1	调心球轴承	6	深沟球轴承
2	调心滚子轴承和推力调心滚子轴承	7	角接触球轴承
3	圆锥滚子轴承	8	推力圆柱滚子轴承
4	双列深沟球轴承	N	圆柱滚子轴承

7.4.3 滚动轴承的画法

滚动轴承是标准件,由专门工厂生产,使用单位一般不必画出其部件图。在装配图中,可根据国家标准规定采用通用画法、特征画法及规定画法,常用滚动轴承的画法见表 7-7,其具体的规定如下。

表 7-7 常用滚动轴承的画法

轴承名称	标准数据	通用画法	规定画法	特征画法
深沟球轴承	D、d、B		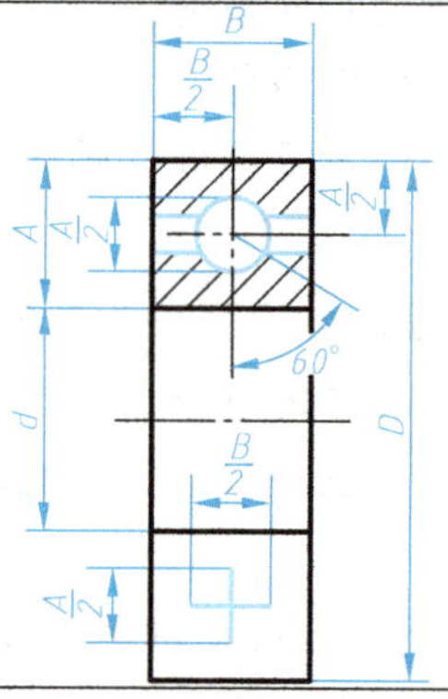	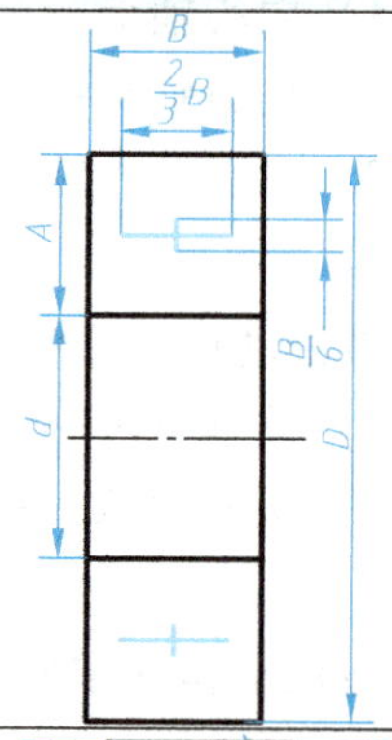
单列圆锥滚子轴承	D、d、T、B、C	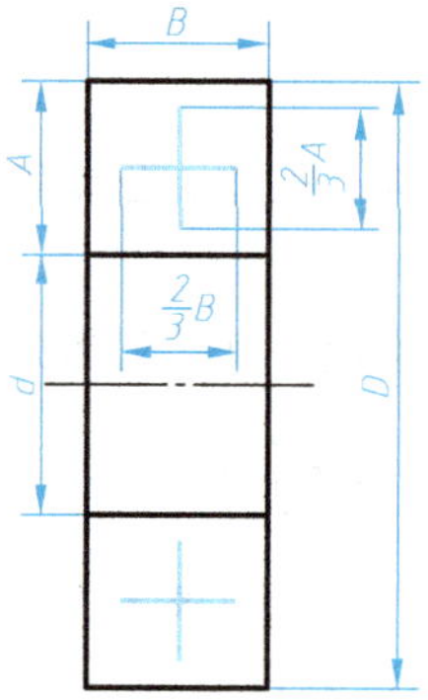	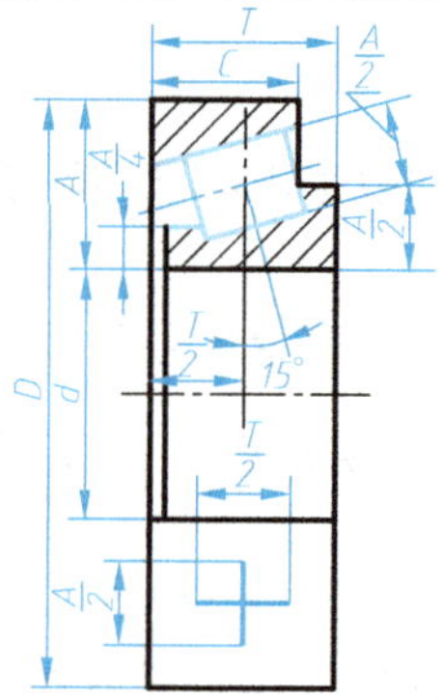	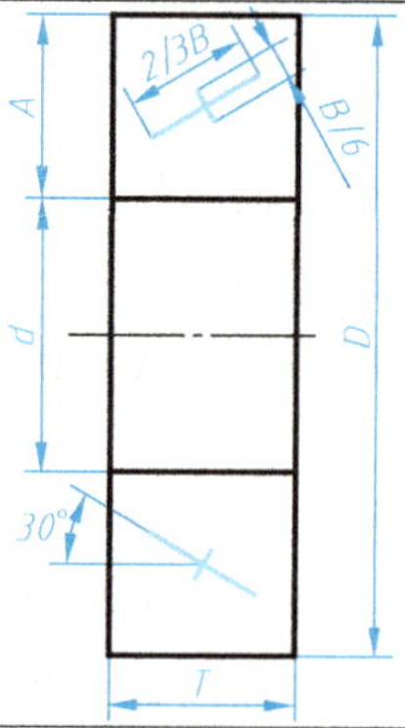
推力球轴承	D、d、T		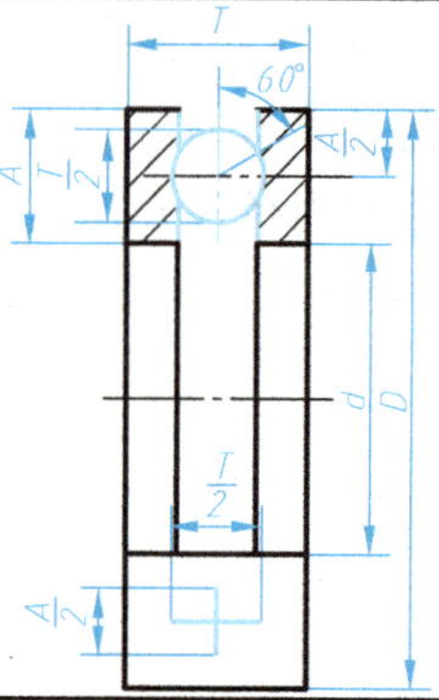	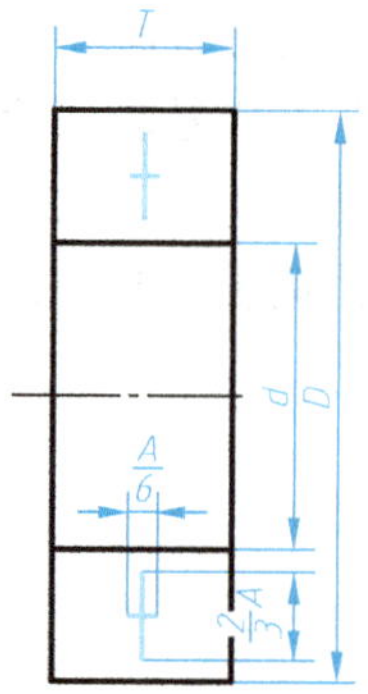

1）在装配图中需详细表达滚动轴承的主要结构时，可采用规定画法，滚动轴承的外轮廓按外径 D、内径 d、宽度 B 等实际尺寸绘制，其他结构的大小按与上述参数的相应的比值关系绘制。当轴的一侧采用规定画法时，另一侧按通用画法绘制。

2）在剖视图中，若需较形象地表示滚动轴承的结构特征，则可采用特征画法，即在矩形线框内画出其结构要素符号。

3）在同一轴上相同型号的轴承，在不致引起误解时，可采用通用画法。

4）滚动轴承作为不可拆分的标准组件，在绘制其剖视图时，滚动体按不剖处理，内、外圈的剖面线的方向和间隔应相同。

7.5 齿轮

齿轮的主要作用是传递动力、改变运动速度和方向。常见的齿轮传动形式包括以下四种。

1）圆柱齿轮——用于两平行轴之间的传动，如图 7-24a 所示。
2）锥齿轮——用于两相交轴之间的传动，如图 7-24b 所示。
3）蜗轮蜗杆——用于两交叉轴之间的传动，如图 7-24c 所示。
4）齿轮齿条——用于转动和平动之间的运动转换，如图 7-24d 所示。

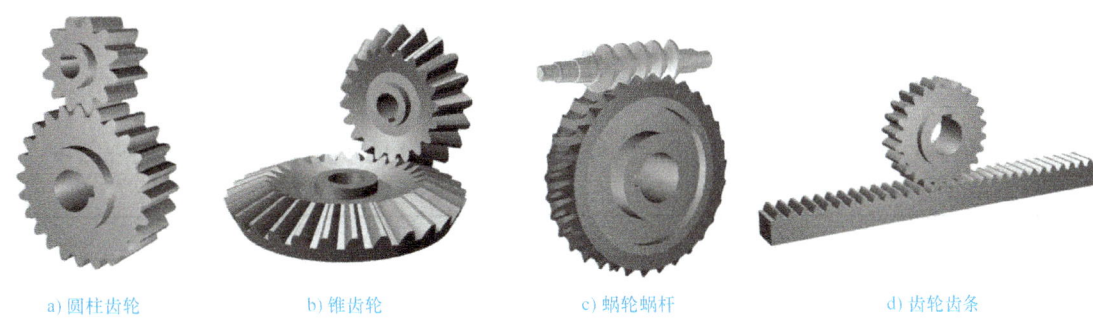

a) 圆柱齿轮　　　b) 锥齿轮　　　c) 蜗轮蜗杆　　　d) 齿轮齿条

图 7-24　齿轮传动的形式

根据齿轮齿廓形状，齿轮又可分为渐开线齿轮、摆线齿轮和圆弧齿轮，其中渐开线齿轮应用最广。圆柱齿轮按其齿形方向可分为直齿、斜齿和人字齿等。本节只介绍渐开线直齿圆柱齿轮。

7.5.1　直齿圆柱齿轮的结构及其参数

直齿圆柱齿轮的结构及其代号如图 7-25 所示。

(1) 齿顶圆　通过齿轮各齿顶端的圆，称为齿顶圆，其直径用 d_a 表示。

(2) 齿根圆　通过齿轮各齿槽底部的圆，称为齿根圆，其直径用 d_f 表示。

(3) 分度圆　齿轮上的一个假想圆，在该圆上齿槽宽 e（相邻两齿廓之间的弧长）与齿厚 s（一个齿两侧之间的弧长）相等，即 $e=s$，此圆称为分度圆，其直径用 d 表示，分度圆是齿轮设计和加工时计算尺寸的基准圆。

(4) 齿距 p　分度圆上相邻两齿对应点的弧长，称为齿距。$p=s+e=2s=2e$。

(5) 齿顶高 h_a　齿顶圆和分度圆之间的径向距离，称为齿顶高。

(6) 齿根高 h_f　分度圆和齿根圆之间的径向距离，称为齿根高。

(7) 全齿高 h　轮齿在齿顶圆和齿根圆之间的径向距离，称为全齿高。

$$h = h_a + h_f$$

(8) 齿数 z　轮齿的个数称为齿数。

(9) 模数 m　齿距 p 与圆周率 π 的比值称为模数，即 $m = p/\pi$，模数的单位为 mm。因为分度圆周长 $\pi d = zp$，所以 $d = zp/\pi = zm$。一对相互啮合的齿轮的模数相等，模数是计算齿轮的主要参数，且已标准化，见表 7-8。

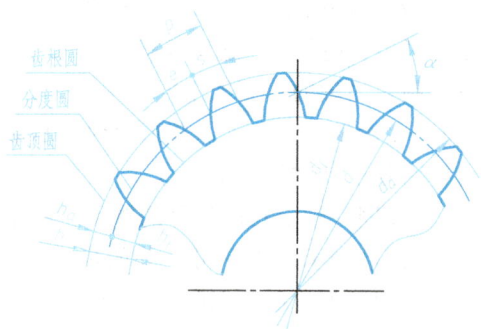

图 7-25　直齿圆柱齿轮的结构及其代号

表 7-8　渐开线圆柱齿轮的模数　　　　　　　　　　（单位：mm）

第一系列	1、1.25、1.5、2、2.5、3、4、5、6、8、10、12、16、20、25、32、40、50
第二系列	1.125、1.375、1.75、2.25、2.75、3.5、4.5、5.5、(6.5)、7、9、11、14、18、22、28、36、45

注：选用时应优先选用第一系列，括号内的模数尽可能不用。本表未摘录小于 1 的模数。

(10) 压力角 α　齿廓在分度圆上的法线方向与分度圆的切线方向的夹角称为压力角 α。我国采用的标准渐开线齿廓的齿轮，其压力角 $\alpha = 20°$。

7.5.2　直齿圆柱齿轮各参数的计算公式

齿轮的齿数、模数和压力角确定后，可进行齿轮各部分尺寸的计算，公式列于表 7-9。

表 7-9　标准直齿圆柱齿轮各基本尺寸的计算公式

名称	符号	计算公式
齿距	p	$p = \pi m$
齿顶高	h_a	$h_a = m$
齿根高	h_f	$h_f = 1.25m$
齿高	h	$h = 2.25m$
分度圆直径	d	$d = mz$
齿顶圆直径	d_a	$d_a = m(z+2)$
齿根圆直径	d_f	$d_f = m(z-2.5)$

7.5.3　直齿圆柱齿轮的画法

1. 单个齿轮的画法

单个齿轮的画法如图 7-26 所示。其具体规定如下。

1）齿顶圆和齿顶线用粗实线绘制。

2）分度圆和分度线用细点画线绘制。

3）齿根圆和齿根线用细实线绘制，也可省略不画；在剖视图中，齿根线用粗实线绘制。

4）在剖视图中，当剖切平面通过齿轮轴线时，无论是奇数齿还是偶数齿，剖切平面一

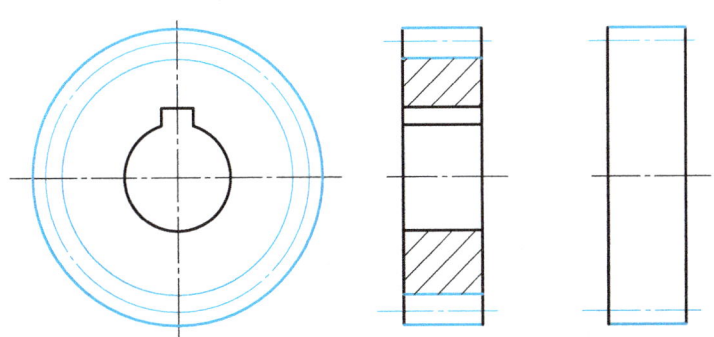

图 7-26 圆柱齿轮的画法

律按剖切到轮齿来绘制,且轮齿一律按不剖画出。

2. 两齿轮啮合的画法

两齿轮啮合时,除啮合区外,其余部分的结构均按单个齿轮绘制。

1)在投影为圆的视图中,两分度圆相切,两齿顶圆用粗实线完整绘制,如图 7-27a 所示;啮合区内齿顶圆也可省略不画,如图 7-27b 所示。齿根圆用细实线绘制,如图 7-27a 所示;也可省略不画,如图 7-27b 所示。

2)在投影为非圆的视图中,在剖视图中,两分度线重合用细点画线绘制,齿根线用粗实线绘制,一个齿轮的齿顶线画粗实线,另一个齿轮的齿顶线画虚线或省略不画,如图 7-27c 所示。不剖时两分度线重合,用粗实线绘制,如图 7-27d 所示。

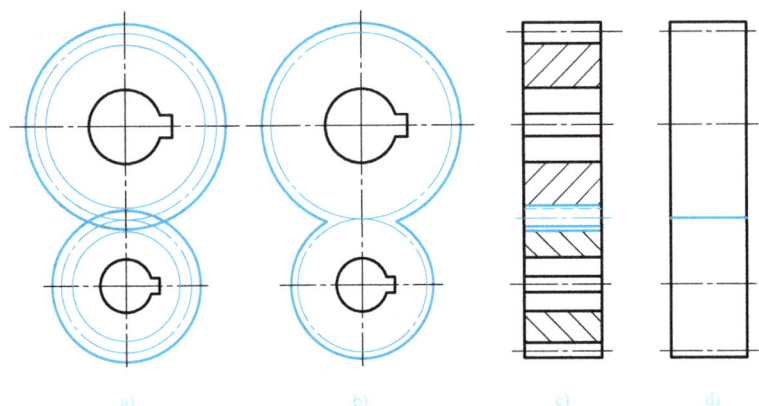

图 7-27 圆柱齿轮啮合的画法

7.6 弹簧

弹簧是在机器和仪表上广泛应用的常用件,它的作用是减振、储能、夹紧、复位等。弹簧的种类很多,其中螺旋弹簧根据其外形不同,可分为圆柱螺旋弹簧和圆锥螺旋弹簧,而圆柱螺旋弹簧较为常见。根据所受载荷不同,圆柱螺旋弹簧又可分为压缩弹簧、拉伸弹簧和扭转弹簧等,如图 7-28 所示。

本节主要介绍圆柱螺旋压缩弹簧的相关知识和规定画法,其他类型的弹簧画法可参阅国

a) 压缩弹簧　　　　b) 拉伸弹簧　　　　c) 扭转弹簧

图 7-28　常见的圆柱螺旋弹簧

家标准的相关规定。

7.6.1　圆柱螺旋压缩弹簧的有关参数

弹簧各部分的名称和代号如图 7-29 所示。

（1）簧丝直径 d　簧丝直径指制造弹簧的钢丝直径。

（2）弹簧外径 D_2　弹簧外径指弹簧的最大直径。

（3）弹簧内径 D_1　弹簧内径指弹簧的最小直径。

（4）弹簧中径 D　弹簧中径指弹簧的平均直径。D、D_1、D_2 和 d 之间的运算关系为

$$D = (D_1 + D_2)/2 = D_1 + d = D_2 - d$$

（5）节距 t　除支承圈外，弹簧上相邻两圈对应两点之间的轴向距离称为节距。

（6）有效圈数 n　弹簧上能保持相同节距的圈数称为有效圈数。

（7）支承圈数 n_2　为使弹簧端面受力均匀，放置平稳，制造时将弹簧两端并紧、磨平。这部分圈仅起支承作用，其圈数称为支承圈数。常见的为 1.5～2.5 圈，以 2.5 圈为最多。

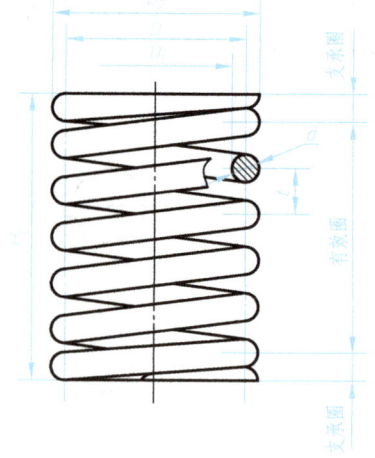

图 7-29　弹簧各部分的名称和代号

（8）弹簧总圈数 n_1　弹簧的支承圈和有效圈之和称为弹簧总圈数，$n_1 = n + n_2$。

（9）弹簧的自由高度 H_0　弹簧在未受外力作用下的高度称为弹簧的自由高度，$H_0 = nt + (n_2 - 0.5)d$。

（10）旋向　螺旋弹簧分左旋和右旋两类，常用右旋。

7.6.2　圆柱螺旋压缩弹簧的画法

根据圆柱螺旋压缩弹簧的外径 D_2、簧丝直径 d、节距 t 和圈数，即可计算出弹簧中径 D 和自由高度 H_0，画图步骤如下。

1) 根据弹簧的自由高度 H_0 和弹簧中径 D 确定弹簧的高度和中径线的位置，如图 7-30a 所示。

2) 根据簧丝直径 d，画出支承圈部分的四个圆和两个半圆，如图 7-30b 所示。

3) 根据节距 t，进一步画出簧丝断面，如图 7-30c 所示。

4) 若弹簧画成剖视，则按右旋方向作相应圆的公切线，并画剖面线，如图 7-30d 所示。

5) 若弹簧画成视图，则按右旋方向作相应圆的公切线，如图 7-30e 所示。

螺旋弹簧均可画成右旋，但左旋弹簧无论画成左旋还是右旋，都应注明"左旋"。

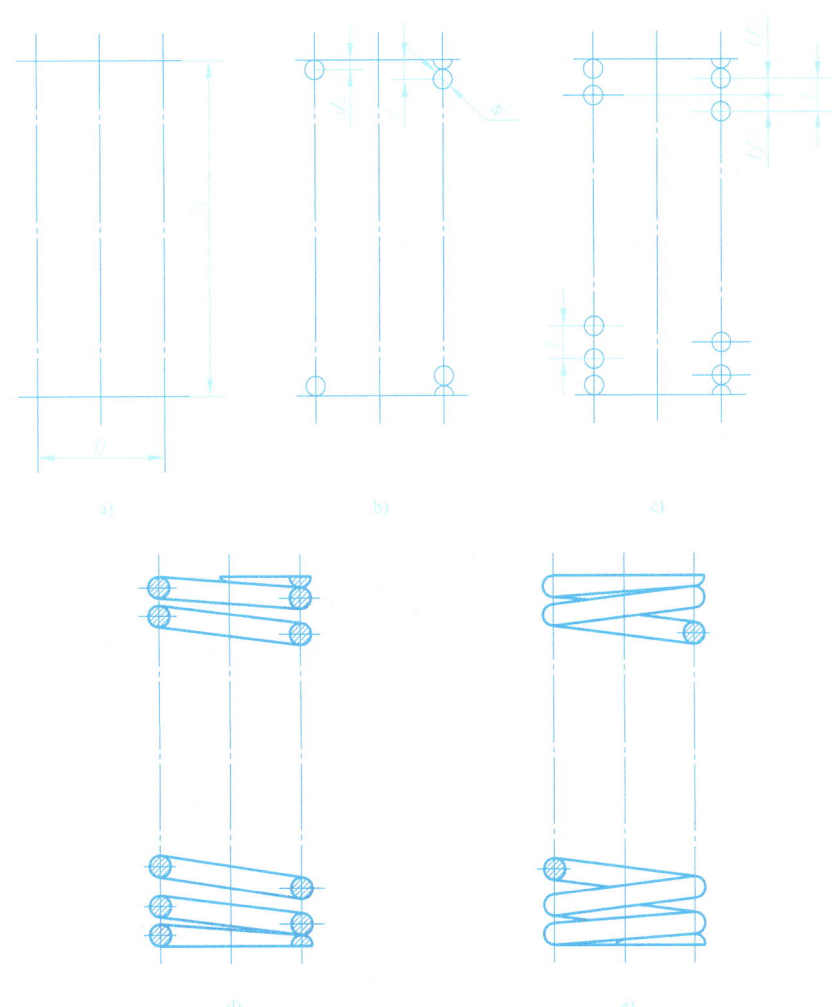

图 7-30 弹簧的画法

第8章 零件图

机器或部件都是由若干零件装配而成的。零件是构成机器或部件的那些只有加工过程而无任何装配过程的机件，是不可再拆分的单元个体。

根据零件的作用及其结构特点，可对零件进行如下分类。

$$
\text{零件}\begin{cases}\text{一般零件}\begin{cases}\text{轴套类零件}\\\text{盘盖类零件}\\\text{叉架类零件}\\\text{箱体类零件}\end{cases}\\\text{标准件}\\\text{传动件}\end{cases}
$$

在机器或部件中，除标准件之外，其余零件一般均应绘制出零件图。零件图是用来表达零件结构形状、尺寸大小和技术要求的图样。

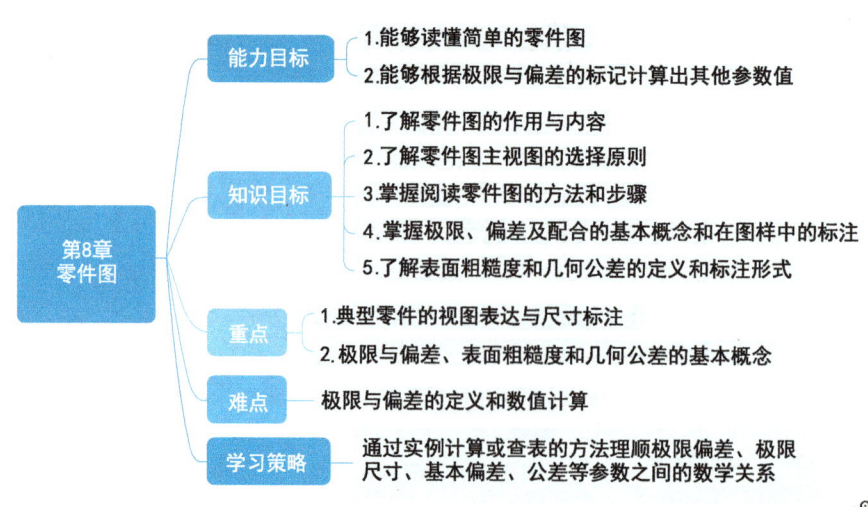

8.1 零件图的作用和内容

8.1.1 零件图的作用

零件图是零件生产和检验的依据，是设计和生产部门中重要的技术文件。零件的毛坯制造、机械加工工艺路线的制定、工序图的绘制及加工检验等，都要根据零件图来进行。因此，在画零件图时必须使图样正确无误、清晰易懂。

8.1.2 零件图的内容

一张零件图一般只能表达一个零件，应包含制造和检验该零件所需要的全部技术资料。如图 8-1 所示，一张完整的零件图一般应包括以下四方面内容。

(1) **一组图形**　综合运用视图、剖视图和断面图等各种表达方法，准确、清晰、简便地表达出零件的内、外结构形状。图 8-1 所示用一个基本视图（全剖的主视图）、一个 $D-D$ 断面图和一个局部放大图表达清楚了柱塞套零件的结构形状。

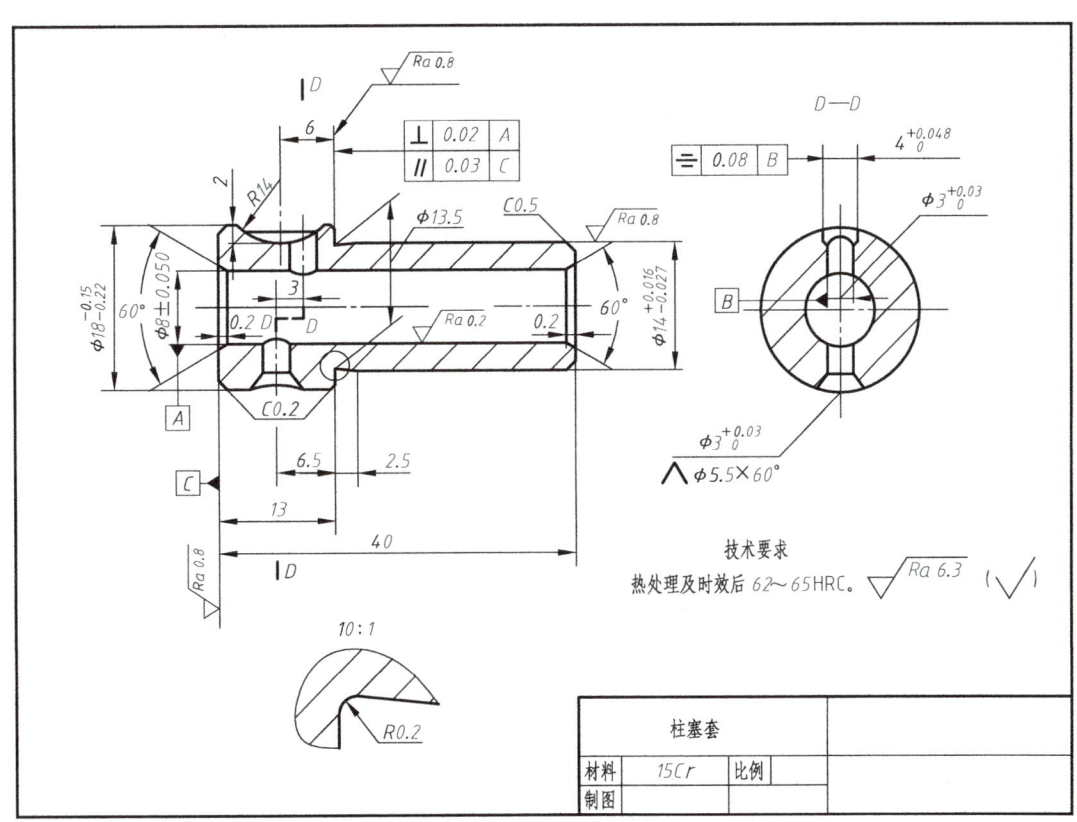

图 8-1　柱塞套零件图

(2) **尺寸标注**　应正确、完整、清晰、合理地标注出零件的尺寸。

(3) **技术要求**　用国家标准中规定的符号、数字、字母和文字等标注或说明零件在制造、检验、装配时应达到的各项技术要求，如表面粗糙度、尺寸公差、几何公差、热处理和表面处理等。

(4) **标题栏**　标题栏在图样的右下角，根据标题栏的格式要求填写栏目中的内容。

8.2　零件图表达方案的确定

零件图合理的表达方案要综合运用各种表达方法，准确、清晰地表达出零件的结构形状，并使图形绘制简单、便于读图。确定零件图表达方案的一般步骤如下。

（1）**分析零件结构形状**　零件的结构形状是由它在机器或部件中的作用、装配关系和制造方法等因素决定的。零件的结构形状及其加工位置或工作位置不同，视图的选择也不同。因此，在零件的视图选择之前，应首先对零件进行结构分析，并了解零件的加工、工作情况，以便准确地表达出零件的结构形状，反映零件的设计和工艺要求。

零件通常应当按零件的结构形状归类，以便类比地确定零件图的视图表达方案。

（2）**零件主视图的选择**　主视图是表达零件结构形状最重要的视图。零件主视图的选择将直接影响到其他视图的选择、配置，以及是否便于读图，也影响甚至决定零件的表达方案是否合理。一般来说，主视图的选择应满足如下三个基本原则。

1）**加工位置原则**。加工位置是指零件在机床上的主要加工工序中的装夹位置。按加工位置画主视图便于读图加工和测量。对于轴套类、盘盖类等零件，其机械加工主要是在车床上完成的，因此，一般要按加工位置原则，即将其轴线水平放置来选取主视图。

2）**工作位置原则**。工作位置是指零件在机器或部件中工作时所处的位置。零件主视图的选择，应尽量与零件在机器中的工作位置一致，这样便于根据装配关系来考虑零件的结构及有关尺寸，也便于分析和判断零件在部件中的位置和作用。对于叉架类、箱体类零件，由于其结构形状比较复杂，加工工序较多，各工序装夹位置不同且难分主次，一般应按工作位置原则选择主视图。

3）**形状特征原则**。在不满足上述两个原则，或者按上述两个原则选择主视方向不便于表达零件结构特点时，应当选用形状特征原则，即将零件放平摆正后，比较分析并选择最能反映零件结构形状的方向作为主视方向。

（3）**其他视图的选择**　主视图确定后，应根据零件结构形状的复杂程度，选取其他视图，确定合适的表达方案，完整、清晰地表达出零件的结构形状。对于其他视图的选择，应注意以下三点。

1）优先选用基本视图，每个视图都要有明确的表达目的。要综合运用剖视、断面、局部视图等表达方法，合理布置视图位置，确定合适的表达方案。

2）视图的数量取决于零件结构的复杂程度，在完整、清晰地表达出零件结构的前提下，尽量减少视图数量。

3）表达方案不是唯一的，一般可拟出几种不同的表达方案进行比较，以选定一种较好的表达方案。

8.3　零件图的尺寸标注

零件图所注尺寸，是零件加工制造的主要依据，应当正确、完整、清晰、合理地标注出零件的尺寸。尺寸标注正确、完整、清晰的一般要求在本书前面章节已叙述过。所谓尺寸标注合理，是指零件图上所注尺寸既要保证设计要求，又要满足加工、测量、检验和装配等工艺要求。

8.3.1　合理选择尺寸基准

要使零件图尺寸标注合理，首先必须根据零件的结构形状和工艺特点，确定恰当的尺寸基准。

按用途来分,基准一般可以分为设计基准和工艺基准。设计基准是根据设计要求,在所绘制图样上标注尺寸时选定的尺寸基准;工艺基准是在加工、测量、检验时所选定的尺寸基准。

标注尺寸时应尽可能将设计基准与工艺基准统一起来,即工艺基准与设计基准要重合,称为"基准重合原则"。这样既能满足设计要求,又能满足工艺要求。

如果按主次所处位置来分,则基准可分为主要基准和辅助基准。任何一个零件在长、宽、高三个方向(或轴向、径向两个方向)上至少有一个尺寸基准。同一方向上有多个基准时,其中必定有一个是主要的,称为主要基准。

一般情况下,选作零件图尺寸基准的线和面包括以下四类。

1)轴套类零件的轴线、轴肩平面。
2)零件的对称平面。
3)零件的主要支承面、安装面、配合面、接触面、主要加工面及大平面。
4)零件上重要回转结构的轴线。

8.3.2 尺寸标注合理性的基本要求

1. 主要结构的定位尺寸应从设计基准出发直接注出

为保证设计精度的要求,应将主要结构的定位尺寸从设计基准出发直接标注在零件图上。零件的主要结构尺寸又称为功能尺寸,是指影响机器性能、工作精度、装配精度的尺寸。主要尺寸是加工过程中重点保证的尺寸。因此,主要尺寸一定要直接注出。

图 8-2a 所示的轴承座中心高尺寸 a 是主要结构尺寸,应直接标注,而图 8-2b 所示的轴承座加工后中心高 a 的误差为尺寸 b 和 c 的误差之和,因此不能保证 a 的精度。

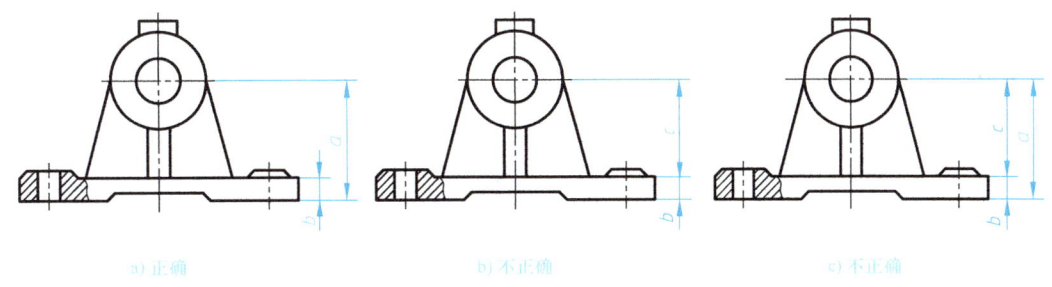

图 8-2 尺寸标注的比较

2. 避免注成封闭的尺寸链

如果同一方向的尺寸首尾相接构成封闭的尺寸链,如图 8-2c 所示,尺寸链中任一环的尺寸误差都将等于其他各环的尺寸误差之和。

标注尺寸时在尺寸链中应选一个不重要的环不标注尺寸,该环称为开口环。如图 8-2c 所示,应将尺寸 c 作为开口环,将尺寸 a、b 的加工误差积累到尺寸 c 上。

3. 考虑加工工艺要求

零件的尺寸标注应当考虑便于加工和测量。如图 8-3 所示,为了方便加工,应在图样中直接给出退刀槽或越程槽的宽度,右侧孔的深度要比左侧孔的长度更容易测量。

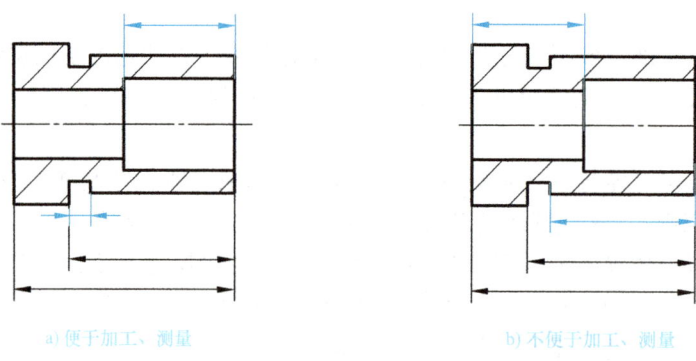

a) 便于加工、测量　　　　　　　　　b) 不便于加工、测量

图 8-3　尺寸标注要便于加工、测量

4. 零件上常见结构的尺寸注法

常见零件结构的尺寸注法见表 8-1。

表 8-1　常见零件结构的尺寸注法

零件结构类型		标注方法	说明
螺孔	通孔	3×M10-6H	3×M6 表示 3 个公称直径为 6 的螺纹孔
	一般孔	3×M10-6H▽15 孔▽20	不通的螺纹孔应注出螺孔深度，必要时可以标注出钻孔深度
光孔	一般孔	4×φ5▽10	4×φ5 表示 4 个直径为 5，深度为 10 的光孔
	锥销孔	锥销孔 φ5 配作	φ5 为与锥销孔相配的圆锥销小头直径。锥销孔通常是相邻两零件装在一起时配作加工的

(续)

零件结构类型		标注方法	说明
沉孔	锥形沉孔	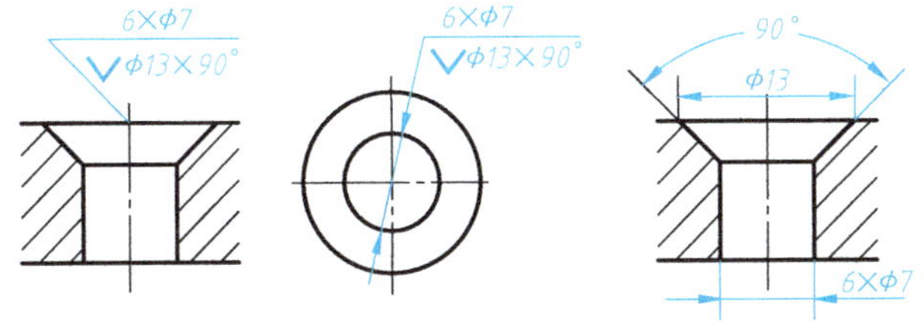	6×φ7 表示 6 个直径为 7 的通孔，锥形沉孔的直径为 13，角度为 90°
	柱形沉孔	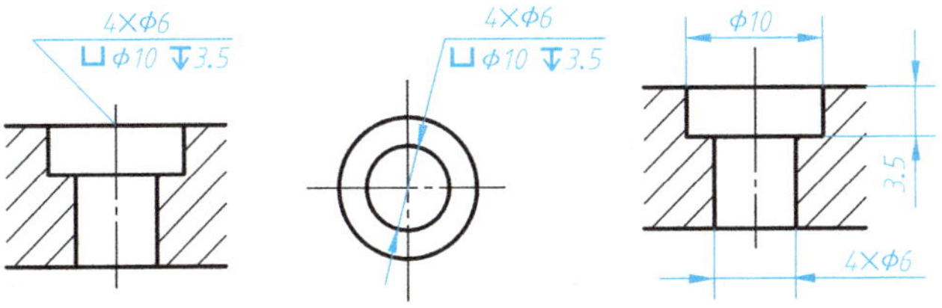	4 个直径为 6 的通孔，柱形沉孔的直径为 10，深度为 3.5
	锪平面	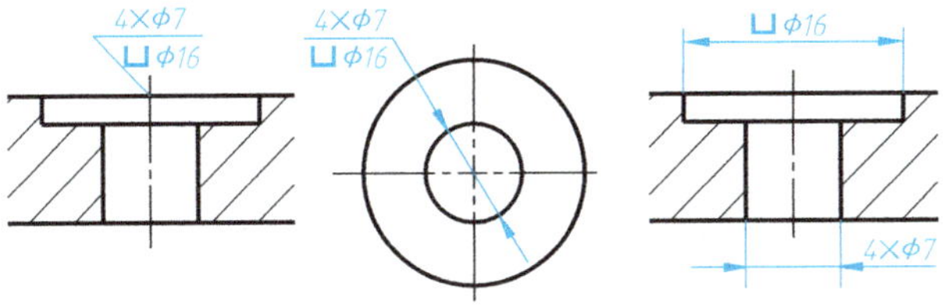	4 个直径为 7 的通孔，锪平面直径为 16，深度不需标注，一般锪平到不出现毛面为止
退刀槽		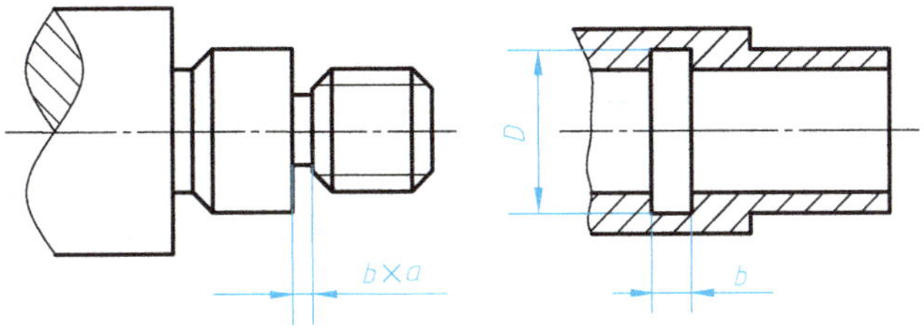	这样标注便于选择切槽刀。退刀槽宽度 b 应直接注出，直径 D 可直接注出，也可注出切入深度 a

8.4 典型零件的视图选择及尺寸标注

零件在机器或部件中的作用不同，其结构形状也多种多样，根据零件的结构特点，一般零件可分为轴套类、盘盖类、叉架类、箱（壳）体类和其他零件。同一类零件的结构形状虽有所不同，但它们的视图选择、尺寸标注方法有类似之处。着重分析这几种具有代表性的典型零件，便于类比地分析零件图的视图选择及尺寸标注，对掌握读零件图和绘制零件图的方法都有很大的帮助。

8.4.1 轴套类零件

轴套类零件包括各种用途的轴、杆、套等。轴用于支承传动件和传递动力；杆用于连接零件和传递动作；套用于支承、定位、导向和保护传动零件。

1. 结构特点

轴套类零件结构形状简单，轴常由多段同轴圆柱体组成，如图8-4所示的传动轴。它们具有轴向尺寸大于径向尺寸的特点，多有倒角、退刀槽、键槽等结构。

2. 视图选择

这类零件的主要结构形状是回转体，一般只需一个基本视图——主视图。轴套类零件主要在车床上加工，一般按加工位置原则将轴线水平放置来画主视图，以便在加工时图物对照。轴上的键槽应朝前，表达其形状、长度和位置，利用移出断面图表示键槽的宽度和深度。轴套类零件上常有的孔、凹坑、凸台，以及退刀槽和越程槽等结构也常采用移出断面、局部视图和局部放大图等方法来表达。

3. 尺寸标注

轴线作为径向尺寸基准；考虑基准重合原则，通常选择轴肩作为轴向尺寸基准。由基准出发，正确、完整、清晰、合理地标注各段径向尺寸和轴向尺寸。如图8-4所示，$\phi20$轴肩右端面是轴向尺寸基准。

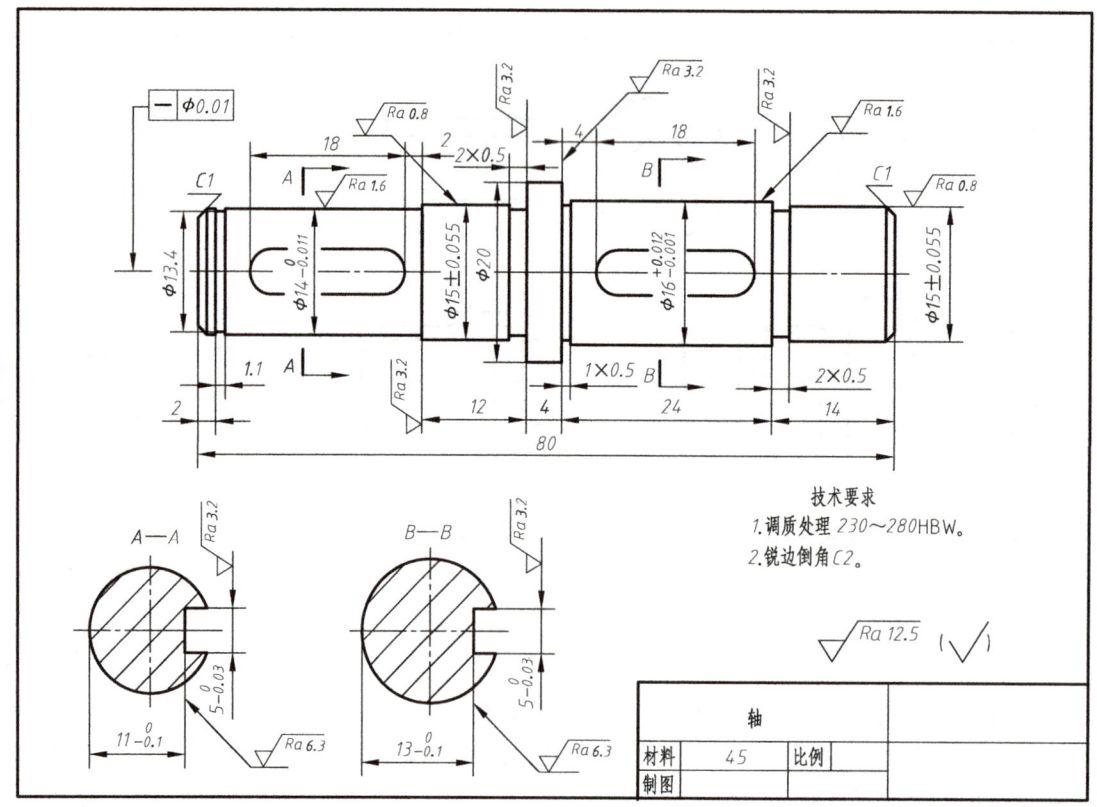

图8-4 传动轴的零件图

8.4.2 盘盖类零件

盘盖类零件包括常见的手轮、带轮、链轮、法兰、端盖等。轮类零件一般用键、销与轴连接，用于传递转矩；法兰、端盖类零件用于支承、连接、定位、密封等。

1. 结构特点

盘盖类零件主要由回转体组成，具有径向尺寸大于轴向尺寸的特点，常有孔、槽、轮辐等结构。

2. 视图选择

盘盖类零件多以车削为主，故按加工位置原则将轴线水平放置画主视图，主视图通常采用全剖的方法表达内部形状。由于其结构特点，还需配置其他视图（通常为左视图或右视图）来表达零件的外部形状。如图 8-5 所示，采用了左视图来表达零件的外形。对基本视图未能表达清楚的其他结构形状，可采用断面图、局部放大图或局部视图表达。

3. 尺寸标注

如图 8-5 所示，因为零件方板左端面是端盖和箱体之间的安装面，所以它作为长度方向尺寸基准。左视图中水平中心线和垂直中心线分别为高度、宽度方向尺寸基准。

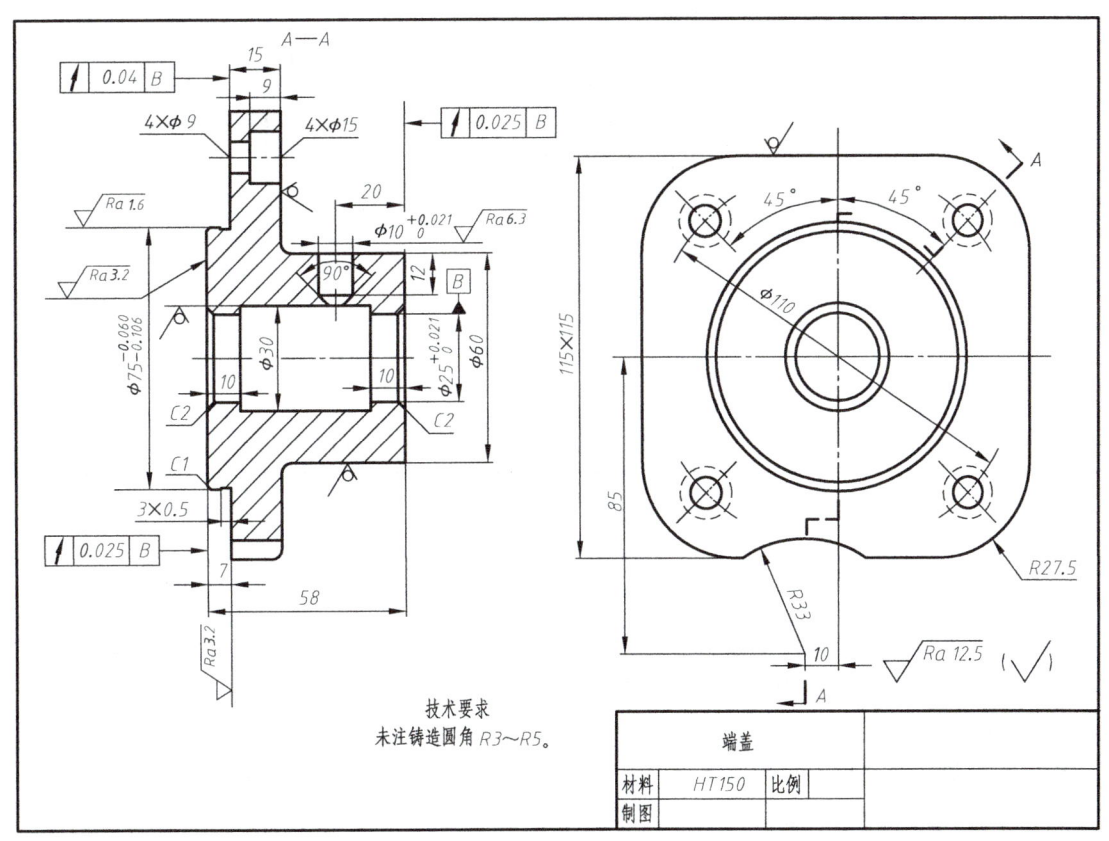

图 8-5 端盖零件图

8.4.3 叉架类零件

叉架类零件包括各种用途的叉杆和支架零件，一般由安装部分、工作部分和连接部分组成，主要起连接、传动、支承等作用。常见的零件有拨叉、连杆、支架和摇臂等。

1. 结构特点

如图 8-6 所示，叉架类零件的结构形状较为复杂且不规则，连接部分多是断面有变化的肋板结构，形状各异，安装部分多有与螺纹紧固件相配的各种孔，工作部分多有孔、槽、螺孔等结构。

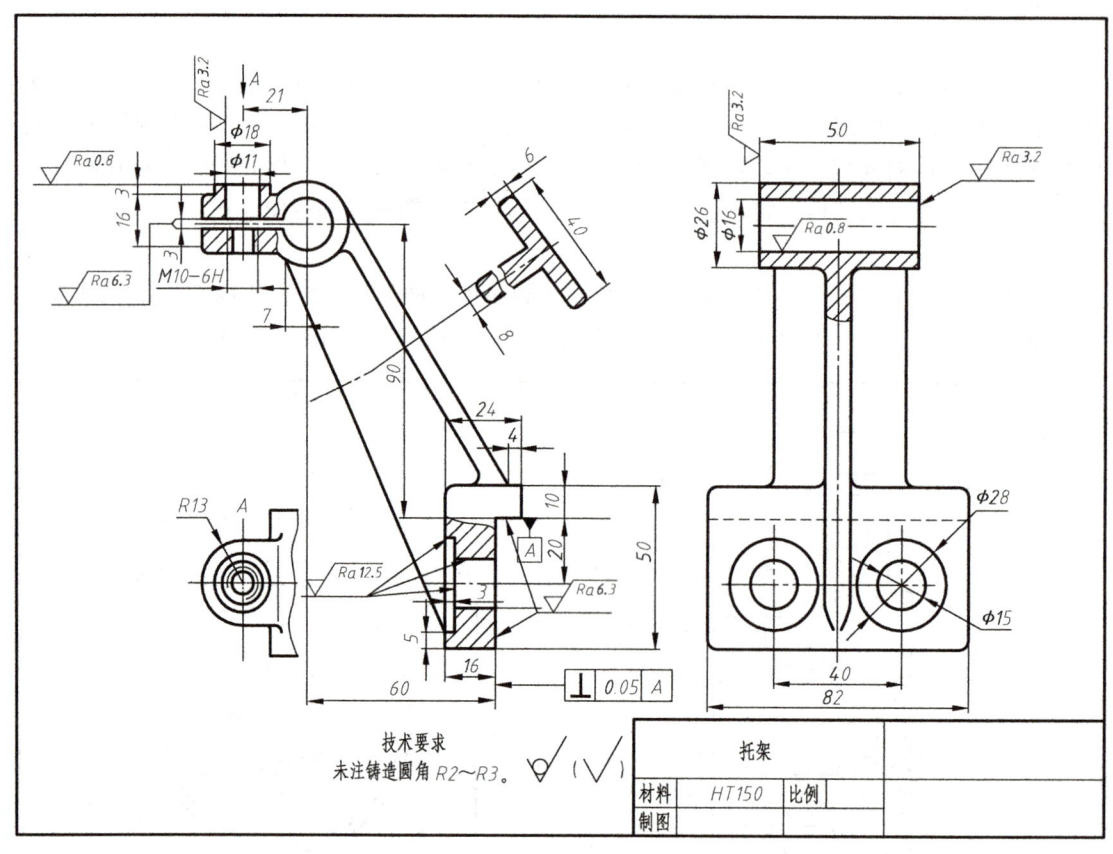

图 8-6　托架零件图

2. 视图选择

因叉架类零件结构形状较复杂，加工工序多、难分主次，故选择主视图时，主要考虑工作位置原则和形状特征原则。若工作位置处于倾斜状态，则可将其主要结构摆平放正。图 8-6 所示主视图表达了相互垂直的安装面与工作孔 $\phi 16$ 轴线的位置关系，以及支承肋板和夹紧用的螺孔等主要结构，左视图表达了工作孔 $\phi 16$ 的内形，以及安装板的形状和安装孔的位置。采用 A 向局部视图表达夹紧螺孔部分的结构，用移出断面图表达支承肋的断面形状。

由上分析，叉架类零件除选择必要的基本视图外，也常采用一些灵活的局部视图、断面图等表达方法。

3. 尺寸标注

如图 8-6 所示，安装部分的右端面为长度方向的尺寸基准，与右端面相垂直的作为几何公差基准要素 A 的平面是高度方向的尺寸基准，工作部分的 $\phi 16$ 孔的定位尺寸 60、90 就是从这两个尺寸基准出发标注的。由于零件前后是对称结构，所以对称面为宽度方向的尺寸基准。

8.4.4 箱(壳)体类零件

各种阀体、泵体、减速器箱体等都属于箱体类零件。箱体类零件是机器或部件的主要零件之一,起到支承、定位、密封和包容内部机构的作用。

1. 结构特点

柱塞泵泵体如图8-7所示,箱体类零件的内外结构都较复杂,零件上多有底板、安装孔、螺孔、凸台、肋板等结构。

2. 视图选择

箱体类零件一般需要三个或三个以上的基本视图,以及其他一些灵活的表达方法(如局部视图、向视图、斜视图等)来表达。主视图主要考虑工作位置原则和形状特征原则。因为箱体类零件外形和内腔都很复杂,除主视图外,还需用其他视图来补充表达尚未清楚的结构,图8-8所示采用了俯视图、左视图、A—A剖视图和B向视图,并在主、俯、左三个视图中都采用了局部剖视来表达内部结构。

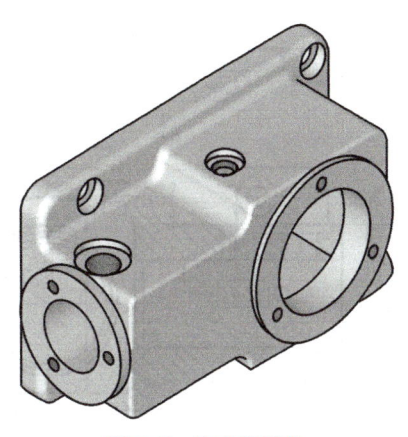

图8-7 柱塞泵泵体

3. 尺寸标注

箱体类零件结构形状复杂,尺寸也较多,在此只重点指出该箱体零件的长、宽、高三个方向的主要基准。长度方向是以 $\phi 50^{+0.025}_{\ 0}$ 和 $\phi 42^{+0.025}_{\ 0}$ 两孔公共轴线为尺寸基准,这两个孔是安装轴的轴承座孔,是这个方向上重要结构的轴线;宽度方向以箱体前后对称面为尺寸基准;高度方向以箱体上作为安装面的底面作为尺寸基准。

8.4.5 其他零件

除上述四类常见的典型零件外,常用零件还包括一些冲压得到的薄板冲压件及镶嵌零件等,下面简要介绍这两种零件的表达。

1. 薄板冲压件的表达

如图8-9所示的电容器夹就属于薄板冲压件,这类零件主要由薄金属板制成,厚度均匀,其上常有孔、槽等结构,零件的弯折处有圆角。由金属板材经剪裁、冲孔、再冲压成形。

该零件图的主视图的选择满足工作位置原则,并选用了俯视图和左视图两个基本视图。这两个视图分别表示了安装孔和夹持孔的形状与定位。对于弯曲前的板料展开图,必要时也应画出,并在图形上方标注"展开图"字样。当板材很薄时,为了清晰表达图形,可采用夸大画法画出板的厚度。

该零件高度方向的尺寸基准为零件在电路板上的安装面。宽度和长度方向的尺寸基准分别为 $\phi 21$ 的对称中心线,即为所夹持的电容器的对称中心线。由这两个基准确定了安装孔和夹持孔的定位尺寸。

2. 镶嵌零件的表达

图8-10所示的手柄是由金属螺杆与胶木捏手镶嵌而成的,属于镶嵌零件。这类零件通

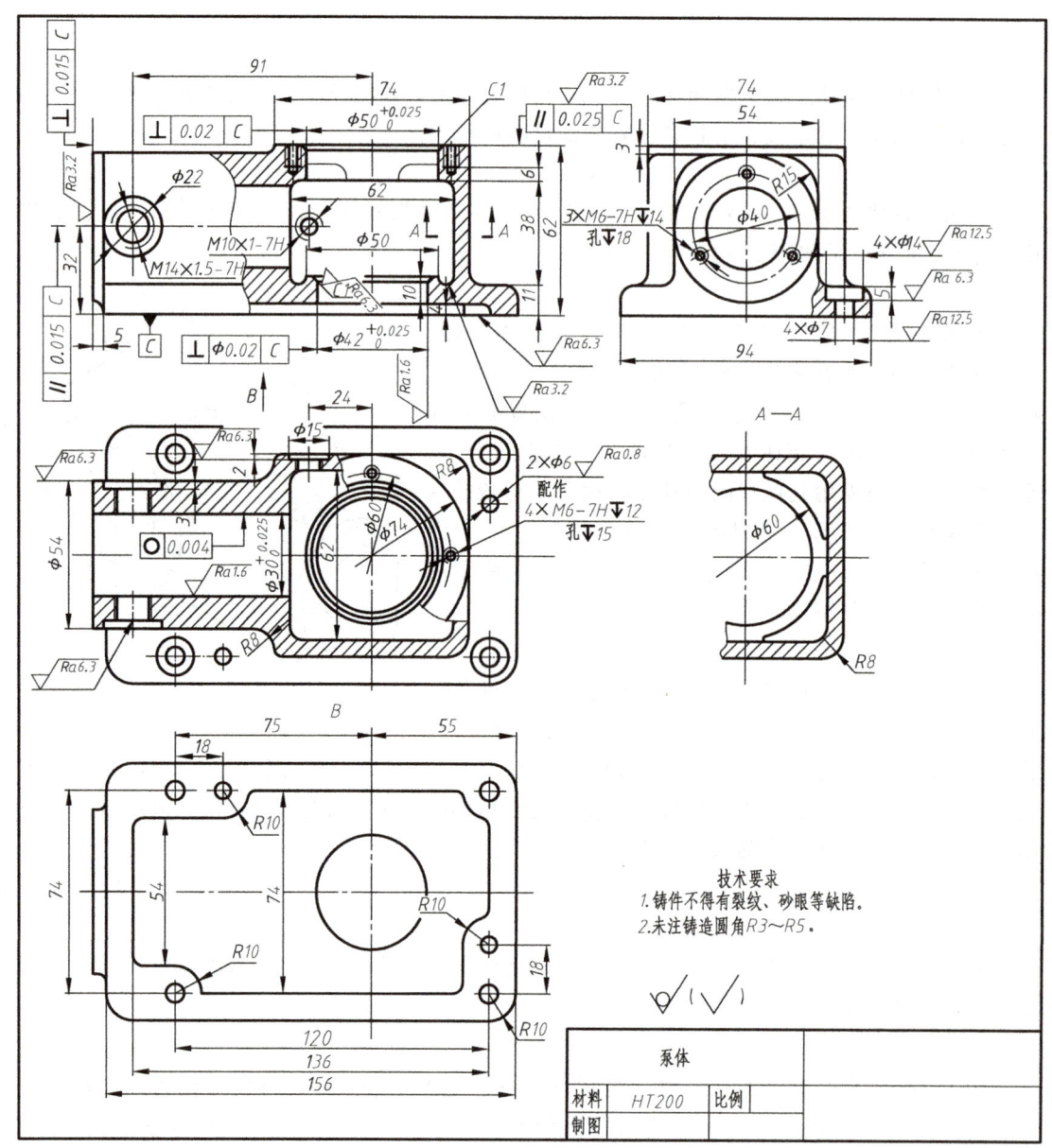

图 8-8 泵体零件图

常是先加工好金属件,再与非金属材料镶嵌形成一个整体。

镶嵌零件作为一个组件,可绘制在一张零件图上,在明细栏内说明其组成零件的名称、材料等,在装配图上只编一个序号。

该零件的主视图要反映出构成该镶嵌件的两个零件之间的连接关系。图样中还必须完整表达两个零件的结构。捏手和螺杆以回转体为主要结构,所以主视图最能反映其形状特征,左视图进一步将两零件的结构表达完整。

该零件长度方向的尺寸基准为捏手右端面,其为整个手柄安装后与其他零件之间的安装面;高度和宽度方向的尺寸基准为左视图的对称中心线。两零件的尺寸标注应完整、清晰。

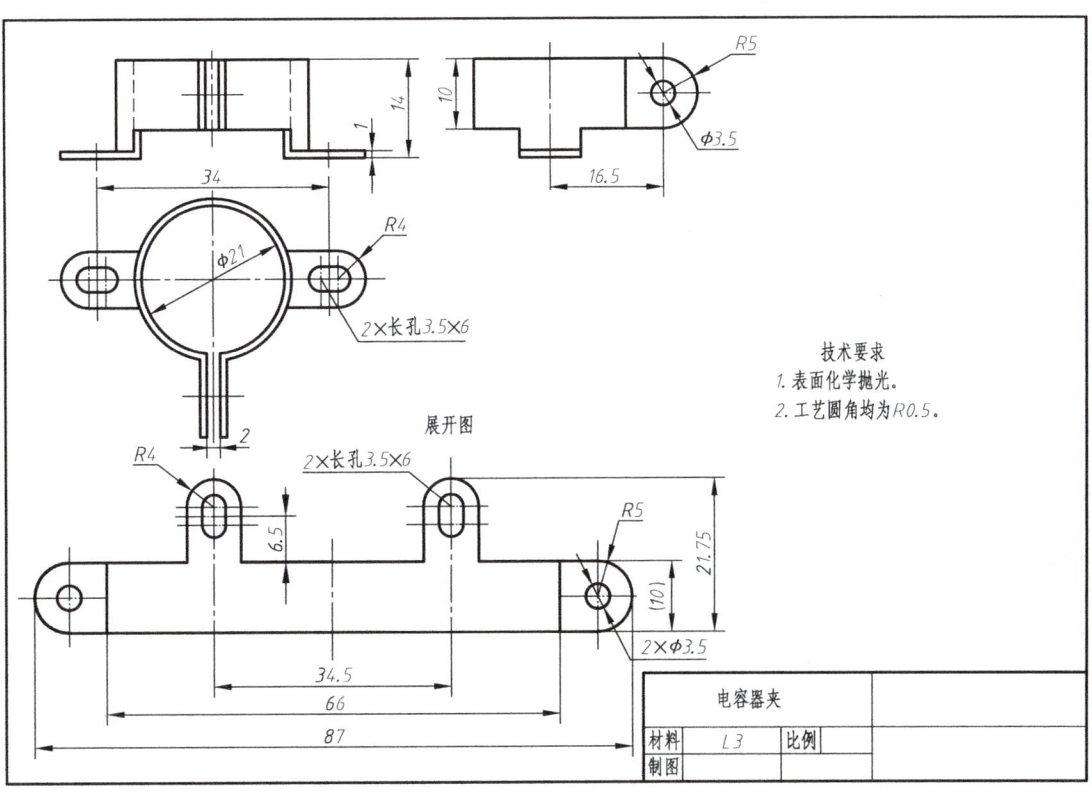

图 8-9 电容器夹的零件图

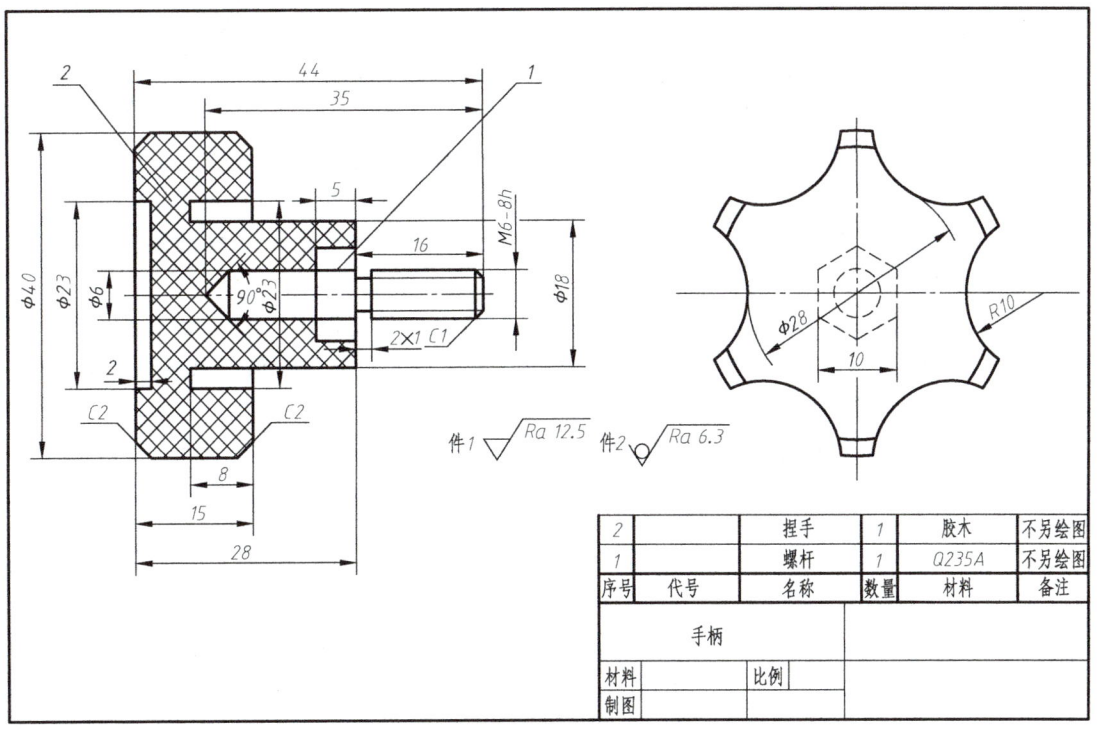

图 8-10 手柄零件图

8.5 产品几何技术规范（GPS）

为了保证零件达到预定的设计要求和使用要求，零件图除了要表达清楚零件的结构形状和尺寸大小外，在零件图上还必须标注或说明零件在加工制造和检验过程中的技术要求，如国家标准关于产品几何技术规范（GPS）的相关要求。产品几何技术规范（GPS）包括表面结构、极限与配合、几何公差等三部分。本节将对国家标准关于表面结构中的粗糙度参数、极限与配合、几何公差的基本概念与图样中的标注方法进行讲解。

8.5.1 表面粗糙度

1. 表面粗糙度的概念与评定参数

零件在加工过程中，一般受刀具与零件间的运动、摩擦、机床的振动，以及刀具形状、切屑分裂时的塑性变形等因素影响，零件的表面结构与理想状态存在误差。把零件的表面放在显微镜下观察，零件表面存在着高低不平的微小峰谷。这种零件表面所具有的较小间距和峰谷所组成的微观几何形状特征称为表面粗糙度，如图8-11所示。表面粗糙度是零件表面结构参数之一。

表面粗糙度是评定零件表面质量的一项技术指标，它对零件的配合性质，以及疲劳强度、接触刚度、耐磨性、耐蚀性、密封性等都有较大影响。因此，为保证产品质量、提高产品的使用寿命和降低加工成本，在设计零件时必须对其表面提出合理的表面粗糙度要求。

图8-11 表面粗糙度

国家标准《产品几何技术规范（GPS） 表面结构 轮廓法 术语、定义及表面结构参数》（GB/T 3505—2009）中规定了表面粗糙度的评定参数，分别为轮廓算术平均偏差 Ra 和轮廓最大高度 Rz，其中 Ra 能较充分反映零件表面微观形状高度方向的特性，且测量方便、应用广泛。Ra 的数值越小，零件表面越平整光滑；Ra 的数值越大，零件表面越粗糙。

零件表面粗糙度数值的选用原则是既要满足零件表面的功能要求，又要考虑经济合理性。在满足零件功能要求的前提下，应尽量选用较大的表面粗糙度数值，以减小加工难度，降低加工成本。具体选用时，多用类比法参照实例确定。

表8-2列出了表面粗糙度的常用数值和应用示例，以供参考。

表8-2 表面粗糙度的常用数值和应用示例

表面特性		$Ra/\mu m$	加工方法	应用举例
粗糙表面	明显见刀痕	≤25	粗车、刨、铣、钻、毛锉、锯断	半成品粗加工的表面、焊接前焊缝、一般砂型铸造表面

(续)

表面特性		$Ra/\mu m$	加工方法	应用举例
半光表面	可见刀痕	≤12.5	粗车、刨、铣、钻	粗加工非结合表面,如轴端面、倒角、钻孔、齿轮及带轮侧面、键槽底面、轴上不安装轴承、齿轮的非配合表面等
	可见加工痕迹	≤6.3	车、刨、铣、镗、拉、粗铰、铣齿	半精加工非配合表面,如箱体、支架、端盖的端面、键槽底部平面、退刀槽等
	微见加工痕迹	≤3.2	车、刨、铣、镗、磨、拉、刮、压、	接近于精加工非配合表面,如箱体、叉架的安装面及支承面、轴肩、键及键槽工作面等
光表面	看不清加工痕迹	≤1.6	车、镗、磨、拉、刮、磨齿、粗铰	精加工配合表面,如轴承座孔及销孔、8级齿轮齿面、模板平面、模具次要表面等
	可辨加工痕迹方向	≤0.8	半精铰、精镗、磨、刮、滚压	保证配合关系的表面,如圆柱销及圆锥销表面、中速转动的轴颈、导轨面、模具工作面等

2. 表面粗糙度的标注方法

国家标准《产品几何技术规范（GPS） 技术产品文件中表面结构的表示法》（GB/T 131—2006）规定了表面结构代（符）号及其在图样上的注法。图样上所标注的表面结构代（符）号，是对该表面加工完成后的要求。在一般情况下，只注写其符号、评定参数代号及数值即可。

（1）表面结构代号　表面结构代号由表面结构符号和其他表面特征（如粗糙度数值、取样长度等）要求组成。

1）表面结构符号画法及尺寸。表面结构符号见表 8-3。表面结构的符号画法、尺寸如图 8-12 所示。当表面粗糙度参数值字高 3.5mm，符号线宽 0.35mm，高度 H_1 为 5mm，高度 H_2 的最小值为 10.5mm；当表面粗糙度参数值字高 5mm，符号线宽 0.5mm，高度 H_1 为 7mm，高度 H_2 的最小值为 15mm。

表 8-3　表面结构符号

符号	意义及说明
 ∨	表面结构的基本图形符号，仅用于简化代号标注，没有补充说明时不能单独使用
 ∀	表示去除材料的扩展图形符号，表示指定表面是用去除材料的方法获得，如车、铣、钻、磨、剪切、抛光、腐蚀、电火花加工、气割等
 ∀○	表示不去除材料的扩展图形符号，表示指定表面是用不去除材料的方法获得，如铸、锻、冲压变形、热轧、冷轧、粉末冶金等，或者是用于保持原供应状况的表面(包括保持上道工序的状况)
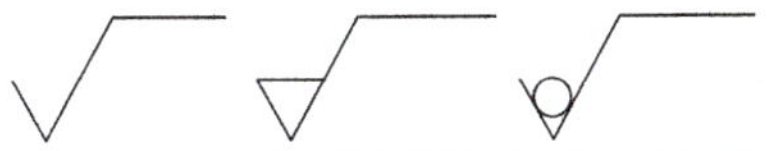 √─ ∀─ ∀○─	完整图形符号，用于标注表面结构特征的补充信息

2）表面结构代号。在表面结构符号的基础上，标上其他表面特征（如表面粗糙度参数值及取样长度、表面加工纹理、加工余量等）要求就组成了表面结构代号。标注了表面粗糙度参数值的表面结构代号也称为表面粗糙度代号。表面粗糙度参数值的标注示例及其意义见表 8-4。

（2）表面粗糙度代号在图样上的注法　在图样中注写表面粗糙度代号的基本原则：同一图样上，每一表面一般只标注一次表面结构代号。表面粗糙度代号应注在可见轮廓线、尺寸线、尺寸界线或它们的延长线上。表面粗糙度代号在图样上标注的基本形式如图 8-13a 所示。

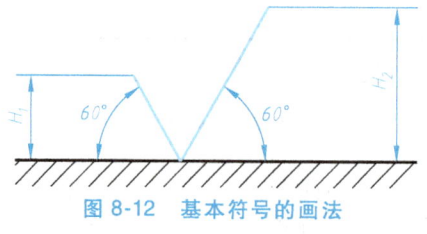

图 8-12　基本符号的画法

表 8-4　表面粗糙度参数值的标注示例及其意义

符号	意义
$\sqrt{}$ Ra 3.2	用任何方法获得的表面，Ra 的最大允许值为 3.2 μm
$\sqrt{}$ Ra 3.2	用去除材料方法获得的表面，Ra 的最大允许值为 3.2 μm
$\sqrt{}$ Ra 25	用不去除材料方法获得的表面，Ra 的最大允许值为 25 μm

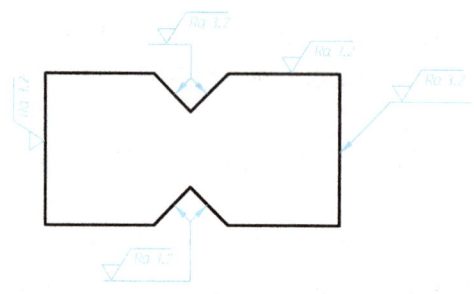

a) 表面粗糙度标注的基本形式

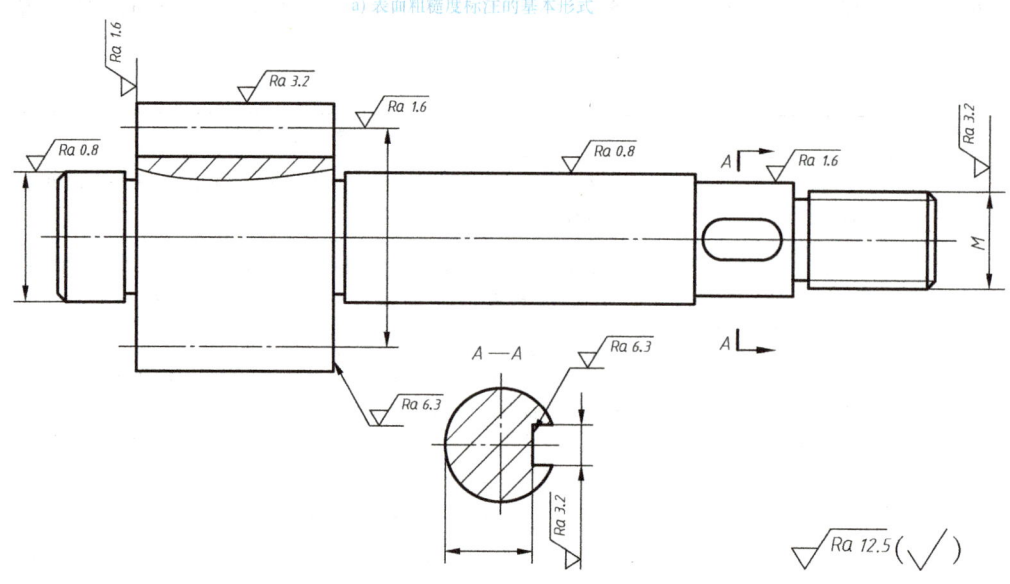

b) 标注示例

图 8-13　表面粗糙度在图样上的标注方法

如图 8-13b 所示，当表面粗糙度代号标注在齿轮分度圆的尺寸界线上时，表示的是齿面的表面粗糙度要求；当表面粗糙度代号标注在螺纹尺寸线或其延长线上时，表示的是螺纹牙型表面的表面粗糙度要求；当表面粗糙度代号标注在键槽宽度的尺寸线及延长线上时，表示的是键槽两侧面（即工作面）的表面粗糙度要求。其余未标注表面粗糙度代号的表面，其表面粗糙度要求应将表面粗糙度代号标注在标题栏的上方，如图 8-13b 所示。

8.5.2 极限与配合

1. 极限的相关概念

下面以图 8-14 所示为例介绍极限相关的术语。孔的各项参数用大写字母表示，轴的各项参数用小写字母表示。

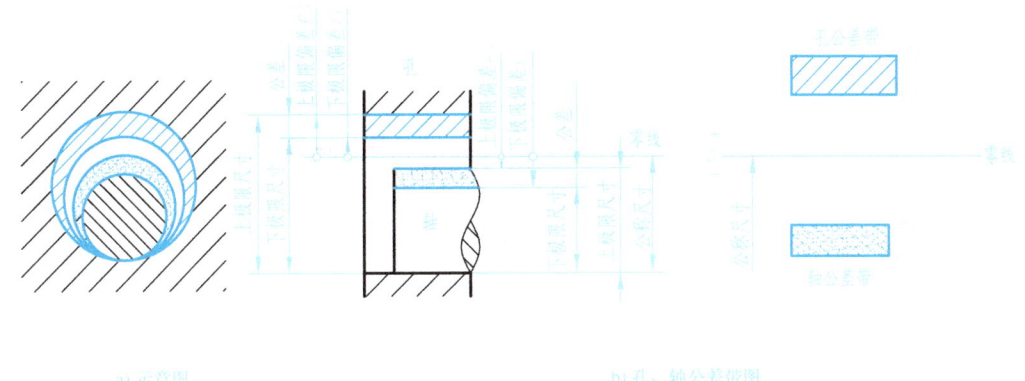

图 8-14 极限与配合示意图及孔、轴公差带图

（1）公称尺寸　公称尺寸指由图样规范确定的理想形状要素的尺寸。通过它应用上、下极限偏差可计算出极限尺寸。孔和轴的公称尺寸分别为 D、d。

（2）极限尺寸　极限尺寸指允许零件尺寸变化的两个极限值。两个极限值分别为上极限尺寸（D_{max}、d_{max}）和下极限尺寸（D_{min}、d_{min}）。

（3）极限偏差　零件实际尺寸减去其公称尺寸所得的代数差，称为偏差。

上极限尺寸减其公称尺寸所得的代数差为上极限偏差；下极限尺寸减其公称尺寸所得的代数差为下极限偏差。

上极限偏差和下极限偏差统称极限偏差。孔的上、下极限偏差代号分别用大写字母 ES、EI 表示；轴的上、下极限偏差代号分别用小写字母 es、ei 表示。

（4）基本偏差　基本偏差是确定公差带相对于零线位置的那个极限偏差，它可以是上极限偏差或下极限偏差，一般为靠近零线的那个偏差。

（5）基本偏差系列　根据实际需要，国家标准规定了基本偏差系列，孔和轴各有 28 种基本偏差，基本偏差系列代号用拉丁字母表示，如图 8-15 所示，大写字母表示孔的基本偏差代号，小写字母表示轴的基本偏差代号。

如图 8-15 所示，孔 A~H 基本偏差为下极限偏差（≥0），轴 a~h 的基本偏差为上极限偏差（≤0），它们的绝对值依次减小，其中 H 和 h 的基本偏差为零。

孔 JS 和轴 js 的公差带相对于零线对称分布，故基本偏差可以是上极限偏差或下极限偏

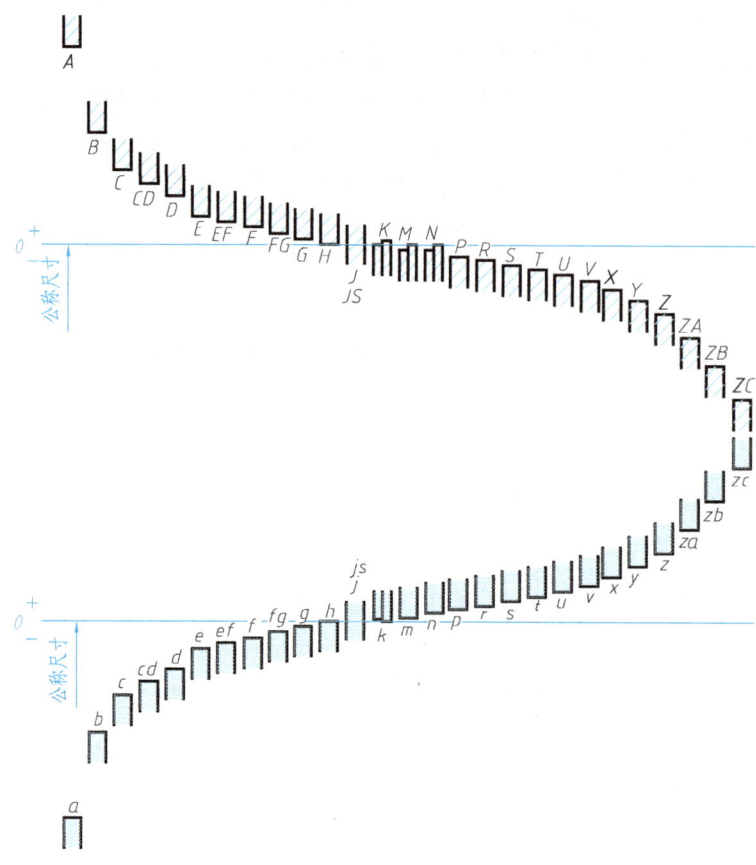

图 8-15 基本偏差系列

差,其数值为标准公差的一半(即 ±IT/2)。

孔 J~ZC 基本偏差为上极限偏差(<0,J 例外),轴 j~zc 基本偏差为下极限偏差(>0,j 例外),其绝对值依次增大。

图 8-15 所示基本偏差只表示公差带的位置,而不表示公差带的大小,故公差带一端画成开口。国家标准对不同的公称尺寸和基本偏差系列代号规定了轴和孔的基本偏差数值,见附表。

(6) 公差 尺寸公差(简称公差)是指允许尺寸的变动量,即上极限尺寸与下极限尺寸之差,或上极限偏差与下极限偏差之差。

公差是一个没有符号的绝对值。孔和轴的公差分别用 T_h、T_s 表示。

$$T_h = |D_{max} - D_{min}| = |ES - EI|$$
$$T_s = |d_{max} - d_{min}| = |es - ei|$$

标准公差是指国家标准《产品几何技术规范(GPS) 线性尺寸公差 ISO 代号体系 第一部分:公差、偏差和配合的基础》(GB/T 1800.1—2020)的极限与配合制中,所规定的任一公差。标准公差用符号"IT"表示。同一公差等级对所有公称尺寸的一组公差被认为具有同等精确程度。

公差等级分为 20 个等级,即 IT01、IT0、IT1、…、IT18。IT 表示标准公差,后面的数字表示公差等级,IT01 级的精度最高,等级依次降低,IT18 级的精度最低。对一定的公称尺寸而言，公差等级越高，公差数值越小，尺寸精度越高。

（7）尺寸公差带图　由于极限或偏差的数值与公称尺寸数值相差甚大，不便用同一比例表示，为便于分析将其简化，不画孔、轴的结构，以一条表示公称尺寸的零线作为基准，画出放大的表示两极限偏差（或极限尺寸）所限定区域的公差带。这种表示公称尺寸和尺寸公差带大小、位置的图形，称为公差带图。通常，零线沿水平方向绘制，正偏差位于其上，负偏差位于其下，公称带的长度可根据需要任意确定，如图8-14所示。

公差带代号由基本偏差代号和标准公差等级代号组成，示例见下。

1）H8 表示基本偏差代号为 H，公差等级为 8 级的孔公差带代号。

2）f7 表示基本偏差代号为 f，公差等级为 7 级的轴公差带代号。

（8）极限的查表、计算、画公差带图　例如标注 $\phi 50H8$，查附表中孔的极限偏差表可知 $\phi 50H8$ 的上极限偏差值为 +0.039mm，下极限偏差值为 0mm，孔的尺寸可写为 $\phi 50^{+0.039}_{0}$。

如果与 $\phi 50H8$ 相配的轴的尺寸为 $\phi 50f7$，则查附表中轴的极限偏差表可知 $\phi 50f7$ 的上极限偏差值为 -0.025mm，下极限偏差值为 -0.050mm，孔的尺寸可写为 $\phi 50^{-0.025}_{-0.050}$。

根据上述数值可以完成孔和轴的公差带图，如图8-16所示。

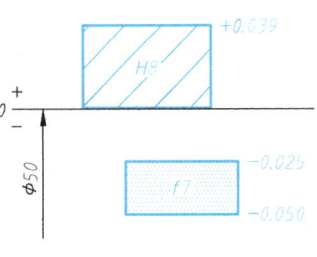

图 8-16　$\phi 50H8$ 孔和 $\phi 50f7$ 轴的公差带图

2. 配合

（1）配合的定义　公称尺寸相同的并且互相结合的孔、轴公差带之间的关系称为配合。

（2）配合的种类　在公差带图中，由于孔和轴的公差带的位置不同，配合的种类分间隙配合、过盈配合、过渡配合，如图8-17所示。

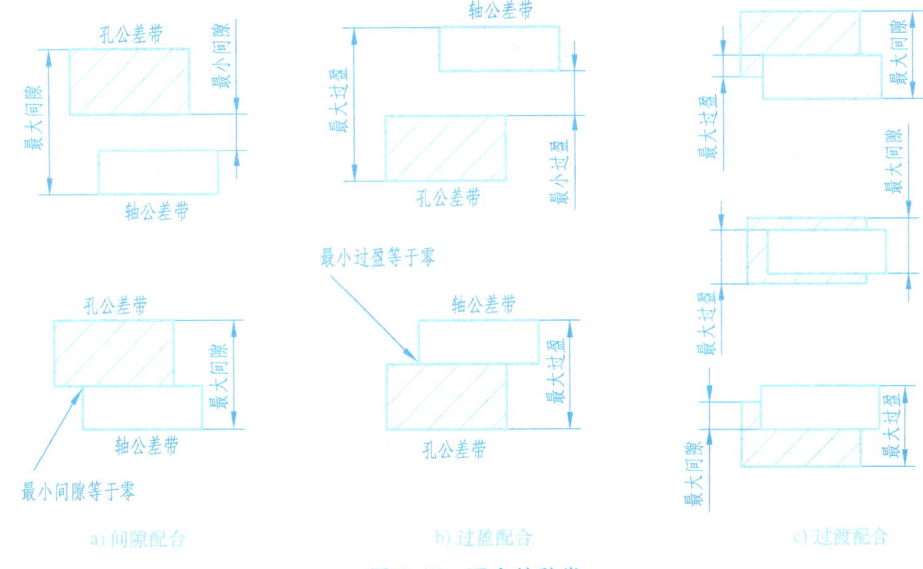

a）间隙配合　　　b）过盈配合　　　c）过渡配合

图 8-17　配合的种类

1）间隙配合是具有间隙（包括最小间隙等于零）的配合。此时，孔的公差带在轴的公差带之上。

2) 过盈配合是具有过盈（包括最小过盈等于零）的配合。此时，孔的公差带在轴的公差带之下。

3) 过渡配合是可能具有间隙或过盈的配合。此时，孔的公差带与轴的公差带相互交叠。

表示配合关系的配合代号由孔的公差带代号和轴的公差带代号组成，用分数形式表示，分子为孔公差带代号，分母为轴公差带代号，例如图 8-16 所示这对孔和轴的配合代号就是 $\dfrac{H8}{f7}$ 或 H8/f7。

(3) 配合制 配合制是同一极限制的孔和轴组成的一种配合制度。由于公称尺寸相同的孔、轴公差带组合起来，就可组成各种不同的配合。为方便应用，可固定其一的极限而变更另一个的极限，即可满足不同的使用要求。为此，国家标准规定了以下两种配合制。

1) 基孔制配合。基本偏差为一定的孔的公差带，与不同基本偏差的轴的公差带形成各种配合的一种制度。基孔制中的孔称为基准孔，轴称为配合轴。H 为基准孔的基本偏差代号，基本偏差为下极限偏差，且为零，上极限偏差为正值。表 8-5 列出了基孔制优先选用和常用配合。

表 8-5 公称尺寸≤500mm 基孔制优先选用和常用配合

基准孔	轴																				
	a	b	c	d	e	f	g	h	js	k	m	n	p	r	s	t	u	v	x	y	z
	间隙配合								过渡配合				过盈配合								
H6						$\dfrac{H6}{f5}$	$\dfrac{H6}{g5}$	$\dfrac{H6}{h5}$	$\dfrac{H6}{js5}$	$\dfrac{H6}{k5}$	$\dfrac{H6}{m5}$	$\dfrac{H6}{n5}$	$\dfrac{H6}{p5}$	$\dfrac{H6}{r5}$	$\dfrac{H6}{s5}$	$\dfrac{H6}{t5}$					
H7						$\dfrac{H7}{f6}$	$\dfrac{H7}{g6}$	$\dfrac{H7}{h6}$	$\dfrac{H7}{js6}$	$\dfrac{H7}{k6}$	$\dfrac{H7}{m6}$	$\dfrac{H7}{n6}$	$\dfrac{H7}{p6}$	$\dfrac{H7}{r6}$	$\dfrac{H7}{s6}$	$\dfrac{H7}{t6}$	$\dfrac{H7}{u6}$	$\dfrac{H7}{v6}$	$\dfrac{H7}{x6}$	$\dfrac{H7}{y6}$	$\dfrac{H7}{z6}$
H8				$\dfrac{H8}{e7}$	$\dfrac{H8}{f7}$	$\dfrac{H8}{g7}$	$\dfrac{H8}{h7}$	$\dfrac{H8}{js7}$	$\dfrac{H8}{k7}$	$\dfrac{H8}{m7}$	$\dfrac{H8}{n7}$	$\dfrac{H8}{p7}$	$\dfrac{H8}{r7}$	$\dfrac{H8}{s7}$	$\dfrac{H8}{t7}$	$\dfrac{H8}{u7}$					
			$\dfrac{H8}{d8}$	$\dfrac{H8}{e8}$	$\dfrac{H8}{f8}$		$\dfrac{H8}{h8}$														
H9			$\dfrac{H9}{c9}$	$\dfrac{H9}{d9}$	$\dfrac{H9}{e9}$	$\dfrac{H9}{f9}$		$\dfrac{H9}{h9}$													
H10			$\dfrac{H10}{c10}$	$\dfrac{H10}{d10}$				$\dfrac{H10}{h10}$													
H11	$\dfrac{H11}{a11}$	$\dfrac{H11}{b11}$	$\dfrac{H11}{c11}$	$\dfrac{H11}{d11}$				$\dfrac{H11}{h11}$													
H12		$\dfrac{H12}{b12}$						$\dfrac{H12}{h12}$													

注：优先配合为 13 种，标▼的配合为优先配合。

2) 基轴制配合。基本偏差为一定的轴的公差带，与不同基本偏差的孔的公差带形成各种配合的一种制度。基轴制中的轴称为基准轴，孔称为配合孔。h 为基准轴的基本偏差代号，基本偏差为上极限偏差且为零，下极限偏差为负值。表 8-6 列出了基轴制优先选用和常用配合。

基孔制和基轴制是两种并列的配合制度，按照孔、轴公差带相对位置的不同，两种基准制都可形成间隙、过渡和过盈三种不同的配合类型。

表 8-6 公称尺寸≤500mm 基轴制优先选用和常用配合

基准轴	A	B	C	D	E	F	G	H	JS	K	M	N	P	R	S	T	U	V	X	Y	Z
				间隙配合						过渡配合					过盈配合						
h5						F6/h5	G6/h5	H6/h5	JS6/h5	K6/h5	M6/h5	N6/h5	P6/h5	R6/h5	S6/h5	T6/h5					
h6						F7/h6	G7/h6	H7/h6	JS7/h6	K7/h6	M7/h6	N7/h6	P7/h6	R7/h6	S7/h6	T7/h6	U7/h6				
h7					E8/h7	F8/h7		H8/h7	JS8/h7	K8/h7	M8/h7	N8/h7									
h8				D8/h8	E8/h8	F8/h8		H8/h8													
h9				D9/h9	E9/h9	F9/h9		H9/h9													
h10				D10/h10				H10/h10													
h11	A11/h11	B11/h11	C11/h11	D11/h11				H11/h11													
h12		B12/h12						H12/h12													

注：优先配合为 13 种，标▼的配合为优先配合。

3. 极限与配合的选用

(1) **基准制的选择** 选择基准制时应注意以下两点。

1) 一般情况下，应优先选用基孔制，是因为孔比轴难加工。

2) 与标准件配合时，配合制依据标准件而定。一般情况下，标准件上的孔为基准孔，轴为基准轴。例如滚动轴承的内圈与轴的配合选用的是基孔制，而外圈与座孔的配合则选用的是基轴制。

(2) **公差等级的选择** 公差等级的选用原则是在满足零件使用要求的前提下，尽可能选用较低的公差等级，以减少零件的制造成本。注意：由于孔比轴难加工，一般应选择孔的公差等级比轴低一级，如 6 级轴配 7 级孔。公差等级较低时，孔和轴也可以选择相同的公差等级。

(3) **配合的选择** 设计中配合选用的常用方法是类比法，即在对现有的机械设备上行之有效的一些配合有充分了解的基础上，根据使用要求对技术要求和工作条件与之类似的配合件，用参照类比的方法确定并尽可能选用优先配合和常用配合。

当零件之间具有相对转动、移动或无相对运动但需经常拆卸时，必须选择间隙配合；当零件之间无键、销等紧固件，只依靠结合面之间的过盈来实现连接时，必须选择过盈配合；当零件之间无相对运动，同轴度要求较高，且不依靠配合传递动力时，常选过渡配合。

4. 极限与配合在图样上的标注

(1) **极限在零件图上的标注** 零件图上极限的标注有以下三种形式。

1) 在公称尺寸后直接注出上、下极限偏差，是零件图公差标注的基本形式，如图 8-18a 所示。

2) 在公称尺寸后同时注出公差带代号和上、下极限偏差，这时上、下极限偏差必须加上括号，如图 8-18b 所示。

3) 在公称尺寸后直接注出公差带代号，如图 8-18c 所示。

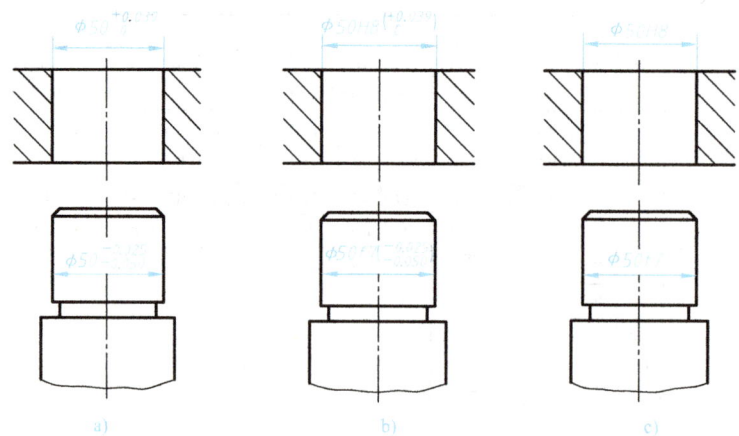

图 8-18 零件图上尺寸公差的标注

在标注上、下极限偏差时，偏差数值应与公称尺寸单位相同，即以 mm 为单位，上极限偏差写在尺寸数字的右上方，下极限偏差应与尺寸数字注在同一底线上，偏差数字比尺寸数字小一号；在标注公差带代号时，公差带代号与尺寸数字等高。非零的上、下极限偏差值前必须标出正、负号，小数点必须对齐，小数点后的数位也必须相同。当上或下极限偏差为"零"时，可用数字"0"标出，并要与另一个偏差的个位数字对齐，例如标注 $\phi45^{+0.025}_{\ 0}$。当上、下极限偏差为对称偏差时，偏差数值只需注写一次，并应在偏差前注出"±"符号，且数字高度与尺寸数字相同，如 $\phi80\pm0.015$。

(2) 配合在装配图上的标注　配合代号一般以分数的形式标注在尺寸数字的右边，并与尺寸数字下对齐，孔的公差带代号写在分子的位置，轴的公差带代号写在分母位置，如图 8-19 所示。也可注写成横式，如：$\phi35H8/f7$。

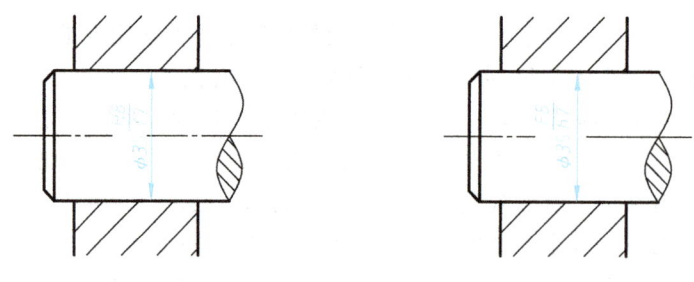

图 8-19 装配图中配合代号的标注

因滚动轴承为标准件，当滚动轴承与轴和壳体上的孔配合时，只标注轴和壳体上孔的公差带代号，滚动轴承的公差带代号不注，如图 8-20a 所示。图 8-20b、c 所示分别为壳体和轴零件图中尺寸公差带的标注内容。

8.5.3　几何公差简介

1. 基本概念

经加工后零件不仅会产生尺寸误差，而且还会存在几何形状和相对位置误差，如图 8-21

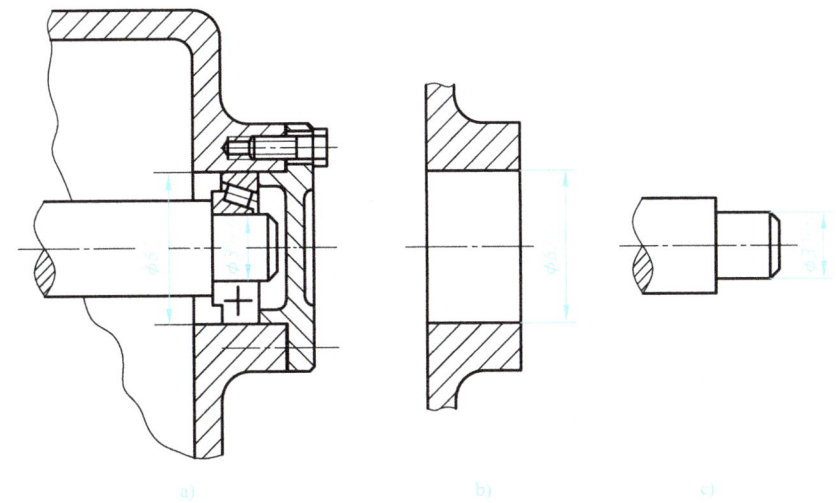

图 8-20 滚动轴承与孔和轴配合的标注

所示的轴和孔，可看出，即使轴的尺寸合格，但由于存在轴形状的几何误差，其实际作用尺寸为 φ20.023，故不能满足装配和使用要求。因此，为满足使用要求，必须正确合理地规定零件几何要素的形状和位置公差以限制实际要素的形状和位置误差。几何公差是几何误差所允许的变动全量。

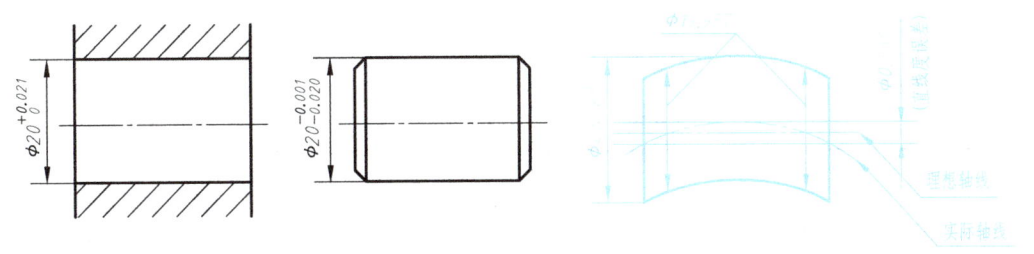

图 8-21 轴的形状误差影响装配

2. 几何公差的特征项目及其符号

几何公差分为形状公差、方向公差、位置公差、跳动公差四类，共 19 项，见表 8-7。

表 8-7 几何公差分类、特征项目及符号

公差类型	几何特征	符号	基准
形状公差	直线度	—	无
	平面度	▱	无
	圆度	○	无
	圆柱度	⌭	无
	线轮廓度	⌒	无
	面轮廓度	⌓	无

(续)

公差类型	几何特征	符号	基准
方向公差	平行度	∥	有
	垂直度	⊥	有
	倾斜度	∠	有
	线轮廓度	⌒	有
	面轮廓度	⌓	有
位置公差	位置度	⊕	有或无
	同心度(用于中心点)	◎	有
	同轴度(用于轴线)	◎	有
	对称度	⌰	有
	线轮廓度	⌒	有
	面轮廓度	⌓	有
跳动公差	圆跳动	↗	有
	全跳动	⌰⌰	有

3. 几何公差代号和基准符号

在图样上,几何公差一般应采用由公差框格和指引线组成的代号进行标注,当无法采用代号标注时,允许在技术要求中用文字说明。

(1) **几何公差代号** 几何公差要求采用框格形式标注,框格用细实线绘制,在图样上根据需要可画成水平或垂直两种,不能斜画。框格的高度是图样中尺寸数字高度的二倍,框格长度根据需要确定。框格中的参数值和字母,其高度应与图样中尺寸数字的高度相同。框格中特征项目符号的线宽为 $h/10$(h 为字体的高度),当粗实线宽度为 0.5mm 时,参数值字高为 3.5mm,特征项目符号的线宽为 0.35mm,与表面特征符号线宽相同。形状公差框格如图 8-22a 所示。

(2) **基准符号** 与被测要素相关的基准用一个大写字母表示。字母标注在基准方格内,与一个涂黑的或空白的三角形相连以表示基准;表示基准的字母还应标注在公差框格内。基准符号如图 8-22b 所示。

4. 几何公差的标注

用带箭头的指引线将被测要素与公差框格相连,指引线箭头应指向公差带的宽度或直径方向。指引线用细实线绘制,可从框格左端或右端的中间位置垂直引出,不能与框格相倾斜,而引向被测要素时可以弯折一次。

当被测要素为轮廓要素时,指引线箭头应指在可见轮廓线或其引出线上,如图 8-23a 所

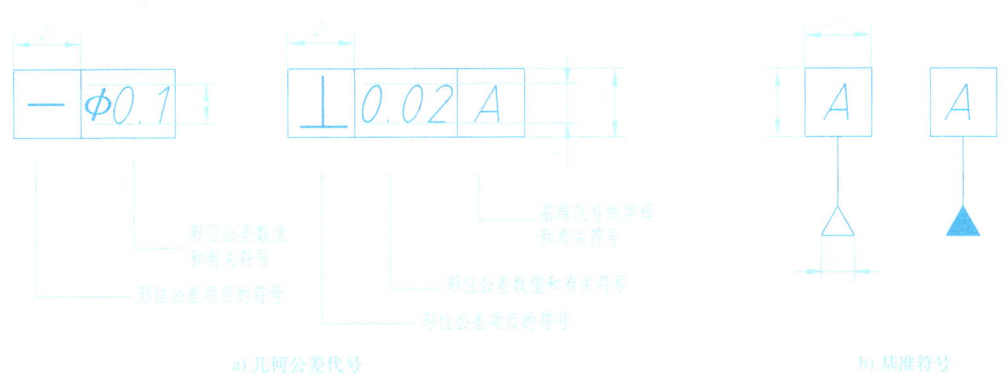

图 8-22 几何公差代号和基准符号

示;当被测要素为轴线或对称平面时,指引线的箭头应与尺寸线对齐,如图 8-23b 所示。

当基准要素为轮廓要素时,基准三角形应落在该要素的轮廓线或其引出线上,如图 8-23c 所示;当基准要素为轴线、对称平面时,基准三角形应与尺寸线对齐,如图 8-23d 所示。

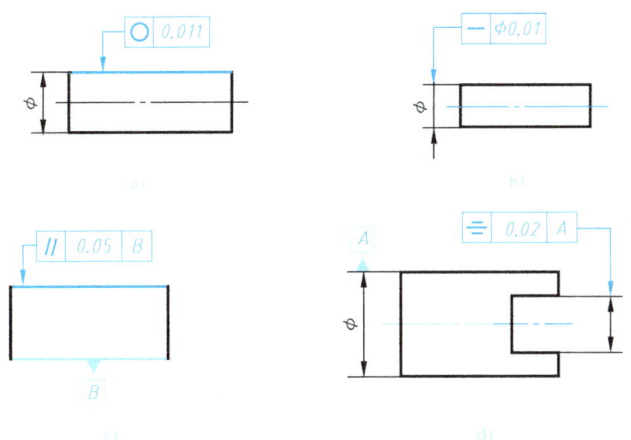

图 8-23 几何公差的标注

图 8-23a 所示的标注,表示圆柱面的圆度公差为 0.011mm。
图 8-23b 所示的标注,表示圆柱体轴线的直线度公差为 ϕ0.01mm。
图 8-23c 所示的标注,表示以下边为基准,矩形框上边的平行度公差为 0.05mm。
图 8-23d 所示的标注,表示以圆柱轴线为基准,凹槽两边的对称度公差为 0.02mm。

8.6 零件上常见的工艺结构

零件的结构形状既要满足设计要求,又要便于加工制造。下面介绍一些零件上常见的工艺结构。

8.6.1 铸造工艺结构

1. 铸造圆角和起模斜度

为了防止铸件从砂型中起模时砂型尖角落砂或浇注铁液时冲坏砂型尖角处,也避免应力集中而产生裂纹等铸造缺陷，在铸件各表面相交处均应以圆角过渡，如图 8-24 所示。

造型后为便于将木模从砂型中取出，铸件的内外壁上沿起模方向常设计出一定的斜度，称为起模斜度。起模斜度一般取 1°~3°，通常不在零件图上画出，只在技术要求中说明，如图 8-25 所示。

2. 铸件壁厚要均匀

铸件各处壁厚应力求均匀，不宜相差过大，壁厚变化应缓慢过渡，以防产生缩孔、裂纹等缺陷，如图 8-26 所示。

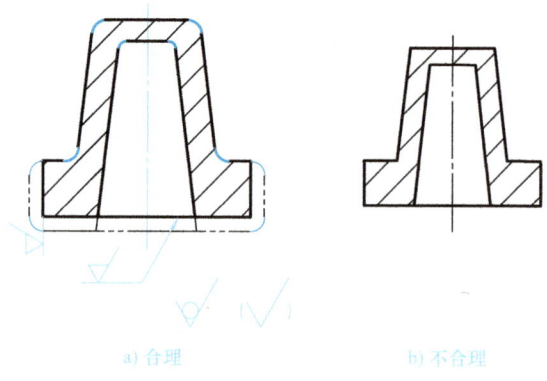

图 8-24　铸造圆角

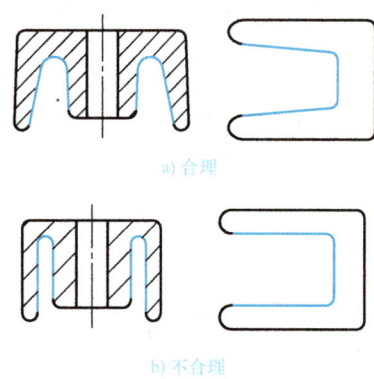

图 8-25　铸件的起模斜度示意图

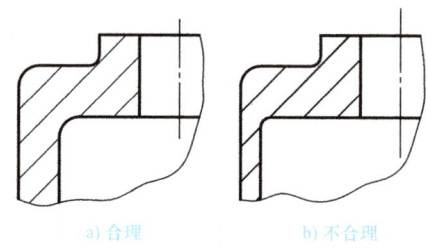

图 8-26　壁厚应力求均匀一致

8.6.2　机械加工工艺结构

1. 倒角和圆角

为便于装配、保护零件表面不受损伤和去掉切削零件时产生的毛刺，以及防止锐边划伤手指，常在轴端、孔口、台肩处加工出倒角。为避免在轴肩、孔肩等转折处由于应力集中而产生裂纹，常在这些转折处加工出圆角，如图 8-27 所示。

2. 退刀槽和砂轮越程槽

在车削螺纹或磨削加工时，为便于刀具（或砂轮）退刀和保证在装配时与相邻零件的靠紧，常在待加工表面的末端加工出退刀槽或砂轮越程槽，如图 8-28 所示。

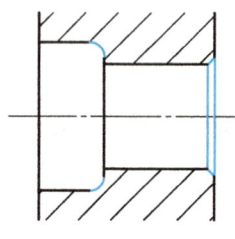
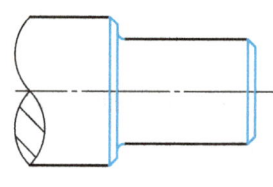

图 8-27　倒角和圆角

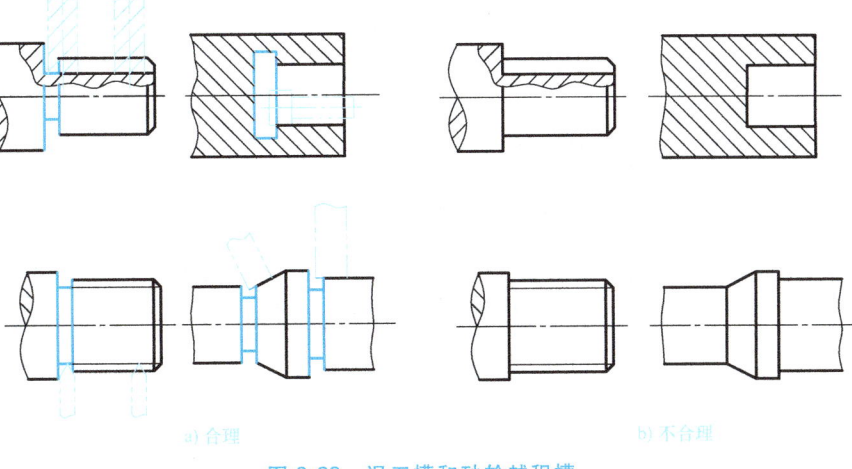

图 8-28 退刀槽和砂轮越程槽

3. 钻孔

零件上的孔多数是以钻削为主,用钻头钻孔时,应使钻头垂直零件表面,以保证钻孔精度,避免钻头折断。在曲面、斜面上钻孔时,一般应在孔端制成凸台或凹坑,避免钻头单边受力产生偏移或折断,如图 8-29 所示。

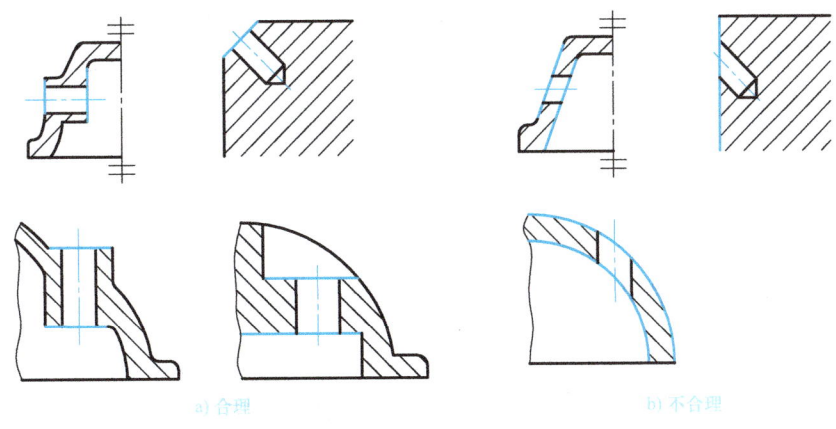

图 8-29 钻孔结构

钻削不通孔时要画出钻头切削时自然形成的 120°锥角,如图 8-30 所示。

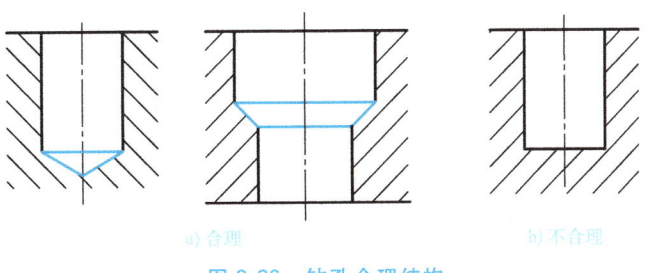

图 8-30 钻孔合理结构

4. 凹槽、凹坑和凸台

为了保证加工表面的质量、节省材料、减轻零件重量、降低制造费用、提高零件加工精度保证装配精度，应尽量减少加工面。为此，常在零件上设计出凸台、凹槽、凹坑或沉孔，如图 8-31 所示。

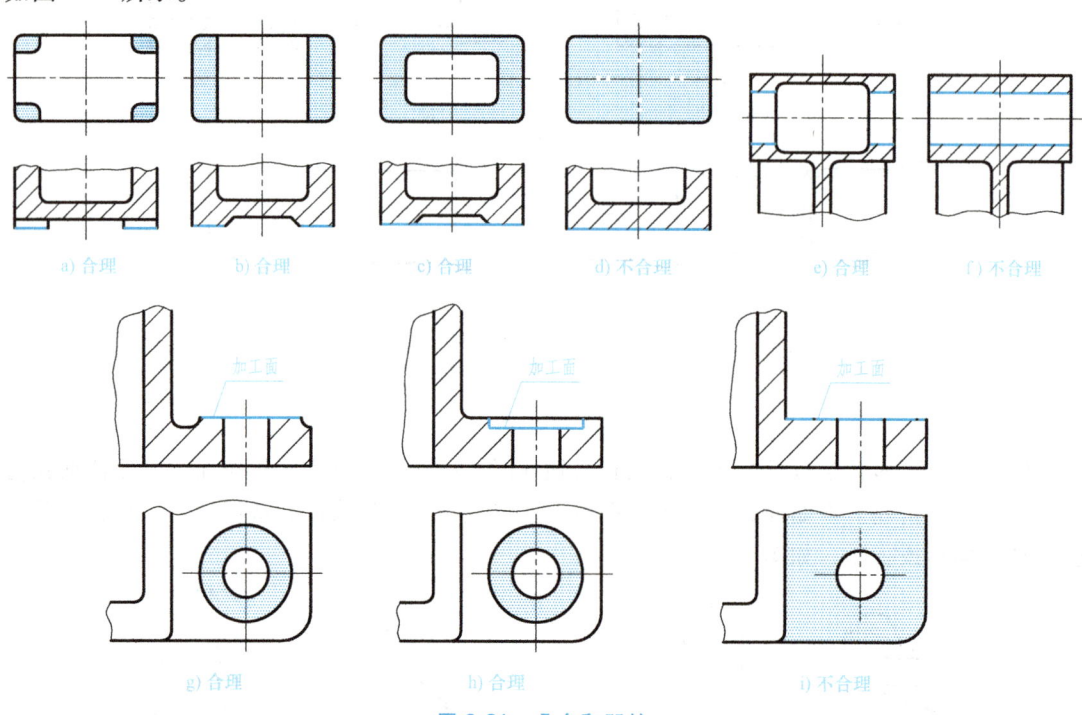

图 8-31 凸台和凹坑

5. 键槽

在同一轴上的两个键槽应在同侧，便于一次装夹加工。不应因加工键槽而使零件局部过于单薄，必要时可增加键槽处的壁厚，如图 8-32 所示。

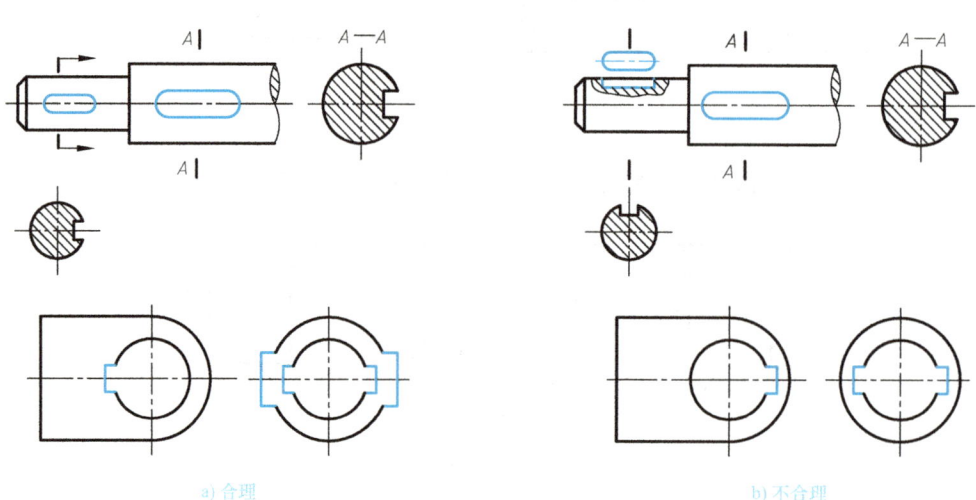

图 8-32 键槽

第9章 装 配 图

装配图是机器或部件设计中设计意图的反映,是进行技术交流不可缺少的资料。

本章着重介绍装配图的作用、内容、视图表达、尺寸标注,以及零、部件序号的编写和明细栏的填写、读装配图等内容。

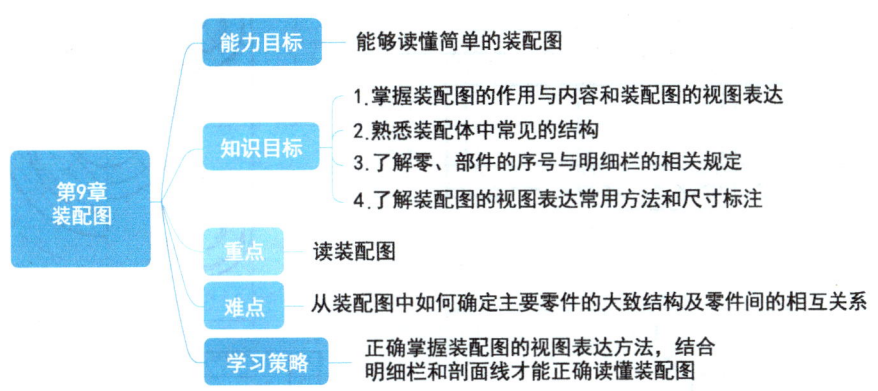

9.1 装配图的作用和内容

9.1.1 装配图的作用

表示机器或部件的图样称为装配图。装配图是生产中重要的技术文件,它表示机器或部件的结构形状、装配关系、工作原理和技术要求。设计时,先画出装配图,再根据装配图设计和绘制零件图;装配时,则根据装配图把零件装配成部件或机器。装配图又是安装、调试、操作、维护和检修部件或机器的重要技术文件。

9.1.2 装配图的内容

图 9-1 所示为球阀的装配图,从图中可以看出一张完整的装配图应包含一组视图、必要的尺寸、技术要求,以及零件的序号、明细栏和标题栏这几项内容。

(1) 一组视图 装配图中的视图用以表达各组成零件的相互位置和装配关系,以及机器或部件的工作原理和结构特点。本书前述的各种基本的表达方法都可以用来表达装配体。

图 9-1 所示为采用了全剖的主视图、半剖的左视图和局部剖的俯视图来表达。

（2）**必要的尺寸**　必要的尺寸包括反映机器或部件的性能、规格、零件之间的装配关系的尺寸，以及机器或部件的外形尺寸、安装尺寸和其他重要尺寸。

（3）**技术要求**　技术要求指有关机器或部件的装配、安装、调试、使用方面的要求和应达到的技术指标，一般用文字写出。

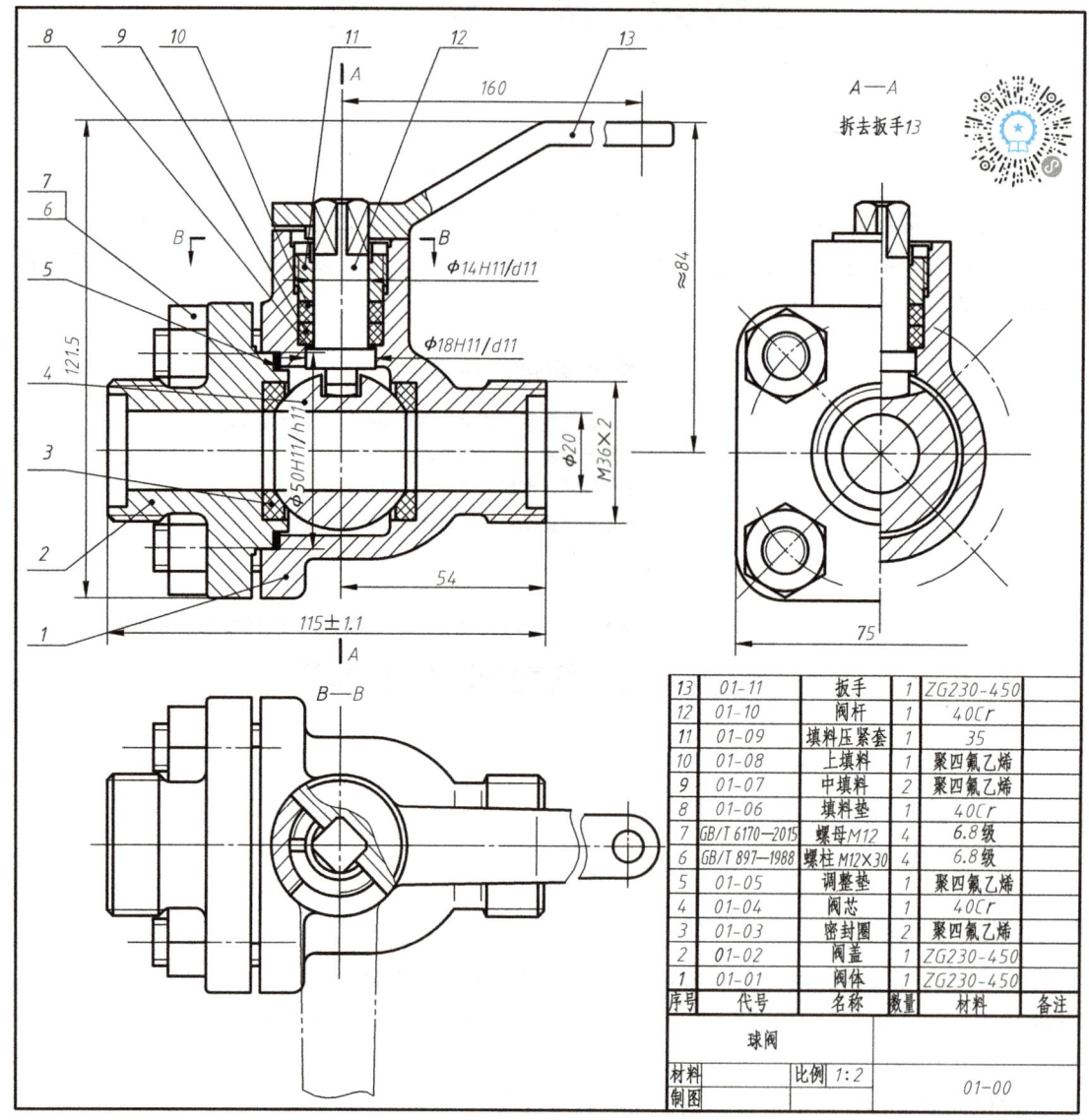

图 9-1　球阀的装配图

（4）**零件的序号、明细栏和标题栏**　在装配图中，应对每个不同零、部件编序号，并在明细栏中填写序号、代号、名称、数量、材料和备注等内容。标题栏中应填写机器或部件的名称、比例、图号，以及设计、审核等人员的签名和日期等。

9.2 装配图的视图表达

本书前面章节中讲到的表达零件的各种方法,在表达机器或部件时完全适用。但由于机器或部件是由若干零件所组成的,而装配图主要用于表达机器或部件的工作原理和装配、连接关系,以及主要零件的结构形状。因此,国家标准还提出了一些规定画法和特殊表达方法。

9.2.1 规定画法

1. 接触面、配合面的画法

在装配图中相邻两零件的接触面或配合面只画一条线,否则应画两条线表示各自的轮廓线。如图9-2的①所示为接触面和配合面的画法,②所示为非接触面的画法。

2. 剖面线的画法

不同零件的剖面线要画成不同的方向或不同的间隔,如图9-2的③所示,在各视图中,同一零件的剖面线的方向和间隔应一致。

若零件的厚度小于或等于2mm时,允许用涂黑表示剖面符号,如图9-2的④所示。

3. 实心零件和标准件的画法

在装配图中,对于螺栓、螺柱、螺钉、螺母、垫圈、键、销等标准件,以及轴、杆、球、钩、手柄等实心零件,若剖切平面通过它们的轴线或对称平面,则在剖视图中按不剖绘制,如图9-2的⑤所示。若这些零件上有孔、键槽等结构需要表达,则可以采用局部视图,如图9-2的⑥所示。

9.2.2 特殊表达方法

1. 假想画法

在装配图中,当需要表达运动零件的工作位置、运动范围或极限位置时,可采取粗实线表达其中的一个位置,其他位置用细双点画线画出。如图9-1的俯视图所示,细双点画线表示的是球阀在关闭时扳手的位置。

为了表达部件与相关零、部件的安装连接关系,可用细双点画线表示相关零、部件的外形轮廓。

2. 沿结合面剖切和拆卸画法

在装配图中,可假想沿某些零件的结合面剖切。此时,在零件结合面上不画剖面线。如图9-3所示,俯视图即为沿着轴承座与轴承盖的结合面剖切。在装配图中,也可假想将某些零件拆去,如图9-1的左视图所示的拆去扳手。

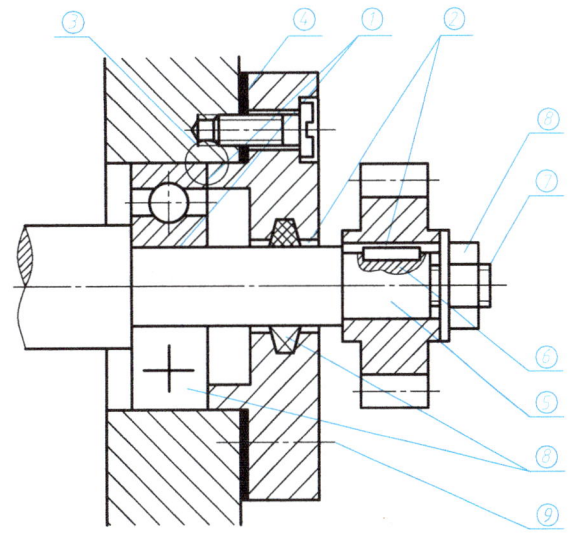

图9-2 规定画法

3. 简化画法

在装配图中，零件的工艺结构如小圆角、小倒角、退刀槽等可不画出，如图9-2的⑦所示。装配图中的标准件可采用简化画法，如图9-2的⑧所示的滚动轴承、螺纹紧固件和密封装置。若干相同的零件组，如螺纹紧固件等，可仅详细地画出一处，其余只需用细点画线标明中心位置即可，如图9-2的⑨所示。当剖切平面通过某些部件为标准产品或该部件已由其他图形表示清楚时，可按不剖绘制，如图9-3中的油杯所示。

4. 夸大画法

对薄片零件、细丝弹簧、微小间隙等，若按它们的实际尺寸在装配图中很难画出或难以明显表示，均可以不按比例而采用夸大画法。

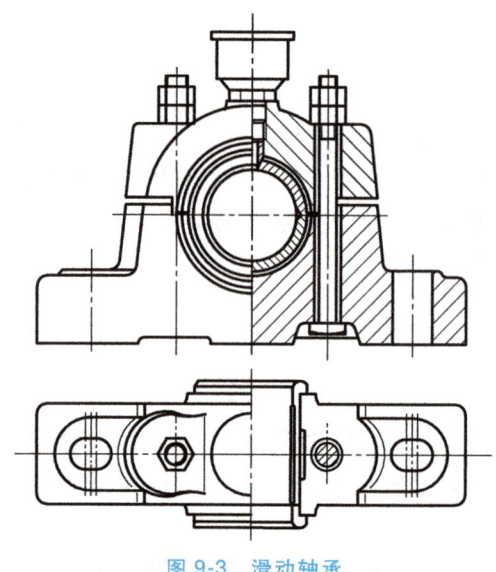

图9-3 滑动轴承

如图9-1所示垫片的厚度，就是夸大画出的，并涂黑表示其剖切符号。

9.3 装配图的尺寸注法和技术要求

9.3.1 装配图的尺寸注法

装配图不是制造零件的直接依据，因此，装配图中不必注出零件的全部尺寸，而只需标注出一些必要的尺寸。这些尺寸按其作用不同，大致可分为以下五类。

1. 性能（规格）尺寸

性能（规格）尺寸指表示机器或部件性能（规格）的尺寸，在设计时已经确定，也是设计、了解和选用该机器或部件的依据，如图9-1所示球阀的通径 $\phi 20$。

2. 装配尺寸

装配尺寸包括保证有关零件间配合性质的尺寸、保证零件间相对位置的尺寸、装配时进行加工的有关尺寸等。如图9-1所示阀盖和阀体的配合尺寸 $\phi 50H11/h11$ 等。

3. 安装尺寸

安装尺寸指机器或部件安装时所需的尺寸，如图9-1所示与安装有关的尺寸有 ≈84、54、M36×2 等。

4. 外形尺寸

外形尺寸表示机器或部件外形轮廓的大小，即总长、总宽和总高。它为包装、运输和安装过程中所占的空间的大小提供了依据。如图9-1所示球阀的总长、总宽和总高分别为 115±1.1、75 和 121.5。

5. 其他重要尺寸

其他重要尺寸是在设计中确定，又不属于上述几类尺寸的一些重要尺寸，如主要零件的重要尺寸等。

上述五类尺寸之间并不是孤立无关的。实际上有的尺寸往往同时具有多种作用，例如球阀中的尺寸 115±1.1，它既是外形尺寸，又与安装有关。因此，对装配图中的尺寸需要具体分析，然后进行标注。

9.3.2 装配图的技术要求

装配图的技术要求是指机器或部件在装配、安装、调试过程中的相关数据和性能指标，以及在使用、维护和保养等方面的要求。这些内容应在标题栏附近以"技术要求"为标题逐条书写出。如果技术要求仅一条，则不必编号，但不得省略标题。

9.4 装配图中的零部件序号和明细栏

为了便于读图和进行图样管理，以及做好生产准备工作，装配图中所有零、部件都必须编写序号。装配图中的一个零、部件可只编写一个序号；同一装配图中相同的零、部件用一个序号，一般只标注一次；多处出现的相同零、部件，必要时也可重复标注。装配图中零、部件的序号，应与明细栏中的序号一致。

9.4.1 序号的编排方法

序号的编排方法如下。

1）零、部件序号的表示方法如图 9-4a 所示，即在水平的基准线（细实线）上或圆（细实线）内注写序号，序号一般用比尺寸标注大一号的字体注写。同一装配图中编注序号的形式应一致。

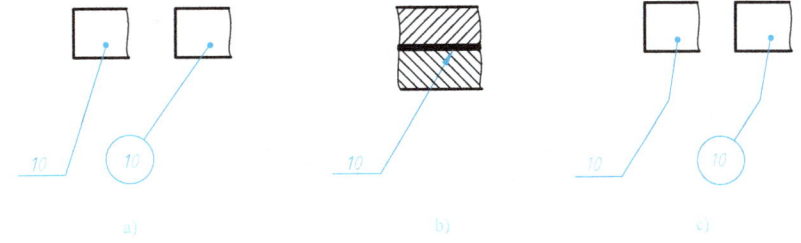

图 9-4 零件序号的编写形式

2）指引线应自所指部分的可见轮廓内引出，并在末端画一圆点，如图 9-4a 所示。若所指部分（很薄的零件或涂黑的剖面）内不便画圆点时，可在指引线的末端画出箭头，并指向该部分的轮廓，如图 9-4b 所示。

3）指引线可以画成折线，但只可曲折一次，如图 9-4c 所示。指引线相互不能相交，当通过有剖面的区域时，指引线不应与剖面线平行。

4）一组紧固件及装配关系清楚的零件组，可以采用公共指引线，如图 9-5 所示。

5）装配图中的序号应按水平或竖直方

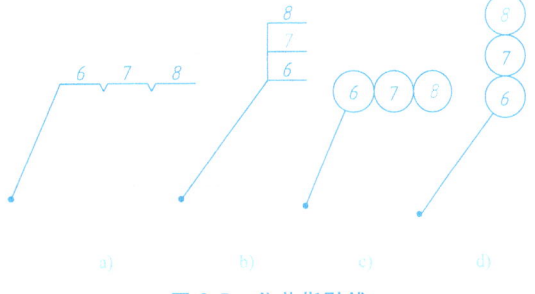

图 9-5 公共指引线

向排列整齐,并按顺时针或逆时针方向顺次排列,如图 9-1 所示。在整个图上无法连续时,可只在每个水平或竖直方向顺次排列。

9.4.2 明细栏

制作明细栏时应注意以下几点。

1)明细栏一般配置在装配图中标题栏的上方,按由下而上的方向填写。国家标准中明细栏的规格尺寸如图 9-6a 所示。制图作业中推荐使用的明细栏的规格尺寸如图 9-6b 所示。

2)明细栏中的序号应与图中的零件序号一致。

3)明细栏中的字体采用 5 号字,最上面的边框线用细实线画。

4)当明细栏由下而上延伸位置不够时,可紧靠在标题栏的左边自下而上延续,还可以作为装配图的序页单独给出。序页一般采用 A4 竖幅,明细栏的表头移至图纸的上方且由上而下填写。当一张序页位置不够时可再加序页,序页的张数应计入所属装配图的总张数中。装配图及其序页的标题栏的相关内容应一致,并注明"共×张",并依次填写"第×张"。

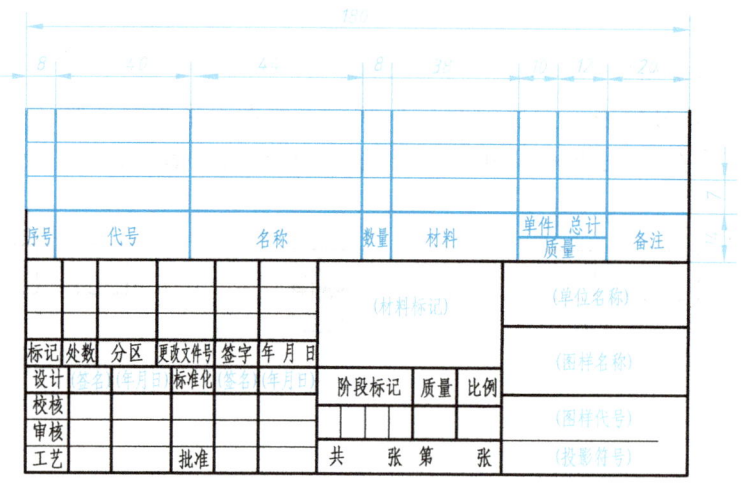

a)国家标准中明细栏的规格尺寸

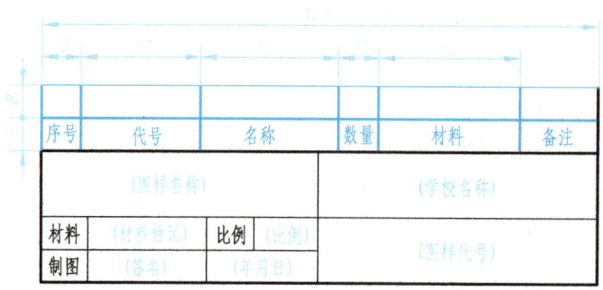

b)制图作业中推荐使用的明细栏的规格尺寸

图 9-6 明细栏的规格尺寸

9.5 常见的装配结构和装置

在设计和绘制装配图与零件图的过程中，应考虑到装配结构的合理性，以确保机器和部件的性能，并给零件的加工和装拆带来方便。现举例说明，以供绘图时参考。

1）当轴和孔配合，且轴肩与孔的端面相互接触时，应在孔的接触端面制成倒角或在轴肩的根部切槽，以保证两零件接触良好。图 9-7 所示为轴肩与孔的端面相互接触时的正误对照。

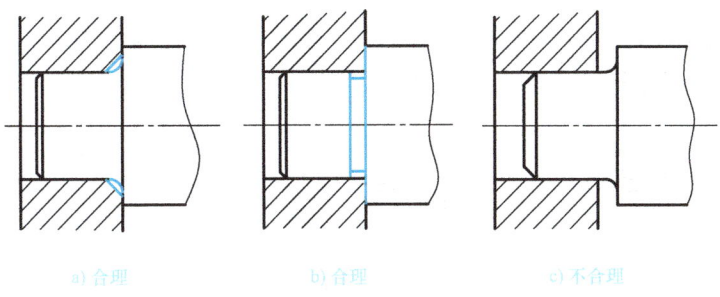

图 9-7　轴肩与孔的端面相互接触时的正误对照

2）当两个零件接触时，在同一个方向上的接触面，最好只有一个，这样既可以满足装配要求，制造也较方便，如图 9-8 所示。

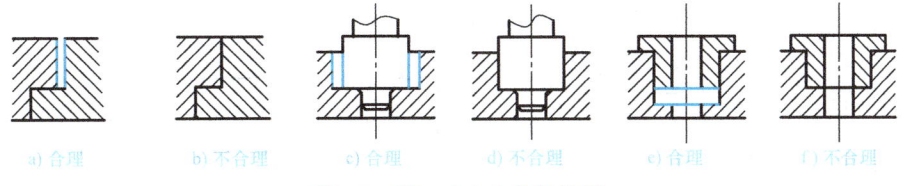

图 9-8　同一方向上的接触面

3）当零件用螺纹紧固件连接时，应考虑到在装、拆过程中紧固件及其工具所需的空间。图 9-9 所示为一些合理与不合理结构的对比。

4）为了保证两零件在装拆前后不一致降低装配精度，通常用圆柱销或圆锥销将两零件定位。销孔是在第一次装配调试后在两零件上同时加工完成的。图 9-10 所示为销定位结构的正误对比。

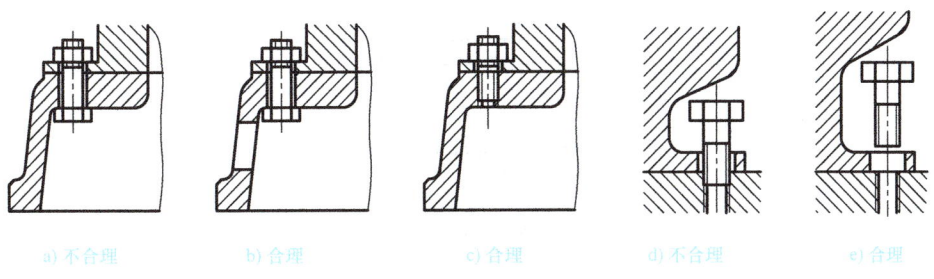

图 9-9　螺纹紧固件的装配结构

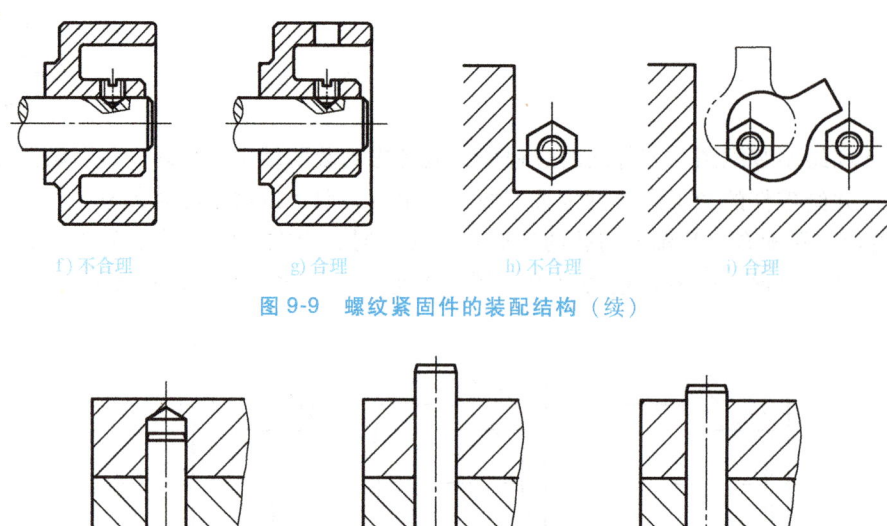

f) 不合理　　g) 合理　　h) 不合理　　i) 合理

图 9-9　螺纹紧固件的装配结构（续）

a) 不合理　　b) 合理　　c) 条件允许应做成通孔

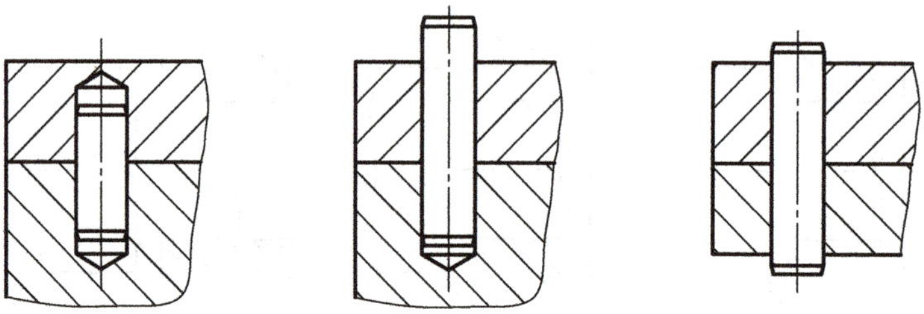

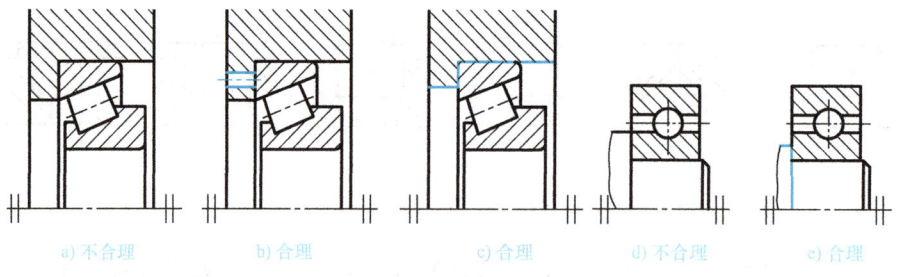

图 9-10　销定位结构的正误对比

5）在用轴肩或孔肩定位滚动轴承时，应注意到维修时拆卸的方便与可能，如图 9-11 所示。

6）为了防止机器或部件内部的流体向外渗漏和防止外界灰尘进入内部，需采用防漏密封装置。图 9-12 所示为常用的填料密封装置。

a) 不合理　　b) 合理　　c) 合理　　d) 不合理　　e) 合理

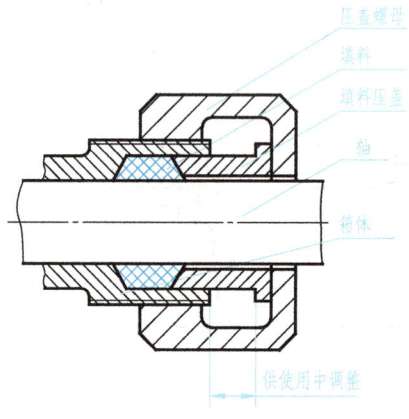

图 9-11　轴承定位

图 9-12　常用的填料密封装置

9.6 读装配图

9.6.1 读装配图的步骤和方法

1. 概括了解

按照以下步骤对装配图进行概括了解。

1) 首先看标题栏，由机器或部件的名称可大致了解其用途，这对读懂装配图有很大帮助。

2) 对照明细栏，在装配图上查找各零、部件的大致位置，了解标准零、部件和非标零、部件的名称与数量。零、部件的名称对于了解其在装配体中的作用有一定的指导意义。

3) 根据装配图上视图的表达情况，找出各个视图及剖视、断面等配置的位置及剖切平面的位置和投影方向，从而搞清各视图表达的重点。

4) 阅读装配图的技术要求，了解装配体的性能参数、装配要求等信息。

通过对以上内容的初步了解，可以对部件的大体轮廓、内容、作用有一个概略的印象。

2. 了解装配关系和工作原理

对照视图仔细研究部件的装配关系和工作原理，这是读装配图的一个重要的环节。在概括了解的基础上，分析各条装配干线，弄清各零件间相互配合的要求，以及零件间的定位、连接方式等问题。再进一步搞清运动零件和非运动零件的相对运动关系。经过这样的观察分析，就可以对部件的工作原理和装配关系有全面的了解和掌握。

3. 分析零件，读懂零件的结构形状

分析零件，就是弄清每个零件的结构形状及其作用。一般先从主要零件着手，然后分析其他零件。当零件的结构在装配图中表达不完整时，可对相关的其他零件上的对应结构进行分析，再根据结构设计的基本原理，得到其合理的结构，从而确定零件完整的结构形状。

9.6.2 装配图中零件的分析

1. 零件的结构分析

对装配体中零件结构的分析是读装配图的重要内容。在读装配图时，应对所构成装配体的主要零件的作用进行分析，根据零件的结构特征及剖面线的异同等信息在各视图中勾勒出该零件的大致范围，结合分析，判断出零件的完整轮廓。零件的某些结构在装配图中没有表达的，可以根据结构合理性原则自行确定，同时应注意在装配图中未画出的小圆角、小倒角、退刀槽等工艺结构。

2. 零件的尺寸分析

零件上的一些标准结构，如螺栓、螺钉的沉孔及通孔，以及键槽、轴承孔等与标准件相配合使用的结构的尺寸应根据相关参数，查阅标准后得出。零件上与螺栓、螺钉配合使用的螺纹孔的深度必须通过计算螺栓或螺钉的规格及相邻零件的厚度来确定，常用件的某些尺寸可根据已知的参数按照相关的设计公式来确定。

零件上的某些尺寸要由相邻零件上相应结构的尺寸来确定，如端盖轮廓大小应与机体上端盖安装面的轮廓大小相一致，通过螺纹紧固件连接和通过销定位的两零件上孔的位置应

一致。

3. 零件的技术要求分析

零件图中尺寸公差应根据装配图中所注写的配合代号等内容，根据各自公差带代号查表后得到其极限偏差。其他尺寸的公差一般为未注公差。

表面粗糙度及几何公差可以根据零件上各要素的功能、作用，以及与相邻零件的连接、装配关系，结合已掌握的机械设计知识查阅相关资料后确定。

9.6.3 读装配图举例

1. 概括了解

通过阅读图 9-1 所示的标题栏可知该部件为球阀。阀是在管道系统中用于启闭和调节流体流量的部件，球阀是阀的一种。该部件由 2 种标准件和 11 种非标件组成。装配图中的基本视图有三个，主视图采用全剖，可以清晰地表达各组成零件的装配关系和工作原理；左视图采用半剖，既反映了阀的内部结构，又反映了阀盖的外形及螺柱连接的布局；俯视图采用局部剖，不但反映了球阀的外形，还反映出扳手与其他零件的连接和限位关系。

2. 了解装配关系和工作原理

球阀的主视图较完整地表达了它的装配关系。阀芯 4 是球阀的"核心"零件，根据主视图和左视图可知阀芯是球形的，阀芯 4 上的圆柱孔与阀体 1 和阀盖 2 上的孔形成了整个球阀的通路。阀芯 4 与阀体 1 和阀盖 2 之间有密封圈。阀体 1 和阀盖 2 均带有方形的凸缘，它们用 4 个双头螺柱 6 和螺母 7 连接，并用合适的调整垫 5 调节阀芯 4 与密封圈 3 之间的松紧程度。阀芯 4 上有凹槽，而阀杆 12 下部有凸缘，榫接在阀芯 4 的凹槽中。阀杆 12 与阀体 1 之间加进填料垫 8、中填料 9 和上填料 10，并且旋入填料压紧套 11。扳手 13 通过其方孔安装在阀杆 12 上部的四棱柱上。

根据装配体中各零件的装配关系，可以分析出球阀的工作原理：扳手的方孔套进阀杆上部的四棱柱，当扳手处于如图 9-1 所示的位置时，则球阀全部开启，管道畅通；当扳手按顺时针方向旋转时，扳手带动阀杆，阀杆带动阀芯同时旋转，这时球阀的通径逐渐减小；当扳手旋转到 90°时（如图 9-1 的俯视图细双点画线所示位置），则阀门完全关闭，管路截止。从俯视图的 B—B 局部剖视图中，可以看到阀体 1 顶部限位凸块可以限制扳手 13 的旋转范围。

3. 分析零件，读懂零件的结构形状

在这里只分析阀体 1 的结构形状，其余零件读者可以通过阅读装配图自行分析。

阀体是球阀的主要零件之一。如图 9-13a 所示，由主视图和俯视图可以看出阀体的右端为圆柱管状，并带有一段用于连接的外螺纹，φ20 的圆孔为流体的通路。阀体的中间部分由球体和圆柱体组合而成，内有圆柱形腔体用来容纳阀芯和密封圈等零件。其上部为圆柱管状，内有用来旋入填料压盖套的螺纹；从俯视图中的 B—B 局部剖视中可以看到阀体顶部用来限制扳手旋转范围的定位凸块的形状。阀体左端的实形未直接在装配图中反映出来，但可以将阀体这一部分和阀盖的主视图与俯视图结合起来，并参照左视图中阀盖的凸缘形状，可以得知阀体的凸缘形状是与阀盖相对应的。通过上述分析，可以将阀体在球阀装配图中的轮廓分离出来，如图 9-13b 所示。

如图 9-13c 所示，通过对球阀装配关系的分析，首先可以在主视方向上将其他零件遮挡阀体的部分轮廓补充完整，从而得到较为完整的主视图，如填料压紧套与阀体是通过螺纹连

第9章 装配图

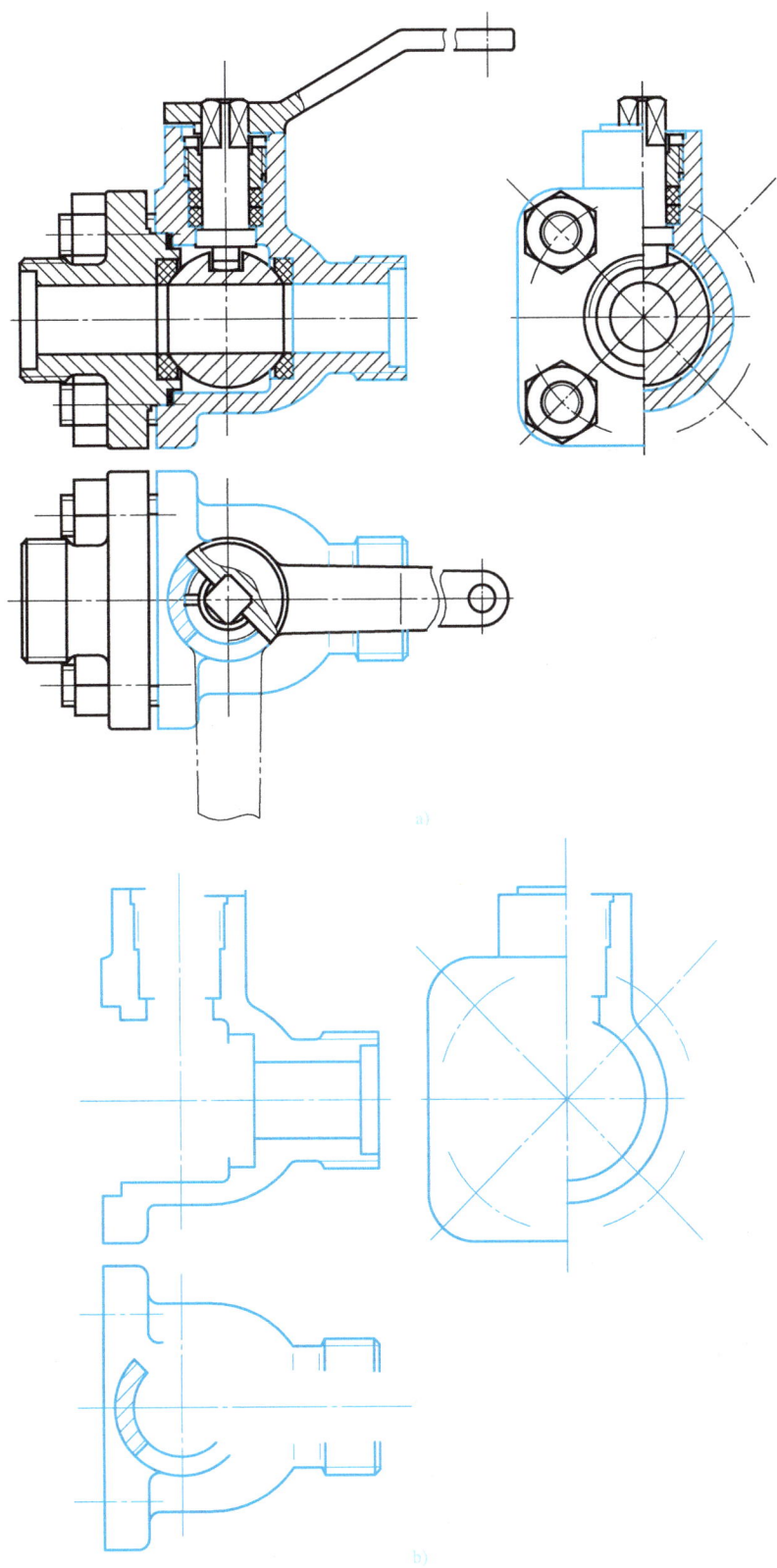

图 9-13 装配图中阀体零件结构分析

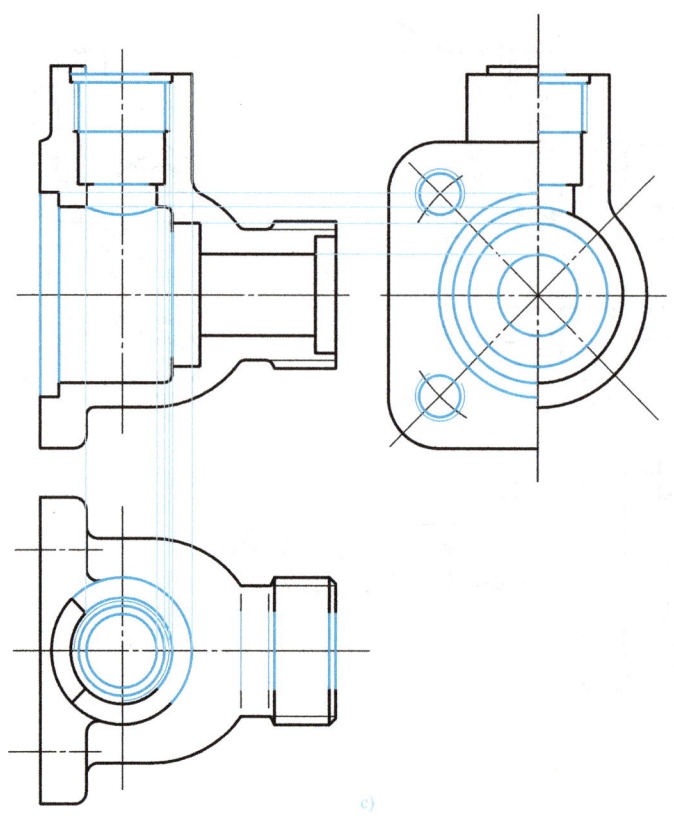

图 9-13 装配图中阀体零件结构分析（续）

接的，在装配图中，只绘制出了填料压紧套上的外螺纹，阀体上对应位置应有内螺纹。

绘制俯视图时，可以根据主视图，按投影关系将阀体上扳手等零件遮挡的凸台及竖直方向的各个孔的结构绘制完整。

同理，在绘制左视图时，横向各个孔的投影可以根据主视图按投影关系绘制完整。在装配图中螺母和螺柱所对应的位置，阀体上应有与之规格与数量都相符的螺纹孔。

4. 分析零件尺寸和技术要求

$\phi 20$、M36×2、$\phi 50$、$\phi 18$、54、75 等尺寸是装配图中直接给出的阀体的部分尺寸。根据所选用的螺柱的规格可以判断阀体上螺纹孔的规格是 M12。阀体上螺孔的位置及安装面的轮廓大小和圆角半径应与阀盖相一致。

阀体的坯料为铸造件，所以其外表面多为用不去除材料的方法获得的表面。其他机械加工表面多为非接触面或是与非金属密封件的接触面，因而表面质量要求不高，因此 Ra 的取值为 12.5μm 或 25μm。$\phi 50$ 与 $\phi 18$ 的表面虽为配合面，但由于采用的是大间隙、低精度的配合关系，因而 Ra 的取值为 6.3μm 是合理的。

经过上述分析，可以确定阀体零件的尺寸和技术要求，按要求填写标题栏，从而完成阀体的零件图，如图 9-14 所示。

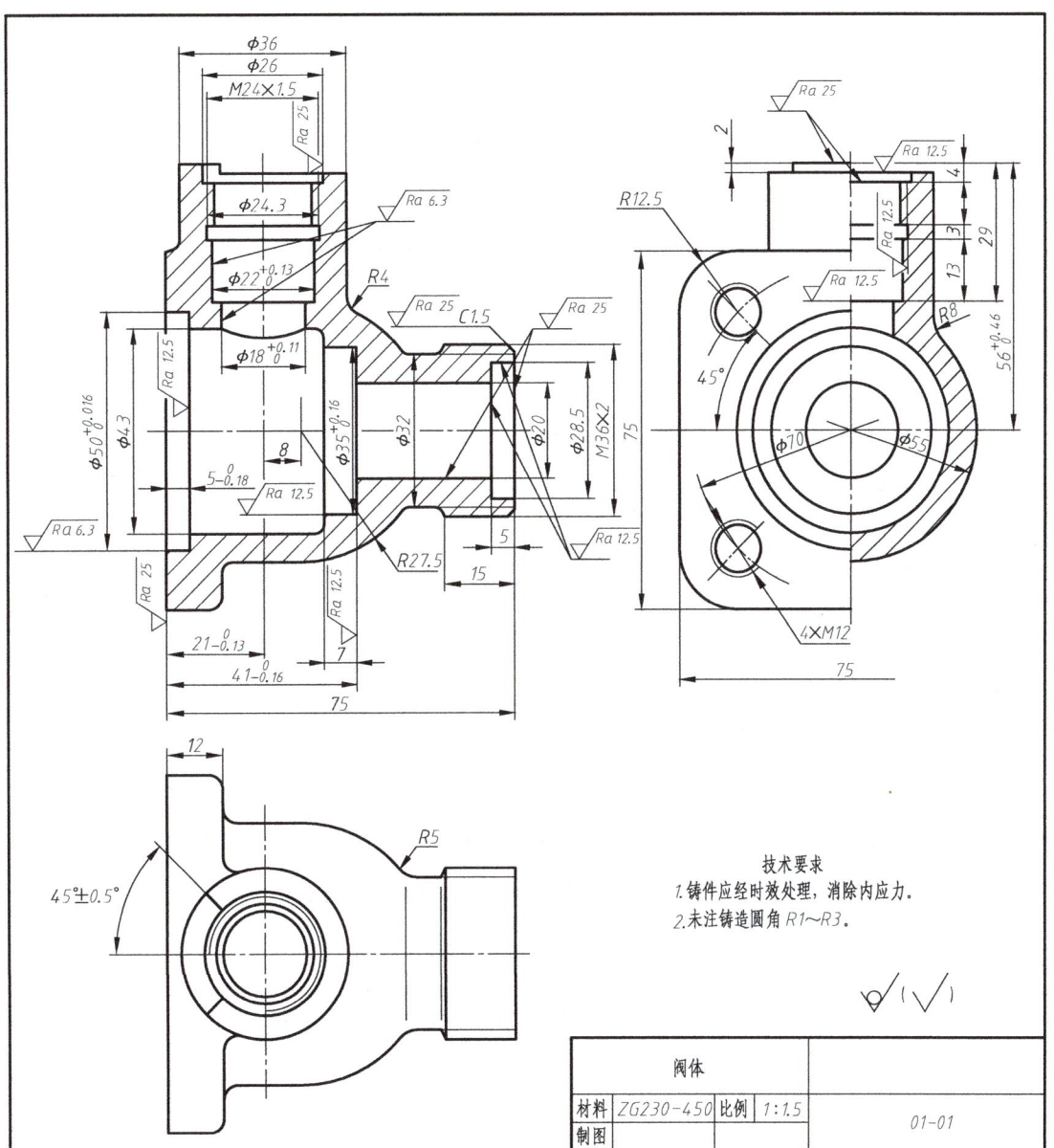

图 9-14 阀体的零件图

第10章 电气工程图

电气工程图是按电子技术的要求，用规定的图形符号、字符、代号、图线等按一定的规定绘制而成的图样。它是每一件电子产品从开发设计、生产制造到保养修理及技术交流过程中必不可少的"语言"和技术文件。

根据用途和表达形式不同，电气工程图可分为两类：第一类是按正投影方法绘制的图样，用于说明电子产品的加工和装配关系等，如零件图、装配图、外形图、线扎图和印制电路板图等；第二类是以图形符号为主绘制的简图，如总布局图、系统图、电路图、接线图、功能图、逻辑图和流程图等。

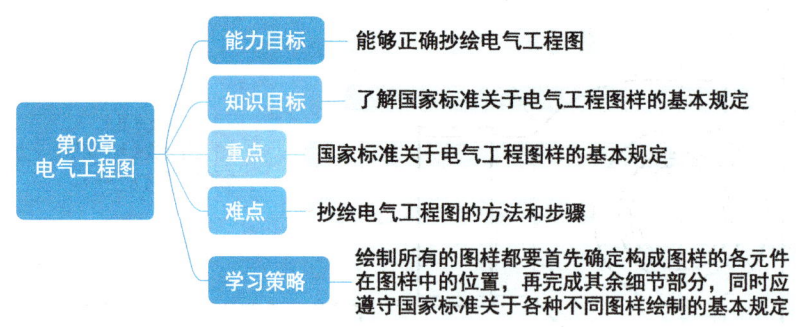

10.1 系统图和框图

10.1.1 系统图和框图的作用

系统图和框图是用符号和带注释的矩形框来表示系统、设备等的基本组成、主要特征、功能和相互关系的一种简图。系统图和框图原则上没有区别，在实际使用中，系统图通常用于系统或成套装置，框图通常用于分系统或设备。

系统图和框图用于概略地表示系统、设备的总体关系和主要工作流程，为进一步编制详细的技术文件提供依据，并作为安装、操作、维修时的参考文件。电视接收系统图如图10-1所示。

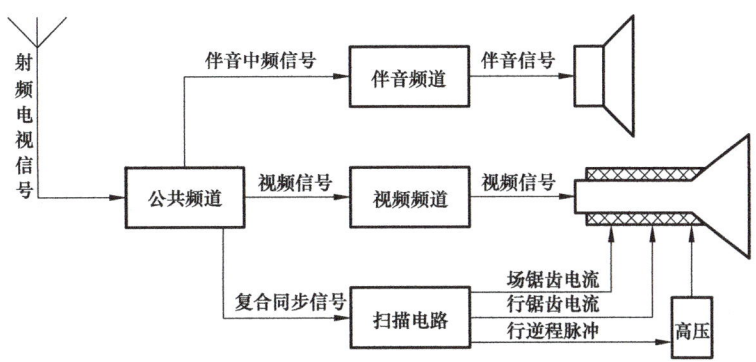

图 10-1 电视接收系统图

10.1.2 系统图和框图的绘制方法

系统图和框图中的框一般采用矩形框，长宽比常用 1∶1、2∶1、3∶2、5∶3 等，用粗实线绘制。某些元器件也可采用规定的其他图形符号来表示，如图 10-1 所示的扬声器和阴极射线管。框的大小依据表达内容、幅面而定。框与框、框与图形符号之间的连接用细实线表示，机械连接用虚线，并在连接线上用箭头表明作用过程和方向。连线交叉和弯折应成直角，如图 10-1 所示。框、图形符号应根据需要标注各种形式的注释和说明，如标注信号名称、技术数据、波形、流向等。

10.1.3 系统图和框图的布局原则

电气系统和设备由多个电路功能单元组成，系统图和框图布局要充分体现相互的联系、前后顺序和主要技术特征。

系统图和框图在布局时，应合理、清晰、均衡，有利于识别过程和信息流向。

系统图和框图可在不同的层次上放置，根据需要逐级分解，划分层次绘制。一般来说，高层次反映对象表达较为概略，低层次反映对象表达较为详细。

10.1.4 系统图和框图的绘制步骤

以电视接收系统图为例介绍系统图的绘图步骤。

1) 依据系统构成情况考虑排布方案（如确定行列形式，以及方框个数、大小、间隔等）。

2) 按布局要求，先画出主要连接线路图，如图 10-2a 所示。

3) 沿水平方向确定各方框的位置及尺寸，如图 10-2b 所示。

4) 沿竖直方向确定各方框的尺寸，如图 10-2c 所示。

5) 擦除多余图线，检查并完善全图，加深方框和图线，如图 10-2d 所示。

6) 在各方框内分别填写相应功能单元的名称或简号，并用箭头表示出系统的作用过程和作用方向，如图 10-1 所示。

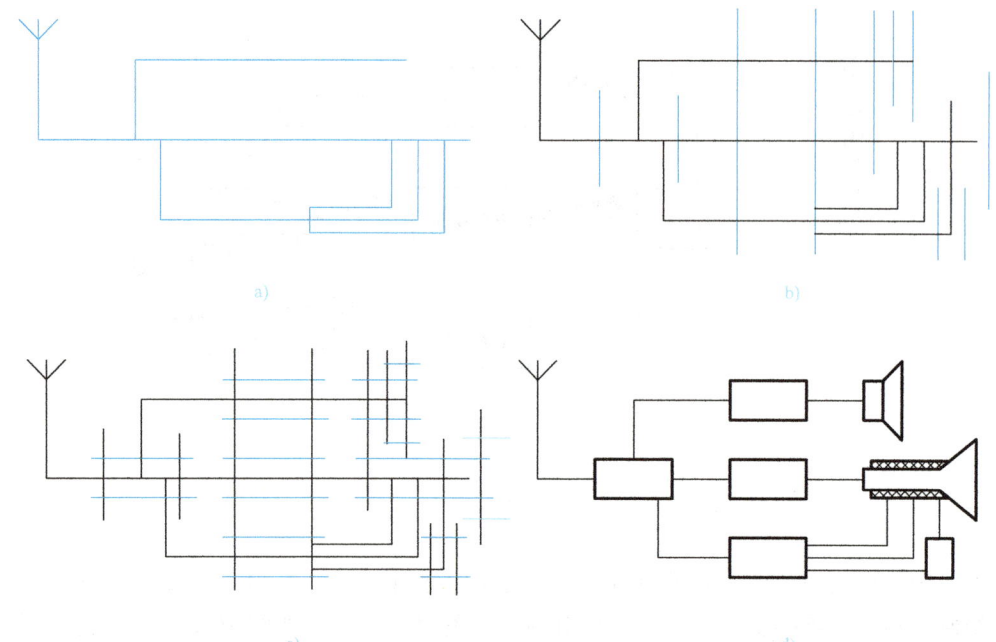

图 10-2 系统图的绘图步骤

10.2 电路图与印制电路板图

10.2.1 电路图

电路图是使用图形符号、文字符号表示各元器件、单元之间的电路工作原理及相互连接关系的简图。电路图又称电气原理图，是电路分析、装配检测、操作调试和维护修理的重要技术资料与依据。

电路图详细表述电器设备全部基本组成部分的工作原理、电路特征和技术性能指标，为产品装配、编制工艺、调试检测、分析故障提供信息，为编制接线图、印制线路板图及其他功能图提供依据。

电路图的布局原则为"布局合理、排列均匀、画面清晰、便于看图"。在绘制电路图时，所有元器件应采用图形符号绘制。文字符号应标注在图形符号的上方或左方，若需标注技术参数，则应在文字符号下方标注。

电路图布置应输入端在左、输出端在右，按工作原理从左到右、从上到下成一列或数列排列，元器件（图形符号）纵、横位置应平齐，如图 10-3 所示。元器件之间的电路连接线用单实线表示，应连线最短、交叉最少、横平竖直。在整体布局时，应注意

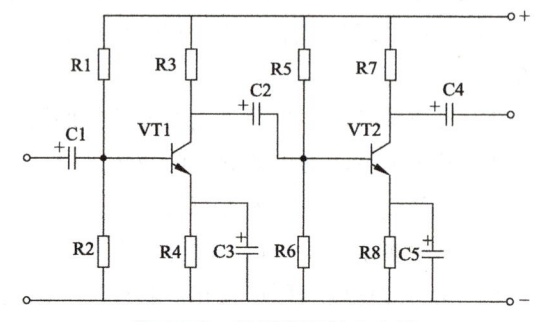

图 10-3 低频两级放大电路

元器件、连接线之间的间隔，留有足够的空隙标注文字符号、技术参数及注释。

以图10-3为例，介绍电路图的绘制方法与步骤。

1) 根据电路图的布局需要画出电路连接线，如图10-4a所示。
2) 确定各元器件水平方向上的大小及位置，如图10-4b所示。
3) 确定各元器件竖直方向上的大小及位置，如图10-4c所示。
4) 擦除多余线段，完成各元器件的图形，如图10-4d所示。
5) 标注各元器件的文字符号及技术参数，完成电路图的绘制，如图10-3所示。

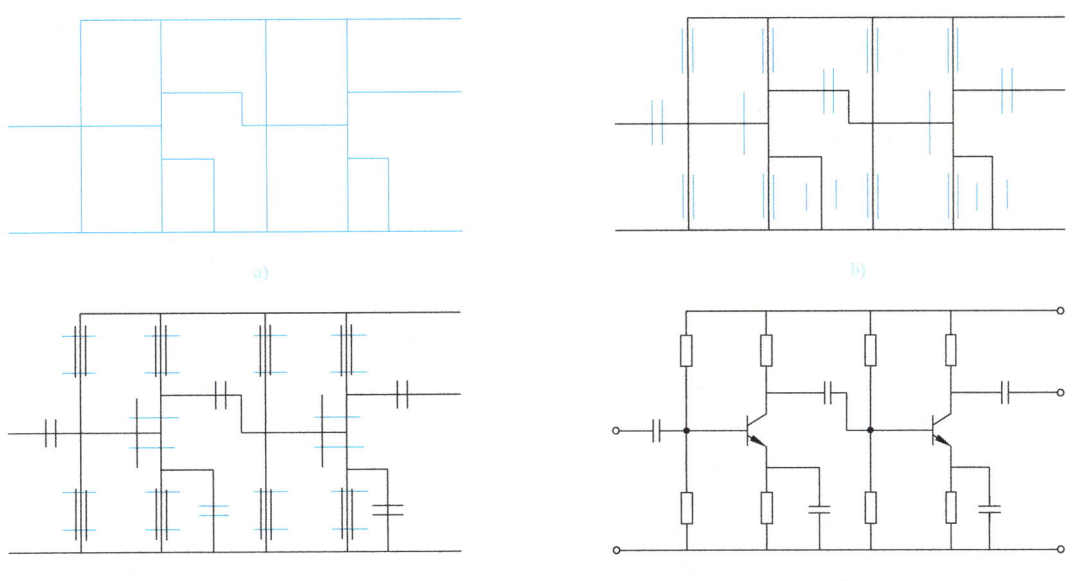

图10-4 电路图的绘图步骤

10.2.2 印制电路板图

1. 印制电路板的基本知识

印制有导线和元器件系统的绝缘基板称为印制电路板。印制电路板主要用于安装、贴装、连接各种电子元器件，同时还起着电气连接作用、绝缘作用和结构支撑作用。

印制电路板的加工过程：电路图→印制电路设计→绘制照相底图→照相制版→图形转移→蚀刻→印制插头的电镀→表面处理与滚锡→钻孔或冲孔→孔金属化→修边与机械加工。

根据基板材料不同，可将印制电路板分为敷铜环氧酚醛层压纸板和布板两大类。印制电路板按其结构可分为单面印制电路板（即一面敷铜箔）、双面印制电路板、多层印制电路板和柔性印制电路板。印制电路板具有可靠性高、机械强度大、耐冲振性能较好、厚度小、重量轻、便于标准化、用铜量小、批量生产效率高等特点。

2. 印制电路板的轮廓与尺寸

常见的印制电路板的形状为矩形，具体尺寸可参阅国家有关标准，非国家标准应根据要求和结构需要确定尺寸。引线孔直径为元器件引线端子直径的1.1~1.5倍。安装孔应按国家标准件的公称直径来确定孔径大小。

印制导线的宽度及间距根据载流量、工作环境、工作电压、频率、敷铜厚度来决定，宽度常在 0.2～2.0mm 范围内选择，若有特殊要求则应另行设计。印制导线之间的间距根据电压、频率、气压等条件确定，一般应不小于 0.5mm。

焊盘是引线孔周围的环状敷铜箔，供焊接元器件引线使用，基本形式为圆形和矩形。

3．印制电路板图的绘制方法

(1) 印制电路板零件图　印制电路板零件图是表示导电图形、结构要素、标记符号、技术要求和相关说明的图样。单面印制电路板的图样一般用一个视图，双面印制电路板的图样一般用两个视图（主视图、后视图）。多层印制电路板的每一导线层应绘制一个视图，视图上应标出层次序号。当视图为后视图时应标注"后视"字样。根据需要，必要时可将结构要素和标记符号分别绘制，此时技术要求和相关说明应写在第一张图上。

印制导线有以下四种表示形式。

1) 双线轮廓绘制表示法，如图 10-5a 所示。

2) 双线轮廓内涂色绘制表示法，如图 10-5b 所示。

3) 双线轮廓内剖面符号绘制表示法，如图 10-5c 所示。

4) 单线表示法，用于印制导线宽度小于 1mm 时或宽度基本一致时的绘制，如图 10-5d 所示。

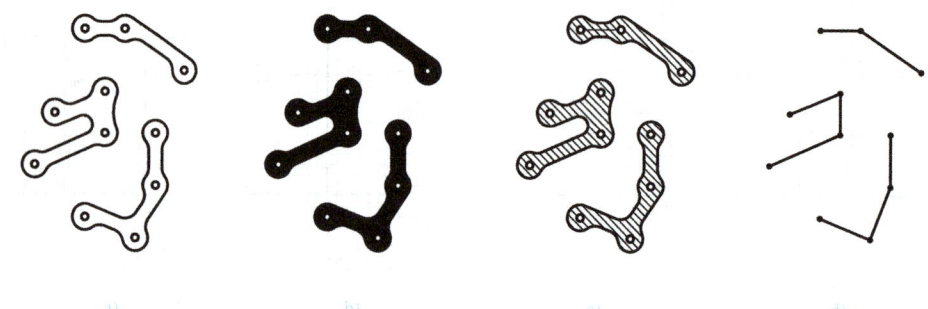

图 10-5　导线表示方法

印制电路板零件图中引线孔的中心必须在坐标网格的交点上。作圆形排列的孔组的公共中心点必须在坐标网格的交点上，其他孔至少有一个点的中心位于上述交点的同一坐标网格线上，如图 10-6a 所示。作非圆形排列的孔组中至少有一个孔的中心必须在坐标网格的交点上，其他孔至少有一个点的中心位于上述交点的同一坐标网格线上，如图 10-6b 所示。印制电路板安装孔应按结构尺寸要求将中心定位于坐标网格线的交点上。

印制电路板上的元器件可采用元器件图形符号或元器件的简化外形和它在电路图、逻辑图的位号表示，如图 10-7、图 10-8 所示。

(2) 印制电路板装配图　印制电路板装配图是表示各种元器件和结构件等与印制电路板连接关系的图样。印制电路板装配图根据所装元器件的特点及装配关系，应选用恰

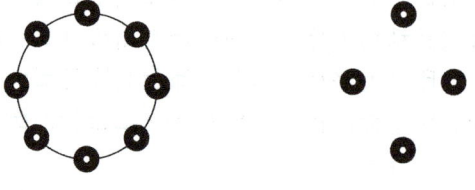

图 10-6　引线孔和安装孔的表示法

当的视图和表示方法，要求图面完整、清晰明了、制图简便。图样中要有必要的外形尺寸、安装尺寸、与其他产品的连接位置尺寸、技术要求和说明。

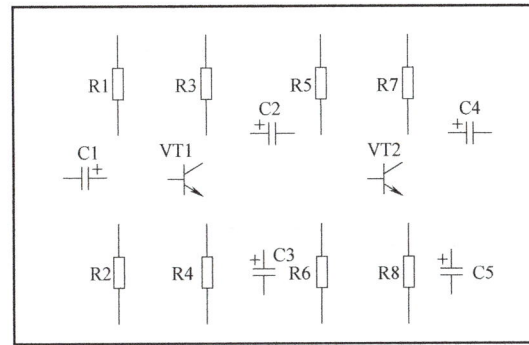

图 10-7　元器件图形符号表示法

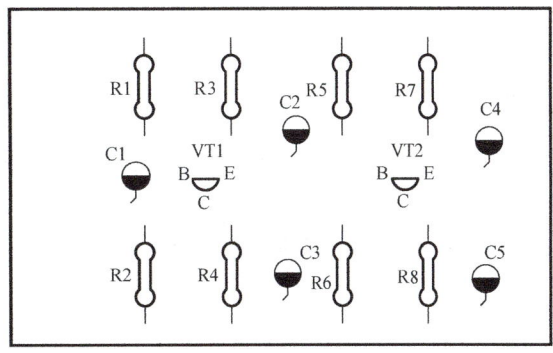

图 10-8　元器件简化外形及位号表示法

印制电路板只有一个面装有元器件和结构件时，一般只画一个视图；印制电路板两面均装有元器件和结构件时，以元器件多的为主视图，较少的为后视图。印制电路板一般不画出导电图形，若需表示反面导电图形，则可用虚线或色线画出，如图 10-9 所示。

在清楚地表示装配关系的前提下，印制电路板装配图中的元器件一般采用简化外形或按 GB/T 4728《电气简图用图形符号》绘制图形符号。当元器件在装配图中有极性和方向要求时，必须标出极性、定位特征标志，如图 10-10 所示。

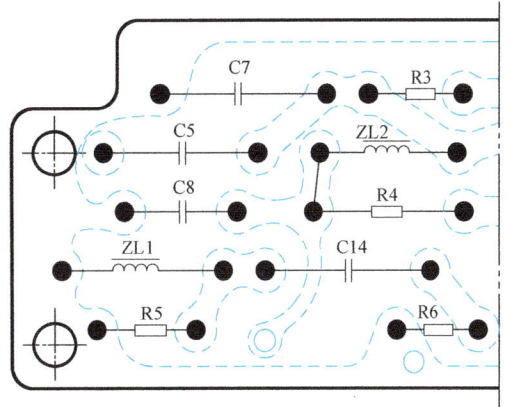

图 10-9　印制电路板

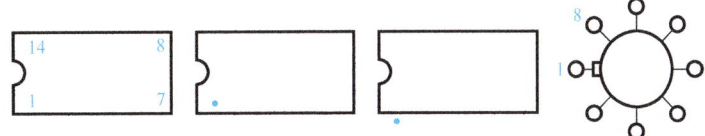

图 10-10　电子元器件的极性与方向标注

10.3　接线图与线扎图

10.3.1　接线图

接线图是用符号表示电子产品中各个项目（元器件、组件、设备等）之间电气连接及相对位置的一种简图，如图 10-11、图 10-12 所示。将简图的全部内容改用简表的形式表示，就成了接线表，见表 10-1、表 10-2。接线图和接线表是表达相同内容的两种不同形式，两者的功能完全相同，可以单独使用，也可以组合在一起使用。它们是在电路图和逻辑图的基础上绘（编）制出来的，应表示出项目的相对位置、项目代号、端子号、导线号、导线类型、导线截面积、屏蔽和导线组合等内容。导线的颜色或数字标识方法见国家标准《人机界面标志标识的基本和安全规则　设备端子、导体终端和导体的标识》（GB/T 4026—2019），电气颜色标号规定见国家标准《颜色标志的代码》（GB/T 13534—2009）。

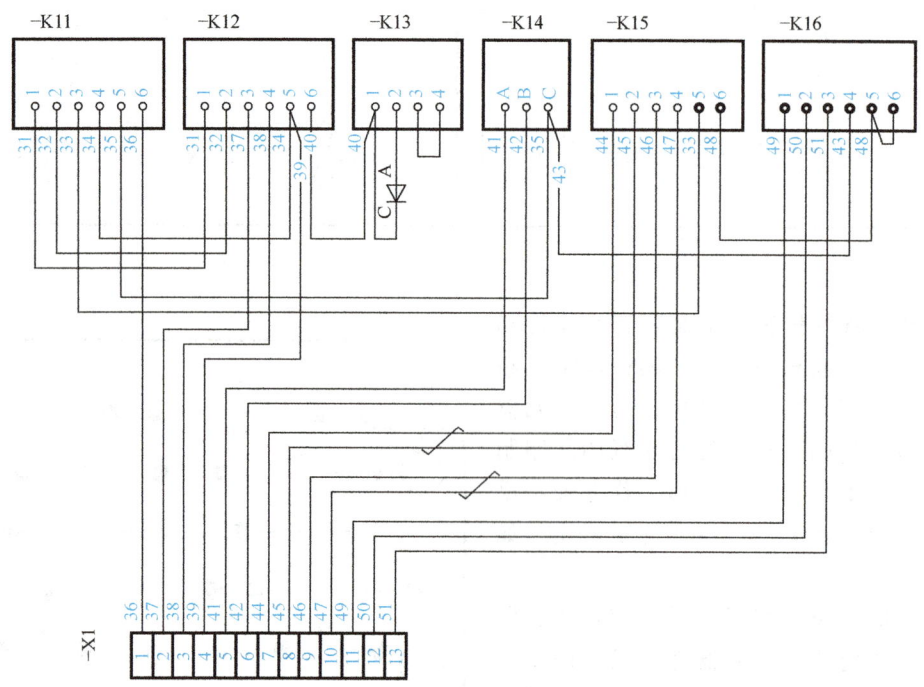

图 10-11　用连续线画接线图

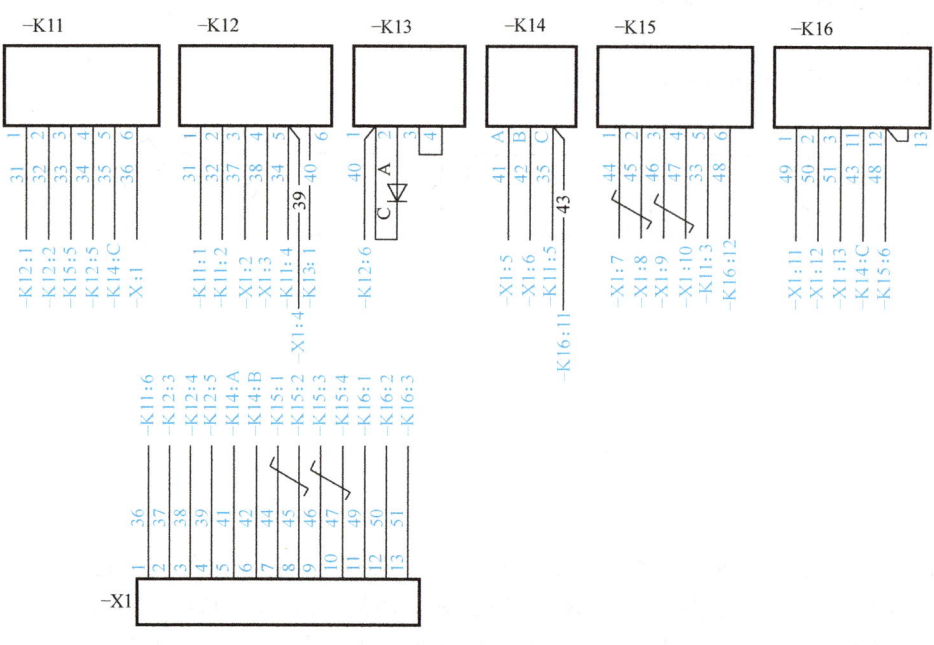

图 10-12　用中断线画接线图

表 10-1 以连接线为主的单元接线表

连接线			连接点 1			连接点 2		
型号	线号	备注	项目代号	端子代号	备注	项目代号	端子代号	备注
	31		-K11	:1		-K12	:1	
	32		-K11	:2		-K12	:2	
	33		-K11	:3		-K15	:5	
	34		-K11	:4		-K12	:5	39
	35		-K11	:5		-K14	:C	43
	36		-K11	:6		-X1	:1	
	37		-K12	:3		-X1	:2	
	38		-K12	:4		-X1	:3	
	39		-K12	:5	34	-X1	:4	
	40		-K12	:6		-K13	:1	-V1
	—		-K13	:1	40	-V1	:C	
	—		-K13	:2		-V1	:A	
	短接线		-K13	:3		-K13	:4	

表 10-2 以端子为主的单元接线表

项目代号	端子代号	电缆号	芯线号
-X1	:11	-W136	1
	:12	-W137	1
	:13	-W137	2
	:14	-W137	3
	:15	-W137	4
	:16	-W137	5
	:17	-W136	2
	:18	-W136	3
	:19	-W136	4
	:20	-W136	5
	:PE	-W136	PE
	:PE	-W137	PE
	备用	-W137	6

1. 接线图的绘制方法

接线图主要由元器件、端子和连接线组成。接线图中各个项目（如元件、器件、部件、组件、成套设备等）可采用简单的轮廓表示，也可采用图形符号。端子一般用图形符号和端子代号表示。当用简化外形表示端子所在项目时，可不画端子符号，仅用端子代号表示。端子间的实际导线在接线图中可采用连续实线和中断线表示。

连续线表示两端子之间导线的线条是连续的，如图 10-11 所示；中断线表示两端子之间导线的线条是中断的,在中断处必须标明导线的去向,标记符号对应关系,如图 10-12 所示。

2. 接线表的绘制方法

接线表若是以连接线为主的格式,应首先在接线表中将连接线(导线、电缆、电缆芯等)序号依次列出,并列出每条连接线所连接的端子代号,见表 10-1。

接线表若是以端子为主的格式,要求将需要连接的元件及端子依次在表中列出并对应列出与端子相连的连接线,见表 10-2。在接线表中元件用项目代号表示,端子用标志在元件上的端子代号表示。

10.3.2 线扎图

在电气产品中的导线通常很多,为了保证布线整齐美观及使用安全,应将导线捆成线扎。线扎图是表示多根导线和电缆用绑扎、扣锁或黏合等方法组合成线束的图样。

线扎图的表达方式有结构方式和图例方式两种。

1. 结构方式

采用结构方式的线扎图,其线束的主干和分支用双线轮廓绘制,线束始末两端引出头用粗实线绘制,电缆应按实物外形示出,绑扎处用细实线绘制,如图 10-13 所示。

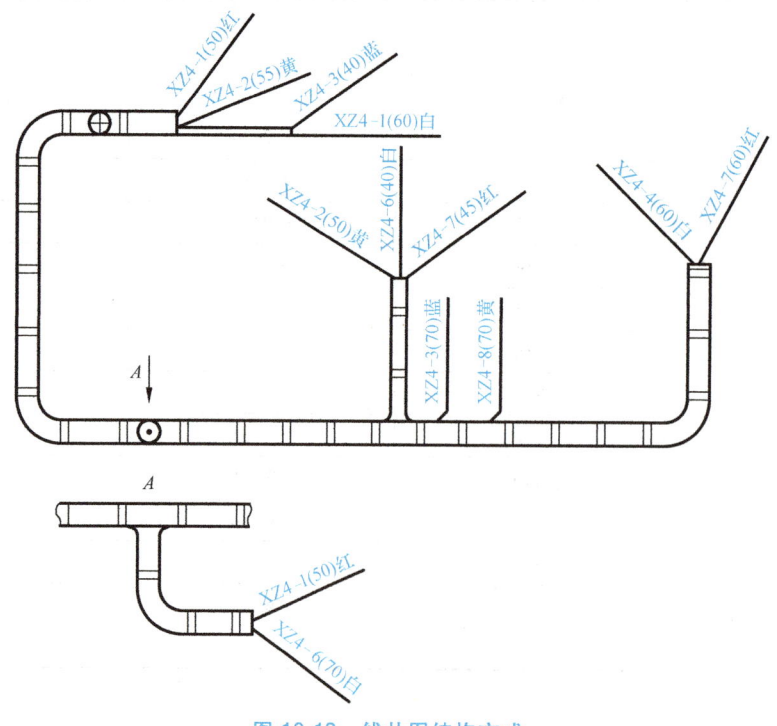

图 10-13 线扎图结构方式

2. 图例方式

采用图例方式的线扎图,其所有主干、分支和单线均采用粗实线绘制,如图 10-14 所示。

线扎图一般采用在同一平面上线扎的视图表示,在折弯处用折弯符号和 A 向视图补充表示,如图 10-13、图 10-14 所示。线扎图通常采用 1∶1 绘制,折弯符号及其意义见表 10-3。

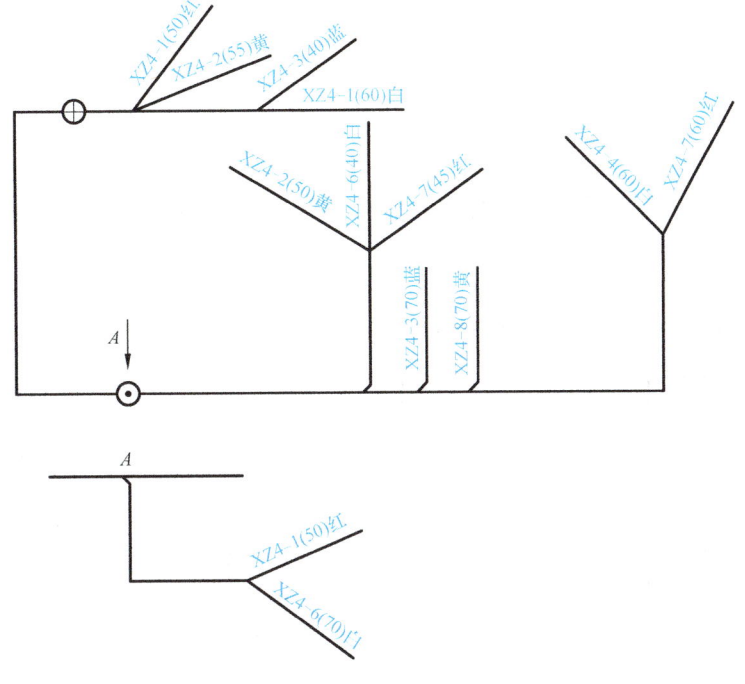

图 10-14　线扎图图例方式

表 10-3　折弯符号及其意义

符号	意义	符号	意义
⊙	表示向上折弯 90°	⊕	表示线束在折弯处呈两个分支折弯，一支向上，一支向下
⊕	表示向下折弯 90°	⊕	表示向下折弯 90°再向左折弯 90°
⊖	表示向上折弯 90°再向右折弯 90°		

在线扎图中，必须对每一根导线的始末端进行编号，编号应注写在导线引出头的旁边。线扎图的主干、分支线均应标注尺寸，而单线的引出头长度可用数字表示，如图 10-13、图 10-14 所示。

线扎中所有包含的导线编号、规格、预定长度等，按顺序可在明细表中说明，见表 10-4。

表 10-4　导线编号表

编号	导线规格		预定长度/mm	备注	更改
	线径/mm	颜色			
XZ4-1	1	红	50		
XZ4-2	1.5	黄	55		
XZ4-3	2	蓝	40		
XZ4-4	1	白	60		

10.4 逻辑图与流程图

10.4.1 逻辑图

由逻辑元件（符号）和连接线构成的表述一定逻辑系统功能的图样称为逻辑图。

1. 逻辑元件图形符号

二进制逻辑元件图形符号由方框、限定符号（包括关联标记）及外加输入线和输出线构成。常见的逻辑元件图形符号如图 10-15 所示。

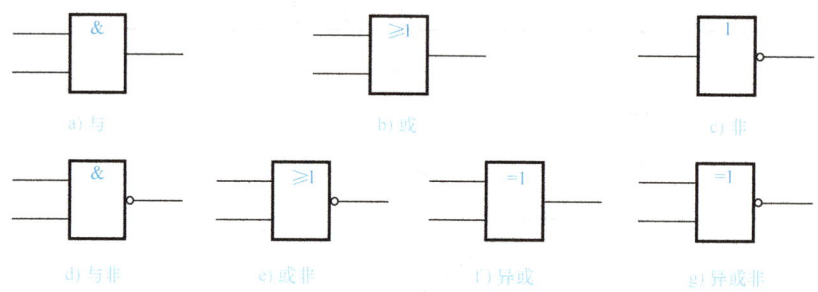

图 10-15 常见的逻辑元件图形符号

二进制逻辑元件图形符号框的长宽比是任意的，主要依据所表示元件的内部空间和外部输入、输出线数多少而定。元件框与元件框之间可以组合绘制，主要有邻接法（图 10-16）和镶嵌法（图 10-17）。

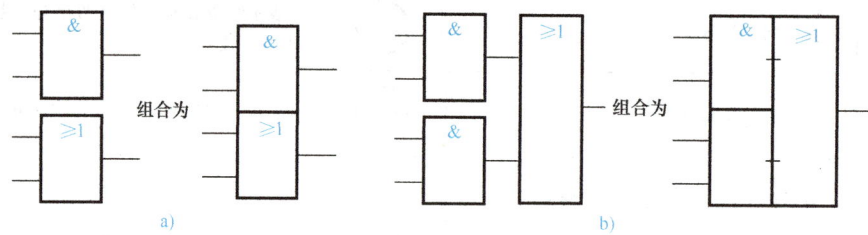

图 10-16 逻辑符号的邻接组合

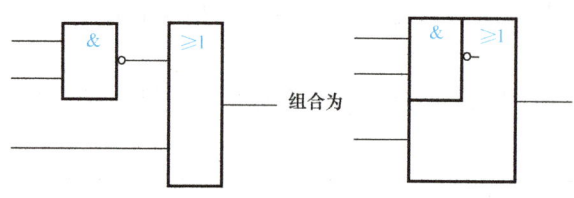

图 10-17 逻辑符号的镶嵌组合

2. 逻辑图的绘制方法与步骤

逻辑图的布局应有助于理解，布局要均衡、疏密得当，使信息的基本流向从左到右或自上而下。在信息流向不明显时应在连接线上加一箭头标记，注意箭头标记不得紧靠其符号与标记。连接线用实线绘出，折弯处应相互垂直。输出线、输入线应在符号的相对两边并垂直于框线。

逻辑图的绘图步骤如下。

1）根据各逻辑单元的连接关系及连接线的要求绘制基准线，如图 10-18a 所示。
2）根据基准线布置逻辑符号，应注意逻辑符号在图中的间隔，如图 10-18b 所示。
3）绘制连接线，擦除基准线，描深图线，如图 10-18c 所示。
4）加注标记、注解及信息流标记等，完成全图，如图 10-18d 所示。

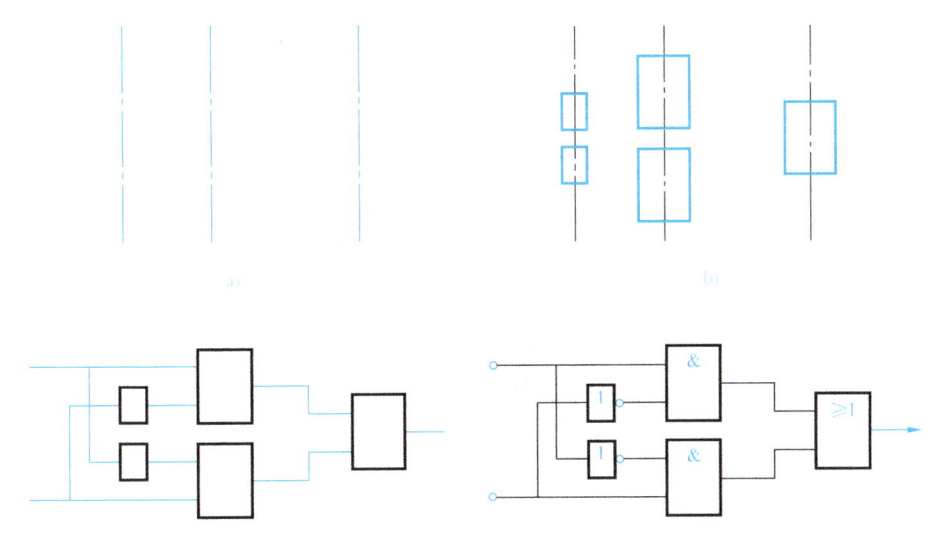

图 10-18 逻辑图的绘图步骤

10.4.2 流程图

在编制各种信息处理和计算机程序时，对某个问题的定义、分析或解法用图形表示，图中用各种符号表示各个处理步骤，用流线把这些符号连接起来，以表示各个步骤执行次序的简图，称为流程图。

表 10-5 是从国家标准《信息处理—数据流程图、程序流程图、系统流程图、程序网络图和系统资源图的文件编制符号及约定》（GB/T 1526—1989）中摘录的流程图中常用的图形符号。

表 10-5 流程图中常用的图形符号

符号	意义	符号	意义
	程序的开始及结束		输入或输出
	执行操作		手动输入
	调用子程序		流程连接符号
	流程分支选择	→	程序流程方向

工程制图

　　流程的一般方向是从左到右、自上而下。当流程不按此规定时，要用箭头指示流程方向。无论何时，为了清晰，都可利用箭头指示流程图的方向。流线可以交叉，但不表示它们逻辑上的关系。两根或更多的流线可以汇集成一条流线。图形符号的大小、比例均要适当。流程图中文字书写应规则，不管流程方向如何，图形符号内的文字说明均按从左到右、自上而下的方向书写。图 10-19 所示为求解最大公约数的流程图。

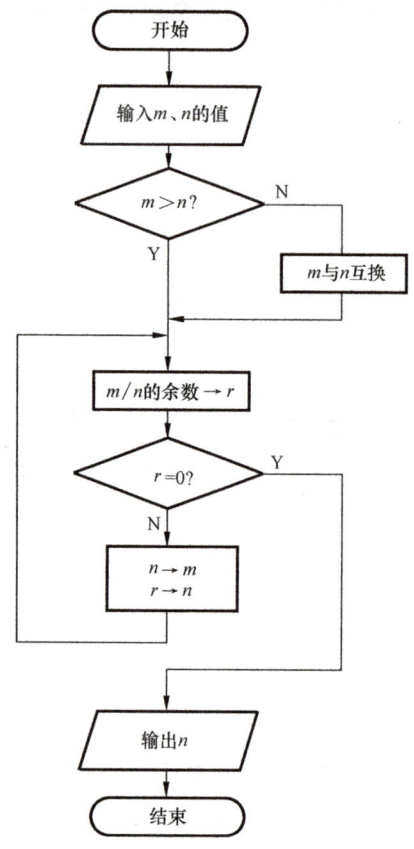

图 10-19　求解最大公约数的流程图

第11章 AutoCAD基础

熟练使用计算机绘制工程图样已经成为工程技术人员必须具备的一项基本技能。在诸多绘图软件中，AutoCAD 以其简洁的操作界面和简单、灵活的操作方法，深受各类工程技术人员的青睐，现已成为绘制工程图样的通用软件。本章介绍使用 AutoCAD 2015 绘制工程图样时常用的命令和功能。

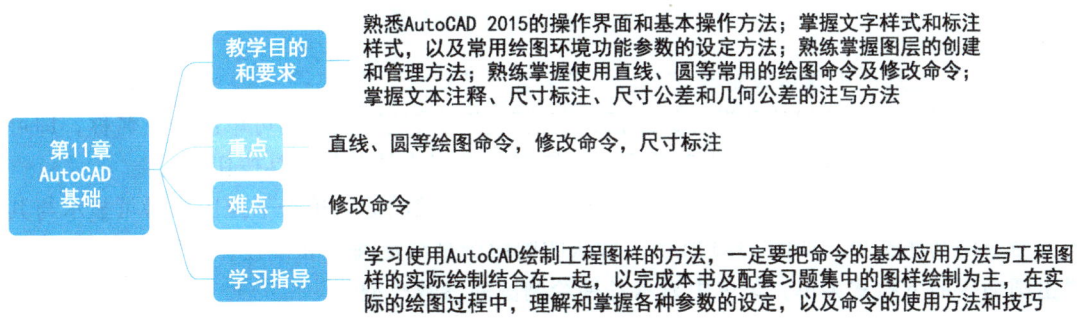

11.1 操作界面与基本操作

要使用 AutoCAD 进行绘图，首先必须熟悉该软件界面，掌握软件的基本功能及基本操作方法等。

11.1.1 AutoCAD 的操作界面

AutoCAD 2015 的操作界面如图 11-1 所示。

1. 标题栏

标题栏位于 AutoCAD 窗口的最上端，用于显示该软件的名称及当前操作的文件名，如 "Autodesk AutoCAD 2015 Drawing1.dwg"。此外，单击标题栏最右端的 按钮，可以最小化、最大化或关闭当前文件窗口。左侧是快速访问工具栏，可设定"新建""打开""保存""打印"等文件管理类的命令按钮。

2. 工具栏

AutoCAD 2015 的工具栏主要由"默认""插入""注释"和"参数化"等组成。分别单击各项，可在下方显示各类命令的工具按钮。

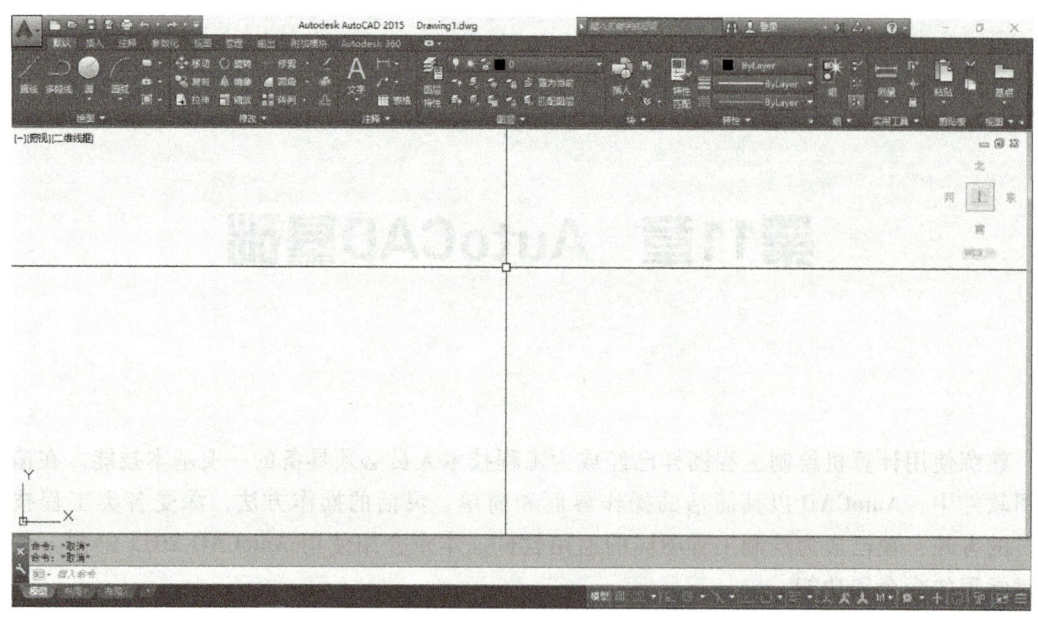

图 11-1　AutoCAD 2015 的操作界面

"默认"工具栏中默认设定有"绘图""修改""注释""图层""特性"等分栏，其中显示的是绘图过程中常用的各类工具按钮，若需要使用其他工具，则可单击分栏名称，即可显示该类的其他工具按钮。图 11-2 所示为"绘图"分栏中的其他工具按钮。

有些工具按钮的名称下方或旁边标有小三角形的下拉图标，单击下拉图标后可显示与其同类命令的其他选项。如图 11-3 所示，默认的圆命令是给定圆心和半径，单击按钮名称后，弹出圆命令的下拉式菜单，菜单中显示各种绘制圆的参数类型。

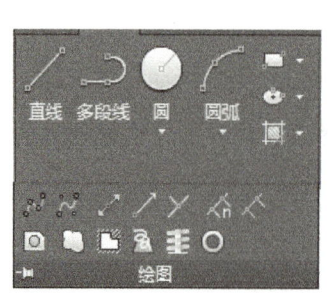

图 11-2　绘图工具栏

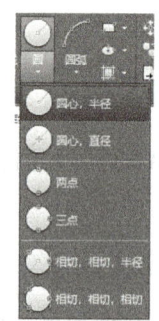

图 11-3　圆命令菜单

当鼠标的光标长时间停留在工具按钮上时，系统会显示相应命令的使用介绍，如图 11-4 所示。

3. 绘图区、命令窗口和状态栏

绘图区是用于绘图的区域，类似于手工绘图时所用的图纸，用户所绘制的图形均显示在该区域中。

命令窗口在绘图区的下面。输入或选定的命令会显示其中，所需要的操作和参数由此输入。

第11章 AutoCAD基础

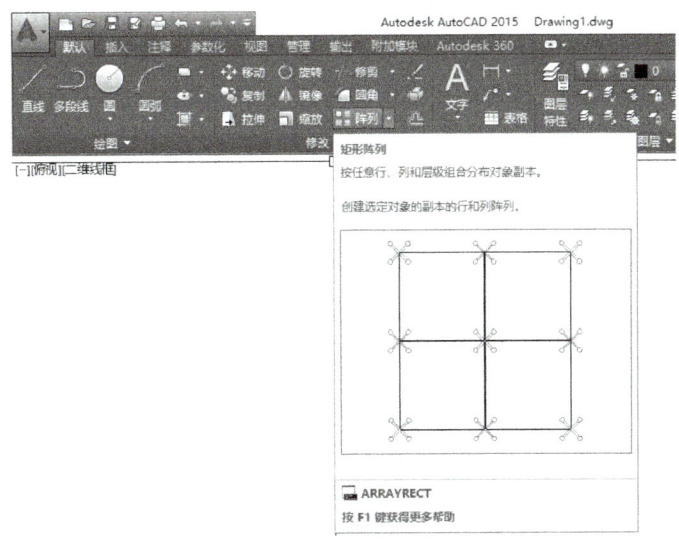

图11-4 命令的使用介绍

状态栏位于操作界面的最下方,设有"极轴追踪"和"对象捕捉"等常用草图设置选项的开关按钮;单击右侧的下拉图标可以打开相应的选项菜单。图11-5所示为单击对象捕捉的选项按钮后显示的相关选项。单击最下面的"对象捕捉设置...",系统弹出草图设置的对象捕捉选项卡,如图11-6所示。

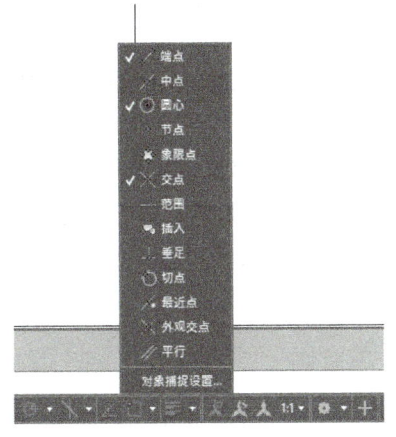

图11-5 "对象捕捉"选项

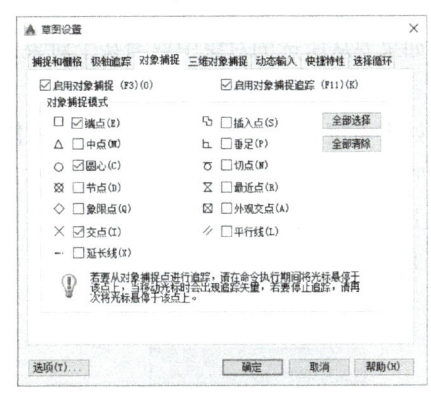

图11-6 "对象捕捉"选项卡

11.1.2 鼠标的基本操作

在AutoCAD中,绘图操作一般都是通过鼠标来执行的,因此充分掌握鼠标的用法非常必要。目前大家使用的鼠标大都是"双键+滚轮"鼠标,其在AutoCAD中的用法如下。

1)鼠标左键:一般作为拾取键,主要用于选择菜单、工具按钮、目标对象,以及在绘图过程中指定点的位置等。

2)鼠标右键:在不同的条件下,单击鼠标右键会弹出不同的快捷菜单,图11-7所示为在未运行任何命令的状态下单击右键弹出的快捷菜单；图 11-8 所示为在画圆命令中，需要输入圆心时单击鼠标右键弹出的快捷菜单；图 11-9 所示为在画圆命令中需要确定半径时单击鼠标右键弹出的快捷菜单。如果命令提示为选择对象，单击鼠标右键则可结束对象选择。

图 11-7　快捷菜单（一）　　　图 11-8　快捷菜单（二）　　　图 11-9　快捷菜单（三）

3）鼠标滚轮：如果向前或向后滚动鼠标滚轮，则会以光标为中心放大或缩小图形；而如果按住滚轮并移动鼠标，则可平移图形。

11.1.3　构造选择集

1. 单击选择

直接单击可选择单个对象，依次连续单击不同的对象可选择多个对象。

如果要从所选的对象中取消某个对象，则可在按住〈Shift〉键的同时单击需要取消的对象。

2. 利用窗选法和窗交法选择对象

如果希望选择一组邻近对象，则可使用窗选法或窗交法。所谓窗选是指先单击确定选择窗口的左侧角点，向其右上或右下方移动光标，单击以确定其对角点，即自左下（上）角向右上（下）角拖出蓝色的选择窗口，此时所有完全包含在选择窗口中的对象均会被选中，如图 11-10 所示。

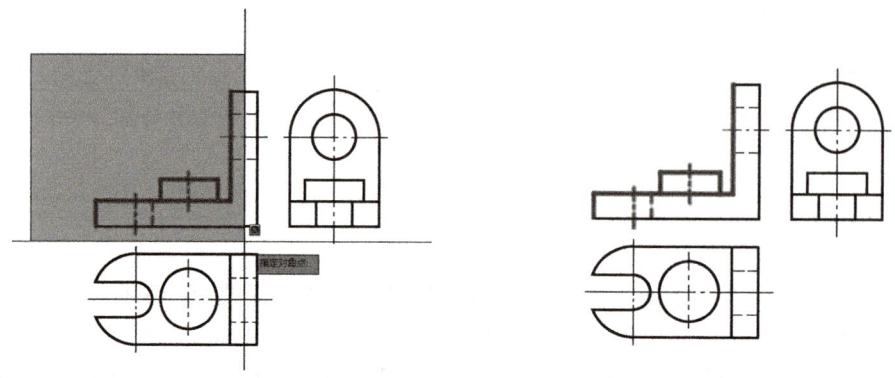

图 11-10　利用窗选法选择对象

所谓窗交是指先单击确定选择窗口的右侧角点，然后向其左上或左下方移动光标，单击以确定其对角点，即自右下（上）角向左上（下）角拖出绿色的选择窗口，此时所有完全包含在选择窗口中的对象，以及所有与该选择窗口相交的对象均会被选中，如图11-11所示。

图 11-11　利用窗交法选择对象

3. 对象的夹点

在"命令:"提示下，直接选择图形对象，该对象上将出现■符号，该符号称为夹点。在 AutoCAD 中，所有图形元素的形状都是由夹点控制的。例如，直线包含了两个端点和一个中点夹点，圆包含了圆心和四个象限点夹点，圆弧包含了两个端点、一个中点和一个圆心夹点，如图 11-12 所示。

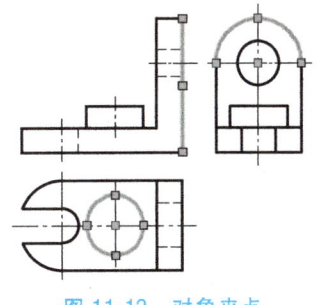

图 11-12　对象夹点

11.2　绘图环境的设置

为了高效、规范地绘制图样，预先对 AutoCAD 的绘图环境进行设置是十分必要的，主要包括图形单位设置、草图设置、图层的创建及管理、文字样式和标注样式的设置。

11.2.1　图形单位设置

图形单位的设置涉及长度单位、长度类型和精度、角度类型和精度，以及角度测量的方式。

如图 11-13 所示，单位选择为"毫米"，长度的类型选择"小数"，精度为小数点后 3 位。角度的类型选择"十进制度数"，精度为保留个位。角度度量的方向为逆时针。单击"方向（D）..."按钮，则弹出如图 11-14 所示的对话框，在该对话框中设置"东"（即 x 轴正方向）为角度测量的起点方向。

11.2.2　草图设置

1. 对象捕捉

如图 11-15 所示，在"草图设置"对话框中的"对象捕捉"选项卡中，可以设置默认

工程制图

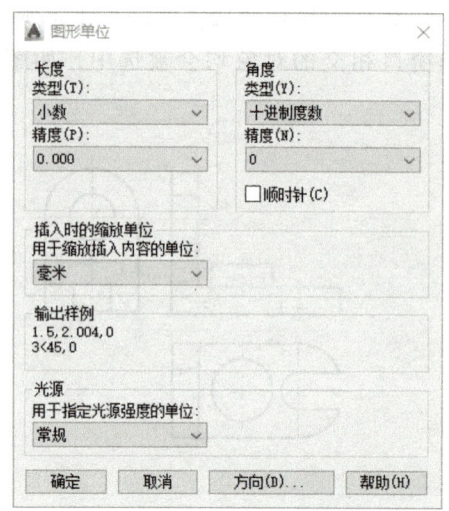

图 11-13 图形单位设置

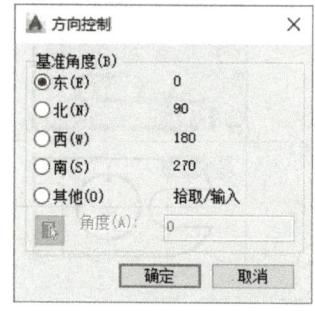

图 11-14 角度测量起点设置

的对象捕捉项。单击各项的名称，前面方框中出现对钩，则该项被选定；若再次单击则取消选定。方框前是对应各捕捉项的特征符号。当光标长时间停留在选项上时，系统会弹出该捕捉的简介，如图 11-16 所示。如果在命令使用过程中需要其他的捕捉项，则可以单击鼠标右键，弹出快捷菜单，选择"捕捉替代"就可选择所需的捕捉项，如图 11-17 所示。

如图 11-18 所示，在使用各种命令需要确定点的位置时，当光标靠近所选定捕捉项的点时，系统会精确捕捉到这些点的位置，并会在这些点的位置显示捕捉项的特征符号，这样就

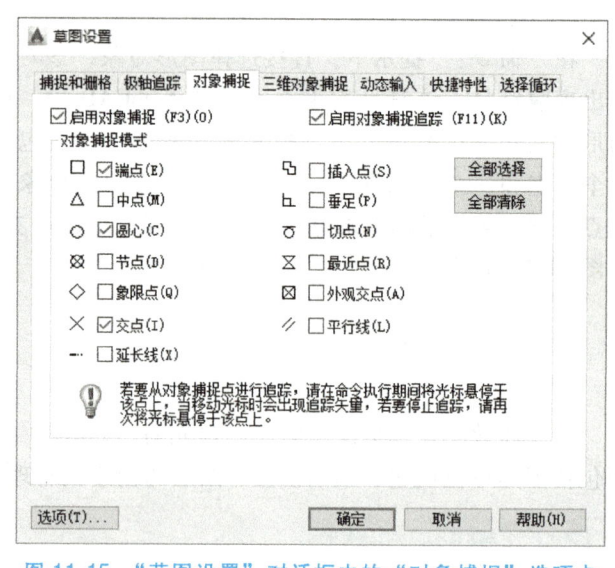

图 11-15 "草图设置"对话框中的"对象捕捉"选项卡

大大提高了作图效率与精度。一般应选择常用的两三项即可，过多的选择会相互干扰，并不利于绘图。

2. 极轴追踪

单击状态栏中的"极轴追踪"按钮，可打开或关闭"对象捕捉追踪"功能。单击快捷菜单按钮显示各选项，如图 11-19 所示。在绘图过程中，当光标靠近所指定角度时，系统会限制光标位置，从而得到精确的角度位置。

单击"正在追踪设置…"会弹出"极轴追踪"选项卡，如图 11-20 所示。"极轴追踪"是"草图设置"的一个设置分项。设定增量角后，系统会精确捕捉这个增量角及其整倍数的角度。如图 11-20 所示设置为 15°，系统会准确捕捉到 15°的整数倍，如 0°、15°、30°、

第11章 AutoCAD基础

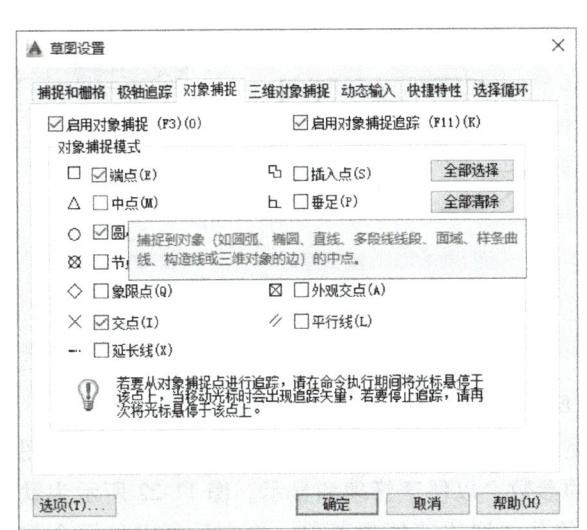

图 11-16 "对象捕捉"选项简介

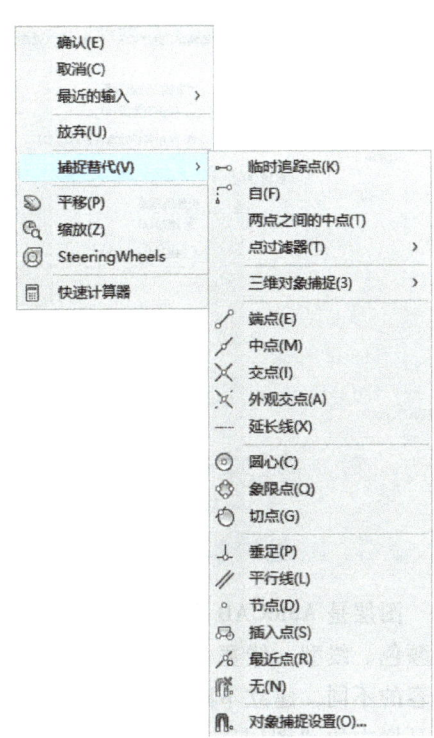

图 11-17 命令中"对象捕捉"的选择

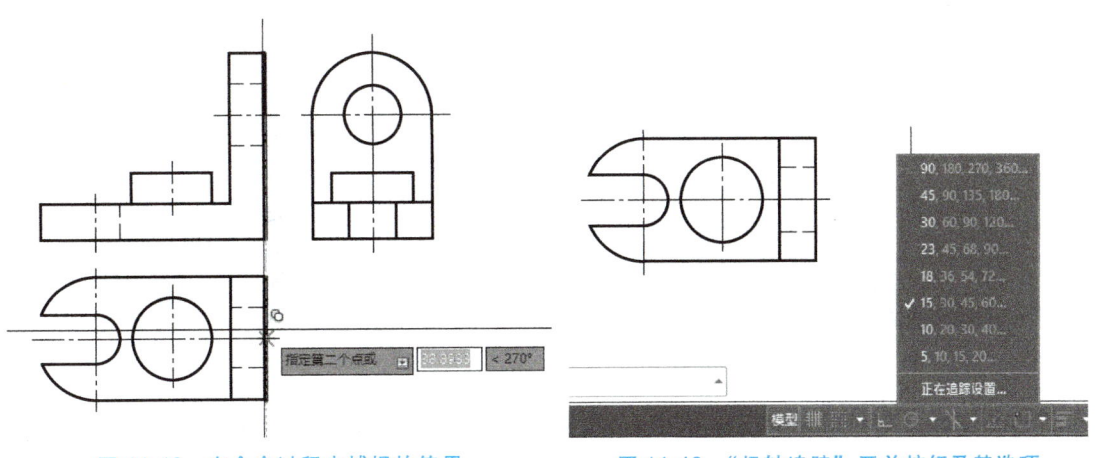

图 11-18 在命令过程中捕捉的使用　　　　图 11-19 "极轴追踪"开关按钮及其选项

45°、60°、75°、90°等。当选择"用所有极轴角设置追踪（s）","极轴追踪"和"对象捕捉"可以同时使用。如图 11-21 所示，在选择移动命令的终点时，可将光标移至主视图的右下角，不用单击，系统也会捕捉到右下角的交点，并以绿色点线显示该捕捉特征。再向右移动光标，会有一条绿色点线显示的引导线，系统准确捕捉到 0°，在合适位置单击，左视图即被移至正确位置。

工程制图

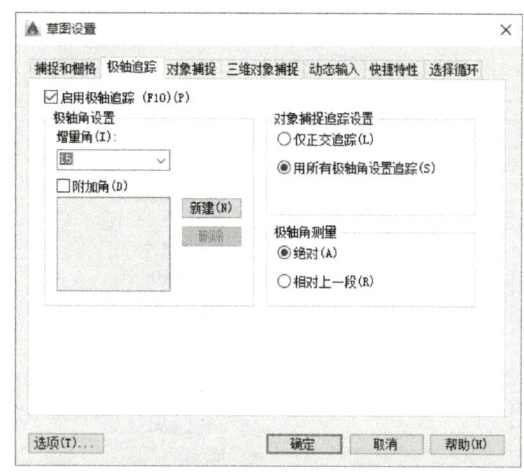

图 11-20 "极轴追踪"选项卡

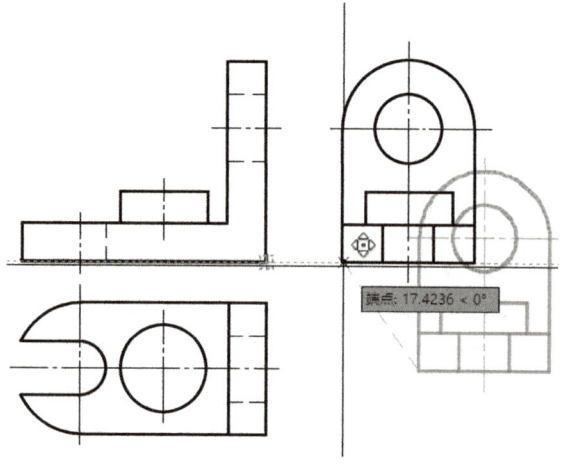

图 11-21 "极轴追踪"与"对象捕捉"合用

11.2.3 图层的创建及管理

图层是 AutoCAD 中功能强大的管理工具。图层可以管理图样中所有对象的颜色、线型、线宽，以及是否可打印、显示和编辑等。在绘制工程图样时，可以根据图样内容的不同，建立不同的图层，设置不同的参数，以便于管理和显示。图 11-22 所示为默认工具栏中的"图层"工具按钮栏。最上面的是图层快速管理菜单，单击后可以显示全部图层的名称和部分特性，如图 11-23 所示。在这个菜单中可以选择某一个图层为当前图层，也可编辑各图层的打开、冻结和锁定状态，以及更改图层颜色。单击图层特性按钮，即可弹出如图 11-24 所示的图层特性管理器。

图 11-22 "图层"工具按钮栏

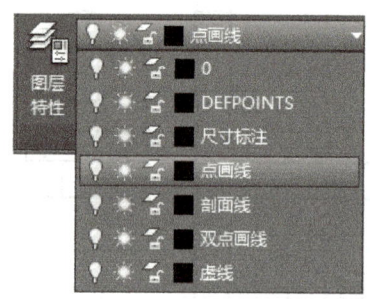

图 11-23 图层快速管理菜单

单击名称，用户可以更改所选图层的名称，但"0"图层和"DEFPOINTS"图层的名称不可更改。双击名称，该图层即被设定为当前图层。绘制的图线，标注的文字和尺寸都只能产生于当前图层。但修改命令新产生的对象与修改对象在同一图层。单击颜色，系统弹出"选择颜色"对话框，如图 11-25 所示，用户可以根据需要为不同的图层选择不同的颜色。单击线宽，系统弹出"线宽"对话框，如图 11-26 所示，用户可以根据图层对象的要求设置不同的线宽。一般利用计算机绘制工程图样，图线分为粗线和细线，一般设置粗线线宽为 0.5mm，细线线宽为 0.25mm。

单击线型，弹出如图 11-27a 所示的"选择线型"对话框，在该对话框中显示的是该图

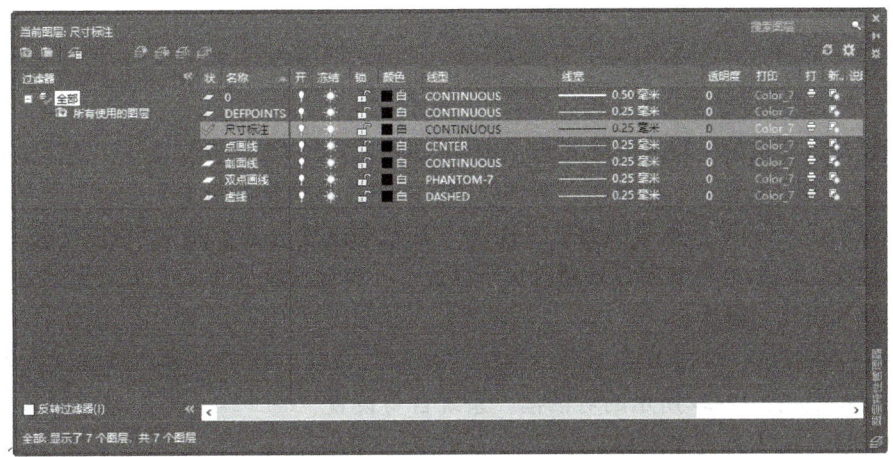

图 11-24　图层特性管理器

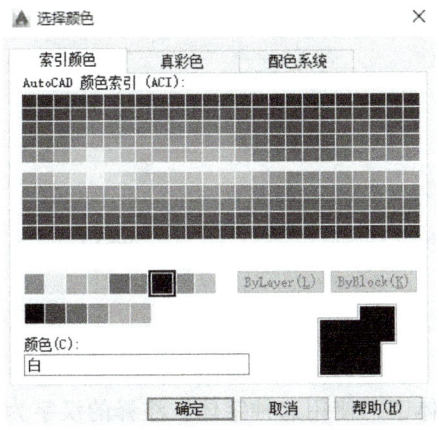

图 11-25　"选择颜色"对话框

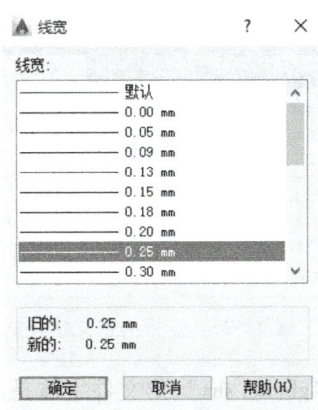

图 11-26　"线宽"对话框

形文件中已有的各类线型，用户可以根据需要给所选图层确定线型。当图形文件中的已有线型不能满足要求时，用户可单击"加载(L)..."，系统弹出如图 11-27b 所示的"加载或重载线型"对话框，如图 11-27b 所示，选择并确定后，该线型就被加载到该图形文件中去，即可被选用。

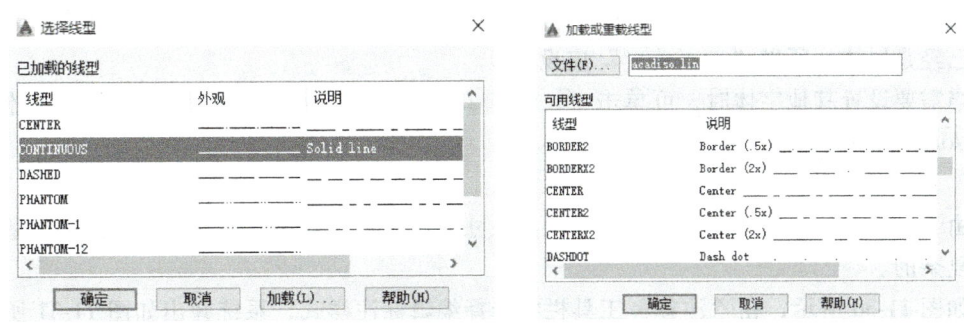

图 11-27　选择线型、加载或重载线型

11.2.4 文字样式和标注样式的设置

1. 文字样式的设置

一幅正确、完整的工程图样除了包含必要的图形、尺寸等基本信息外，还应包括一些非图形类信息，如技术要求、标题栏、明细栏等。表达这些信息的重要手段就是文字注释。

在 AutoCAD 中，要为图形添加文字注释，首先应设置用于控制文字的字体、高度，以及方向、宽度比例和倾斜角度等外观的文字样式。一旦修改文字样式，所有采用该文字样式注释的文本均会随之修改。

如图 11-28 所示，单击默认工具栏中的"注释"按钮，出现各种注释样式。单击"文字样式"，弹出如图 11-29 所示的对话框。系统自身设置"STANDARD"文字样式，该样式可以更改设置，但不可更改名称。

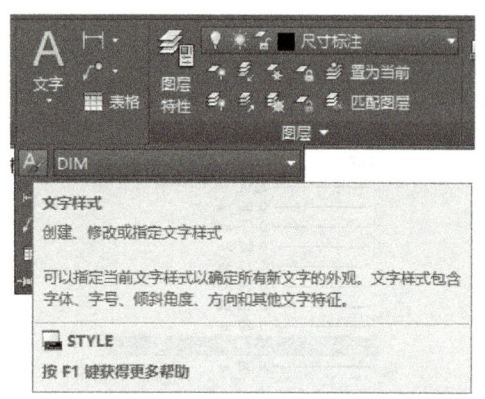

图 11-28　选择编辑文字样式　　　　图 11-29　"文字样式"对话框

"gbeitc.shx"形文件字体是国家标准工程斜体字，使用这种字体，注释的汉字为长仿宋体，字母和数字为斜体字。

"gbenor.shx"形文件字体是国家标准工程直体字，使用这种字体，注释的汉字为长仿宋体，字母和数字为直体字。当需要使用汉字和字母、数字混排的时候，应采用该种字体。

在设置文字样式时，字体高度一般设置为 0。在进行文字注释或设定其他系统参数（如尺寸标注字体）时再根据需要来设置。

这两种字体已经是长体字，所以"宽度因子"设置为 1。"gbeitc.shx"字体中，字母和数字已经是斜体，所以"倾斜角度"应设为 0。

当需要设置其他字体时，可单击"SHX 字体"下方的下拉菜单，系统中所有字体都可以在 AutoCAD 中使用。

2. 标注样式的设置

由于各国对尺寸标注的要求差异较大，尺寸标注的种类较多，所以标注样式的设置也是较为复杂的。

如图 11-30 所示，在"注释"工具栏中选择编辑标注样式，系统弹出如图 11-31 所示的"标注样式管理器"对话框。在这个对话框中列出了标注样式及其预览效果。

在设置标注样式时，可以先按照尺寸标注的基本规定设置基本参数，再在此基础上针对不同尺寸类型设置不同的规则，如图 11-31 所示，在"STANDARD"样式下，新建有半径、角度、线性和直径等不同的子样式。

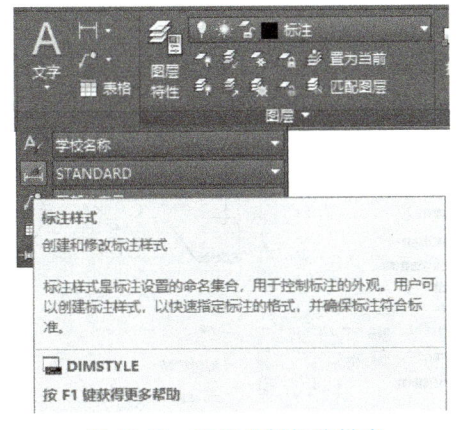

图 11-30　选择编辑标注样式

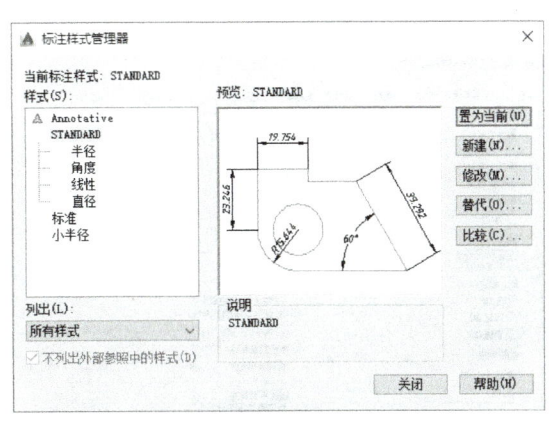

图 11-31　"标注样式管理器"对话框

单击"新建（N）..."按钮，系统弹出如图 11-32 所示的对话框。用户可以在现有的样式的基础上，创建新的样式，并根据需要更改新样式的名称。也可以单击"用于（U）"下方的下拉菜单，选择不同的尺寸类型，则可以在基础样式的基础上新建其子样式。

标注样式的设置包括七个模块。如图 11-33 所示，在"线"选项卡中，用户可以对尺寸标注中的图线进行设置。在 AutoCAD 中，尺寸标注的各要素是作为一个图块存在的。尺寸线和尺寸界线的颜色、线型和线宽都选择的是"ByBlock"，即"与块相同"。块的相关参数是由尺寸标注时当前图层的参数所决定的。这种设置方便统一，可以规范尺寸标注样式。基线间距指的是进行基线尺寸标注（几个尺寸共用一条尺寸界线）时，尺寸线与尺寸线之间的距离。设定好这个值，标注尺寸时，系统会自动确定尺寸线的位置。

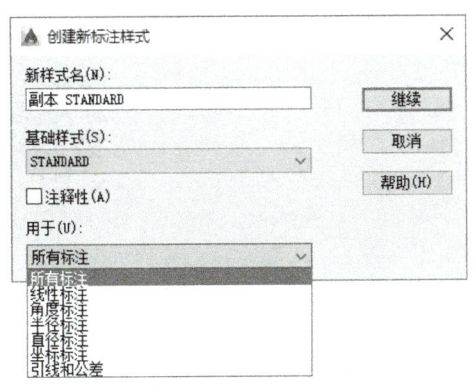

图 11-32　"创建新标注样式"对话框

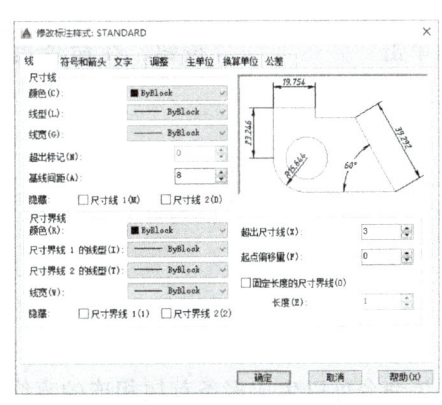

图 11-33　"线"选项卡

在"符号和箭头"选项卡中，用户可以设置尺寸标注和引线标注的箭头形式及大小、圆心标记、弧长符号的位置、大半径折弯标注时的折弯角度等参数。图 11-34 所示为按照国家标准的相关规则设置的各项参数。

在"文字"选项卡中，用户可以设置标注中的文字的外观、位置和对齐方式等，如图 11-35 所示。工程图样中，尺寸数字的高度一般设为 3.5mm，在垂直方向上应居于尺寸线的上方，水平方向居中；文字与尺寸线之间的间距可设为 1mm。尺寸数字的"文字对齐"形式可选择"与尺寸线对齐"。角度标注的尺寸数字应一律水平书写，在角度标注子样式中可以单独设置该选项。

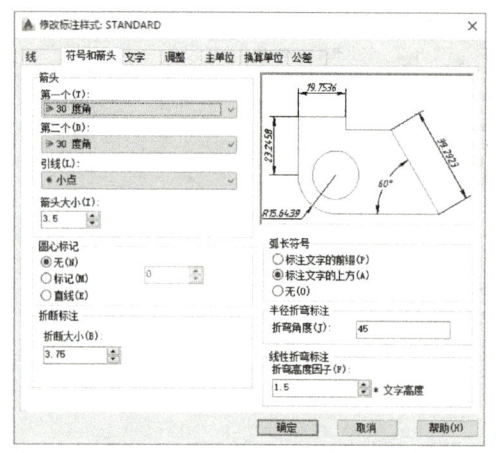

图 11-34 "符号和箭头"选项卡

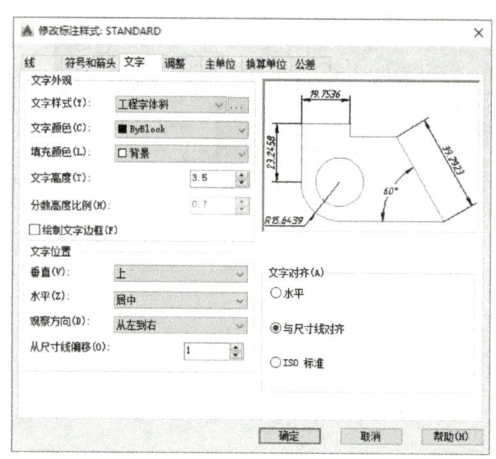

图 11-35 "文字"选项卡

11.3 常用绘图命令

在 AutoCAD 中，绘图命令是基础。下面介绍在绘制工程图样时常用的绘图命令。图 11-36 所示为"绘图"工具栏，其中包含常用的绘图命令按钮。

11.3.1 直线命令（Line）

单击"直线"命令按钮，在命令提示行和光标所在位置会显示：

指定第一个点：
指定下一个点或[放弃(U)]：
指定下一个点或[放弃(U)]：
指定下一个点或[闭合(C)/放弃(U)]：
指定下一个点或[闭合(C)/放弃(U)]：
……

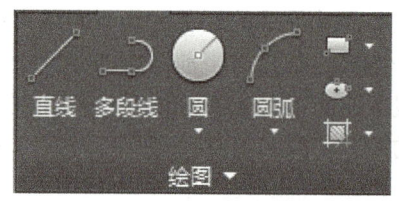

图 11-36 "绘图"工具栏

该命令可以生成多条首尾相连的直线。若在命令中放弃最近绘制的直线，可输入"U"，然后继续执行直线命令。想要结束命令，可按〈Esc〉键、〈Spacebar〉键或〈Enter〉键。当连续绘制两条直线后，系统会多出一个"闭合（C）"选项，并且用户输入"C"后，系统会自动连接第一个点，从而形成闭合线框，并结束命令。

如果希望撤销刚执行的命令，可单击"标准"工具栏中的"放弃"命令按钮 ，或输入"U"并按〈Enter〉键。要重复最近执行的命令，可直接按〈Spacebar〉键或〈Enter〉键。

在运行直线命令时，系统会显示出线段长度和角度，并允许用户输入线段长度。若设定了"极轴追踪",系统则会准确追踪到设定的角度值,如图 11-37 所示。

用户可以采用坐标形式确定直线的端点,坐标可以是绝对坐标,也可以是相对坐标(上一个点是坐标原点)。绝对坐标的形式为"X,Y"和"R<α",相对坐标的形式为"@X,Y"和"@R<α"。

11.3.2 圆命令 (Circle)

单击"圆"命令的下拉菜单按钮,系统弹出如图 11-38 所示的菜单。在 AutoCAD 中,系统提供了 6 种画圆的方法,具体使用介绍如下。

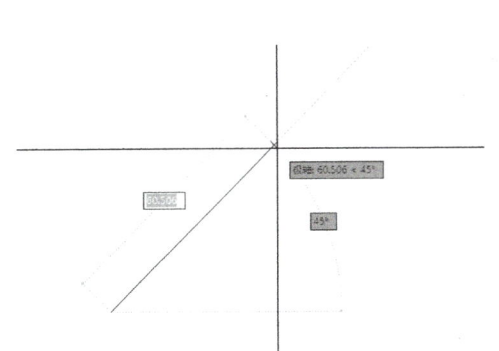

图 11-37 "直线"命令时的光标显示

图 11-38 "圆"命令菜单

(1)圆心,半径 确定圆心后,光标到圆心的距离为半径(或输入半径值)。
(2)圆心,直径 确定圆心后,光标到圆心的距离为直径(或输入直径值)。
(3)两点 直径的两个端点决定圆的大小和位置。
(4)三点 通过三个点来确定一个圆(即作三角形的外接圆)。
(5)相切,相切,半径 作已知半径且与两已知线段相切的圆。
(6)相切,相切,相切 作与三已知线段相切的圆(即作三角形的内切圆)。

现选择 2 种画法,如图 11-39 所示。

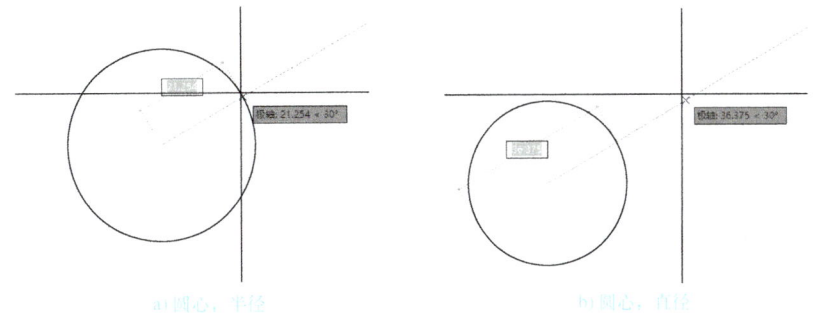

图 11-39 绘制圆的 2 种方法

11.3.3 圆弧命令 (Arc)

单击"圆弧"命令的下拉菜单按钮,系统弹出如图 11-40 所示的菜单。在

AutoCAD 中，系统提供了 11 种画圆弧的方法。

命令中的“角度”是指圆弧的圆心角。正数表示按角度的正方向（逆时针方向）绘制圆弧；负数表示按角度的负方向（顺时针方向）绘制圆弧。屏幕选择角度，默认为以角度的正方向（逆时针方向）度量，按〈Ctrl〉键则以角度的负方向（顺时针方向）度量。命令中的“长度”是指圆弧的弦长，正数是小于半圆的圆弧的弦长；负数是大于半圆的圆弧的弦长。屏幕确定弦长，默认为小于半圆的圆弧的弦长，按〈Ctrl〉键则为大于半圆的圆弧的弦长。圆弧均按角度的正方向（逆时针方向）绘制。命令中的“半径”，正数是按小于半圆的圆弧绘制；负数是按大于半圆的圆弧绘制。屏幕确定半径，默认按小于半圆的圆弧绘制，按〈Ctrl〉键则按大于半圆的圆弧绘制。命令中的“方向”是指圆弧起点的切线方向；按〈Ctrl〉键则绘制圆弧的方向与切线方向相反。

图 11-40 “圆弧”命令菜单

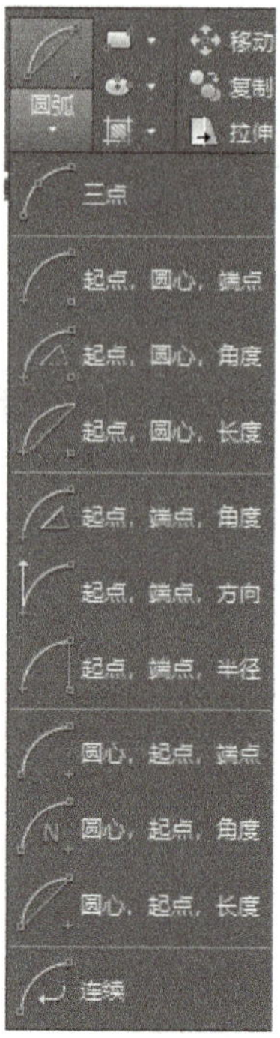

绘制圆弧共有 11 种方法，现在选择其中 4 种方法进行具体介绍。

1）图 11-41a 所示的“三点”。选择的第 1 点和第 3 个点为圆弧的端点，第 2 点在圆弧上。

2）图 11-41b 所示的“起点，圆心，端点”。端点在圆心与光标的连线上，或在其延长线上。

3）图 11-41c 所示的“起点，圆心，角度”。输入角度值，或以圆心与光标的连线的倾角表示角度。

4）图 11-41d 所示的“起点，圆心，长度”。输入长度值，或以起点与光标之间的距离作为长度值。

a）三点　b）起点，圆心，端点　c）起点，圆心，角度　d）起点，圆心，长度

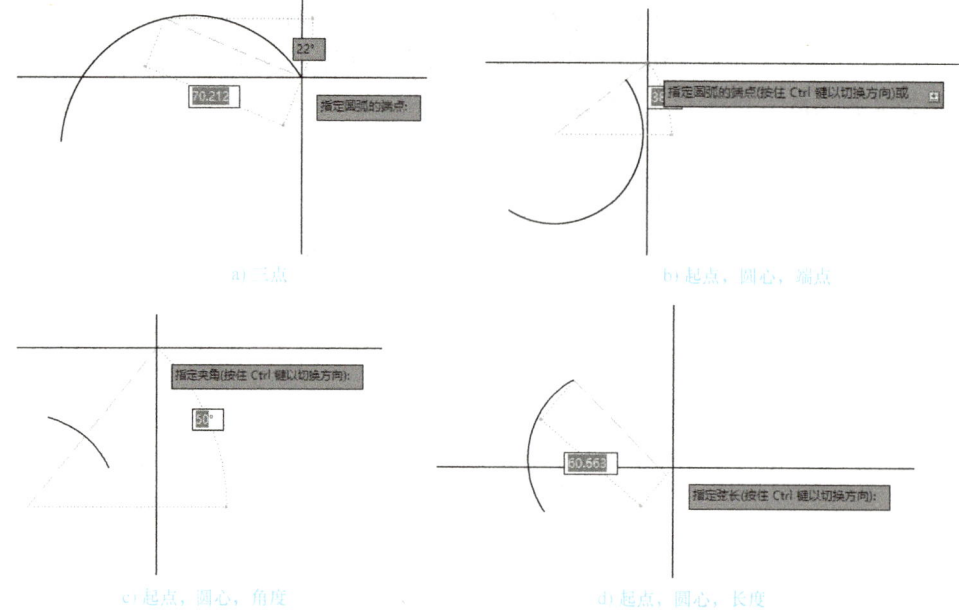

图 11-41 绘制圆弧的 4 种方法

11.3.4 矩形命令（RECtang）

在系统默认工具栏中，"矩形"命令和"多边形"命令共用一个工具按钮的位置。单击工具按钮右侧的下拉菜单按钮，会弹出两个命令选项，如图 11-42 所示。但用户选择某一命令后，该位置的工具按钮就为这一命令。

运行矩形命令后系统有以下显示：

命令:_rectang
当前矩形模式:圆角 = 2.000
指定第一个角点或[倒角(C)/标高(E)/圆角(F)/厚度(T)/宽度(W)]:

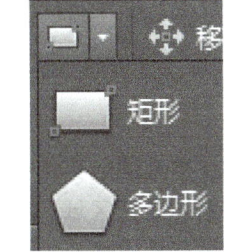

图 11-42 "矩形"命令和"多边形"命令选项

第一行显示当前矩形模式中值不为零的参数值。倒角和圆角参数只可以设定一个，当其值设定后，以后使用矩形命令，该参数值不变，直到它被修改。其他参数在绘制工程图样中使用较少，需要时可使用系统的帮助功能，或参阅本书所列出的参考文献。

1）需要改变某一参数时，可输入代表相应参数的字母，并根据提示输入数值即可。

2）当指定第一个角点后，系统提示：

指定另一个角点或[面积(A)/尺寸(D)/旋转(R)]:

用户可以指定另一角点，这两个角点为矩形的对角点。

3）若输入"A"，则可输入矩形的面积，系统显示：

输入以当前单位计算的矩形面积<2000.000>:1000
计算矩形标注时依据[长度(L)/宽度(W)]<长度>:

根据具体情况，用户可选择输入长度值（x 轴方向）还是宽度值（y 轴方向）。

输入矩形长度<100.000>:50

系统会根据用户输入的面积和长度值或宽度值绘制相应的矩形。

4）若输入"D"，用户可以根据矩形的长度值和宽度值来绘制矩形，示例如下：

指定矩形的长度<50.000>:40
指定矩形的宽度<30.000>:70
指定另一个角点或[面积(A)/尺寸(D)/旋转(R)]:

此时指定的另一角点只是用于确定其相对于第一角点的方向。

5）若输入"R"，用户可以确定矩形的旋转角度，此角度值一直有效，直至它被修改。其命令提示如下：

指定旋转角度或[拾取点(P)]<30>:45
指定另一个角点或[面积(A)/尺寸(D)/旋转(R)]:

然后，按照上述绘制矩形的方法绘制出的矩形将会旋转相应的角度。

图 11-43 所示为一个旋转 45°，面积为

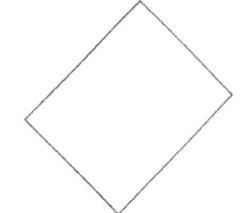

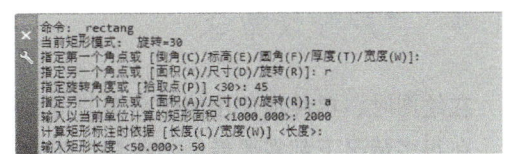

图 11-43 "矩形"命令示例

2000，长度为 50 的矩形。

11.3.5　图案填充命令（Hatch）

运行"图案填充"命令，系统弹出图案填充创建工具栏，如图 11-44 所示。

图 11-44　图案填充创建工具栏

在填充的边界选择上，默认采用"拾取点"的方法确定图案填充的范围。已选择的区域，系统会把区域边界标蓝显示，并以当前的图案进行模拟填充。光标所在的封闭区域，系统会进行模拟填充，但边界不会标蓝显示，如图 11-45 所示。

在图案选择框中，列出了不同图案的图例及名称。工程制图中，金属材料的剖面符号采用 ANSI31，非金属材料的剖面符号采用 ANSI37。可以单击右侧的上下滚动键浏览各图例。

在特性栏中，一般需要用户设定的是角度和图案填充比例。这两个选项决定了剖面线倾斜的方向和间距。0°时剖面线为向右倾斜；若改为 90°，则剖面线为向左倾斜。图 11-46 所示就是在默认的基础上，将角度改为 90°，比例改为 1.5 后的填充效果。

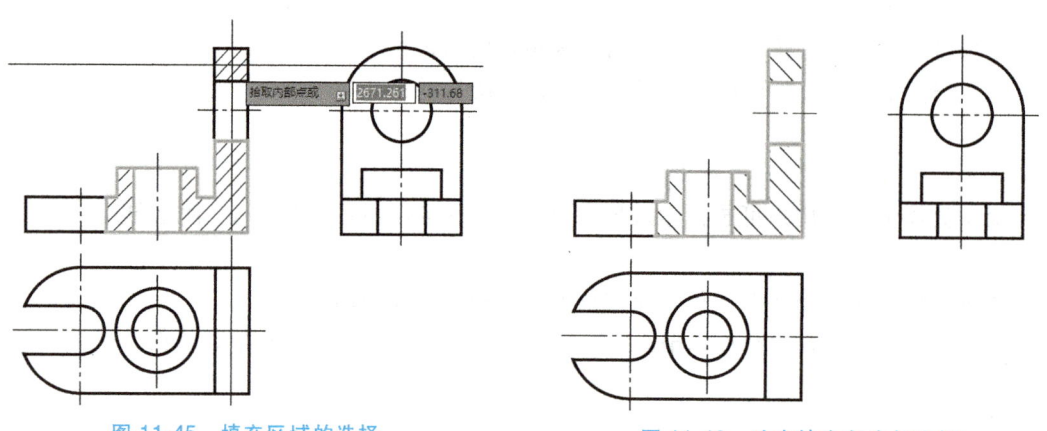

　　图 11-45　填充区域的选择　　　　　　　图 11-46　改变填充角度与比例

打开"关联"按钮，用户在编辑已选定的图案填充区域时，系统会自动按变化后的区域重新填充。

单击"特性匹配"，用户可以先选择当前图样中已有的图案填充，再选择区域进行填充，新的图案填充的角度和图案填充比例等特性与所选的已有图案填充相一致。采用特性匹配进行图案填充，可以有效确保在同一图样中同一个零件剖面线的一致性。

11.4　常用修改命令

在绘图时，单纯地使用绘图命令只能创建一些基础图形。为了高效、快捷地获得所需图样，在很多情况下都需要借助一些修改类命令。在这些命令中，有许多具有"绘图"功能，如复制、镜像、圆角和倒角、阵列、偏移等。还有一些具有"移形换位"的功能，如移动、旋转、拉伸、缩放和分解等。

下面介绍如图 11-47 所示的修改工具栏中显示的常用修改命令的基本使用方法。

11.4.1 移动命令（Move）

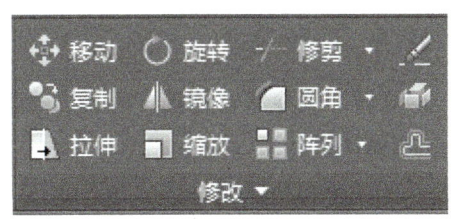

图 11-47 "修改"工具栏

"移动"命令可以将用户所选的对象进行平行移动。该命令的运行如下：

命令:_move
选择对象:
选择对象:

一般情况下，运行修改命令，系统都要求首先选择修改的对象。构造选择集的方法一般没有限制，如有特殊要求，系统会提示。选择结束，以〈Enter〉键或〈Spacebar〉键响应，系统提示：

指定基点或[位移(D)]<位移>:

1) 用户可以在屏幕上选择一个点作为移动命令的基点，此时，命令行会显示：

指定第二个点或<使用第一个点作为位移>:

①用户可以在屏幕上指定第二个点，此时所选对象移动的位移量与基点和第二个点之间的相对位移一致。第二个点的指定也可以按照光标捕捉的角度，用户输入极轴半径的方法来确定，如图 11-48 所示。②用户可以直接按〈Enter〉键，选择使用第一个点作为位移，即所选对象移动的位移量同坐标原点与基点的相对位置一致（即坐标原点作为基点，而前面选择的基点为移动的第二个点）。例如，基点的坐标为（150，200，0），则所选对象沿 x 方向移动 150 个单位，沿 y 方向移动 200 个单位。

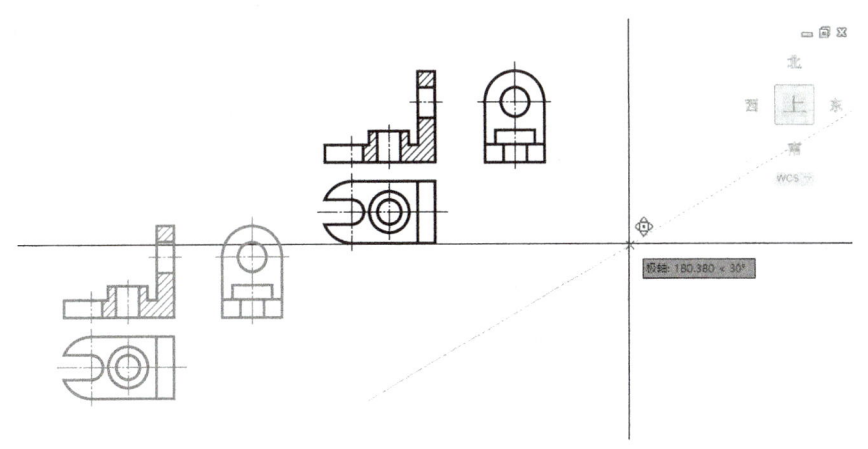

图 11-48 按光标捕捉到的角度移动（一）

2) 用户可以直接按〈Enter〉键，选择输入位移量，则系统显示：

指定位移<200.000,200.000,0.000>:

所选对象将按照输入的位移量移动。如上面显示的情况，若直接按〈Enter〉键，则会按照默认的位移量进行移动，即所选对象沿 x 方向移动 200 个单位，沿 y 方向移动 200 个单位。

11.4.2 旋转命令（ROtate）

"旋转"命令可以将用户所选的对象以选定的点作为旋转中心进行旋转移动或复制。该命令的运行如下：

命令:_rotate

UCS 当前的正角方向:ANGDIR＝逆时针 ANGBASE＝0

显示角度测量的方向与起点。

选择对象：

选择对象：

指定基点:(确定旋转中心)

指定旋转角度,或[复制(C)/参照(R)]<0>:

1）用户可以输入旋转角度值，也可以通过光标确定角度，即将所指定的基点与光标连线的倾角作为角度值。

2）用户可以输入"C"，选择"复制(C)"模式。系统显示：

旋转一组选定对象。

指定旋转角度,或[复制(C)/参照(R)]<0>:

所选对象旋转后，在原来位置上的对象仍然保留。此命令相当于复制和旋转结合使用。

3）用户可输入 R，选择参照（R）模式。系统显示：

指定参照角<0>:

4）用户可以输入参照角度值和新角度值，旋转的角度值为新角度与参照角度之差。当用户输入指定参照角后，系统显示：

指定新角度或[点(P)]<0>:

指定新角度时可以输入数值，也可以通过光标确定角度，即基点与光标所在点连线的倾角作为旋转角度值。

5）用户可通过在屏幕上指定两个点，以第一个点与第二个点之间的连线表示参照角。当用户指定了第一个点后，系统显示：

指定第二点：

指定新角度或[点(P)]<30>:

图 11-49 所示为捕捉中间圆的圆心和倾斜部分中心线的端点作为参照角，新角度为光标捕捉的角度，从而将倾斜角度未知的倾斜部分旋转到水平位置。

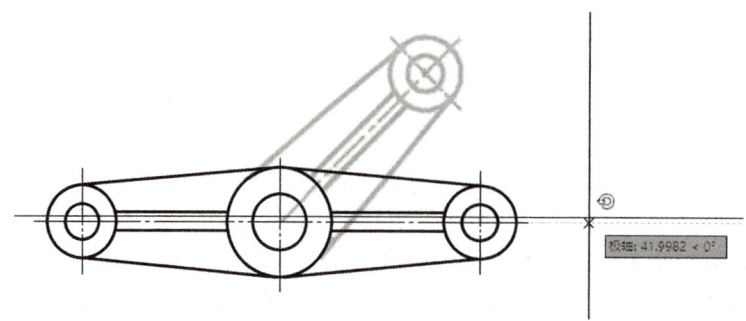

图 11-49 按光标捕捉到的角度移动（二）

11.4.3 偏移命令（Offset）

"偏移"命令可以创建同心圆（弧）、平行线和等距曲线。命令可以在指定距离或通过一个点偏移对象。该命令的运行如下：

命令：_offset

当前设置：删除源＝否 图层＝源 OFFSETGAPTYPE＝0

指定偏移距离或[通过(T)/删除(E)/图层(L)]<20.00>：

1）用户可以确定偏移距离，若直接按〈Enter〉键，偏移距离为默认值，即上次命令确定的偏移距离。

选择要偏移的对象，或[退出(E)/放弃(U)]<退出>：

指定要偏移的那一侧上的点，或[退出(E)/多个(M)/放弃(U)]<退出>：

选择要偏移的对象，或[退出(E)/放弃(U)]<退出>：

命令允许多次进行偏移，直至按〈Enter〉键结束命令。

2）如果输入"T"，则可以通过一个点来进行偏移。

选择要偏移的对象，或[退出(E)/放弃(U)]<退出>：

指定通过点或[退出(E)/多个(M)/放弃(U)]<退出>：

选择要偏移的对象，或[退出(E)/放弃(U)]<退出>：

3）如果输入"E"，则会改变命令的"删除源"模式。

要在偏移后删除源对象吗？[是(Y)/否(N)]<否>：y

指定偏移距离或[通过(T)/删除(E)/图层(L)]<20.00>：

如果选择"是（Y）"，下次命令运行时，命令状态行显示会更改为：

当前设置：删除源＝是 图层＝源 OFFSETGAPTYPE＝0

4）如果输入"L"，则会改变命令的"图层"模式。

输入偏移对象的图层选项[当前(C)/源(S)]<源>：

如果选择"当前（C）"，下次命令运行时，命令状态行显示会更改为：

当前设置：删除源＝是 图层＝当前 OFFSETGAPTYPE＝0

11.4.4 修剪命令（TRim）和延伸命令（EXtend）

1. 修剪命令（TRim）

"修剪"命令可以选择一些对象作为边界，把修剪对象位于边界一侧的部分剪切掉。其命令运行如下：

命令：_trim

当前设置：投影＝UCS，边＝无

选择剪切边…

选择对象或<全部选择>：

可以多次选择对象作为剪切边，若直接按〈Enter〉键，则图中全部对象都作为剪切边。

选择对象：

按〈Enter〉键结束剪切边的选择。

选择要修剪的对象，或按住〈Shift〉键选择要延伸的对象，或

[栏选(F)/窗交(C)/投影(P)/边(E)/删除(R)/放弃(U)]：

可以多次选择要修剪的对象。此命令的其他选项在绘制工程图样时使用不多，此处不再详细介绍。

在绘制工程图样时，"修剪"命令常与"偏移"命令结合使用。如图11-50所示，抄画图11-50a所示图形，在绘制主视图时，先绘制出其基准，如图11-50b所示。根据所标注的尺寸将主视图中各线段通过"偏移"命令分别产生，如图11-50c所示。使用"修剪"命令将多余线段修剪，如图11-50d所示。整理线段，改变线段的属性，即可得到与图11-50a一样的图形。

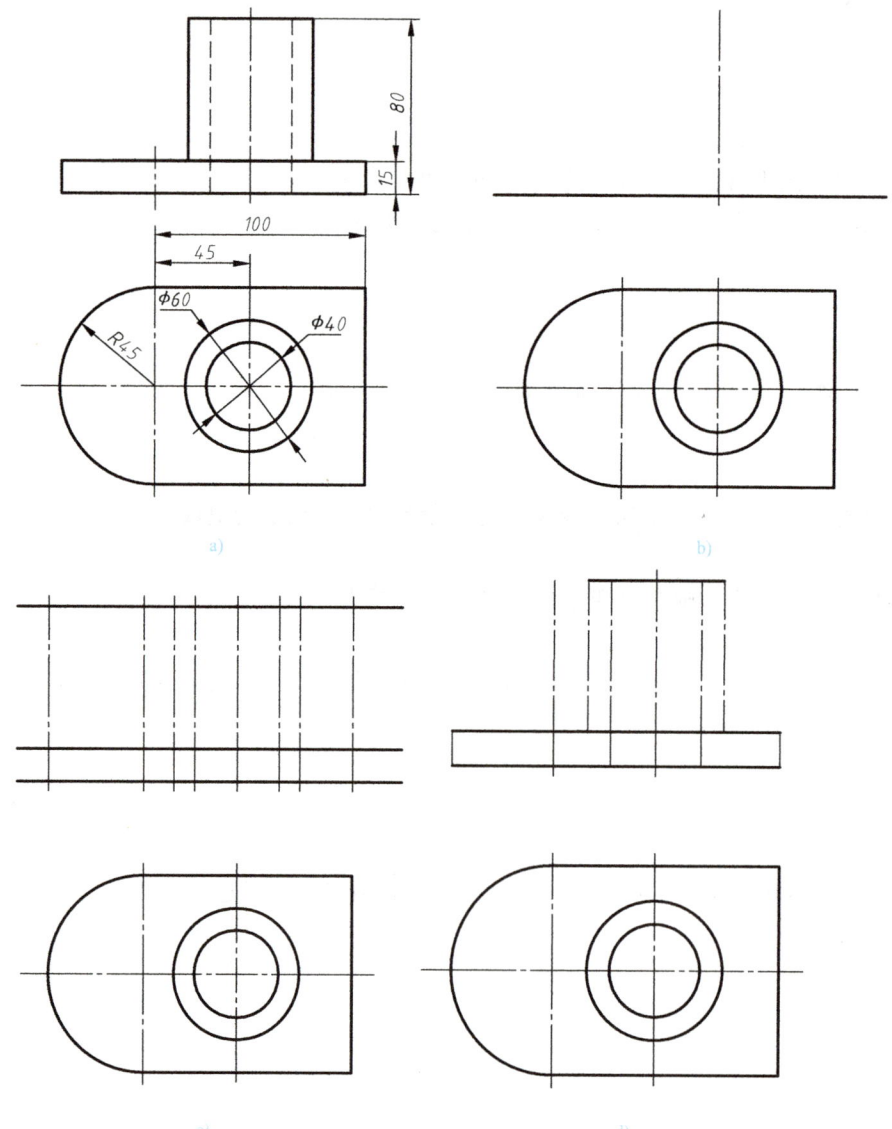

图11-50 "偏移"命令与"修剪"命令结合绘制图样

2. 延伸命令（EXtend）

"延伸"命令可以选择一些对象作为边界，把延伸对象延长到边界上。其命令运行如下：

命令:_extend
当前设置:投影=UCS,边=无
选择边界的边...
选择对象或<全部选择>:

可以多次选择对象作为延伸的边界,若直接按〈Enter〉键,则图中全部对象都作为延伸的边界。

选择对象:

按〈Enter〉键结束边界的选择。

选择要延伸的对象,或按住〈Shift〉键选择要修剪的对象,或
[栏选(F)/窗交(C)/投影(P)/边(E)/放弃(U)]:

可以多次选择要延伸的对象。此命令的其他选项在绘制工程图样时使用不多,此处不再详细介绍。

如图 11-51 所示,完成已知尺寸肋板和圆柱体相交的视图。首先,根据俯视图中肋板和圆柱交线的投影画出投影连线,以确定其在主视图中的位置,如图 11-51a 所示;选择投影连线作为延伸的边,单击选择肋板的斜面的投影,将其延伸到投影连线上,如图 11-51b 所示;使用"修剪"命令,将多余线段修剪掉,如图 11-51c 所示;整理图线属性,完成视图,如图 11-51d 所示。

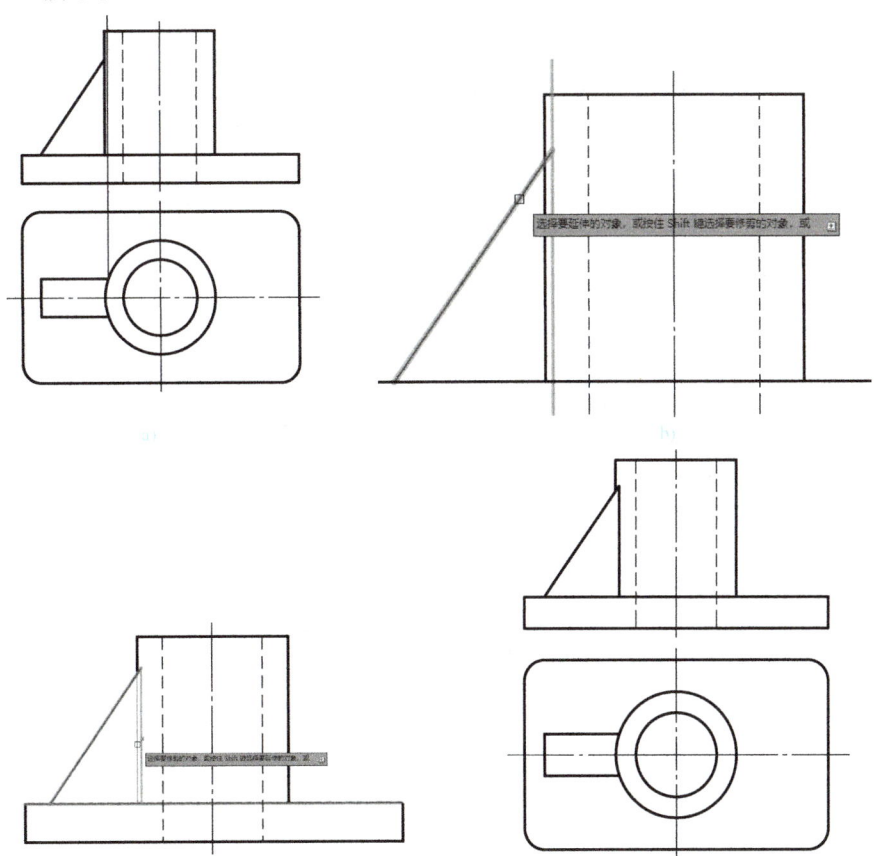

图 11-51 "延伸"命令的使用

"修剪"命令与"延伸"命令可以互相嵌套使用,即在"修剪"命令中,当选择要修剪的对象时,按住〈Shift〉键,则可以延伸所选对象;在"延伸"命令中,当选择要延伸的对象时,按住〈Shift〉键,则可以选择要修剪的对象。

11.4.5 镜像命令(MIrror)

"镜像"命令可以创建所选对象的镜像副本。其命令的运行如下:

命令:_mirror
选择对象:
选择对象:
指定镜像线的第一点:指定镜像线的第二点:
要删除源对象吗?[是(Y)/否(N)]<N>:

如图11-52a所示,当完成底板与圆拱一边的投影时,选择底板已完成的投影,选择对称中心线的端点作为镜像线的第一点,利用极轴追踪,确保镜像线的第二点在其第一点的正上或正下方,如图11-52b所示;直接按〈Enter〉键,选择不删除源对象,完成镜像,如图11-52c所示;整理线段,完成视图,如图11-52d所示。

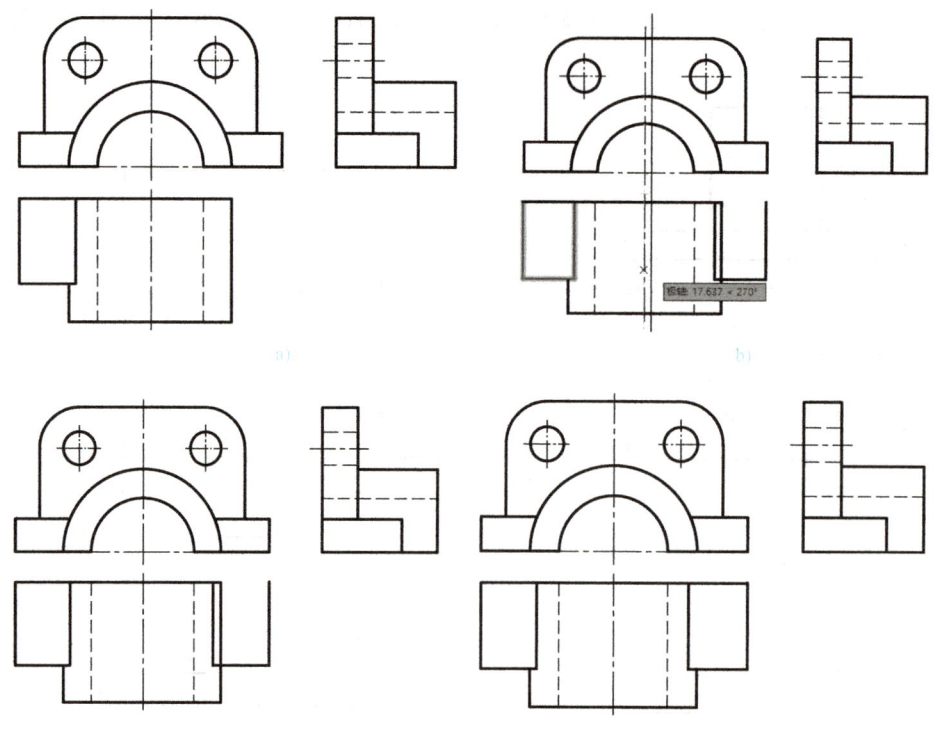

图11-52 "镜像"命令的使用

11.4.6 圆角命令(Fillet)和倒角命令(CHAmfer)

1. 圆角命令(Fillet)

"圆角"命令可创建与所选线段(直线或圆弧)都相切的圆弧,并可将所选线段修剪或

延长到切点位置。其命令运行如下:

命令:_fillet
当前设置:模式=修剪,半径=10.000
选择第一个对象或[放弃(U)/多段线(P)/半径(R)/修剪(T)/多个(M)]:
选择第二个对象,或按住〈Shift〉键选择对象以应用角点或[半径(R)]:

当选择第二个对象时,按住〈Shift〉键,命令将延长或修剪至两线段的交点,即以半径为零的圆弧连接两线段。

如图 11-53a 所示,在该图的基础上,利用"圆角"命令完成视图。如图 11-53b 所示,选择两线段,命令可延长两线段,并用给定半径的圆弧连接两线段。如图 11-53c 所示,选择两线段,命令用给定半径的圆弧连接两线段,并以切点为界,修剪两线段,在选择对象时,光标应点取在线段需要保留的一侧。如图 11-53d 所示,选择两线段,命令以第一条线段的端点为起点,绘制一直径等于两平行线距离的半圆,另一直线可根据实际情况延长或修剪至切点。

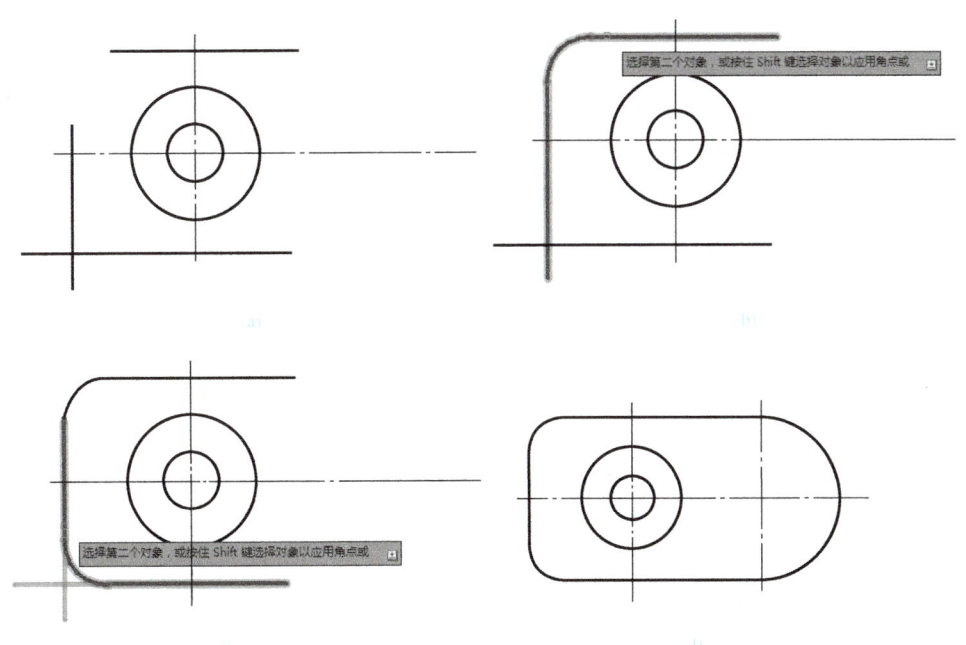

图 11-53 "圆角"命令的使用

命令中的其他选项的意义如下:

放弃(U)——依次放弃本次命令中的设定与绘制的圆角。

多段线(P)——对多段线进行圆角修改。

半径(R)——更改圆角半径值。

修剪(T)——选定是否采用"修剪"模式,当采用修剪模式时,完成圆角后,系统会自动将圆角外的线段修剪掉,线段长度不足的,系统自动延长。当不采用"修剪"模式时,命令只绘制圆弧,并不会延长或修剪线段。

多个(M)——多次重复运行命令,按〈Enter〉键后退出命令。

2. 倒角命令 (CHAmfer)

"倒角"命令可按选择对象的顺序绘制指定距离或角度的倒角结构。其命令运行如下：

命令:_chamfer

("修剪"模式)当前倒角距离 1 = 50.000,距离 2 = 50.000

选择第一条直线或[放弃(U)/多段线(P)/距离(D)/角度(A)/修剪(T)/方式(E)/多个(M)]:

选择第一条直线，系统显示：

选择第二条直线,或按住〈Shift〉键选择直线以应用角点或[距离(D)/角度(A)/方法(M)]:

选择第二条直线后，系统按上述命令第一行显示的模式及参数绘制倒角，如图 11-54a 所示。当选择第二个对象时，按住〈Shift〉键，命令将延长或修剪至两线段的交点，即以距离为零的倒角连接两线段。

用户也可以在此处更改距离(D)/角度(A)/方法(M)等参数。此处的方法(M)与上一行提示中的方式(E)相同。

1）用户输入"D"，选择更改倒角距离。

指定第一个倒角距离<50.000>:

指定第二个倒角距离<50.000>:25

当按照上述参数进行倒角时，选择水平线为第一条直线，竖直线为第二条直线，命令完成的倒角如图 11-54b 所示。

2）用户输入"A"，选择更改倒角角度。

指定第一条直线的倒角长度<50.000>:

指定第一条直线的倒角角度<35>:

当按照上述参数进行倒角时，选择水平线为第一条直线，竖直线为第二条直线，命令完成的倒角如图 11-54c 所示。

3）用户输入"E"，选择倒角方式。

输入修剪方法[距离(D)/角度(A)]<角度>:

选择倒角方式后，每次运行倒角命令均为该方式，直至修改倒角方式。

"倒角"命令中的其他选项，与"圆角"命令相同。

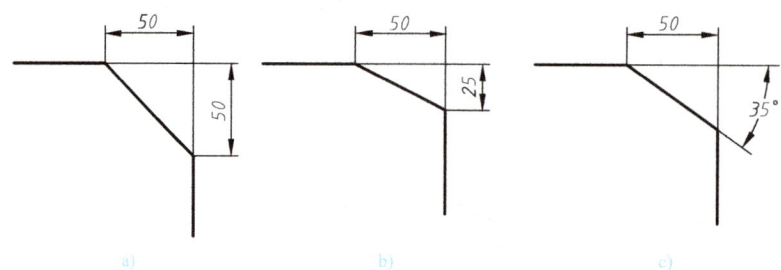

图 11-54 "倒角"命令的使用

11.4.7 分解命令 (Explode)

"分解"命令可以将复合对象分解为部件对象。如图 11-55a 所示，尺寸标注就是复合对象，图中显示的热夹点为该复合对象可编辑的部分，包括尺寸界线起点位置、尺寸线位置及尺寸数字位置，其中尺寸数字的位置只能沿着尺寸线改变，尺寸数字与尺寸线的间隔距离不变。当尺寸标注分解为部件对象后，其各组成的要素如图 11-55b 所示，尺寸标注分解为两条尺寸界线（直线）、一条尺寸线（直线）、两个箭头（图块）、一个数字（文字）等六个独立部件。各个独立部件对象的编辑互不相干。

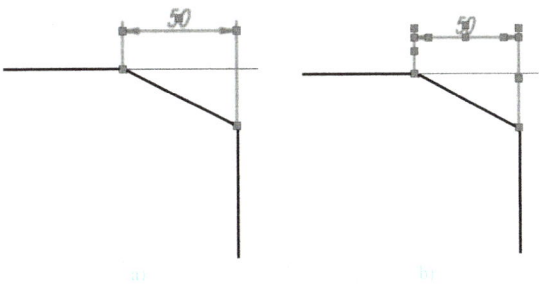

图 11-55　复合对象和部件对象

11.4.8　拉伸命令（Stretch）

"拉伸"命令可以对以交叉窗口或交叉多边形所选择的对象进行拉伸。当对象全部包含在交叉窗口或交叉多边形中时，对象将被移动。当对象的一个端点包含在交叉窗口或交叉多边形中时，该端点会被改变位置，而另一端点的位置不变，对象被拉伸。圆和椭圆等对象，因没有端点，所以不会被拉伸，但可以用"拉伸"命令来移动这些对象。其命令运行如下：

命令：_stretch
以交叉窗口或交叉多边形选择要拉伸的对象...
选择对象：
选择对象：
按〈Enter〉键结束选择对象。
指定基点或[位移（D）]<位移>：
指定第二个点或<使用第一个点作为位移>：

如图 11-56a 所示，若要将图中底板在右侧的长度加大 20，则先以交叉窗口选择适当的范围，如图 11-56b 所示；可随意选择基点，然后将光标向右侧移动，使用极轴追踪，确保角度为 0°，如图 11-56c 所示，这时可以发现尺寸标注的动态变化。键盘输入"20"后按〈Enter〉键，完成编辑，如图 11-56d 所示，这时可以发现，尺寸标注及剖面线随着"拉伸"命令的使用，同时发生改变。

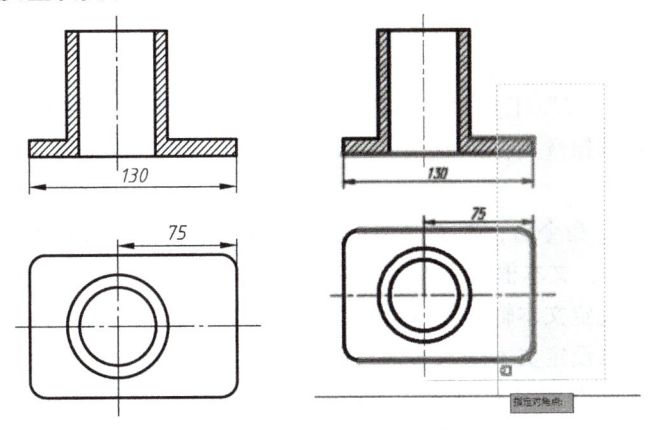

图 11-56　"拉伸"命令的使用

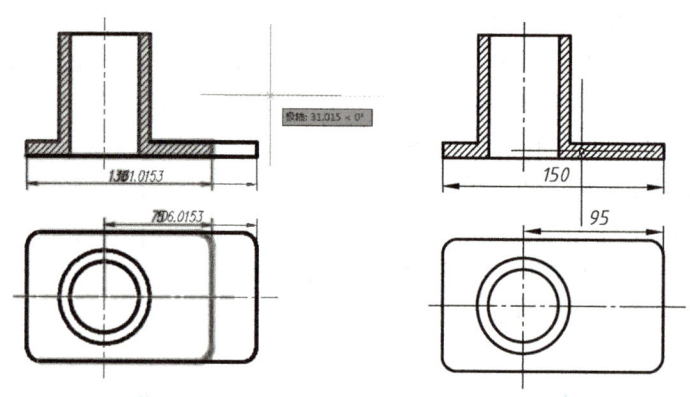

图 11-56 "拉伸"命令的使用（续）

11.5 注释命令

一幅正确、完整的工程图样除了包含必要的图形、尺寸等基本信息外，还应包括一些非图形类信息，如技术要求、标题栏、明细栏等。表达这些信息的重要手段就是注释。

"注释"工具栏中包括文字、标注、引线、表格等多个注释种类，涉及工程图样中技术要求、技术条件的书写，尺寸标注与几何公差的注写，以及零部件序号的编写与明细栏的填写等，如图 11-57 所示。

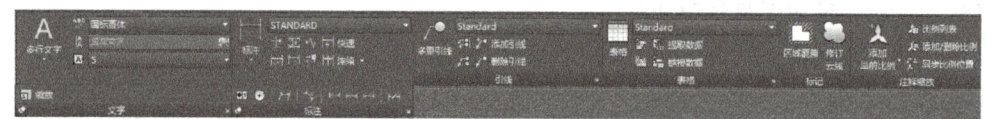

图 11-57 "注释"工具栏

11.5.1 文本注释

文本的注释形式有多行文本和单行文本两种。多行文本输入的内容是一个整体，并可根据要求像在文字处理软件中一样进行编辑、排版。单行文本虽然也可一次输入多行内容，但每行都是独立的，无法进行整体的编排。

在"默认"和"注释"工具栏中都有多行文本与单行文本共用的工具按钮，可以直接单击命令或单击下拉按钮选用。

1. 多行文本

运行"多行文本"命令后，首先要通过光标确定矩形的对角线的形式来设定文本框的位置。如图 11-58 所示，文本框的上方设有标尺，文本框的大小可以根据需要随时调整。

在样式栏中可以设定文本输入的字形及字号等内容。

在格式栏中，可以设定文本输入时采用的字体，操作系统中的所有字体均可选用。该栏中的工具按钮的形式和功能与其他文字处理软件中的相同，如加粗、倾斜、下划线、上划线、上标、下标、分数等。三个下拉显示的选项分别为字体倾斜角度、字符间距、字符宽度因子。

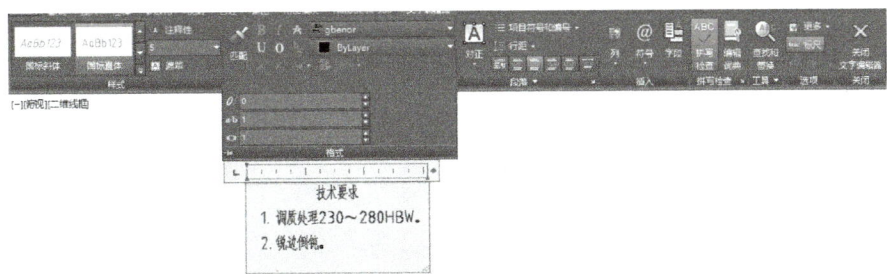

图 11-58　多行文本编辑对话框

在段落栏中,"对正"形式分"左上""中上""右上""左中""正中""右中""左下""中下""右下"9 种形式,"对正"形式决定了整个文本内容在文本框中的位置,一般设置为"左上"对正。最下一行为段落对齐形式,分别为"默认""左对齐""居中""右对齐""对正"和"分散对齐"。

其余的功能与文字处理软件相类似,在此不再赘述。

单击已完成的多行文本,可在特性栏(按〈Ctrl+1〉键弹出)对其各项参数进行修改。双击则进入多行文本编辑对话框,可对其内容及各项参数进行修改。

2. 单行文本

运行单行文本命令,系统显示如下:

命令:_text

当前文字样式:"国标直体"文字高度:5.000 注释性:否 对正:左

指定文字的起点或[对正(J)/样式(S)]:

指定高度<5.000>:

指定文字的旋转角度<0>:

命令的第一行中显示的当前的各参数值、对正形式和文字样式可以在命令中设定,一次命令输入文字的各项参数均相同。确定好文字旋转角度后,系统显示如图 11-59 所示的单行文本输入框。命令允许多行输入,退出命令先按〈Enter〉键换行,再按〈Esc〉键。

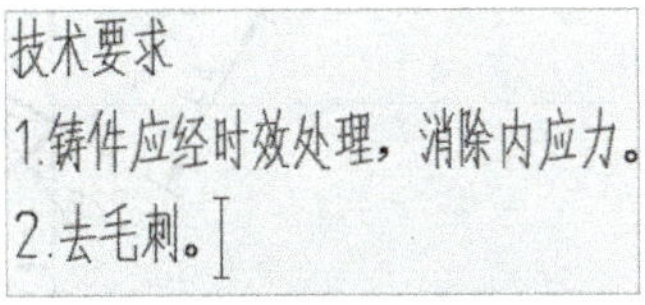

图 11-59　单行文本输入框

单行文本输入结束后,每行为一独立对象。单击后,可在特性栏中编辑文字内容及各项参数。双击可显示出文本框,对文本内容进行编辑。

11.5.2　尺寸标注

AutoCAD 具有功能强大的尺寸标注及编辑功能,在默认工具栏中的"注释"分栏中有尺寸标注工具按钮。在"注释"工具栏的"标注"分栏中列出了各项工具按钮,如图 11-60 所示。"标注"按钮上显示的是当前默认的尺寸标注种类,单击下面的下拉箭头,会显示其他种类的工具按钮,如图 11-61 所示。选中的按钮成为默认的尺寸标注种类。

工程图样中常用的尺寸标注种类和方式有"线性"尺寸、"对齐"尺寸、"角度"尺寸、"半径"尺寸、"直径"尺寸、"连续"尺寸、"基线"尺寸等。

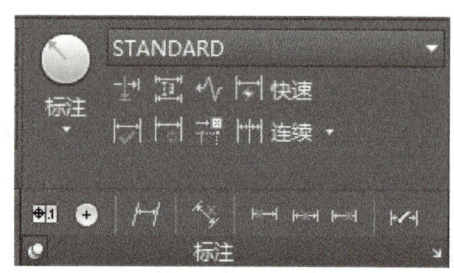

图 11-60　标注工具栏

图 11-61　各种类型的尺寸标注工具按钮

1. 线性尺寸

可以标注由光标所选两点，或选择的直线、圆弧端点的横向或纵向的尺寸大小，或圆的横向或纵向极限点的尺寸大小。如图 11-62 所示的尺寸 200、80、40、60。其命令运行如下：

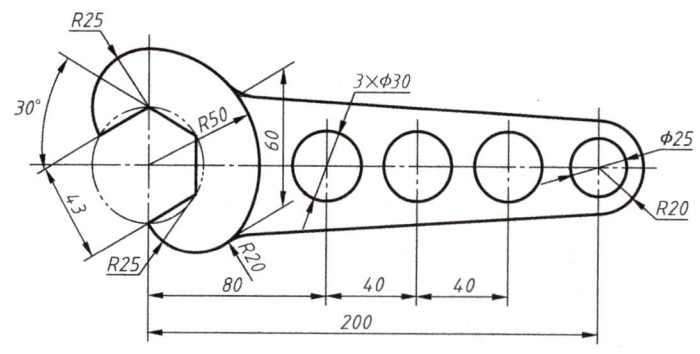

图 11-62　工程图样的尺寸标注

命令：_dimlinear

指定第一个尺寸界线原点或<选择对象>：

若选择对象，则直接按〈Enter〉键，然后选择直线、圆弧或圆等。在屏幕上直接选点后，则显示：

指定第二条尺寸界线原点：

指定尺寸线位置或

[多行文字(M)/文字(T)/角度(A)/水平(H)/垂直(V)/旋转(R)]：

标注文字=200

2. 对齐尺寸

可以标注由光标所选两点的直线距离，或选择的直线长度、圆弧两端点的直线距离，或圆在所选位置的直径长度，如图 11-62 所示的尺寸 43。其命令运行如下：

命令：_dimaligned

指定第一个尺寸界线原点或<选择对象>：

若选择对象，则直接按〈Enter〉键，然后选择直线、圆弧或圆等。在屏幕上直接选点后，则显示：

指定第二条尺寸界线原点：

指定尺寸线位置或

[多行文字(M)/文字(T)/角度(A)]：

标注文字=43

3. 角度尺寸

可标注两直线所夹的角度大小，圆弧圆心角大小，圆上选点与光标所夹的圆心角大小，如图 11-62 所示的角度 30°。其命令运行如下：

命令：_dimangular

选择圆弧、圆、直线或<指定顶点>：

指定标注弧线位置或[多行文字(M)/文字(T)/角度(A)/象限点(Q)]：

标注文字=30

4. 半径尺寸

可标注圆弧的半径尺寸，如图 11-62 所示的半径 *R*25、*R*50、*R*20。其命令运行如下：

命令：_dimradius

选择圆弧或圆：

标注文字=25

指定尺寸线位置或[多行文字(M)/文字(T)/角度(A)]：

5. 直径尺寸

可标注圆或圆弧的直径尺寸，如图 11-62 所示的直径 3×ϕ30、ϕ25。其命令运行如下：

命令：_dimdiameter

选择圆弧或圆：

标注文字=30

指定尺寸线位置或[多行文字(M)/文字(T)/角度(A)]：

6. 连续尺寸

以上一次尺寸标注的第二条尺寸界线为基准，也可选择已有尺寸的尺寸界线为基准，直接选择第二条尺寸界线的原点，所创建的尺寸的尺寸线与上一次尺寸标注的尺寸线对齐，可依次标注多个尺寸。如图 11-63 所示，先标注尺寸 80，尺寸界线的选择为先左后右。单击"连续尺寸"按钮，依次选择第 2、3、4 个圆的圆心位置即可完成标注。其命令运行如下：

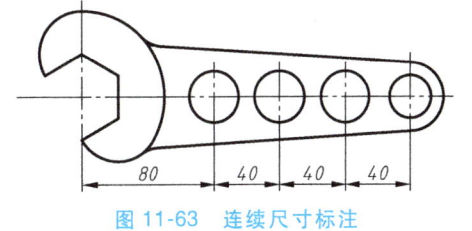

图 11-63　连续尺寸标注

命令：_dimcontinue

指定第二条尺寸界线原点或[放弃(U)/选择(S)]<选择>：

标注文字=40

7. 基线尺寸

以上一次尺寸标注的第一条尺寸界线为本次标注的第一条尺寸界线，也可选择已有尺寸的尺寸界线为第一条尺寸界线，直接选择第二条尺寸界线的原点，所创建的尺寸的尺寸线与上一次尺寸标注的尺寸线的距离由尺寸标注样式中所设置的基线距离决定，可依次标注多个尺寸。如图 11-64 所示，先标注尺寸 80，尺寸界线的选择为先左后右。单击"基线尺寸"按钮，依次选择第 2、3、4 个圆的圆心位置即可完成标注。其命令运行如下：

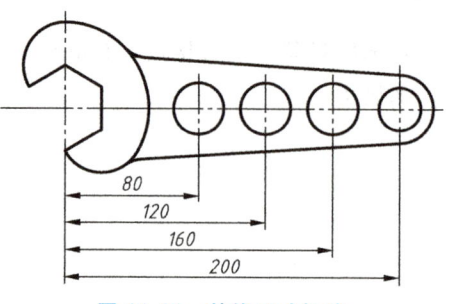

图 11-64　基线尺寸标注

命令:_dimbaseline
指定第二条尺寸界线原点或[放弃(U)/选择(S)]<选择>:

若直接按〈Enter〉键，则可以选择已有的尺寸标注的尺寸界线作为基准，基准标注的尺寸都以此基准作为第一条尺寸界线。选择第二条尺寸界线的原点，就是以上一次尺寸标注的第一条尺寸界线作为基准，系统会显示：

标注文字=120
指定第二条尺寸界线原点或[放弃(U)/选择(S)]<选择>:
标注文字=160
指定第二条尺寸界线原点或[放弃(U)/选择(S)]<选择>:
标注文字=200

第12章 SOLIDWORKS基础

SOLIDWORKS 是一款机械设计自动化软件，它是由 SOLIDWORKS 公司推出的，主要用于产品设计。SOLIDWORKS 2020 在用户界面、草图绘制、特征、零件、装配体、工程图、钣金设计、输入和输出及网络协同等方面都做了设置。使用 SOLIDWORKS 能快速地绘制草图，并运用特征与尺寸绘制模型实体、装配体及详细的工程图。本章介绍 SOLIDWORKS 2020 常用的命令和功能。

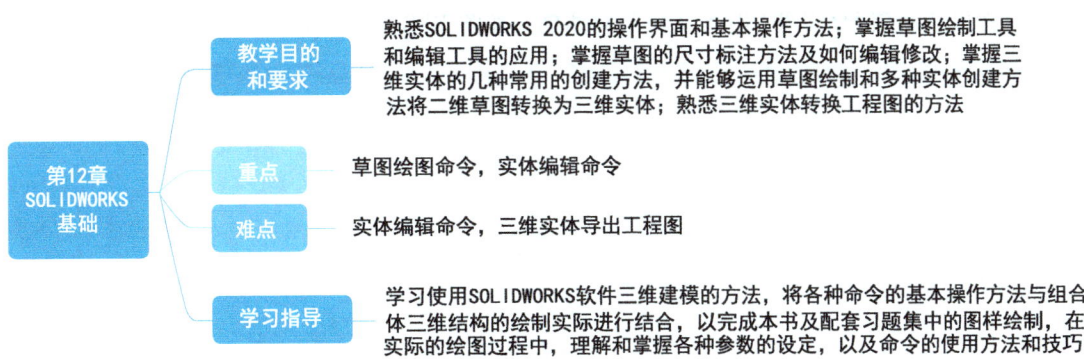

12.1 SOLIDWORKS 2020 基础知识

使用 SOLIDWORKS 软件进行绘图，首先必须熟悉该软件的界面，掌握软件的基本功能及基本操作方法等。

12.1.1 操作界面

SOLIDWORKS 2020 软件安装完成，在 Windows 操作环境下，选择屏幕左下角的"开始"→"所有程序"→"SOLIDWORKS 2020"命令，或者双击桌面上 SOLIDWORKS 2020 的快捷方式图标，就可以启动该软件。SOLIDWORKS 2020 的初始界面如图 12-1 所示。初始界面中只有几个菜单栏和标准工具栏，用户可在设计过程中根据自己的需要打开其他工具栏。

工程制图

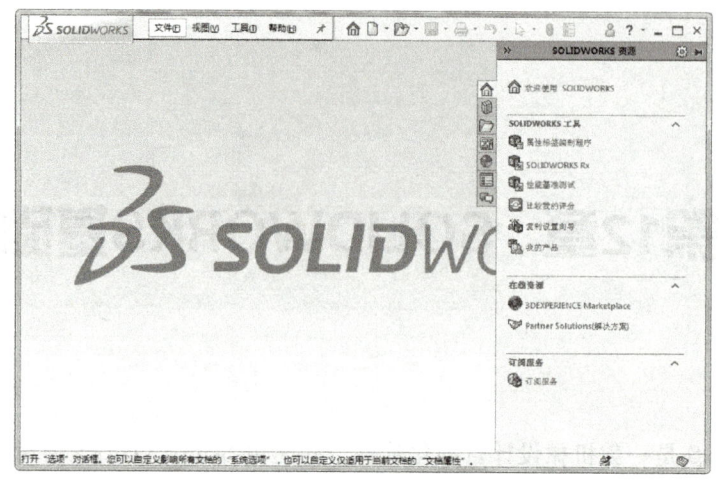

图 12-1　SOLIDWORKS 2020 的初始界面

12.1.2　新建文件

选择菜单栏中的"文件"→"新建文件"命令,或者单击"标准"工具栏中的"新建"按钮 ，弹出"新建 SOLIDWORKS 文件"对话框,如图 12-2 所示,其中各按钮的功能如下。

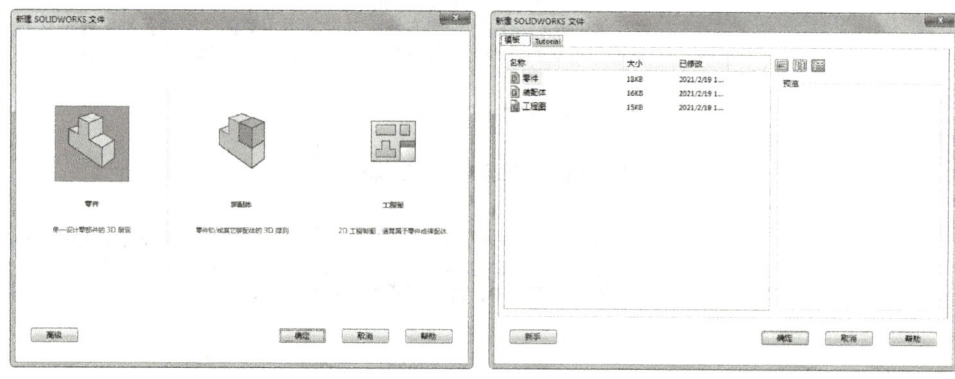

图 12-2　"新建 SOLIDWORKS 文件"对话框

1)"零件"按钮：可以生成单一的三维零部件文件。

2)"装配体"按钮：可以生成零件或其他装配体的文件。

3)"工程图"按钮：可以生成属于零件或装配体的二维工程图文件。

新建文件的三种格式见表 12-1。

表 12-1　新建文件的三种格式

文件类型	扩展名	说明
零件	SLDPRT	建立零件模型
装配体	SLDASM	建立装配体,生成部件或整体模型
工程图	SLDDRW	生成工程图

单击对应的文件类型,如"零件"按钮→"确定"按钮,即进入对应的绘制零件的完整的用户界面。

12.1.3 SOLIDWORKS 用户界面

新建一个零件文件后,进入 SOLIDWORKS 2020 用户界面,如图 12-3 所示,其中包括菜单栏、工具面板、特征管理区、状态栏和绘图区等。

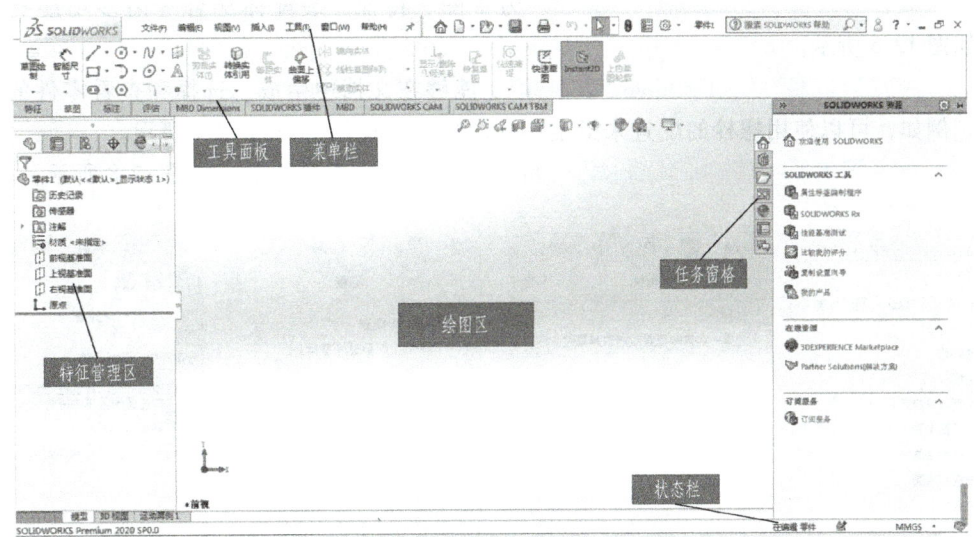

图 12-3 SOLIDWORKS 用户界面

1. 菜单栏

中文版 SOLIDWORKS 2020 的菜单栏如图 12-3 所示,包括"文件""编辑""视图""插入""工具""窗口"和"帮助"共七个菜单,包括几乎所有的命令,最关键的功能集中在"插入"菜单和"工具"菜单中。通过单击工具栏对应按钮,可以打开带有附加功能的下拉菜单,这样可以访问更多的菜单命令。

2. 工具面板

SOLIDWORKS 根据设计功能需要,拥有较多的工具栏,由于图形区域限制,不能也不需要在一个操作中显示所有工具栏,SOLIDWORKS 系统默认的是比较常用的工具栏。在建模过程中,用户可以根据需要显示或者隐藏部分工具栏。利用菜单命令设置工具栏,选择"工具"→"自定义"菜单命令,此时系统弹出如图 12-4 所示的"自定义"对话框。

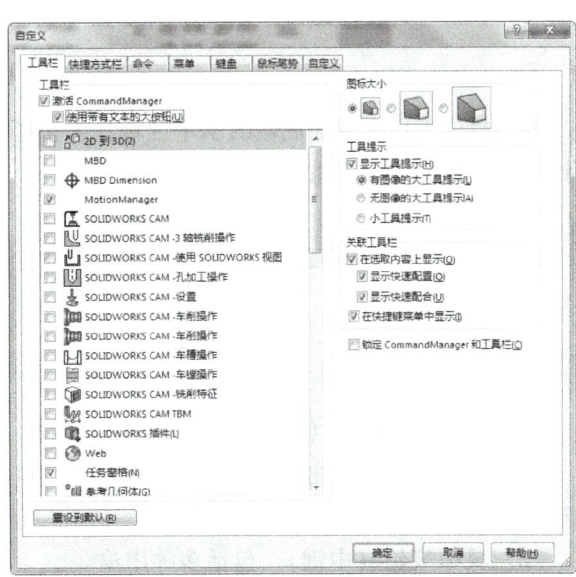

图 12-4 "自定义"对话框

3. 特征管理区

特征管理区包含特征管理器/设计树、属性管理器、配置管理器及外观管理器等几个基本组成部分。

（1）特征管理器/设计树（FeatureManager）　显示零件、装配体或工程图的结构。例如，从特征管理器/设计树中选择一个项目，可以编辑基础草图、编辑特征、压缩和解除压缩特征，如图12-5所示。

（2）属性管理器（PropertyManager）　为草图、特征、装配体配合等诸多功能提供设置，如图12-6所示。

（3）配置管理器（ConfigurationManager）　能够在文档中生成、选择和查看零件的多种配置。例如，可以使用螺栓的配置来指定不同的长度和直径，如图12-7所示。

（4）外观管理器（DisplayManager）　可以设置零件的外观形态，如图12-8所示。

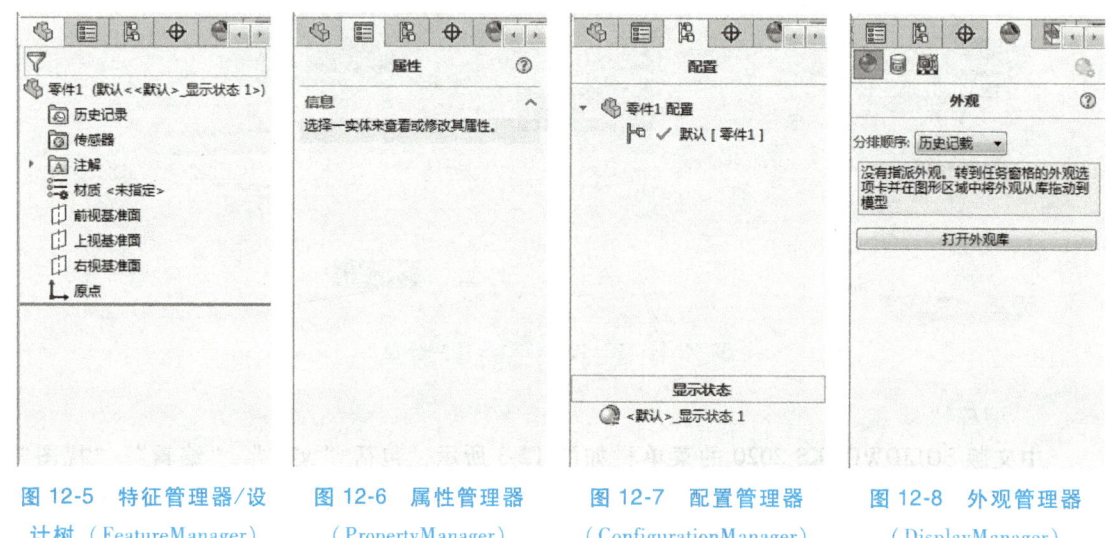

图12-5　特征管理器/设计树（FeatureManager）　　图12-6　属性管理器（PropertyManager）　　图12-7　配置管理器（ConfigurationManager）　　图12-8　外观管理器（DisplayManager）

4. 状态栏

状态栏位于用户界面底端的水平区域，提供了当前窗口中正在编辑的内容的状态，以及指针位置坐标、草图状态等信息。

5. 绘图区

绘图区位于用户界面的中间位置，是主要的工作区域，用于绘制模型、修改、装配等工作。

12.1.4　鼠标的使用

鼠标的左键、滚轮（中键）、右键分别具有以下功能。

（1）鼠标左键　单击时用于选择对象、菜单项目、图形区域中的实体；双击时则对操作对象进行属性管理。

（2）鼠标滚轮（中键）　包括多种用途。

1）旋转。按住滚轮，光标变为　；移动鼠标可旋转画面。

第12章　SOLIDWORKS基础

2) 平移。先按住〈Ctrl〉键，再按住滚轮，光标变为 。移动鼠标可平移画面，光标改变后，即激活了平移功能，此时松开〈Ctrl〉键即可。

3) 缩放。滚动滚轮即可实现缩放画面，向前滚动为缩小画面，向后滚动为放大画面（缩放画面是以鼠标位置为中心，因此要近距离观察目标时，尽量使鼠标置于目标位置处）。

4) 居中并整屏显示。单击滚轮即可。

(3) 鼠标右键　用于选择关联的快捷菜单。

12.1.5　SOLIDWORKS 2020 文件管理

1. 创建文件

创建文件的步骤如下。

1) 选择"文件"→"新建"菜单命令，如图 12-9 所示。

2) 弹出"新建 SOLIDWORKS 文件"对话框，如图 12-10 所示。

图 12-9　"文件"→"新建"菜单

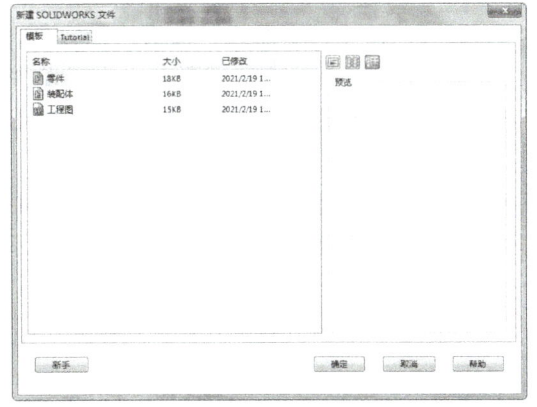

图 12-10　"新建 SOLIDWORKS 文件"对话框

2. 打开文件

在 SOLIDWORKS 2020 中，可以打开已存储的文件。可以通过单击"打开"快捷图标，或者通过菜单栏"文件"→"打开"命令，弹出"打开"对话框。

3. 保存和关闭文件

文件编辑过程中应及时保存文档，可以通过单击"保存"快捷图标，或者通过菜单栏"文件"→"保存"命令，对文件进行保存。还可以通过"文件"→"另存为"，将当前文件更改名字或存放位置后进行保存。

当文件需要关闭退出 SOLIDWORKS 系统时，可以通过单击系统主界面右上角的"关闭"按钮，或者通过"文件"→"退出"命令退出。在修改或者进行新的操作后退出系统时，若没有将所做的工作保存，系统将弹出"退出"对话框，询问是否需要将文件进行保存。

12.2 草图绘制

草图一般是由点、线、圆弧、圆和抛物线等基本图形构成的封闭或不封闭的几何图形，是三维实体建模的基础。一个完整的草图包括几何形状、几何关系和尺寸标注三方面的信息。草图分为二维和三维两种，大部分 SOLIDWORKS 的特征都是由二维草图绘制开始的。草图是三维设计的基础，必须十分熟练地掌握。

12.2.1 草图绘制过程

下面介绍草图绘制时的基本过程。草图绘制面板如图 12-11 所示，草图特征面板中包含常用的命令按钮。

图 12-11　草图绘制面板

SOLIDWORKS 中的草图绘制极为快捷方便，支持参数化，同时支持变量设计，从而可以通过几何关系和尺寸改变草图形状。为了发挥变量化的灵活性，在 SOLIDWORKS 中只需绘制出尺寸大致相当的图形，然后标注合适的尺寸，再添加几何约束就可以完成图形的精确设定。

草图绘制的基本过程：选择绘制草图的基准面→绘制图形→添加几何关系→标注尺寸→检查草图合法性→修复草图，如图 12-12a～f 所示。

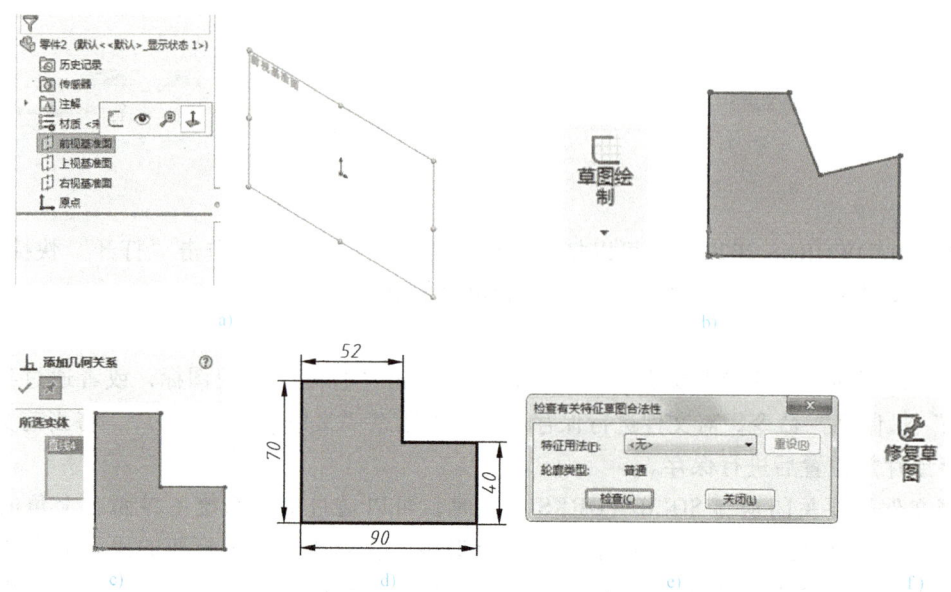

图 12-12　绘制草图的步骤

12.2.2 草图实例

下面以绘制一个矩形为例讲解草图的绘制过程，如图 12-13 所示。

1. 新建文件

启动 SOLIDWORKS 后，单击工具栏中的"新建"按钮 或者按组合键〈Ctrl+N〉，在弹出的"新建 SOLIDWORKS 文件"对话框中选择"零件"，单击"确定"按钮完成新文件创建的操作。

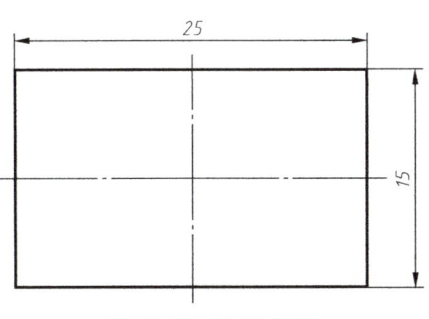

图 12-13 矩形实例

2. 指定绘制草图基准面

SOLIDWORKS 提供了一个初始的绘图参考体系，包括一个原点和三个坐标平面。对于新建的零件，可以利用三个基准平面中的任意一个作为草图绘制的参考平面。在建模过程中还有三种平面可以作为草图绘制基准平面：一是已有模型的平面；二是创建出的基准平面；三是拉伸出来的直线曲面。

单击"草图"面板，在绘制草图前，必须指定基准面。在特征管理器的设计树中选择"前视基准面"即进入草图绘制界面，如图 12-14 所示。

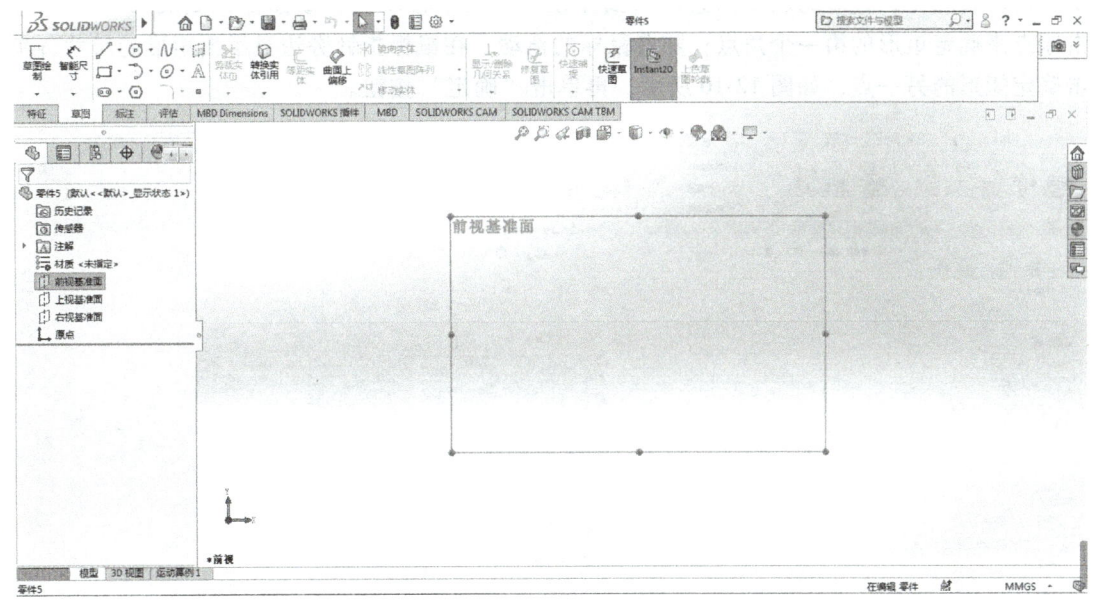

图 12-14 指定基准面

3. 绘制草图几何形状

在草图实体绘制工具和草图实体编辑工具中选择合适的工具绘制图形。

绘制基准线。选择工具面板的"直线"→"中心线" ，鼠标光标变为 形状。初始环境中的坐标原点在草图绘制环境下显示为红色，可作为草图绘制的原点。在绘图区，单击坐标原点绘制两条垂直相交的中心线，如图 12-15 所示。

在工具面板中，单击"中心矩形"按钮 ，SOLIDWORKS 为草图绘制过程提

工程制图

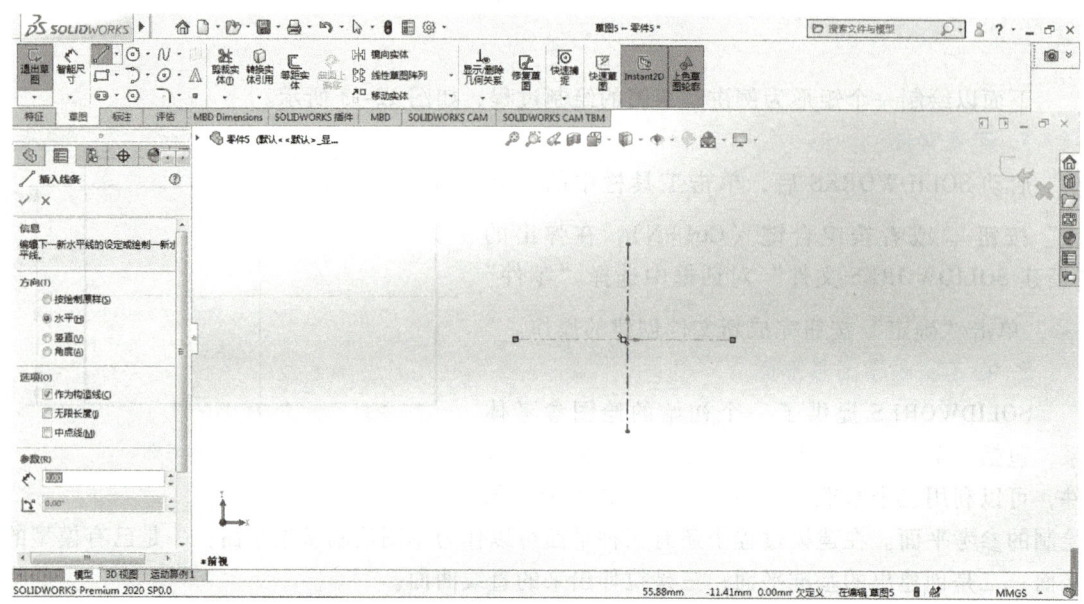

图 12-15　绘制基准线

供了许多智能化、直观的反馈信息。当鼠标在绘图区中移动时，鼠标指针变成 形状，单击原点来确定矩形的第一个角点；随着鼠标的拖动，在鼠标指针旁边显示出矩形的尺寸，单击确定矩形的另一点，如图 12-16 所示，再单击"确定"按钮。

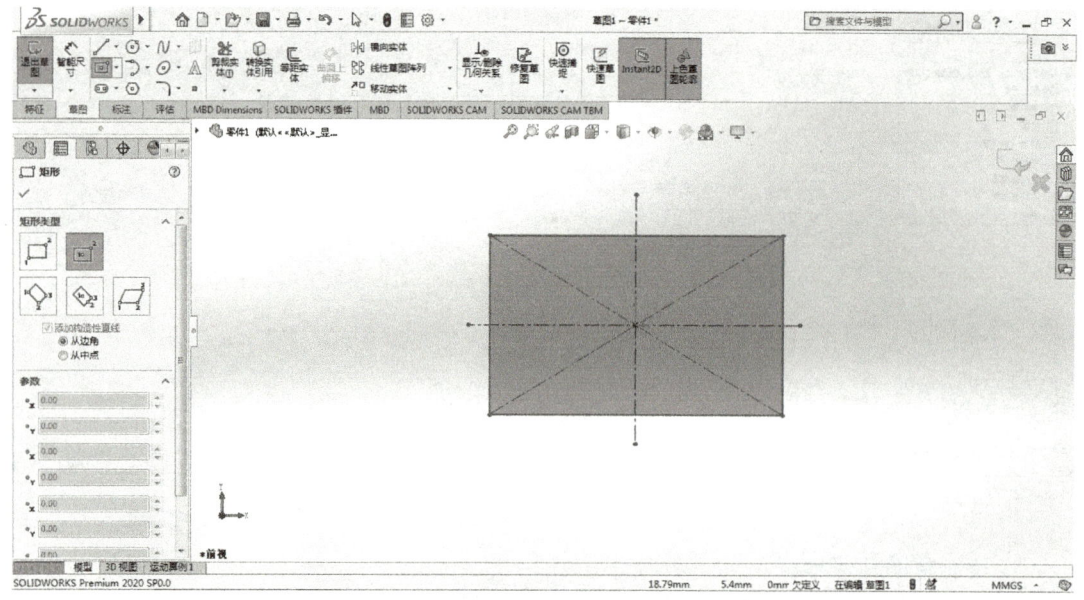

图 12-16　绘制矩形

4. 设置尺寸

绘制草图形状结束后，进行尺寸的设定。选择"智能尺寸"按钮，光标变为 形状，分别单击矩形的两条边对矩形进行尺寸设置，如图 12-17 所示。

第12章 SOLIDWORKS基础

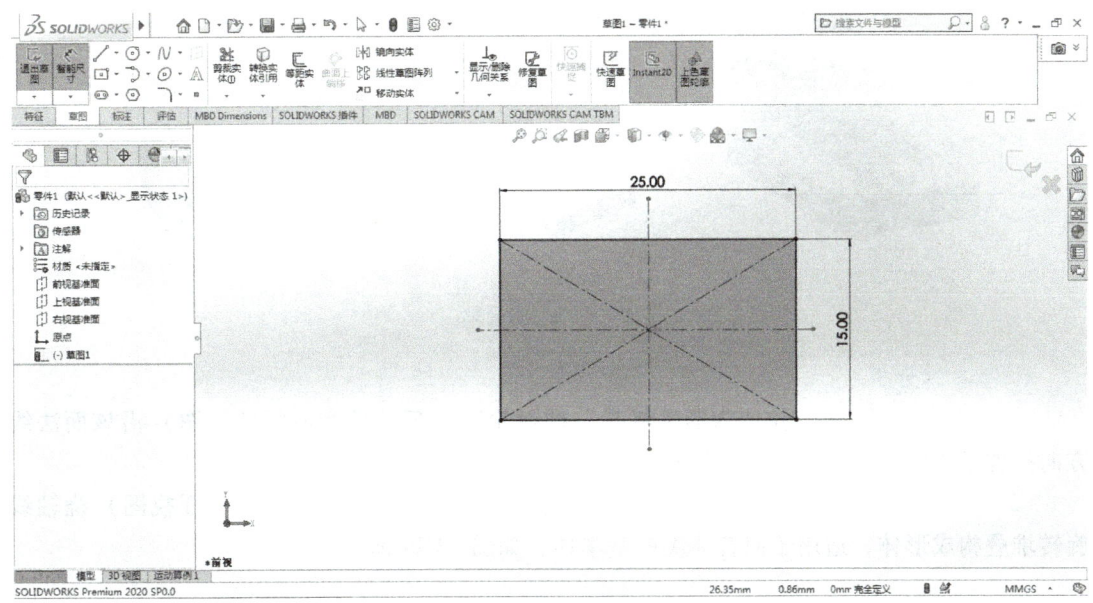

图 12-17 设置尺寸

5. 结束草图绘制

草图绘制完毕后，结束草图绘制的方式如下。

1）单击"退出草图"按钮，如 ![] 所示。

2）选择窗口右上角的"退出草图" ![] 命令。

12.3 实体建模

零件是构成机器或部件的最小单元，形状千变万化，都可视为空间几何实体，从几何构形的角度来看，一般的机器零件都可以看作由一些几何形体遵循一定的模型建构规律而形成。

根据形体构件的复杂度，可将其分为基本体（平面立体和曲面立体）和组合体。图 12-18 所示的棱柱、棱锥、圆柱、球等为基本体，可由一次完整的建模操作获得；图 12-19 所示的组合体则是由基本体通过一定的组合方式所形成，需要应用形体分析法结合多次建模操作来完成。

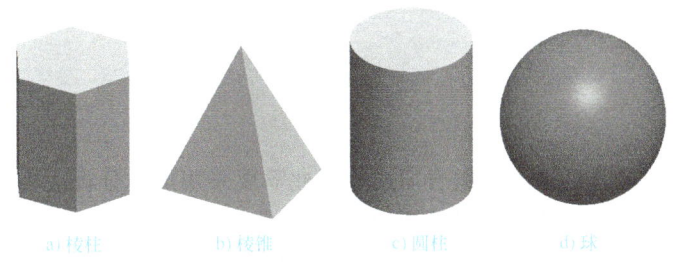

a) 棱柱　　b) 棱锥　　c) 圆柱　　d) 球

图 12-18 基本体

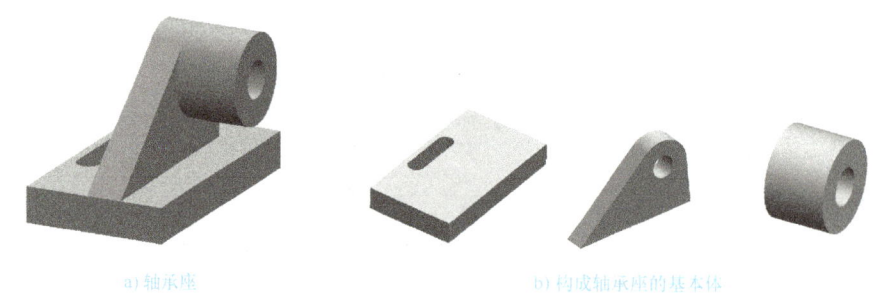

a) 轴承座　　　　　　　　　　　b) 构成轴承座的基本体

图 12-19　组合体

1. 基本体分析

（1）拉伸构形方式　　拉伸构形是将某一截面轮廓（反映轮廓特征的视图）沿该面法线方向拉伸堆叠构成形体，适用于柱状类的基本体，如图 12-20 所示。

（2）旋转构形方式　　旋转构形是将某一截面轮廓（反映转向轮廓的特征视图）绕轴线旋转堆叠构成形体，适用于回转体类的基本体，如图 12-21 所示。

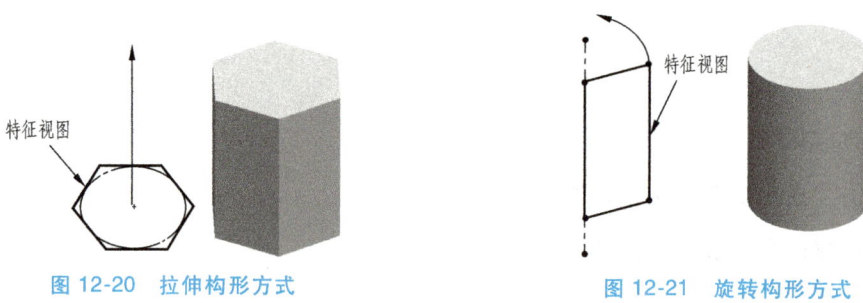

图 12-20　拉伸构形方式　　　　　　图 12-21　旋转构形方式

（3）扫掠构形方式　　扫掠构形是将某一截面轮廓（反映端面的特征视图）沿一路径扫掠堆叠构成形体，如图 12-22 所示。

（4）放样构形方式　　放样构形是将不同平面位置处预定义的不同截面轮廓（不同位置处的轮廓或断面特征视图）拟合填充构成形体，适用于锥状体类的基本体，如图 12-23 所示。

图 12-22　扫掠构形方式　　　　　　图 12-23　放样构形方式

2. 组合体分析

任何组合体都可看作由基本体组合而成，因此需要采用形体分析法将其分解成若干基本体的组合。组合体的构形方式包括以下两种。

（1）填料方式增加新实体　　在已有的基础形体上新增部分实体，构成组合形体，如图 12-24 所示。

(2) 除料方式去除部分实体　在已有的基础形体上去除部分实体，构成组合形体，如图 12-25 所示。

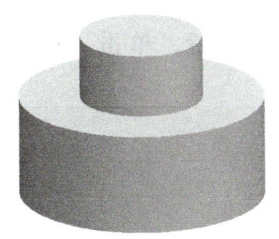

图 12-24　填料方式增加新实体

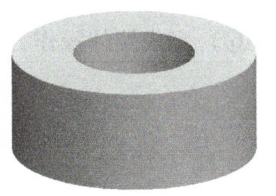

图 12-25　除料方式去除部分实体

组合体三维建模时，需根据其构成特点，采用形体分析法对组合体进行分解，获取若干基本体的组合，这样能够有效提高三维建模效率，并快速掌握建模操作。

12.3.1　拉伸

"拉伸凸台"命令 可将轮廓草图向指定的方向直线延伸形成实体；"拉伸切除"命令 可将轮廓草图从已有实体中切除。它们适合于构造截面相同的实体特征。

下面以绘制一个图 12-26 所示的组合体为例讲解绘制过程。

1. 实例分析

板形零件的三维模型及其工程图如图 12-26 所示，其结构比较简单，基础结构为一拉伸柱状体，然后以除料方式"挖切"方槽。

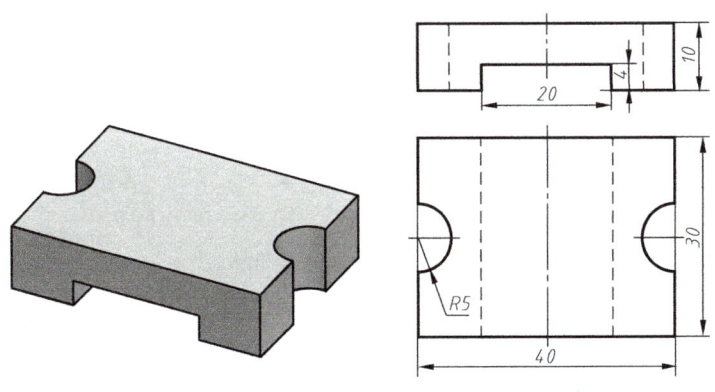

图 12-26　板形零件三维模型及其工程图

2. 操作步骤

(1) 底板草图　单击"草图"面板中的"草图绘制" 按钮，如图 12-27 的①②所示。选择"上视基准面"作为草图平面并绘制草图，如图 12-27 的③④所示。

(2) 底板建模　单击"特征"面板中的"拉伸凸台/基体" 按钮，如图 12-28 的①

工程制图

②所示。系统弹出"凸台-拉伸"属性管理器,拉伸开始条件默认"从草图基准面",在"方向1"选项组的"终止条件"下拉列表框中选择"给定深度",在"深度"文件框中输入"10",如图 12-28 的③④⑤所示。其他采用默认设置,单击"确定"按钮(图 12-28 的⑥)完成拉伸操作,结果如图 12-28 的⑦所示。

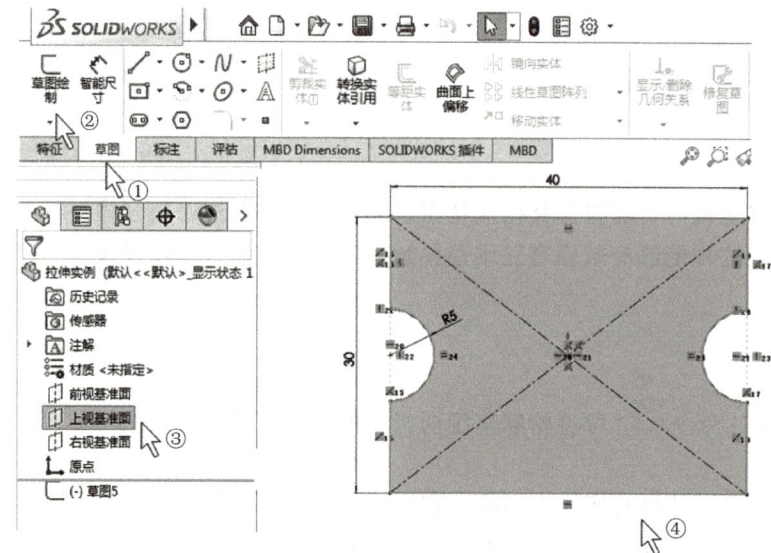

图 12-27 底板草图

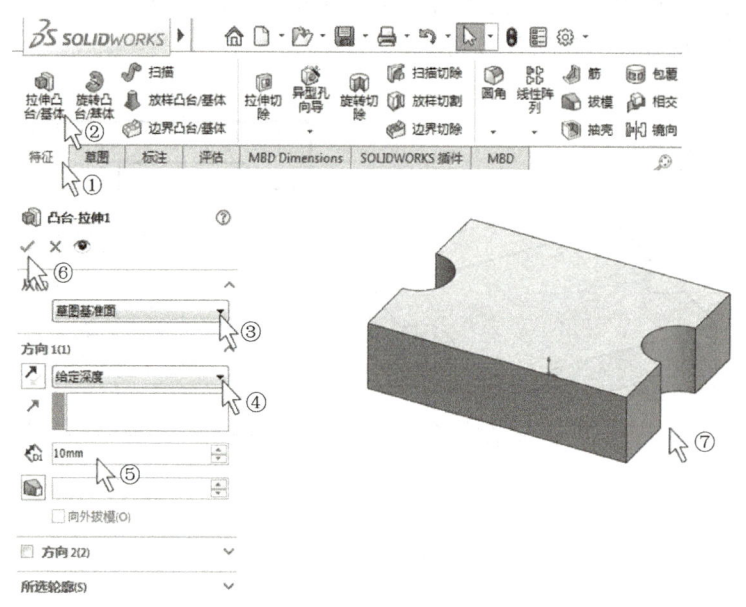

图 12-28 底板建模

(3) 方槽草图 单击"草图"面板中的"草图绘制"按钮,如图 12-29 的①②所示。选择底板前端面作为草图平面,如图 12-29 的③所示,同时按住〈Ctrl+8〉键正视于草图绘制平面。采用"中心矩形"命令绘制草图。矩形中心与草图中心重合,并完成草图,如图 12-29 的④所示。

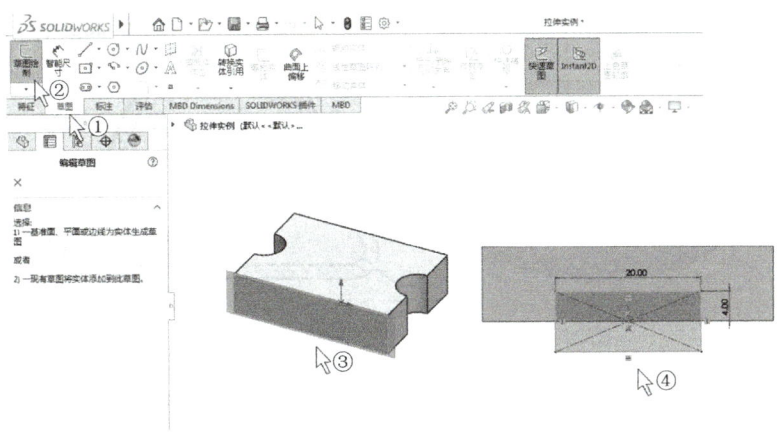

图 12-29 方槽草图

(4) 方槽建模 单击"特征"面板中的"拉伸切除"按钮,如图 12-30 的①②所示。系统弹出"切除-拉伸"属性管理器,拉伸开始条件默认"从草图基准面",在"方向 1"选项组的"终止条件"下拉列表框中选择"完全贯穿",如图 12-30 的③④所示。其他采用默认设置,单击"确定"按钮 (图 12-30 的⑤)完成拉伸操作,结果如图 12-30 的⑥所示。

12.3.2 旋转

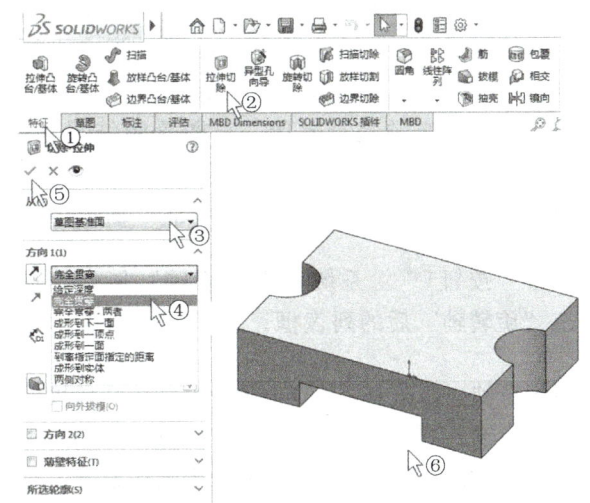

图 12-30 方槽建模

"旋转凸台"命令 可将轮廓草图向指定的旋转轴旋转生成实体特征;"旋转切除"命令 可将草图轮廓沿指定的旋转轴旋转生成的特征从已有实体中切除。

下面以绘制一个图 12-31 所示的回转体为例讲解绘制过程。

1. 实例分析

该回转体为薄壁容器类结构,该形体为在一个同轴回转体实体结构的基础上挖切回转体孔所构成。可用三种方法完成:方法 1 是绘制容器薄壁断面轮廓,用"旋转凸台/基体"完成建模;方法 2 是分别绘制外、内壁轮廓,外壁轮廓用"旋转凸台/基体"构成实体结构,内壁轮廓用"旋转切除"完成内孔结构;方法 3 是绘制外壁轮廓,旋转构成实体结构,应

245

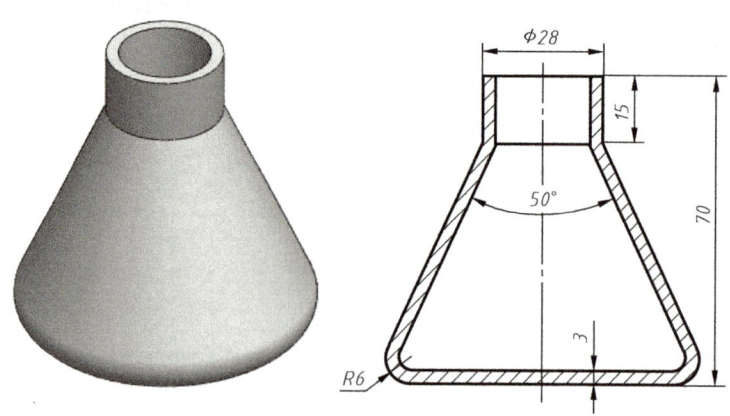

图 12-31 回转体零件三维模型及其工程图

用"特征"面板中修改特征里的"抽壳"命令完成内孔结构。在此采用方法1完成。

2. 操作步骤

(1) 回转体草图　选择"前视基准面"作为草图平面，绘制如图 12-32 所示的草图，并完成草图。

绘制草图时，首先绘制中心线，该中心线通过坐标原点，然后根据如图 12-31 所示的尺寸绘制一半图形，该图形必须完全封闭。草图绘制结果如图 12-32 所示。

(2) 回转体建模　单击"特征"面板中的"旋转凸台"按钮　。系统弹出"旋转"属性管理器，单击"旋转轴"后的列表框，选择通过原点的中心线作为旋转轴，如图 12-33 的①②所示。在"角度"文本框中输入"360"，"所选轮廓"选择"草图1"，如图 12-33 的③④⑤所示。其他采用默认设置，单击"确定"按钮　（图 12-33 的⑥），结果如图 12-33 的⑦所示。

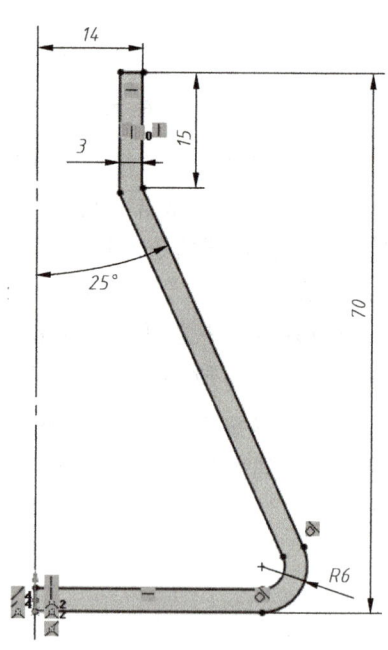

图 12-32 回转体草图

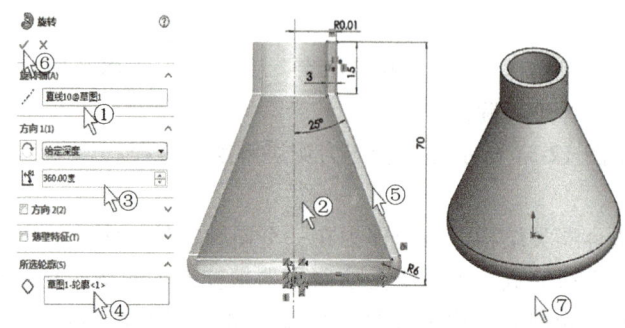

图 12-33 回转体建模

12.3.3 放样

"放样凸台"命令 ![放样凸台/基体] 可将两个或多个截面轮廓线混合生成对应的特征。放样的截面轮廓线可以是草图、曲线、模型边线。

下面以绘制一个图 12-34 所示的棱台为例讲解绘制过程。

1. 实例分析

图 12-34 棱台的三维模型

创建天圆地方的棱台,需要创建两个草图,草图 1 为正方形,草图 2 为圆,这里绘制草图 2 时需要新创建一个基准面。

2. 操作步骤

(1)新建文件 选择"文件"→"新建"命令,在弹出的"新建 SOLIDWORKS 文件"对话框中选择"零件",单击"确定"按钮。

(2)绘制正方形草图 从特征管理器中选择"前视基准面",再单击"正视于"按钮,切换到"草图"面板,单击"中心矩形"按钮,在绘图区中绘制出一个矩形,单击"智能尺寸"按钮标注尺寸,并进行约束,如图 12-35 所示,再单击"重建模型"按钮。

(3)创建基准面 切换到"特征"面板,单击"参考几何体"→"基准面"按钮,系统弹出"基准面"属性管理器。在特征管理器中选择"前视基准面",在"距离"文本框中输入"40",如图 12-36 的①②③所示。其他采用默认设置,单击"确定"按钮完成基准面 1 创建操作,如图 12-36 的④⑤所示。

(4)绘制圆草图 从特征管理器中选择"基准面 1",单击"正视于"按钮,切换

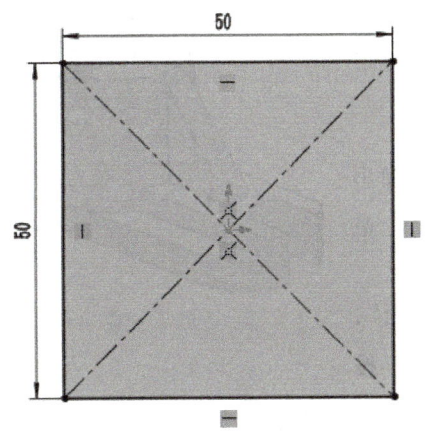

图 12-35 正方形草图

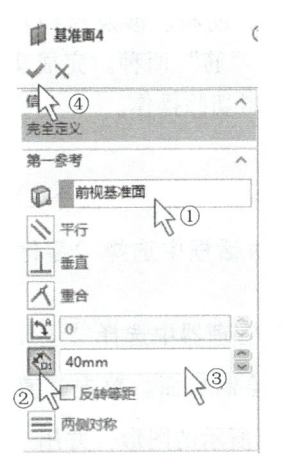

图 12-36 生成基准面 1

到"草图"面板,单击"圆形" ⊙ 按钮,在绘图区中绘制出一个圆心与原点重合的圆,如图 12-37 所示,再单击"重建模型"按钮 ●。

(5) 建立放样 切换到"特征"面板,单击"放样凸台/基体"按钮 ▼,系统弹出"放样"属性管理器,在"轮廓"列表框中输入"草图 1"和"草图 2"作为放样轮廓,如图 12-38 的①②所示。其他采用默认设置,单击"确定"按钮 ☑ (图 12-38 的③)完成放样操作,结果如图 12-38 的④所示。

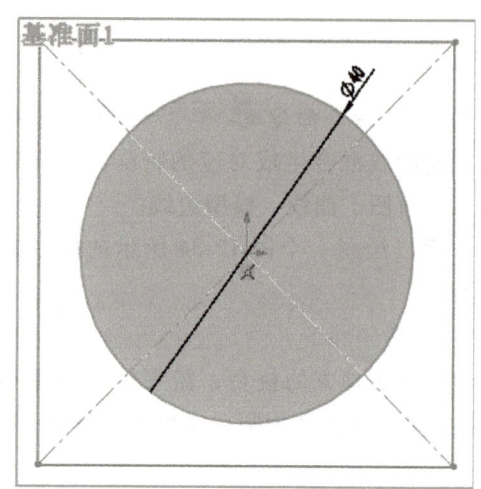

图 12-37 绘制圆

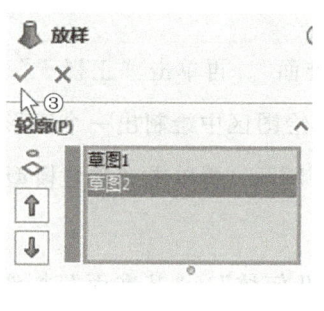
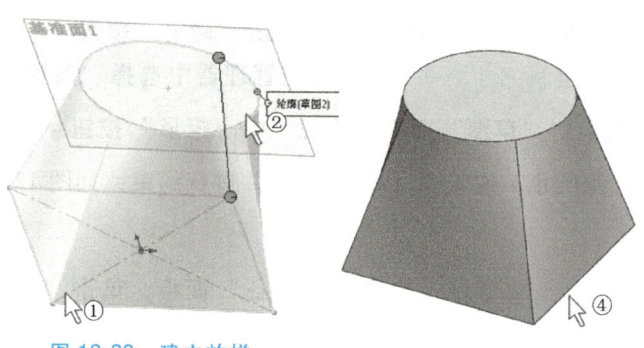

图 12-38 建立放样

12.3.4 综合实例

1. 实例分析

如图 12-39 所示,根据该支架的形体特点,利用形体分析法可将其分解为若干基本体,分别为底板、圆柱、底板上凸台、肋板。涉及这些基本体部分建模的命令主要包括"拉伸"和"筋"两种。完成实体部分建模后,最后进行挖孔、切槽的去料切除操作。

2. 操作步骤

(1) 新建文件 选择"文件"→"新建"命令 ▢,在弹出的"新建 SOLIDWORKS 文件"对话框中选择"零件" ▦,单击"确定"按钮。

(2) 绘制底板草图 从特征管理器中选择"上视基准面",单击"正视于" ↧,进入草图绘制界面。单击"直槽口"按钮 ▭ ▾,绘制出如图 12-40 的①所示的图形,并用"智能尺寸"命令 ⌖ 标注尺寸,并完成草图绘制。

图 12-39 支架

(3) 底板建模 切换到"特征"面板,单击"拉伸凸台/基体"按钮,系统弹出"凸台-拉伸"属性管理器,在"方向1"选项组的"终止条件"下拉列表框中选择"给定深度",在"深度"文件框中输入"8",其他采用默认设置,单击"确定"按钮,如图12-40的②③所示,结果如图12-40的④所示。

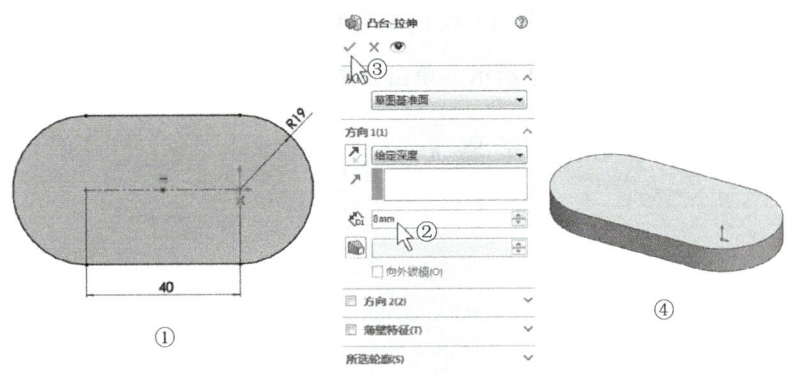

图 12-40 底板建模

(4) 绘制圆柱草图 从模型中选择底板的上面,单击"正视于",进入草图绘制界面,如图12-41的①②所示。单击"圆"按钮,绘制出如图12-41的③所示的图形,并用"智能尺寸"命令标注尺寸,完成草图绘制。

(5) 圆柱建模 切换到"特征"面板,单击"拉伸凸台/基体"按钮,系统弹出"凸台-拉伸"属性管理器,在"方向1"选项组的"终止条件"下拉列表框中选择"给定深度",在"深度"文件框中输入"37",其他采用默认设置,单击"确定"按钮,如图12-41的④⑤所示,结果如图12-41的⑥所示。

(6) 绘制底板凸台草图 从模型中选择底板的上面,单击"正视于",进入草图绘

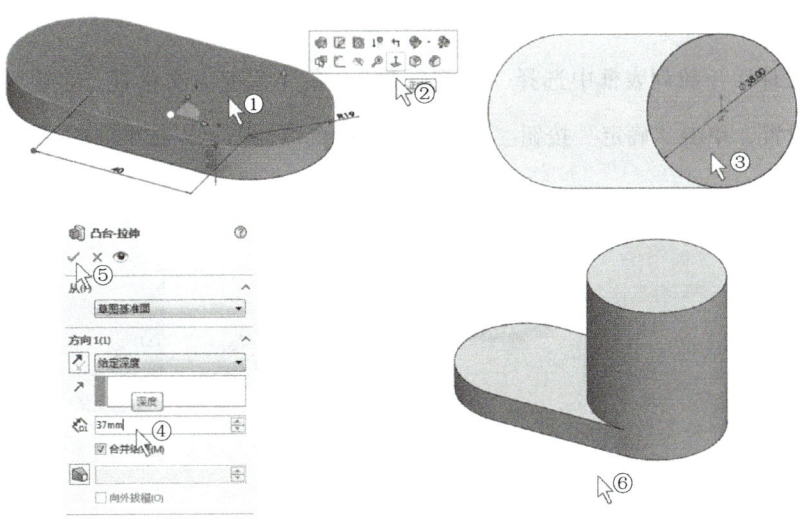

图 12-41 圆柱建模

制界面。单击"中心线"按钮，绘制出中心线，如图 12-42 的①②所示，单击"转换实体引用"按钮，选中原有的圆柱的边线投影到草图平面上，单击"确定"按钮，如图 12-42 的③④⑤所示。单击"直线"按钮，绘制出如图 12-42 的⑥所示的图形，然后按住〈Shift〉键，依次选中绘制的两条直线与中心线，弹出属性对话框，选中"对称"按钮，并单击"确定"按钮，如图 12-42 的⑦⑧所示，最后用"智能尺寸"命令标注两条直线的距离"22"，如图 12-42 的⑨所示，单击绘图区右上角的按钮退出绘制草图。

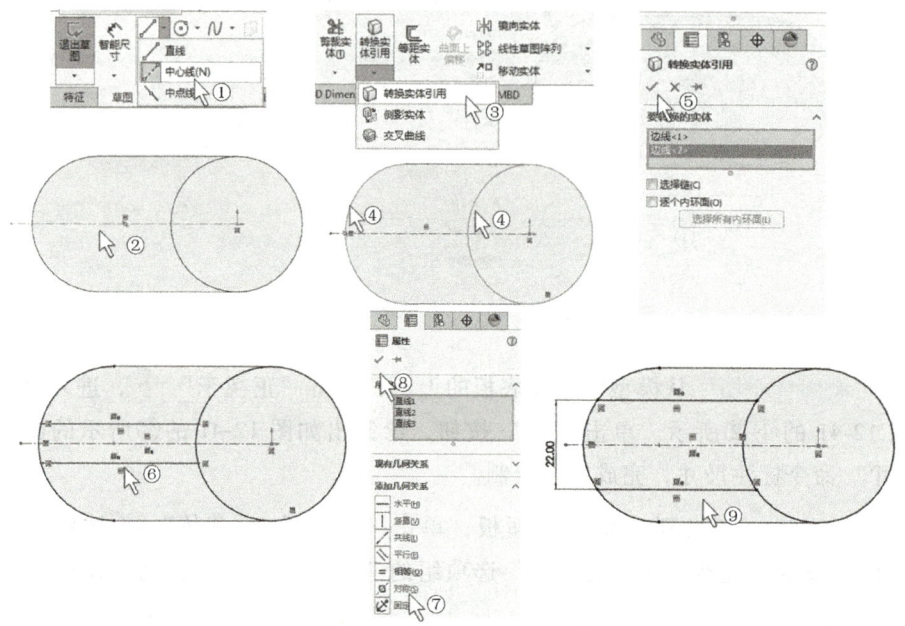

图 12-42 绘制底板凸台草图

（7）底板凸台建模 切换到"特征"面板，单击"拉伸凸台/基体"按钮，选择图 12-43 的①②两部分封闭区域，在系统弹出"凸台-拉伸"属性管理器，在"方向 1"选项组的"终止条件"下拉列表框中选择"给定深度"，在"深度"文件框中输入"6"，其他采用默认设置，单击"确定"按钮，如图 12-43 的③④所示，结果如图 12-43 的⑤所示。

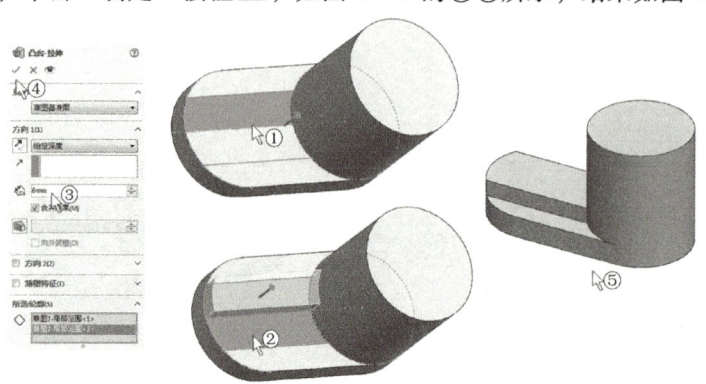

图 12-43 底板凸台建模

(8) 肋板建模 从特征管理器中选择"前视基准面",单击"正视于" ,进入草图绘制界面。绘制出如图 12-44 的①所示的图形,并用"智能尺寸"命令 标注尺寸,然后退出绘制草图。切换到"特征"面板,单击"筋" 按钮,选中已绘制好的肋板草图,如图 12-44 的②③所示。在弹出的"筋"属性对话框中,厚度对话框选中"两侧",在"深度"文件框 中输入"8",单击反转材料方向(保证图 12-44 的③所示箭头指向实体),单击"确定"按钮 ,如图 12-44 的④⑤⑥⑦所示,结果如图 12-44 的⑧所示。

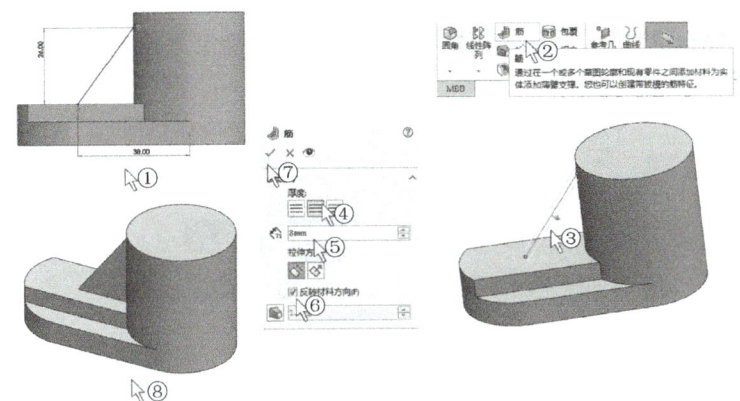

图 12-44 肋板建模

(9) 圆柱挖孔建模 在"特征"面板,单击"异型孔向导" 按钮,如图 12-45 的①所示。在弹出的"孔"属性对话框中,"孔类型"与"孔规格"按照图 12-45 的②③④⑤⑥设置。切换至"孔位置",鼠标左键单击选中圆柱的上表面,然后选中圆柱上表面的圆心放置孔,如图 12-45 的⑦⑧所示。单击"确定"按钮 ,结果如图 12-45 中⑨所示。

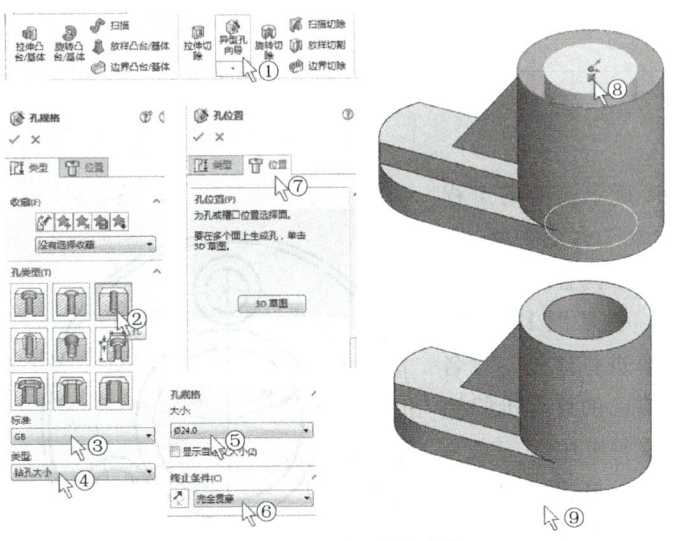

图 12-45 圆柱挖孔建模

(10) 圆筒切槽建模 在"前视基准面"上,绘制出如图 12-46 的①所示的图形,注意在绘制该直线时,其上端自动捕捉上面圆柱面的圆心,出现 图标,保证直线通过圆柱圆心。完成草图后,切换到"特征"面板,单击"拉伸切除" 按钮,选中已绘制好的方槽草图,在弹出的"拉伸-切除"属性对话框中,按照图 12-46 的③④⑤⑥所示进行设置。单击"确定"按钮 (图 12-46 的⑦),结果如图 12-46 的⑧所示。

(11) 底板上 U 形槽建模 选择底板凸台的上表面作为草图平面,绘制出如图 12-47 的①所示的图形。切换到"特征"面板,单击"拉伸切除" 按钮,选中已绘制好的长圆孔草图,在弹出的"拉伸-切除"属性对话框中,在"方向 1"选项组的"终止条件"下拉列表框中选择"完全贯穿",其他采用默认设置,单击"确定"按钮 ,如图 12-47 的②③所示,结果如图 12-47 的④所示。

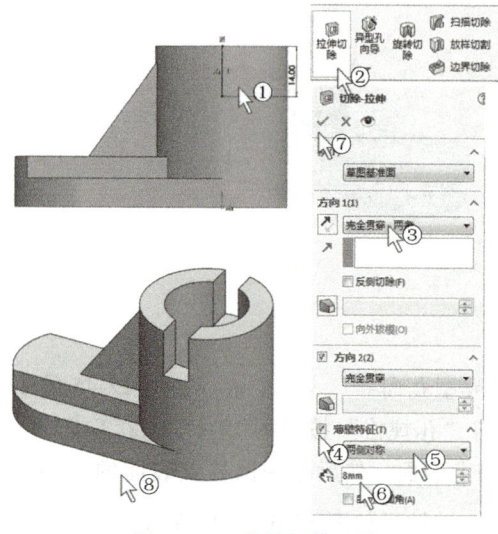

图 12-46 圆筒切槽建模

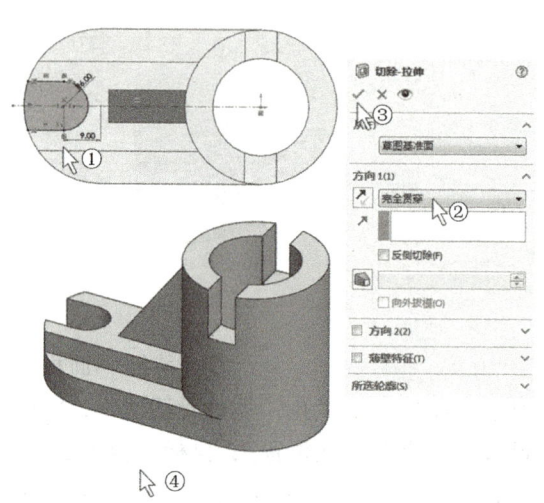

图 12-47 底板上 U 形槽建模

12.4 二维工程图综合实例

本节以图 12-48 所示盘盖的工程图为例介绍零件二维工程图的视图、剖视图、尺寸、注释等内容。

(1) 盘盖建模 按照图 12-48 所示二维工程图对盘盖进行建模,命名为"盘盖",根据自己的计算机归档情况保存在相应的文件夹中。

(2) 选择模板 单击"新建"按钮,在弹出的"新建 SOLIDWORKS 文件"对话框中点击左下角的高级,如图 12-49 的①所示,弹出如图 12-49 右侧所示对话框,选择

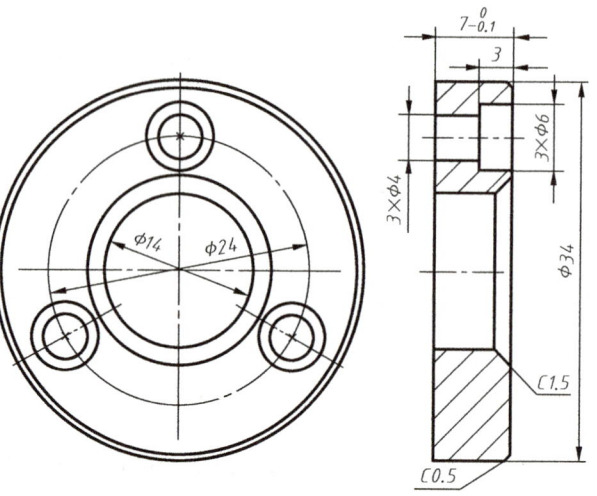

图 12-48 盘盖

"A4（GB）"模板，单击"确定"按钮，如图 12-49 的②③所示。

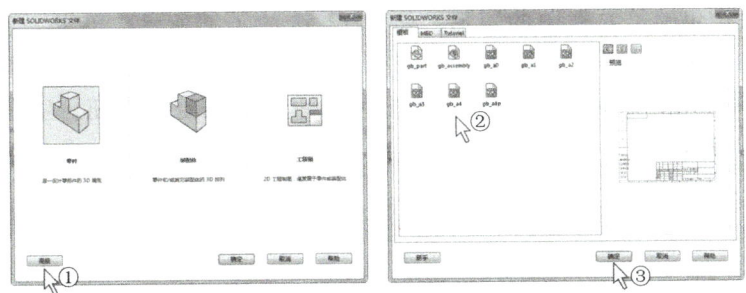

图 12-49　新建工程图并选择模板

（3）打开模型　在弹出的"模型视图"属性管理器中单击"浏览"按钮，如图 12-50 的①所示。在弹出的"打开"对话框中找到"盘盖.SLDPRT"文件，再单击"打开"按钮，如图 12-50 的②③所示。

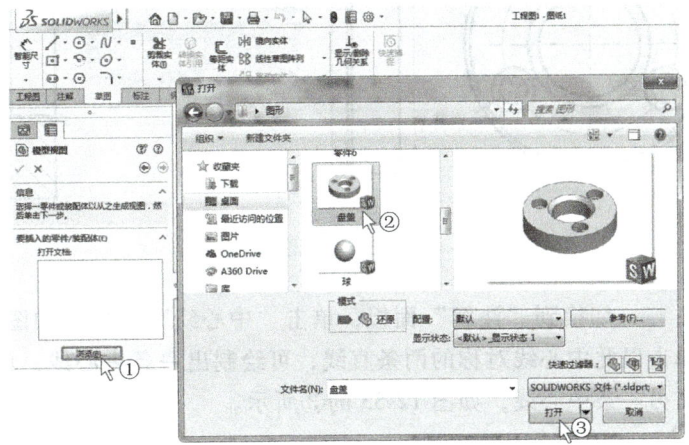

图 12-50　打开模型

（4）生成视图　在绘图区中适当位置单击以确定主视图的位置，如图 12-51 的①所示。向右移动鼠标指针到适当的距离后单击生成左视图，如图 12-51 的②所示。单击"确定"按钮。

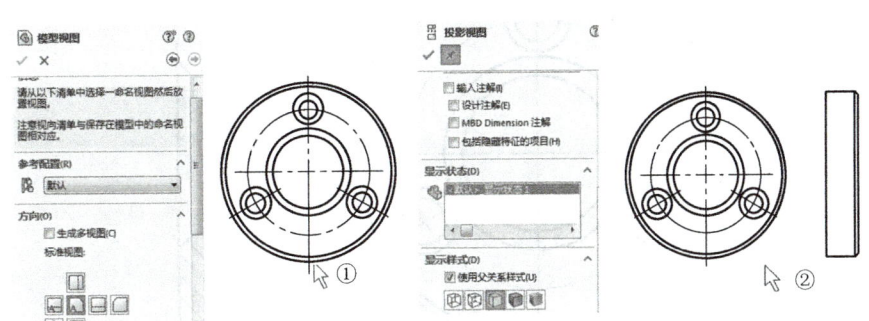

图 12-51　生成视图

（5）生成剖视图　切换至"草图"面板，单击"草图"面板中的"边角矩形"按钮，绘制出一个包围了左视图的矩形，如图 12-52 的①②所示。单击"工程图"面板，如图 12-52 的③所示，单击"断开的剖视图"按钮，在绘图区中选择主视图外圆轮廓线，选中"预览"复选框，如图 12-52 的④⑤⑥所示。单击"确定"按钮，生成全剖视图，如图 12-52 的⑦⑧所示。

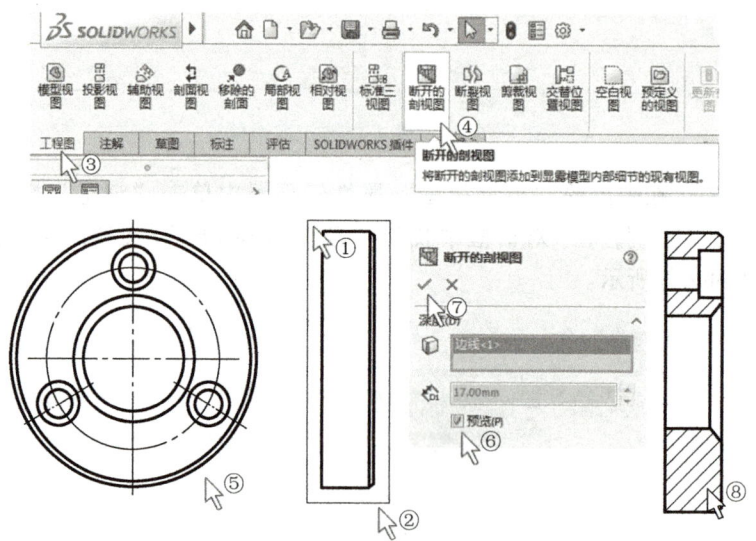

图 12-52　生成"断开的剖视图"

（6）添加中心线　切换到"注解"面板，单击"中心线"按钮，如图 12-53 的①所示，在绘图区中分别单击以此中心线对称的两条直线，可绘制出一条中心线，如图 12-53 的②所示。同理，绘制出另一条中心线，如图 12-53 的③所示。

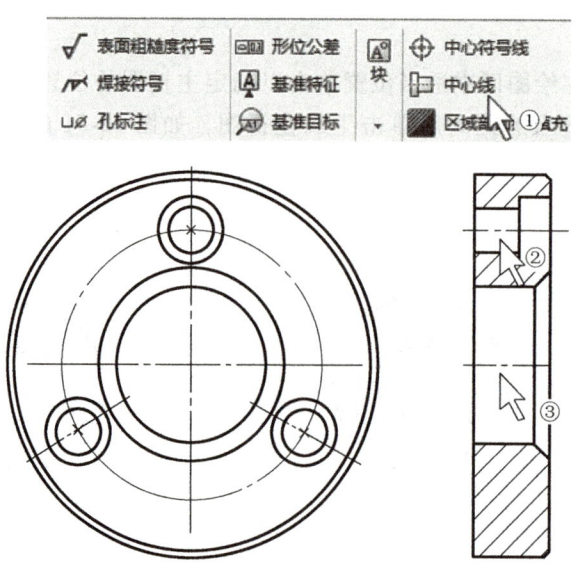

图 12-53　添加中心线

(7) 尺寸标注 切换到"草图"面板，利用"智能尺寸"按照图12-54进行标注。

(8) 调整孔尺寸 选择尺寸φ4，在"标注尺寸文字"文本框中输入"3×"，如图12-55的①所示。单击"确定"按钮，结果如图12-55的②③所示。对φ6也做同样的处理，结果如图12-55的④所示。

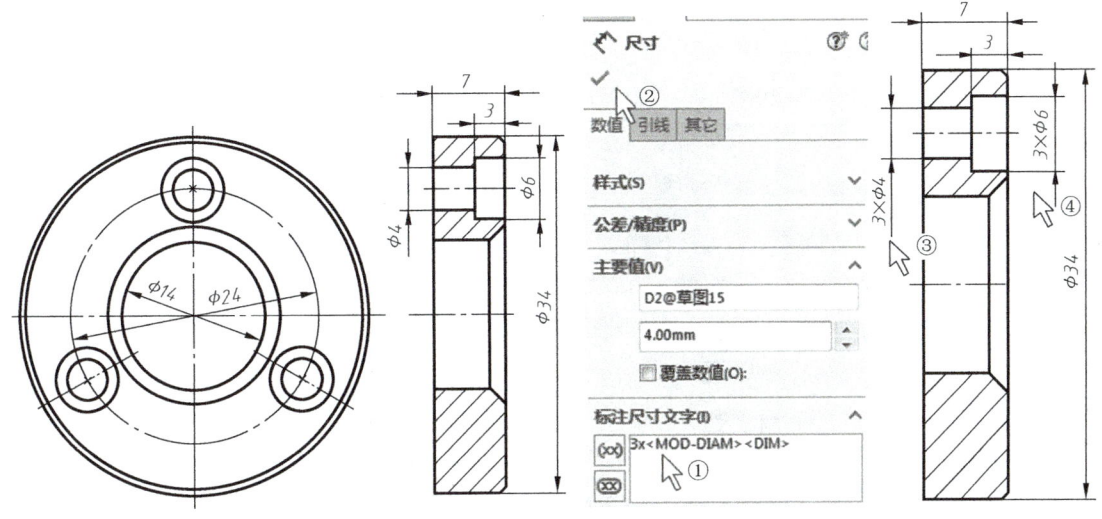

图12-54 利用"智能尺寸"进行标注　　　图12-55 调整孔尺寸

(9) 调整公差尺寸 选择左视图中最上方的尺寸7，在"尺寸"属性管理器中"公差/精度"下拉列表框中选择"公差类型"为"双边"，如图12-56的①②所示。设置上、下极限偏差，如图12-56的③④所示。切换到"尺寸"属性管理器中的"其它"选项卡，如图12-56的⑤所示。取消选中"使用尺寸大小"复选框，如图12-56的⑥所示。在"字体比例"文本框中输入"0.6"，如图12-56的⑦所示。单击"确定"按钮（图12-56的⑧），结果如图12-56的⑨所示。

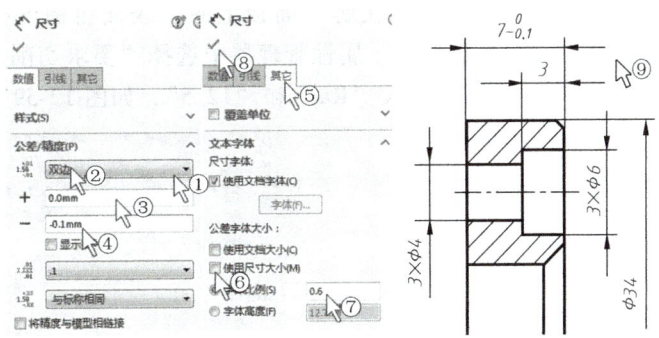

图12-56 调整公差尺寸

(10) 标注倒角 单击"注解"面板上的"注释"按钮，如图12-57的①②所示。在弹出的"注释"属性管理器中的"引线"选项组中选择"下划线引线"，如图12-57的③所示。选择"箭头样式"为"直线"，如图12-57的④⑤所示。在绘图区中单击倒角点，如图12-57的⑥所示，再单击，输入"C1.5"，单击"格式化"对话框上的"关闭"按钮，单击"确定"按钮，如图12-57的⑦所示。可单击"C1.5"，将其拖动到适当的位置，如

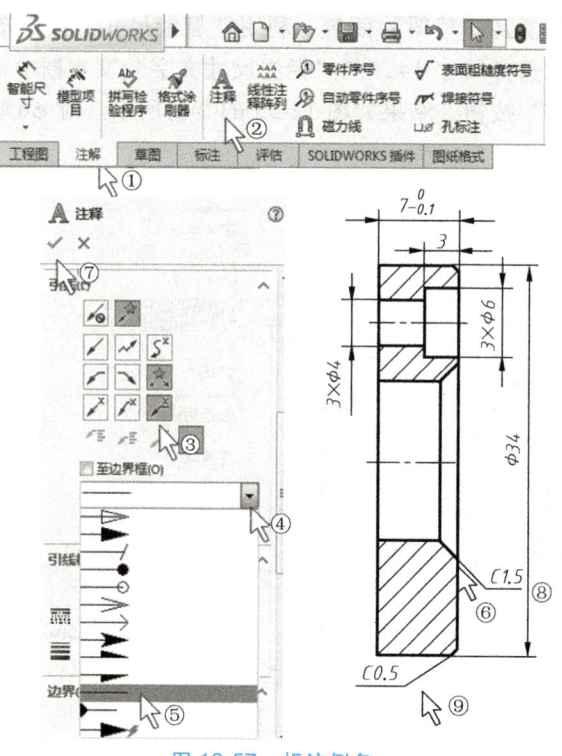

图 12-57 的⑧所示。同样操作标注出"C0.5",如图 12-57 的⑨所示。

(11)标注技术要求 单击"注解"面板上的"注释"按钮,在弹出的"注释"属性管理器中的"引线"选项组中选择"无引线",如图 12-58 的①所示。在绘图区适当的位置单击,输入如图 12-58 的②所示"技术要求"的内容。单击"格式化"对话框上的"关闭"按钮。单击"确定"按钮,如图 12-58 的③④所示。

(12)插入表面粗糙度符号 单击"注解"面板上的"表面粗糙度符号"按钮,如图 12-59 的①所示。在弹出的"表面粗糙度"属性管理器中选择"要求切削加工",如图 12-59 的②所示。在"符号布局"选项组中输入"Ra"和"12.5",如图 12-59 的③所示。然后在

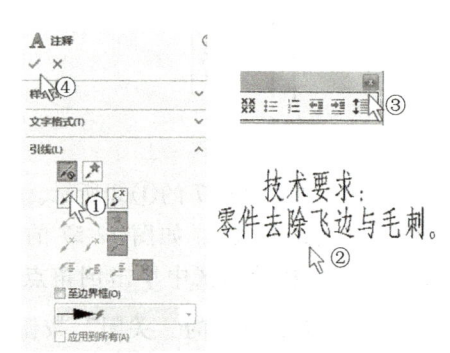

图 12-58 标注技术要求

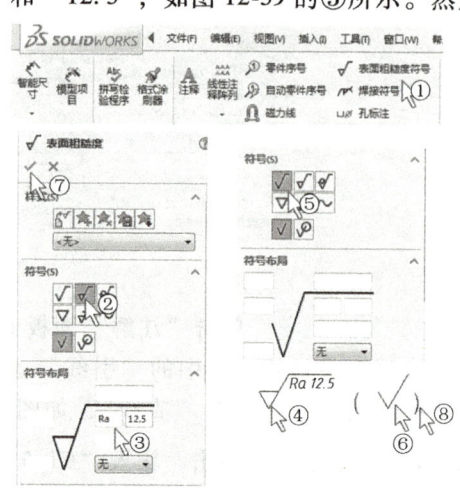

图 12-59 插入表面粗糙度符号

绘图区适当的位置插入表面粗糙度数值，如图 12-59 的④所示。再在"表面粗糙度"属性管理器中选择"基本"，在"符号布局"选项组中不进行任何输入，然后在 √ 旁边单击，如图 12-59 的⑤⑥所示。单击"确定"按钮，如图 12-59 的⑦所示。根据第（11）步，为 √ 插入括弧，如图 12-59 的⑧所示。

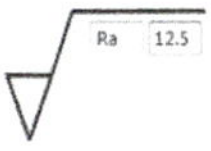

（13）保存文件　选择"文件"→"另存为"命令，在"另存为"对话框中的"文件名"文本框中输入"盘盖.SLDDRW"，单击"保存"按钮。

附　录

附表1　普通螺纹直径与螺距系列（摘自 GB/T 193—2003）、基本尺寸（摘自 GB/T 196—2003）

（单位：mm）

公称直径 D、d			螺距 P		粗牙螺纹中径 D_2、d_2	粗牙螺纹小径 D_1、d_1
第1系列	第2系列	第3系列	粗牙	细牙		
3			0.5	0.35	2.675	2.459
	3.5		0.6	0.35	3.110	2.850
4			0.7	0.5	3.545	3.242
	4.5		0.75	0.5	4.013	3.688
5			0.8	0.5	4.480	4.134
		5.5		0.5		
6			1	0.75	5.350	4.917
	7		1	0.75	6.350	5.917
8			1.25	1、0.75	7.188	6.647
		9	1.25	1、0.75	8.188	7.647
10			1.5	1.25、1、0.75	9.026	8.376
		11	1.5	1.5、1、0.75	10.026	9.376
12			1.75	1.25、1	10.863	10.106
	14		2	1.5、1.25①、1	12.701	11.835
		15		1.5、1		
16			2	1.5、1	14.701	13.835
		17		1.5、1		
	18		2.5	2、1.5、1	16.376	15.294
20			2.5	2、1.5、1	18.376	17.294
	22		2.5	2、1.5、1	20.376	19.294
24			3	2、1.5、1	22.051	20.752
		25		2、1.5、1		
		26		1.5		
	27		3	2、1.5、1	25.051	23.752
		28		2、1.5、1		
30			3.5	(3)、2、1.5、1	27.727	26.211
		32		2、1.5		
	33		3.5	(3)、2、1.5	30.727	29.211
		35②		1.5		
36			4	3、2、1.5	33.402	31.670
		38		1.5		
	39		4	3、2、1.5	36.402	34.670

(续)

公称直径 D、d			螺距 P		粗牙螺纹中径 D_2、d_2	粗牙螺纹小径 D_1、d_1
第1系列	第2系列	第3系列	粗牙	细牙		
		40		3、2、1.5		
42			4.5	4、3、2、1.5	39.077	37.129

注：螺纹直径应优先选用第1系列，其次第2系列，第3系列尽可能不用。
① 仅用于发动机的火花塞。
② 仅用于轴承的锁紧螺母。

附表2　55°密封管螺纹（摘自 GB/T 7306.1—2000、GB/T 7306.2—2000）

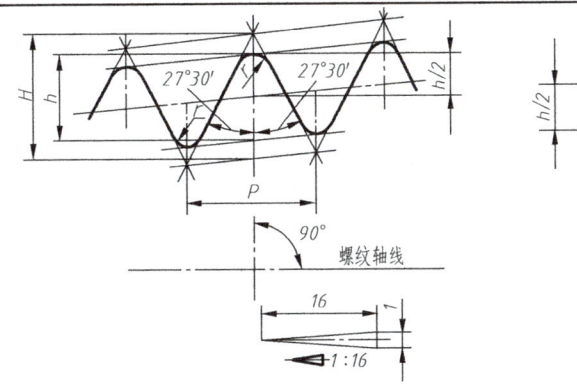
圆锥螺纹的设计牙型

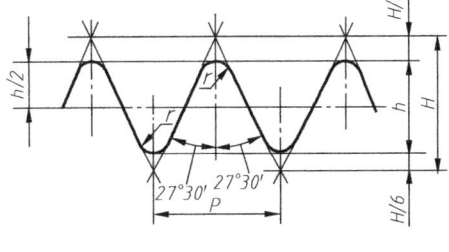
圆锥内螺纹的设计牙型

标记示例

GB/T 7306.1—2000
尺寸代号为3/4，右旋，圆柱内螺纹：Rp3/4
尺寸代号为3，右旋，圆锥外螺纹：$R_1$3
尺寸代号为3/4，左旋，圆柱内螺纹：Rp3/4LH
尺寸代号为3的右旋圆锥外螺纹与圆柱内螺纹所组成的螺纹副的标记：Rp/$R_1$3

GB/T 7306.2—2000
尺寸代号为3/4，右旋，圆锥内螺纹：Rc3/4
尺寸代号为3，右旋，圆锥外螺纹：$R_2$3
尺寸代号为3/4，左旋，圆锥内螺纹：Rc3/4LH
尺寸代号为3的右旋圆锥内螺纹与圆锥外螺纹所组成的螺纹副的标记：Rc/$R_2$3

尺寸代号	每25.4mm内的牙数 n	螺距 P /mm	牙高 h /mm	圆弧半径 r /mm	基面上的基本直径			基准距离/mm	有效螺纹长度/mm
					大径（基准直径） $d=D$/mm	中径 $d_2=D_2$/mm	小径 $d_1=D_1$/mm		
1/16	28	0.907	0.581	0.125	7.723	7.142	6.561	4	6.5
1/8	28	0.907	0.581	0.125	9.728	9.147	8.566	4	6.5
1/4	19	1.337	0.856	0.184	13.157	12.301	11.445	6	9.7
3/8	19	1.337	0.856	0.184	16.662	15.806	14.950	6.4	10.1
1/2	14	1.814	1.162	0.249	20.955	19.793	18.631	8.2	13.2
3/4	14	1.814	1.162	0.249	26.441	25.279	24.117	9.5	14.5
1	11	2.309	1.479	0.317	33.249	31.770	30.291	10.4	16.8
1¼	11	2.309	1.479	0.317	41.910	40.431	38.952	12.7	19.1
1½	11	2.309	1.479	0.317	47.803	46.324	44.845	12.7	19.1
2	11	2.309	1.479	0.317	59.614	58.135	56.656	15.9	23.4
2½	11	2.309	1.479	0.317	75.184	73.705	72.226	17.5	26.7
3	11	2.309	1.479	0.317	87.884	86.405	84.926	20.6	29.8
4	11	2.309	1.479	0.317	113.030	111.551	110.072	25.4	35.8
5	11	2.309	1.479	0.317	138.430	136.951	136.472	28.6	40.1
6	11	2.309	1.479	0.317	163.830	162.351	160.872	28.6	40.1

附表3 六角头螺栓—A级和B级（摘自 GB/T 5782—2016） （单位：mm）

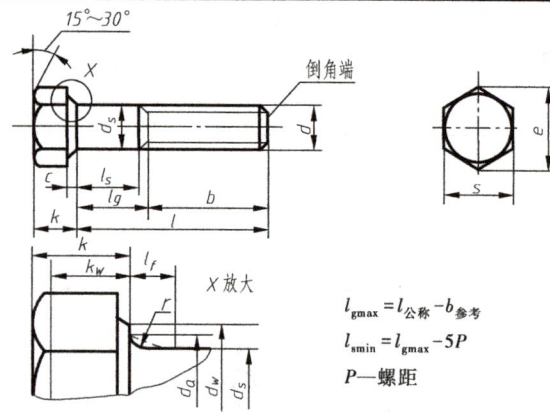

$l_{g\max} = l_{公称} - b_{参考}$
$l_{s\min} = l_{g\max} - 5P$
P—螺距

标记示例

螺纹规格为M12、公称长度 l = 80mm、性能等级为8.8级、表面不经处理、产品等级为A级的六角头螺栓：

螺栓 GB/T 5782 M12×80

螺纹规格 d			M3	M4	M5	M6	M8	M10	M12	M16	M20	M24	M30	M36	M42	M48	M56	M64
b (参考)	$l \leq 125$		12	14	16	18	22	26	30	38	46	54	66	—	—	—	—	—
	$125 < l \leq 200$		18	20	22	24	28	32	36	44	52	60	72	84	96	108	—	—
	$l > 200$		31	33	35	37	41	45	49	57	65	73	85	97	109	121	137	153
c	min		0.15	0.15	0.15	0.15	0.15	0.15	0.15	0.2	0.2	0.2	0.2	0.3	0.3	0.3	0.3	0.3
	max		0.4	0.4	0.5	0.5	0.6	0.6	0.6	0.8	0.8	0.8	0.8	0.8	1	1	1	1
d_a	max		3.6	4.7	5.7	6.8	9.2	11.2	13.7	17.7	22.4	26.4	33.4	39.4	45.6	52.6	63	71
d_s	max		3	4	5	6	8	10	12	16	20	24	30	36	42	48	56	64
	min	A级	2.86	3.82	4.82	5.82	7.78	9.78	11.73	15.73	19.67	23.67	—	—	—	—	—	—
		B级	2.75	3.70	4.70	5.70	7.64	9.64	11.57	15.57	19.48	23.48	29.48	35.38	41.38	47.38	55.26	63.26
d_w	min	A级	4.57	5.88	6.88	8.88	11.63	14.63	16.63	22.49	28.19	33.61	—	—	—	—	—	—
		B级	4.45	5.74	6.74	8.74	11.47	14.47	16.47	22	27.7	33.25	42.75	51.11	59.95	69.45	78.66	88.16
e	min	A级	6.01	7.66	8.79	11.05	14.38	17.77	20.03	26.75	33.53	39.98	—	—	—	—	—	—
		B级	5.88	7.50	8.63	10.89	14.20	17.59	19.85	26.17	32.95	39.55	50.85	60.79	71.30	82.6	93.56	104.86
l_f	max		1	1.2	1.2	1.4	2	2	3	3	4	4	6	6	8	10	12	13
k	公称		2	2.8	3.5	4	5.3	6.4	7.5	10	12.5	15	18.7	22.5	26	30	35	40
	min	A级	1.875	2.675	3.35	3.85	5.15	6.22	7.32	9.82	12.285	14.785	—	—	—	—	—	—
		B级	1.8	2.6	3.26	3.76	5.06	6.11	7.21	9.71	12.15	14.65	18.28	22.08	25.58	29.58	34.5	39.5
	max	A级	2.125	2.925	3.65	4.15	5.45	6.58	7.68	10.18	12.715	15.215	—	—	—	—	—	—
		B级	2.2	3.0	3.74	4.24	5.54	6.69	7.79	10.29	12.85	15.35	19.12	22.92	26.42	30.42	35.5	40.5
k_w	min	A级	1.31	1.87	2.35	2.70	3.61	4.35	5.12	6.87	8.60	10.35	—	—	—	—	—	—
		B级	1.26	1.82	2.28	2.63	3.54	4.28	5.05	6.8	8.51	10.26	12.8	15.46	17.91	20.71	24.15	27.65
r	min		0.1	0.2	0.2	0.25	0.4	0.4	0.6	0.6	0.8	0.8	1	1	1.2	1.6	2	2
s	max(=公称)		5.5	7	8	10	13	16	18	24	30	36	46	55	65	75	85	95
	min	A级	5.32	6.78	7.78	9.78	12.73	15.73	17.73	23.67	29.67	35.38	—	—	—	—	—	—
		B级	5.20	6.64	7.64	9.64	12.57	15.57	17.57	23.16	29.16	35	45	53.8	63.1	73.1	82.8	92.8
l (商品规格范围及通用规格)			20~30	25~40	25~50	30~60	40~80	45~100	50~120	65~160	80~200	90~240	110~300	140~360	160~440	180~480	220~500	260~500
l (系列)			20、25、30、35、40、45、50、55、60、65、70、80、90、100、110、120、130、140、150、160、180、200、220、240、260、280、300、320、340、360、380、400、420、440、460、480、500															

注：A和B为产品等级，A级用于 $d \leq 24$mm和 $l \leq 10d$ 或 $l \leq 150$mm（按较小值）的螺栓，B级用于 $d > 24$mm和 $l > 10d$ 或 $l > 150$mm（按较小值）的螺栓。

附表4 双头螺柱—$b_m=1d$（摘自 GB/T 897—1988）、$b_m=1.25d$（摘自 GB/T 898—1988）、$b_m=1.5d$（摘自 GB/T 899—1988）、$b_m=2d$（摘自 GB/T 900—1988）（单位：mm）

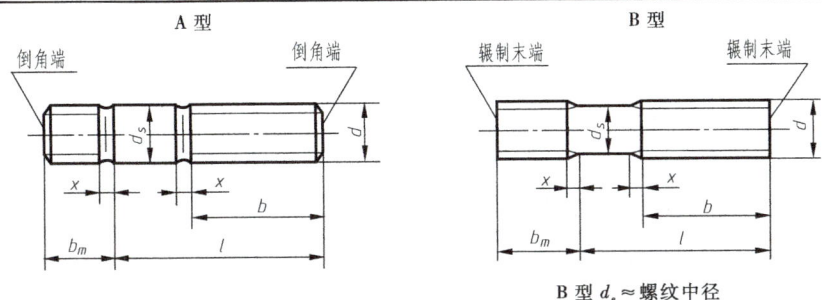

B型 d_s ≈ 螺纹中径

标记示例

两端均为粗牙普通螺纹，$d=10$mm，$l=50$mm，性能等级为4.8级，不经表面处理、B型、$b_m=1.25d$ 的双头螺柱：
螺柱 GB/T 898 M10×50

旋入机体一端为粗牙普通螺纹，旋螺母一端为螺距 $P=1$mm 的细牙普通螺纹，$d=10$mm，$l=50$mm，性能等级4.8级，不经表面处理、A型、$b_m=1.25d$ 的双头螺柱：螺柱 GB/T 898 AM10—M10×1×50

螺纹规格 d		M5	M6	M8	M10	M12	(M14)	M16	(M18)	M20	(M22)	M24	(M27)	M30
b_m	GB/T 897	5	6	8	10	12	14	16	18	20	22	24	27	30
	GB/T 898	6	8	10	12	15	18	20	22	25	28	30	35	38
	GB/T 899	8	10	12	15	18	21	24	27	30	33	36	40	45
	GB/T 900	10	12	16	20	24	28	32	36	40	44	48	54	60
d_s	max	5	6	8	10	12	14	16	18	20	22	24	27	30
	min	4.7	5.7	7.64	9.64	11.57	13.57	15.57	17.57	19.48	21.48	23.48	26.48	29.48
x	max						1.5P							
b	$l=16$	10												
	$l=(18)$	10												
	$l=20$		10	12										
	$l=(22)$													
	$l=25$		14	16	14	16								
	$l=(28)$													
	$l=30$	16			16	18	20							
	$l=(32)$													
	$l=35$				16	20		22	25					
	$l=(38)$						25			30				
	$l=40$													
	$l=45$			18			30			30	35			
	$l=50$					22		35	35					
	$l=(55)$									40		35		
	$l=60$													
	$l=(65)$					26	30				45		40	
	$l=70$							34						
	$l=(75)$								38	42		50		
	$l=80$										46			50
	$l=(85)$											50	54	
	$l=90$													60

注：1. 尽可能不用括号内的规格。
2. P为螺距。
3. 折线之间为通用规格。
4. GB/T 897—1988 中 M24、M30 有括号。
5. GB/T 898—1988 中（M14）、（M18）、（M22）、（M27）均无括号。
6. 仅列出 GB/T 897—1988 中 6 的参数。

附表 5　开槽圆柱头螺钉（摘自 GB/T 65—2016）、开槽盘头螺钉（摘自 GB/T 67—2016）

（单位：mm）

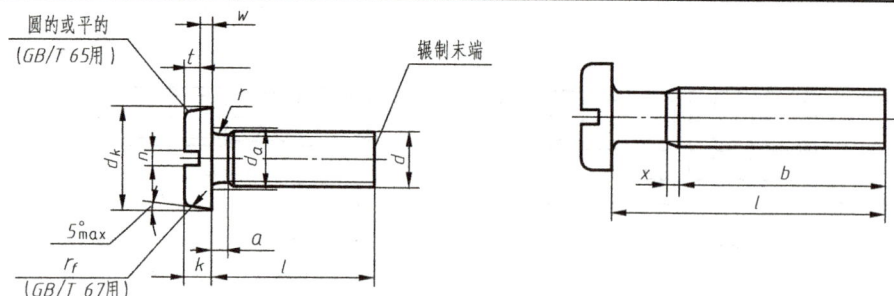

无螺纹部分杆径≈中径（或=螺纹大径）

标记示例

螺纹规格为 M5、公称长度 $l=20$mm、性能等级为 4.8 级、表面不经处理的 A 级开槽圆柱头螺钉：
　　螺钉　GB/T 65　M5×20

螺纹规格为 M5、公称长度 $l=20$mm、性能等级为 4.8 级、不经表面处理的 A 级开槽盘头螺钉：
　　螺钉　GB/T 67　M5×20

螺纹规格 d		M1.6	M2	M2.5	M3	M4		M5		M6		M8		M10	
类别		GB/T 67				GB/T 65	GB/T 67	GB/T 65	GB/T 67	GB/T 65	GB/T 67	GB/T 65	GB/T 67	GB/T 65	GB/T 67
螺距 P		0.35	0.4	0.45	0.5	0.7		0.8		1		1.25		1.5	
a	max	0.7	0.8	0.9	1	1.4		1.6		2		2.5		3	
b	min	25	25	25	25	38		38		38		38		38	
d_k	max	3.2	4	5	5.6	7	8	8.5	9.5	10	12	13	16	16	20
	min	2.9	3.7	4.7	5.3	6.78	7.64	8.28	9.14	9.78	11.57	12.73	15.57	15.73	19.48
d_a	max	2.0	2.6	3.1	3.6	4.7		5.7		6.8		9.2		11.2	
k	max	1	1.3	1.5	1.8	2.6	2.4	3.3	3	3.9	3.6	5	4.8	6	
	min	0.85	1.16	1.36	1.66	2.46	2.26	3.12	2.88	3.6	3.3	4.7	4.5	5.7	
n	公称	0.4	0.5	0.6	0.8	1.2		1.2		1.6		2		2.5	
	min	0.46	0.56	0.66	0.86	1.26		1.26		1.66		2.06		2.56	
	max	0.6	0.7	0.8	1	1.51		1.51		1.91		2.31		2.81	
r	min	0.1	0.1	0.1	0.1	0.2		0.2		0.25		0.4		0.4	
r_f	（参考）	0.5	0.6	0.8	0.9	1.2		1.5		1.8		2.4		3	
t	min	0.35	0.5	0.6	0.7	1.1	1	1.3	1.2	1.6	1.4	2	1.9	2.4	
w	min	0.3	0.4	0.5	0.7	1.1	1	1.3	1.2	1.6	1.4	2	1.9	2.4	
x	max	0.9	1	1.1	1.25	1.75		2		2.5		3.2		3.8	
l（商品规格范围公称长度）		2~16	2.5~20	3~25	4~30	5~40		6~50		8~60		10~80		12~80	
l（系列）		2、2.5、3、4、5、6、8、10、12、(14)、16、20、25、30、35、40、50、(55)、60、(65)、70、(75)、80													

注：1. 螺纹规格 $d=$M1.6~M3、公称长度 $l\leqslant$30mm 的螺钉，应制出全螺纹；螺纹规格 $d=$M4~M10、公称长度 $l\leqslant$40mm 的螺钉，应制出全螺纹（$b=l-a$）。

2. 尽可能不采用括号内的规格。

附表6　开槽沉头螺钉（摘自GB/T 68—2016）、开槽半沉头螺钉（摘自GB/T 69—2016）

（单位：mm）

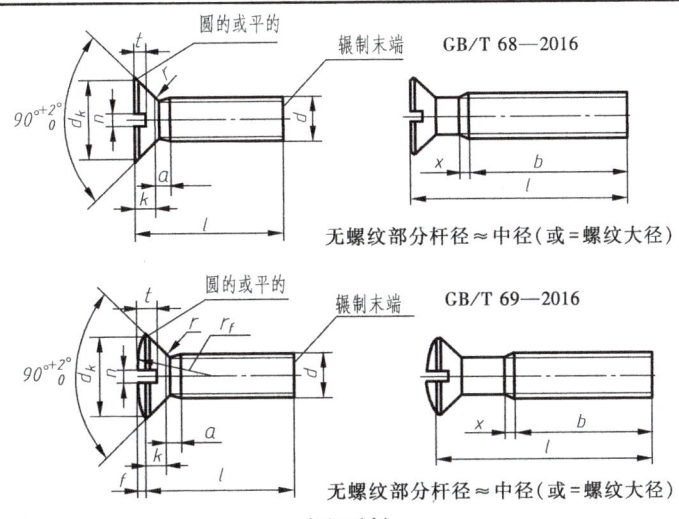

无螺纹部分杆径≈中径（或=螺纹大径）

标记示例

螺纹规格为M5、公称长度 $l=20$mm、性能等级为4.8级、表面不经处理的A级开槽半沉头螺钉：
螺钉　GB/T 68　M5×20

螺纹规格为M5、公称长度 $l=20$mm、性能等级为4.8级、表面不经处理的A级开槽半沉头螺钉：
螺钉　GB/T 69　M5×20

螺纹规格 d			M1.6	M2	M2.5	M3	M4	M5	M6	M8	M10
螺距 P			0.35	0.4	0.45	0.5	0.7	0.8	1	1.25	1.5
a	max		0.7	0.8	0.9	1	1.4	1.6	2	2.5	3
b	min		25				38				
d_k	理论	max	3.6	4.4	5.5	6.3	9.4	10.4	12.6	17.3	20
	实际	max	3	3.8	4.7	5.5	8.4	9.3	11.3	15.8	18.3
		min	2.7	3.5	4.4	5.2	8.04	8.94	10.87	15.37	17.78
k	max		1	1.2	1.5	1.65	2.7	2.7	3.3	4.65	5
n	公称		0.4	0.5	0.6	0.8	1.2	1.2	1.6	2	2.5
	min		0.46	0.56	0.66	0.86	1.26	1.26	1.66	2.06	2.56
	max		0.6	0.7	0.8	1	1.51	1.51	1.91	2.31	2.81
r	max		0.4	0.5	0.6	0.8	1	1.3	1.5	2	2.5
x	max		0.9	1	1.1	1.25	1.75	2	2.5	3.2	3.8
$f \approx$			0.4	0.5	0.6	0.7	1	1.2	1.4	2	2.3
$r_f \approx$			3	4	5	6	9.5	9.5	12	16.5	19.5
t	max	GB/T 68	0.5	0.6	0.75	0.85	1.3	1.4	1.6	2.3	2.6
		GB/T 69	0.8	1	1.2	1.45	1.9	2.4	2.8	3.7	4.4
	min	GB/T 68	0.32	0.4	0.5	0.6	1	1.1	1.2	1.8	2
		GB/T 69	0.64	0.8	1	1.2	1.6	2	2.4	3.2	3.8
l（商品规格范围公称长度）			2.5~16	3~20	4~25	5~30	6~40	8~50	8~60	10~80	12~80
l（系列）			2.5、3、4、5、6、8、10、12、(14)、16、20、25、30、35、40、50、(55)、60、(65)、70、(75)、80								

注：1. 公称长度 $l \leq 30$mm，而螺纹规格 d 在M1.6~M3的螺钉，应制出全螺纹；公称长度 $l \leq 45$mm，而螺纹规格在M4~M10的螺钉也应制出全螺纹 $[b=l-(k+a)]$。

2. 尽可能不采用括号内的规格。

附表7 十字槽盘头螺钉（摘自 GB/T 818—2016）、十字槽沉头螺钉（摘自 GB/T 819.1—2016）

（单位：mm）

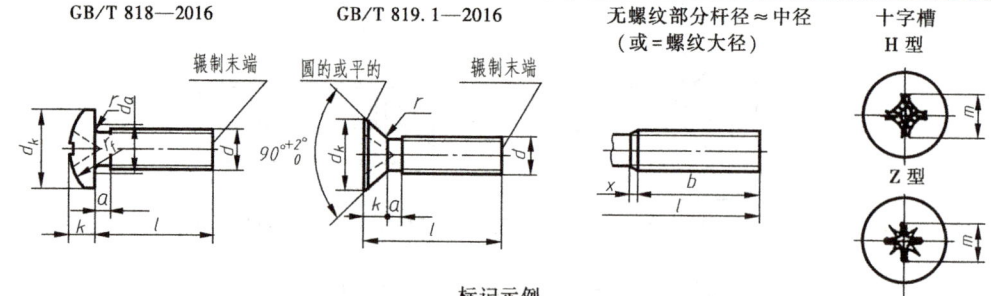

标记示例

螺纹规格为 M5、公称长度 l=20mm、性能等级为 4.8 级、H 型十字槽、表面不经处理的 A 级十字槽盘头螺钉：
　　　　螺钉　GB/T 818　M5×20

螺纹规格为 M5、公称长度 l=20mm、性能等级为 4.8 级、H 型十字槽、表面不经处理的 A 级十字槽沉头螺钉：
　　　　螺钉　GB/T 819.1　M5×20

螺纹规格 d			M1.6	M2	M2.5	M3	M4	M5	M6	M8	M10
螺距 P			0.35	0.4	0.45	0.5	0.7	0.8	1	1.25	1.5
a	max		0.7	0.8	0.9	1	1.4	1.6	2	2.5	3
b	min		25	25	25	25	38	38	38	38	38
d_a	max		2	2.6	3.1	3.6	4.7	5.7	6.8	9.2	11.2
d_k	max	GB/T 818	3.2	4	5	5.6	8	9.5	12	16	20
		GB/T 819.1	3	3.8	4.7	5.5	8.4	9.3	11.3	15.8	18.3
	min	GB/T 818	2.9	3.7	4.7	5.3	7.64	9.14	11.57	15.57	19.48
		GB/T 819.1	2.7	3.5	4.4	5.2	8.04	8.94	10.87	15.37	17.78
k	max	GB/T 818	1.3	1.6	2.1	2.4	3.1	3.7	4.6	6	7.5
		GB/T 819.1	1	1.2	1.5	1.65	2.7	2.7	3.3	4.65	5
	min(GB/T 818)		1.16	1.46	1.96	2.26	2.92	3.52	4.30	5.70	7.14
r	min(GB/T 818)		0.1	0.1	0.1	0.1	0.2	0.2	0.25	0.4	0.4
	max(GB/T 819.1)		0.4	0.5	0.6	0.8	1	1.3	1.5	2	2.5
x	max		0.9	1	1.1	1.25	1.75	2	2.5	3.2	3.8
$r_f \approx$			2.5	3.2	4	5	6.5	8	10	13	16
十字槽槽号 No.			0		1		2		3		4
插入深度	H 型	min GB/T 818	0.7	0.9	1.15	1.4	1.9	2.4	3.1	4	5.2
		min GB/T 819.1	0.6	0.9	1.4	1.7	2.1	2.7	3	4	5.1
		max GB/T 818	0.95	1.2	1.55	1.8	2.4	2.9	3.6	4.6	5.8
		max GB/T 819.1	0.9	1.2	1.8	2.1	2.6	3.2	3.6	4.6	5.7
	Z 型	min GB/T 818	0.65	1.17	1.25	1.50	1.89	2.29	3.03	4.05	5.24
		min GB/T 819.1	0.7	0.95	1.48	1.76	2.06	2.6	3	4.15	5.19
		max GB/T 818	0.9	1.42	1.5	1.75	2.34	2.74	3.46	4.5	5.69
		max GB/T 819.1	0.95	1.2	1.73	2.01	2.51	3.05	3.45	4.6	5.64
m 参考	H 型	GB/T 818	1.7	1.9	2.7	3	4.4	4.9	6.9	9	10.1
		GB/T 819.1	1.6	1.9	2.9	3.2	4.6	5.2	6.8	8.9	10
	Z 型	GB/T 818	1.6	2.1	2.6	2.8	4.3	4.7	6.7	8.8	9.9
		GB/T 819.1	1.6	1.9	2.8	3	4.4	4.9	6.6	8.8	9.8
l(商品规格范围公称长度)			3~16	3~20	3~25	4~30	5~40	6~45	8~60	10~60	12~60
l（系列）			3、4、5、6、8、10、12、(14)、16、20、25、30、35、40、45、50、(55)、60								

注：1. 公称长度 $l \leq 25$mm（GB/T 819.1—2016，$l \leq 30$mm），而螺纹规格 d 在 M1.6~M3 的螺钉，应制出全螺纹；公称长度 $l \leq 40$mm（GB/T 819.1—2016，$l \leq 45$mm），而螺纹规格在 M4~M10 的螺钉也应制出全螺纹（$b=l-a$）[GB/T 819.1—2016，$b=l-(k+a)$]。

2. 尽可能不采用括号内的规格。

3. GB/T 819.1—2016 的尺寸"d_k 理论值 max"未列入。

附表 8 内六角圆柱头螺钉（摘自 GB/T 70.1—2008） （单位：mm）

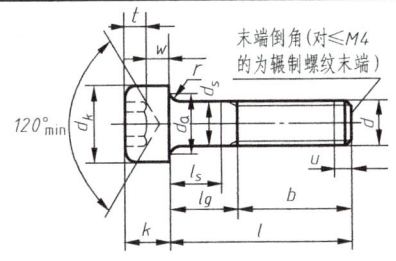
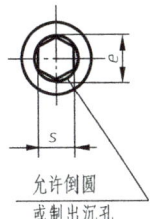

u（不完整螺纹的长度）≤2P

标记示例

螺纹规格 d = M5、公称长度 l = 20mm、性能等级为 8.8 级、表面氧化的 A 级内六角圆柱头螺钉：

螺钉 GB/T 70.1 M5×20

螺纹规格 d		M3	M4	M5	M6	M8	M10	M12	M16	M20	M24
螺距 P		0.5	0.7	0.8	1	1.25	1.5	1.75	2	2.5	3
b	参考	18	20	22	24	28	32	36	44	52	60
d_k	max[1]	5.5	7	8.5	10	13	16	18	24	30	36
	max[2]	5.68	7.22	8.72	10.22	13.27	16.27	18.27	24.33	30.33	36.39
	min	5.32	6.78	8.28	9.78	12.73	15.73	17.73	23.67	29.67	35.61
d_a	max	3.6	4.7	5.7	6.8	9.2	11.2	13.7	17.7	22.4	26.4
d_s	max	3	4	5	6	8	10	12	16	20	24
	min	2.86	3.82	4.82	5.82	7.78	9.78	11.73	15.73	19.67	23.67
e	min	2.873	3.443	4.583	5.723	6.683	9.149	11.429	15.996	19.437	21.734
k	max	3	4	5	6	8	10	12	16	20	24
	min	2.86	3.82	4.82	5.70	7.64	9.64	11.57	15.57	19.48	23.48
r	min	0.1	0.2	0.2	0.25	0.4	0.4	0.6	0.6	0.8	0.8
s	公称	2.5	3	4	5	6	8	10	14	17	19
	min	2.52	3.02	4.02	5.02	6.02	8.025	10.025	14.032	17.05	19.065
	max	2.58	3.08	4.095	5.14	6.14	8.175	10.175	14.212	17.23	19.275
t	min	1.3	2	2.5	3	4	5	6	8	10	12
v	max	0.3	0.4	0.5	0.6	0.8	1	1.2	1.6	2	2.4
w	min	1.15	1.4	1.9	2.3	3.3	4	4.8	6.8	8.6	10.4
l（商品规格范围公称长度）		5~30	6~40	8~50	10~60	12~80	16~100	20~120	25~160	30~200	40~200
l≤表中数值时，制出全螺纹		20	25	25	30	35	40	50	60	70	80
l（系列）		5、6、8、10、12、(16)、20、35、40、45、50、(55)、60、(65)、70、80、90、100、110、120、130、140、150、160、180、200									

注：1. l_{gmax}（夹紧长度）= $l_{公称}$ − $b_{参考}$，l_{smin}（无螺纹杆部长）= l_{gmax} − 5P。

2. 尽可能不采用括号内的规格。

[1] 对光滑头部。

[2] 对滚花头部。

附表 9　开槽锥端紧定螺钉（摘自 GB/T 71—2018）、开槽平端紧定螺钉（摘自 GB/T 73—2017）、开槽长圆柱端紧定螺钉（摘自 GB/T 75—2018）　　　　　（单位：mm）

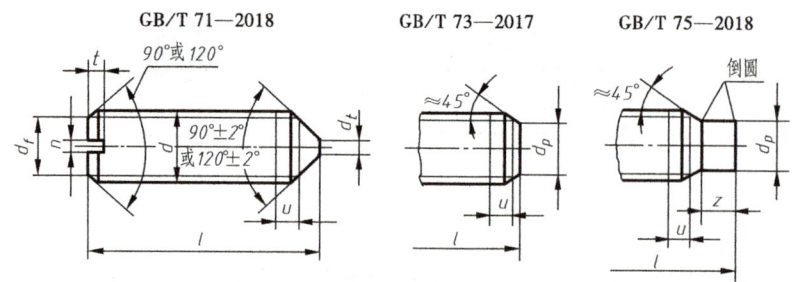

公称长度为短螺钉时，应制成120°，u 为不完整螺纹的长度 $\leqslant 2P$

标记示例

螺纹规格为 M5、公称长度 $l=12$mm、钢制、硬度等级 14H 级、表面不经处理、产品等级 A 级的开槽平端紧定螺钉：
螺钉　GB/T 73　M5×12

螺纹规格 d			M1.2	M1.6	M2	M2.5	M3	M4	M5	M6	M8	M10	M12
螺距 P			0.25	0.35	0.4	0.45	0.5	0.7	0.8	1	1.25	1.5	1.75
d_f		max	螺纹小径										
d_t		min	—	—	—	—	—	—	—	—	—	—	—
		max	0.12	0.16	0.2	0.25	0.3	0.4	0.5	1.5	2	2.5	3
d_p		min	0.35	0.55	0.75	1.25	1.75	2.25	3.2	3.7	5.2	6.64	8.14
		max	0.6	0.8	1	1.5	2	2.5	3.5	4	5.5	7	8.5
n		公称	0.2	0.25	0.25	0.4	0.4	0.6	0.8	1	1.2	1.6	2
		min	0.26	0.31	0.31	0.46	0.46	0.66	0.86	1.06	1.26	1.66	2.06
		max	0.4	0.45	0.45	0.6	0.6	0.8	1	1.2	1.51	1.91	2.31
t		min	0.4	0.56	0.64	0.72	0.8	1.12	1.28	1.6	2	2.4	2.8
		max	0.52	0.74	0.84	0.95	1.05	1.42	1.63	2	2.5	3	3.6
z		min	—	0.8	1	1.25	1.5	2	2.5	3	4	5	6
		max	—	1.05	1.25	1.5	1.75	2.25	2.75	3.25	4.3	5.3	6.3
l	GB/T 71	公称长度	2~6	2~8	3~10	3~12	4~16	6~20	8~25	8~30	10~40	12~50	14~60
		短螺钉	2	2~2.5	2~2.5	2~3	2~3	2~4	2~5	2~6	2~8	2~10	2~12
	GB/T 73	公称长度	2~6	2~8	2~10	2.5~12	3~16	4~20	5~25	6~30	8~40	10~50	12~60
		短螺钉	—	2	2~2.5	2~3	2~3	2~4	2~5	2~6	2~6	2~8	2~10
	GB/T 75	公称长度	—	2.5~8	3~10	4~12	5~16	6~20	8~25	8~30	10~40	12~50	14~60
		短螺钉	—	2~2.5	2~3	2~4	2~5	2~6	2~8	2~10	2~12	2~16	2~20
l（系列）			2、2.5、3、4、5、6、8、10、12、(14)、16、20、25、30、35、40、45、50、55、60										

注：1. 公称长度为商品规格尺寸。
　　2. 尽可能不采用括号内的规格。
　　3. GB/T 75—2018 没有 M1.2 的规格。

附表 10 I 型六角螺母—A 级和 B 级（摘自 GB/T 6170—2015） （单位：mm）

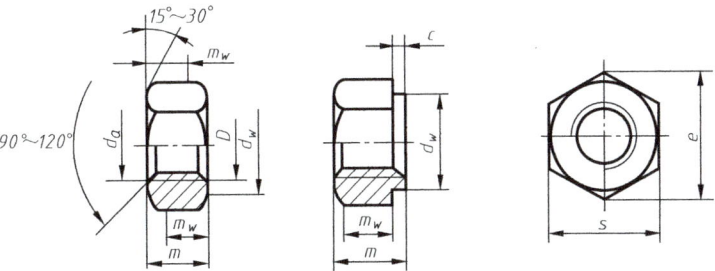

允许制造的形式

标记示例

螺纹规格为 M12、性能等级为 8 级、表面不经处理、产品等级 A 级的 I 型六角螺母：

螺母 GB/T 6170 M12

螺纹规格 D		M1.6	M2	M2.5	M3	M4	M5	M6	M8	M10	M12
P		0.35	0.4	0.45	0.5	0.7	0.8	1	1.25	1.5	1.75
c	max	0.2	0.2	0.3	0.4	0.4	0.5	0.5	0.6	0.6	0.6
	min	0.1	0.1	0.1	0.15	0.15	0.15	0.15	0.15	0.15	0.15
d_a	max	1.84	2.3	2.9	3.45	4.6	5.75	6.75	8.75	10.8	13
	min	1.6	2	2.5	3	4	5	6	8	10	12
d_w	min	2.4	3.1	4.1	4.6	5.9	6.9	8.9	11.6	14.6	16.6
e	min	3.41	4.32	5.45	6.01	7.66	8.79	11.05	14.38	17.77	20.03
m	公称=max	1.3	1.6	2	2.4	3.2	4.7	5.2	6.8	8.4	10.8
	min	1.05	1.35	1.75	2.15	2.9	4.4	4.9	6.44	8.04	10.37
m_w	min	0.8	1.1	1.4	1.7	2.3	3.5	3.9	5.2	6.4	8.3
s	max	3.2	4	5	5.5	7	8	10	13	16	18
	min	3.02	3.82	4.82	5.32	6.78	7.78	9.78	12.73	15.73	17.73
螺纹规格 D		M16	M20	M24	M30	M36	M42	M48	M56	M64	
P		2	2.5	3	3.5	4	4.5	5	5.5	6	
c	max	0.8	0.8	0.8	0.8	0.8	1	1	1	1	
	min	0.2	0.2	0.2	0.2	0.2	0.3	0.3	0.3	0.3	
d_a	max	17.3	21.6	25.9	32.4	38.9	45.4	51.8	60.5	69.1	
	min	16	20	24	30	36	42	48	56	64	
d_w	min	22.5	27.7	33.3	42.8	51.1	60	69.5	78.7	88.2	
e	min	26.75	32.95	39.55	50.85	60.79	71.3	82.6	93.56	104.86	
m	公称=max	14.8	18	21.5	25.6	31	34	38	45	51	
	min	14.1	16.9	20.2	24.3	29.4	32.4	36.4	43.4	49.1	
m_w	min	11.3	13.5	16.2	19.4	23.5	25.9	29.1	34.7	39.3	
s	max	24	30	36	46	55	65	75	85	95	
	min	23.67	29.16	35	45	53.8	63.1	73.1	82.8	92.8	

注：1. A 级用于 $D \leqslant 16mm$ 的螺母，B 级用于 $D>16mm$ 的螺母，本表仅就商品规格和通用规格列出。

2. 螺纹规格为 M8～M64、细牙、A 级和 B 级的 I 型六角螺母，请查阅 GB/T 6171—2016。

附表 11　小垫圈（摘自 GB/T 848—2002）、平垫圈　倒角型（摘自 GB/T 97.2—2002）、大垫圈（A 级产品）（摘自 GB/T 96.1—2002）、平垫圈（摘自 GB/T 97.1—2002）

（单位：mm）

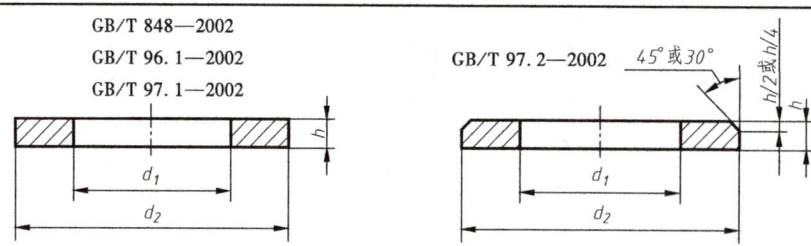

标记示例

标准系列、公称规格 8mm、由钢制造的硬度等级为 200HV 级、不经表面处理、产品等级为 A 级的平垫圈：

垫圈　GB/T 97.1　8

标准系列、公称规格 8mm、由 A2 组不锈钢制造的硬度等级为 200HV 级、不经表面处理、产品等级为 A 级、倒角型的平垫圈：

垫圈　GB/T 97.2　8　A2

小系列、公称规格 8mm、由钢制造的硬度等级为 200HV 级、不经表面处理、产品等级为 A 级的平垫圈：

垫圈　GB/T 848　8

大系列、公称规格 8mm、由钢制造的硬度等级为 200HV 级、不经表面处理、产品等级为 A 级的平垫圈：

垫圈　GB/T 96.1　8

公称尺寸（螺纹规格）d		1.6	2	2.5	3	4	5	6	8	10	12	16	20	24	30	36
内径 d_1	max GB/T 848	1.84	2.34	2.84	3.38	4.48	5.48	6.62	8.62	10.77	13.27	17.27	21.33	25.33	31.39	37.62
	max GB/T 97.1																
	max GB/T 97.2	—	—	—													
	max GB/T 96.1	—	—	—	3.38	4.48								25.52	33.62	39.62
	公称 = min GB/T 848	1.7	2.2	2.7	3.2	4.3	5.3	6.4	8.4	10.5	13	17	21	25	31	37
	公称 = min GB/T 97.1																
	公称 = min GB/T 97.2	—	—	—													
	公称 = min GB/T 96.1	—	—	—	3.2	4.3								33	39
内径 d_2	公称 = max GB/T 848	3.5	4.5	5	6	8	9	11	15	18	20	28	34	39	50	60
	公称 = max GB/T 97.1	4	5	6	7	9	10	12	16	20	24	30	37	44	56	66
	公称 = max GB/T 97.2	—	—	—	—	—										
	公称 = max GB/T 96.1	—	—	—	9	12	15	18	24	30	37	50	60	72	92	110
	min GB/T 848	3.2	4.2	4.7	5.7	7.64	8.64	10.57	14.57	17.57	19.48	27.48	33.38	38.38	49.38	58.8
	min GB/T 97.1	3.7	4.7	5.7	6.64	8.64	9.64	11.57	15.57	19.48	23.48	29.48	36.38	43.38	55.26	64.8
	min GB/T 97.2	—	—	—	—	—										
	min GB/T 96.1	—	—	—	8.64	11.57	14.57	17.57	23.48	29.48	36.38	49.38	59.26	70.8	90.6	108.6
厚度 h（公称）	GB/T 848	0.3	0.3	0.5	0.5	0.5	1	1.6	1.6	2	2.5	3	3	4	4	5
	GB/T 97.1					0.8										
	GB/T 97.2	—	—	—	—	—										
	GB/T 96.1	—	—	—	0.8	1				2	2.5	3	4	5	6	8

附表 12 标准型弹簧垫圈（摘自 GB/T 93—1987）、轻型弹簧垫圈（摘自 GB/T 859—1987） (单位：mm)

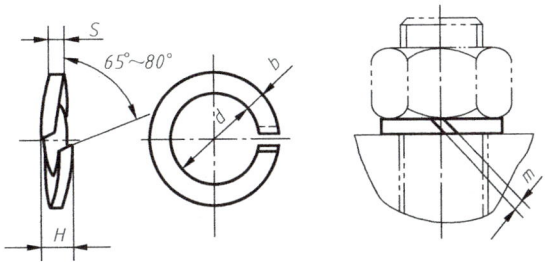

标记示例

规格 16mm、材料为 65Mn、表面氧化的标准型弹簧垫圈：
　　垫圈 GB/T 93　16

规格 16mm、材料为 65Mn、表面氧化的轻型弹簧垫圈：
　　垫圈 GB/T 859　16

规格（螺纹大径）			3	4	5	6	8	10	12	16	20	24	30
d (GB/T 93、GB/T 859)		min	3.1	4.1	5.1	6.1	8.1	10.2	12.2	16.2	20.2	24.5	30.5
		max	3.4	4.4	5.4	6.68	8.68	10.9	12.9	16.9	21.04	25.5	31.5
$S(b)$ (GB/T 93)		公称	0.8	1.1	1.3	1.6	2.1	2.6	3.1	4.1	5	6	7.5
		min	0.7	1	1.2	1.5	2	2.45	2.95	3.9	4.8	5.8	7.2
		max	0.9	1.2	1.4	1.7	2.2	2.75	3.25	4.3	5.2	6.2	7.8
S (GB/T 859)		公称	0.6	0.8	1.1	1.3	1.6	2	2.5	3.2	4	5	6
		min	0.52	0.7	1	1.2	1.5	1.9	2.35	3	3.8	4.8	5.8
		max	0.68	0.9	1.2	1.4	1.7	2.1	2.65	3.4	4.2	5.2	6.2
b (GB/T 859)		公称	1	1.2	1.5	2	2.5	3	3.5	4.5	5.5	7	9
		min	0.9	1.1	1.4	1.9	2.35	2.85	3.3	4.3	5.3	6.7	8.7
		max	1.1	1.3	1.6	2.1	2.65	3.15	3.7	4.7	5.7	7.3	9.3
H	GB/T 93	min	1.6	2.2	2.6	3.2	4.2	5.2	6.2	8.2	10	12	15
		max	2	2.75	3.25	4	5.25	6.5	7.75	10.25	12.5	15	18.75
	GB/T 859	min	1.2	1.6	2.2	2.6	3.2	4	5	6.4	8	10	12
		max	1.5	2	2.75	3.25	4	5	6.25	8	10	12.5	15
$m \leqslant$	GB/T 93		0.4	0.55	0.65	0.8	1.05	1.3	1.55	2.05	2.5	3	3.75
	GB/T 859		0.3	0.4	0.55	0.65	0.8	1	1.25	1.6	2	2.5	3

注：m 应大于零。

附表 13　平键和键槽的剖面尺寸（摘自 GB/T 1095—2003）　　（单位：mm）

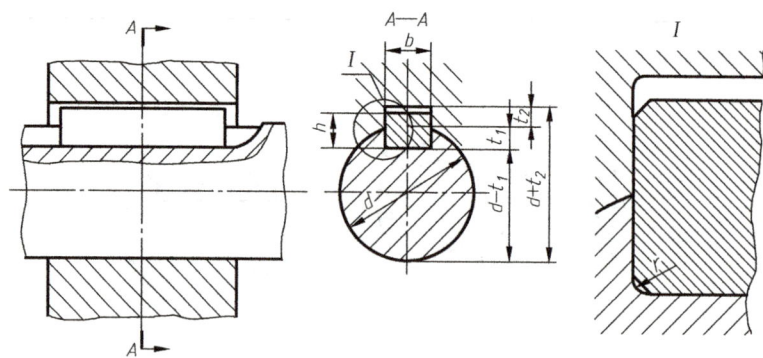

在图样中,轴槽深用 t 或 $(d-t)$ 标注,轮毂槽深用 $(d+t_1)$ 标注。

键尺寸 $b×h$	键槽宽度 b						键槽深度				键槽圆角半径 r	
	基本尺寸	极限偏差					轴 t_1		毂 t_2			
		正常连接		紧密连接	松连接		基本尺寸	极限偏差	基本尺寸	极限偏差	min	max
		轴 N9	毂 JS9	轴和毂 P9	轴 H9	毂 D10						
2×2	2	−0.004	±0.0125	−0.006	+0.025	+0.060	1.2	+0.1 0	1	+0.1 0	0.08	0.16
3×3	3	−0.029		−0.031	0	+0.020	1.8		1.4			
4×4	4	0	±0.015	−0.012	+0.030	+0.078	2.5		1.8			
5×5	5	−0.030		−0.042	0	+0.030	3.0		2.3		0.16	0.25
6×6	6						3.5		2.8			
8×7	8	0	±0.018	−0.015	+0.036	+0.098	4.0		3.3			
10×8	10	−0.036		−0.051	0	+0.040	5.0		3.3			
12×8	12	0	±0.0215	−0.018	+0.043	+0.120	5.0	+0.2 0	3.3	+0.2 0	0.25	0.40
14×9	14						5.5		3.8			
16×10	16	−0.043		−0.061	0	+0.050	6.0		4.3			
18×11	18						7.0		4.4			
20×12	20	0	±0.026	−0.022	+0.052	+0.149	7.5		4.9		0.40	0.60
22×14	22						9.0		5.4			
25×14	25	−0.052		−0.074	0	+0.065	9.0		5.4			
28×16	28						10.0		6.4			
32×18	32						11.0		7.4			
36×20	36	0	±0.031	−0.026	+0.062	+0.180	12.0		8.4		0.70	1.00
40×22	40	−0.062		−0.088	0	+0.080	13.0		9.4			
45×25	45						15.0		10.4			
50×28	50						17.0		11.4			
56×32	56						20.0	+0.3 0	12.4	+0.3 0	1.20	1.60
63×32	63	0	±0.037	−0.032	+0.074	+0.220	20.0		12.4			
70×36	70	−0.074		−0.106	0	+0.100	22.0		14.4			
80×40	80						25.0		15.4			
90×45	90	0	±0.0435	−0.037	+0.087	+0.260	28.0		17.4		2.00	2.50
100×50	100	−0.087		−0.124	0	+0.120	31.0		19.5			

附表 14 普通平键的尺寸（摘自 GB/T 1096—2003） （单位：mm）

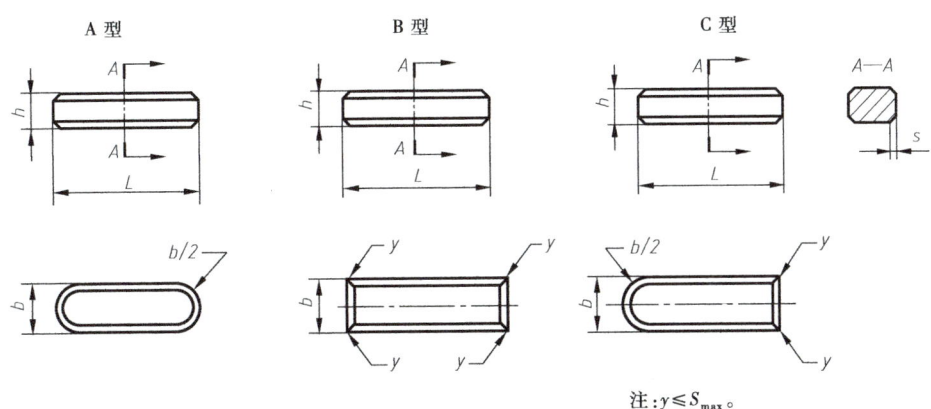

注：$y \leqslant S_{max}$。

标记示例

宽度 $b=16mm$、高度 $h=10mm$、长度 $L=100mm$，普通 A 型平键：GB/T 1096 键 16×10×100
宽度 $b=16mm$、高度 $h=10mm$、长度 $L=100mm$，普通 B 型平键：GB/T 1096 键 B 16×10×100
宽度 $b=16mm$、高度 $h=10mm$、长度 $L=100mm$，普通 C 型平键：GB/T 1096 键 C 16×10×100

宽度 b	基本尺寸	2	3	4	5	6	8	10	12	14	16	18	20	22
	极限偏差(h8)	0 -0.014		0 -0.018			0 -0.022		0 -0.027				0 -0.033	
高度 h	基本尺寸	2	3	4	5	6	7	8	8	9	10	11	12	14
	极限偏差 矩形(h11)	—						0 -0.090				0 -0.110		
	极限偏差 方形(h8)	0 -0.014		0 -0.018			—							
倒角或倒圆 s		0.16~0.25			0.25~0.40				0.40~0.60				0.60~0.80	
L（范围）		6~20	6~36	8~45	10~56	14~70	18~90	22~110	28~140	36~160	45~180	50~200	56~220	63~250

宽度 b	基本尺寸	25	28	32	36	40	45	50	56	63	70	80	90	100
	极限偏差(h8)	0 -0.033			0 -0.039				0 -0.046			0 -0.054		
高度 h	基本尺寸	14	16	18	20	22	25	28	32	32	36	40	45	50
	极限偏差 矩形(h11)	0 -0.110			0 -0.130				0 -0.160					
	极限偏差 方形(h8)	—												
倒角或倒圆 s		0.60~0.80			1.00~1.60				1.60~2.00			2.00~3.00		
L（范围）		70~280	80~320	90~360	100~400	100~400	110~450	125~500	140~500	160~500	180~500	200~500	220~500	250~500

注：L 系列为 6、8、10、12、14、16、18、20、22、25、28、32、36、40、45、50、56、63、70、80、90、100、110、125、140、160、180、200、220、250、280、320、360、400、450、500。

附表 15 深沟球轴承（摘自 GB/T 276—2013）　　　　（单位：mm）

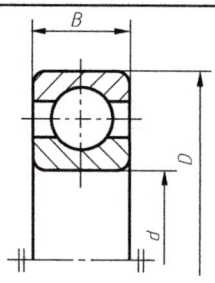

60000 型

标记示例
滚动轴承　6012　GB/T 276—2013

系列	轴承型号	外形尺寸			系列	轴承型号	外形尺寸		
		d	D	B			d	D	B
10	606	6	17	6	03	633	3	13	5
	607	7	19	6		634	4	16	5
	608	8	22	7		635	5	19	6
	609	9	24	7		6300	10	35	11
	6000	10	26	8		6301	12	37	12
	6001	12	28	8		6302	15	42	13
	6002	15	32	9		6303	17	47	14
	6003	17	35	10		6304	20	52	15
	6004	20	42	12		6305	25	62	17
	6005	25	47	12		6306	30	72	19
	6006	30	55	13		6307	35	80	21
	6007	35	62	14		6308	40	90	23
	6008	40	68	15		6309	45	100	25
	6009	45	75	16		6310	50	110	27
	6010	50	80	16		6311	55	120	29
	6011	55	90	18		6312	60	130	31
	6012	60	95	18	04	6403	17	62	17
02	623	3	10	4		6404	20	72	19
	624	4	13	5		6405	25	80	21
	625	5	16	5		6406	30	90	23
	626	6	19	6		6407	35	100	25
	627	7	22	7		6408	40	110	27
	628	8	24	8		6409	45	120	29
	629	9	26	8		6410	50	130	31
	6200	10	30	9		6411	55	140	33
	6201	12	32	10		6412	60	150	35
	6202	15	35	11		6413	65	160	37
	6203	17	40	12		6414	70	180	42
	6204	20	47	14		6415	75	190	45
	6205	25	52	15		6416	80	200	48
	6206	30	62	16		6417	85	210	52
	6207	35	72	17		6418	90	225	54
	6208	40	80	18		6419	95	240	55
	6209	45	85	19					
	6210	50	90	20					
	6211	55	100	21					
	6212	60	110	22					

附表 16 圆锥滚子轴承（摘自 GB/T 297—2015） （单位：mm）

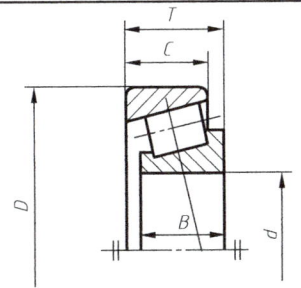

30000 型

标记示例
滚动轴承 30205 GB/T 297—2015

系列	轴承型号	d	D	T	B	C	系列	轴承型号	d	D	T	B	C
02	30202	15	35	11.75	11	10	03	30302	15	42	14.25	13	11
	30203	17	40	13.25	12	11		30303	17	47	15.25	14	12
	30204	20	47	15.25	14	12		30304	20	52	16.25	15	13
	30205	25	52	16.25	15	13		30305	25	62	18.25	17	15
	30206	30	62	17.25	16	14		30306	30	72	20.75	19	16
	30207	35	72	18.25	17	15		30307	35	80	22.75	21	18
	30208	40	80	19.75	18	16		30308	40	90	25.25	23	20
	30209	45	85	20.75	19	16		30309	45	100	27.75	25	22
	30210	50	90	21.75	20	17		30310	50	110	29.25	27	23
	30211	55	100	22.75	21	18		30311	55	120	31.5	29	25
	30212	60	110	23.75	22	19		30312	60	130	33.5	31	26
	30213	65	120	24.75	23	20		30313	65	140	36	33	28
	30214	70	125	26.25	24	21		30314	70	150	38	35	30
	30215	75	130	27.25	25	22		30315	75	160	40	37	31
	30216	80	140	28.25	26	22		30316	80	170	42.5	39	33
	30217	85	150	30.5	28	24		30317	85	180	44.5	41	34
	30218	90	160	32.5	30	26		30318	90	190	46.5	43	36
	30219	95	170	34.5	32	27		30319	95	200	49.5	45	38
	30220	100	180	37	34	29		30320	100	215	51.5	47	39
22	32203	17	40	17.25	16	14	23	32303	17	47	20.25	19	16
	32204	20	47	19.25	18	15		32304	20	52	22.25	21	18
	32205	25	52	19.25	18	16		32305	25	62	25.25	24	20
	32206	30	62	21.25	20	17		32306	30	72	28.75	27	23
	32207	35	72	24.25	23	19		32307	35	80	32.75	31	25
	32208	40	80	24.75	23	19		32308	40	90	35.25	33	27
	32209	45	85	24.75	23	19		32309	45	100	38.25	36	30
	32210	50	90	24.75	23	19		32310	50	110	42.25	40	33
	32211	55	100	26.75	25	21		32311	55	120	45.5	43	35
	32212	60	110	29.75	28	24		32312	60	130	48.5	46	37
	32213	65	120	32.75	31	27		32313	65	140	51	48	39
	32214	70	125	33.25	31	27		32314	70	150	54	51	42
	32215	75	130	33.25	31	27		32315	75	160	58	55	45
	32216	80	140	35.25	33	28		32316	80	170	61.5	58	48
	32217	85	150	38.5	36	30		32317	85	180	63.5	60	49
	32218	90	160	42.5	40	34		32318	90	190	67.5	64	53
	32219	95	170	45.5	43	37		32319	95	200	71.5	67	55
	32220	100	180	49	46	39		32320	100	215	77.5	73	60

附表 17 单向推力球轴承（摘自 GB/T 301—2015） （单位：mm）

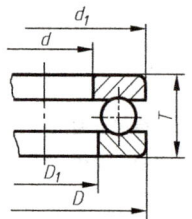

51000 型

标记示例
滚动轴承 51210 GB/T 301—2015

系列	轴承型号	外形尺寸					系列	轴承型号	外形尺寸				
		d	D	T	D_{1min}	d_{1max}			d	D	T	D_{1min}	d_{1max}
11	51100	10	24	9	11	24	12	51214	70	105	27	72	105
	51101	12	26	9	13	26		51215	75	110	27	77	110
	51102	15	28	9	16	28		51216	80	115	28	82	115
	51103	17	30	9	18	30		51217	85	125	31	88	125
	51104	20	35	10	21	35		51218	90	135	35	93	135
	51105	25	42	11	26	42		51220	100	150	38	103	150
	51106	30	47	11	32	47	13	51304	20	47	18	22	47
	51107	35	52	12	37	52		51305	25	52	18	27	52
	51108	40	60	13	42	60		51306	30	60	21	32	60
	51109	45	65	14	47	65		51307	35	68	24	37	68
	51110	50	70	14	52	70		51308	40	78	26	42	78
	51111	55	78	16	57	78		51309	45	85	28	47	85
	51112	60	85	17	62	85		51310	50	95	31	52	95
	51113	65	90	18	67	90		51311	55	105	35	57	105
	51114	70	95	18	72	95		51312	60	110	35	62	110
	51115	75	100	19	77	100		51313	65	115	36	67	115
	51116	80	105	19	82	105		51314	70	125	40	72	125
	51117	85	110	19	87	110		51315	75	135	44	77	135
	51118	90	120	22	92	120		51316	80	140	44	82	140
	51120	100	135	25	102	135		51317	85	150	49	88	150
12	51200	10	26	11	12	26		51318	90	155	50	93	155
	51201	12	28	11	14	28	14	51405	25	60	24	27	60
	51202	15	32	12	17	32		51406	30	70	28	32	70
	51203	17	35	12	19	35		51407	35	80	32	37	80
	51204	20	40	14	22	40		51408	40	90	36	42	90
	51205	25	47	15	27	47		51409	45	100	39	47	100
	51206	30	52	16	32	52		51410	50	110	43	52	110
	51207	35	62	18	37	62		51411	55	120	48	57	120
	51208	40	68	19	42	68		51412	60	130	51	62	130
	51209	45	73	20	47	73		51413	65	140	56	68	140
	51210	50	78	22	52	78		51414	70	150	60	73	150
	51211	55	90	25	57	90		51415	75	160	65	78	160
	51212	60	95	26	62	95		51416	80	170	68	83	170
	51213	65	100	27	67	100		51417	85	180	72	88	177

附表 18　公称尺寸至 3150mm 的标准公差数值（摘自 GB/T 1800.1—2020）

公称尺寸/mm		标准公差等级																		
		IT01	IT0	IT1	IT2	IT3	IT4	IT5	IT6	IT7	IT8	IT9	IT10	IT11	IT12	IT13	IT14	IT15	IT16	IT17	IT18
大于	至	标准公差值																		
		/μm													/mm						
—	3	0.3	0.5	0.8	1.2	2	3	4	6	10	14	25	40	60	0.1	0.14	0.25	0.4	0.6	1	1.4
3	6	0.4	0.6	1	1.5	2.5	4	5	8	12	18	30	48	75	0.12	0.18	0.3	0.48	0.75	1.2	1.8
6	10	0.4	0.6	1	1.5	2.5	4	6	9	15	22	36	58	90	0.15	0.22	0.36	0.58	0.9	1.5	2.2
10	18	0.5	0.8	1.2	2	3	5	8	11	18	27	43	70	110	0.18	0.27	0.43	0.7	1.1	1.8	2.7
18	30	0.6	1	1.5	2.5	4	6	9	13	21	33	52	84	130	0.21	0.33	0.52	0.84	1.3	2.1	3.3
30	50	0.6	1	1.5	2.5	4	7	11	16	25	39	62	100	160	0.25	0.39	0.62	1	1.6	2.5	3.9
50	80	0.8	1.2	2	3	5	8	13	19	30	46	74	120	190	0.3	0.46	0.74	1.2	1.9	3	4.6
80	120	1	1.5	2.5	4	6	10	15	22	35	54	87	140	220	0.35	0.54	0.87	1.4	2.2	3.5	5.4
120	180	1.2	2	3.5	5	8	12	18	25	40	63	100	160	250	0.4	0.63	1	1.6	2.5	4	6.3
180	250	2	3	4.5	7	10	14	20	29	46	72	115	185	290	0.46	0.72	1.15	1.85	2.9	4.6	7.2
250	315	2.5	4	6	8	12	16	23	32	52	81	130	210	320	0.52	0.81	1.3	2.1	3.2	5.2	8.1
315	400	3	5	7	9	13	18	25	36	57	89	140	230	360	0.57	0.89	1.4	2.3	3.6	5.7	8.9
400	500	4	6	8	10	15	20	27	40	63	97	155	250	400	0.63	0.97	1.55	2.5	4	6.3	9.7
500	630			9	11	16	22	32	44	70	110	175	280	440	0.7	1.1	1.75	2.8	4.4	7	11
630	800			10	13	18	25	36	50	80	125	200	320	500	0.8	1.25	2	3.2	5	8	12.5
800	1000			11	15	21	28	40	56	90	140	230	360	560	0.9	1.4	2.3	3.6	5.6	9	14
1000	1250			13	18	24	33	47	66	105	165	260	420	660	1.05	1.65	2.6	4.2	6.6	10.5	16.5
1250	1600			15	21	29	39	55	78	125	195	310	500	780	1.25	1.95	3.1	5	7.8	12.5	19.5
1600	2000			18	25	35	46	65	92	150	230	370	600	920	1.5	2.3	3.7	6	9.2	15	23
2000	2500			22	30	41	55	78	110	175	280	440	700	1100	1.75	2.8	4.4	7	11	17.5	28
2500	3150			26	36	50	68	96	135	210	330	540	860	1350	2.1	3.3	5.4	8.6	13.5	21	33

附表 19 轴的基本偏差

公称尺寸/mm		上极限偏差 es											基本				
		所有标准公差等级												IT5和IT6	IT7	IT8	IT4至IT7
大于	至	a	b	c	cd	d	e	ef	f	fg	g	h	js	j			
—	3	−270	−140	−60	−34	−20	−14	−10	−6	−4	−2	0		−2	−4	−6	0
3	6	−270	−140	−70	−46	−30	−20	−14	−10	−6	−4	0		−2	−4		+1
6	10	−280	−150	−80	−56	−40	−25	−18	−13	−8	−5	0		−2	−5		+1
10	14	−290	−150	−95		−50	−32		−16		−6	0	偏差=±$ITn/2$，式中，n是标准公差等级数	−3	−6		+1
14	18	−290	−150	−95		−50	−32		−16		−6	0		−3	−6		+1
18	24	−300	−160	−110		−65	−40		−20		−7	0		−4	−8		+2
24	30	−300	−160	−110		−65	−40		−20		−7	0		−4	−8		+2
30	40	−310	−170	−120		−80	−50		−25		−9	0		−5	−10		+2
40	50	−320	−180	−130		−80	−50		−25		−9	0		−5	−10		+2
50	65	−340	−190	−140		−100	−60		−30		−10	0		−7	−12		+2
65	80	−360	−200	−150		−100	−60		−30		−10	0		−7	−12		+2
80	100	−380	−220	−170		−120	−72		−36		−12	0		−9	−15		+3
100	120	−410	−240	−180		−120	−72		−36		−12	0		−9	−15		+3
120	140	−460	−260	−200		−145	−85		−43		−14	0		−11	−18		+3
140	160	−520	−280	−210		−145	−85		−43		−14	0		−11	−18		+3
160	180	−580	−310	−230		−145	−85		−43		−14	0		−11	−18		+3
180	200	−660	−340	−240		−170	−100		−50		−15	0		−13	−21		+4
200	225	−740	−380	−260		−170	−100		−50		−15	0		−13	−21		+4
225	250	−820	−420	−280		−170	−100		−50		−15	0		−13	−21		+4
250	280	−920	−480	−300		−190	−110		−56		−17	0		−16	−26		+4
280	315	−1050	−540	−330		−190	−110		−56		−17	0		−16	−26		+4
315	355	−1200	−600	−360		−210	−125		−62		−18	0		−18	−28		+4
355	400	−1350	−680	−400		−210	−125		−62		−18	0		−18	−28		+4
400	450	−1500	−760	−440		−230	−135		−68		−20	0		−20	−32		+5
450	500	−1650	−840	−480		−230	−135		−68		−20	0		−20	−32		+5

注：公称尺寸≤1mm时，基本偏差 a 和 b 均不采用。

附录

数值（摘自 GB/T 1800.1—2020）

（单位：μm）

偏差数值

下极限偏差 ei

≤IT3, >IT7	所有标准公差等级												
k	m	n	p	r	s	t	u	v	x	y	z	za	zb	zc
0	+2	+4	+6	+10	+14		+18		+20		+26	+32	+40	+60
0	+4	+8	+12	+15	+19		+23		+28		+35	+42	+50	+80
0	+6	+10	+15	+19	+23		+28		+34		+42	+52	+67	+97
0	+7	+12	+18	+23	+28		+33		+40		+50	+64	+90	+130
								+39	+45		+60	+77	+108	+150
0	+8	+15	+22	+28	+35		+41	+47	+54	+63	+73	+98	+136	+188
						+41	+48	+55	+64	+75	+88	+118	+160	+218
0	+9	+17	+26	+34	+43	+48	+60	+68	+80	+94	+112	+148	+200	+274
						+54	+70	+81	+97	+114	+136	+180	+242	+325
0	+11	+20	+32	+41	+53	+66	+87	+102	+122	+144	+172	+226	+300	+405
				+43	+59	+75	+102	+120	+146	+174	+210	+274	+360	+480
0	+13	+23	+37	+51	+71	+91	+124	+146	+178	+214	+258	+335	+445	+585
				+54	+79	+104	+144	+172	+210	+254	+310	+400	+525	+690
0	+15	+27	+43	+63	+92	+122	+170	+202	+248	+300	+365	+470	+620	+800
				+65	+100	+134	+190	+228	+280	+340	+415	+535	+700	+900
				+68	+108	+146	+210	+252	+310	+380	+465	+600	+780	+1000
0	+17	+31	+50	+77	+122	+166	+236	+284	+350	+425	+520	+670	+880	+1150
				+80	+130	+180	+258	+310	+385	+470	+575	+740	+960	+1250
				+84	+140	+196	+284	+340	+425	+520	+640	+820	+1050	+1350
0	+20	+34	+56	+94	+158	+218	+315	+385	+475	+580	+710	+920	+1200	+1550
				+98	+170	+240	+350	+425	+525	+650	+790	+1000	+1300	+1700
0	+21	+37	+62	+108	+190	+268	+390	+475	+590	+730	+900	+1150	+1500	+1900
				+114	+208	+294	+435	+530	+660	+820	+1000	+1300	+1650	+2100
0	+23	+40	+68	+126	+232	+330	+490	+595	+740	+920	+1100	+1450	+1850	+2400
				+132	+252	+360	+540	+660	+820	+1000	+1250	+1600	+2100	+2600

附表 20 孔的基本偏差数值

公称尺寸/mm		下极限偏差 EI										基本偏差							
		所有标准公差等级										IT6	IT7	IT8	≤IT8	>IT8	≤IT8	>IT8	≤IT8	>IT8
大于	至	A	B	C	CD	D	E	EF	F	FG	G	H	JS	J			K		M		N
—	3	+270	+140	+60	+34	+20	+14	+10	+6	+4	+2	0		+2	+4	+6	0	0	−2	−2	−4	−4
3	6	+270	+140	+70	+46	+30	+20	+14	+10	+6	+4	0		+5	+6	+10	−1+Δ		−4+Δ	−4	−8+Δ	0
6	10	+280	+150	+80	+56	+40	+25	+18	+13	+8	+5	0		+5	+8	+12	−1+Δ		−6+Δ	−6	−10+Δ	0
10	14	+290	+150	+95		+50	+32		+16		+6	0		+6	+10	+15	−1+Δ		−7+Δ	−7	−12+Δ	0
14	18																					
18	24	+300	+160	+110		+65	+40		+20		+7	0		+8	+12	+20	−2+Δ		−8+Δ	−8	−15+Δ	0
24	30																					
30	40	+310	+170	+120		+80	+50		+25		+9	0	偏差 = ±ITn/2, 式中 n 是标准公差等级数	+10	+14	+24	−2+Δ		−9+Δ	−9	−17+Δ	0
40	50	+320	+180	+130																		
50	65	+340	+190	+140		+100	+60		+30		+10	0		+13	+18	+28	−2+Δ		−11+Δ	−11	−20+Δ	0
65	80	+360	+200	+150																		
80	100	+380	+220	+170		+120	+72		+36		+12	0		+16	+22	+34	−3+Δ		−13+Δ	−13	−23+Δ	0
100	120	+410	+240	+180																		
120	140	+460	+260	+200		+145	+85		+43		+14	0		+18	+26	+41	−3+Δ		−15+Δ	−15	−27+Δ	0
140	160	+520	+280	+210																		
160	180	+580	+310	+230																		
180	200	+660	+340	+240		+170	+100		+50		+15	0		+22	+30	+47	−4+Δ		−17+Δ	−17	−31+Δ	0
200	225	+740	+380	+260																		
225	250	+820	+420	+280																		
250	280	+920	+480	+300		+190	+110		+56		+17	0		+25	+36	+55	−4+Δ		−20+Δ	−20	−34+Δ	0
280	315	+1050	+540	+330																		
315	355	+1200	+600	+360		+210	+125		+62		+18	0		+29	+39	+60	−4+Δ		−21+Δ	−21	−37+Δ	0
355	400	+1350	+680	+400																		
400	450	+1500	+760	+440		+230	+135		+68		+20	0		+33	+43	+66	−5+Δ		−23+Δ	−23	−40+Δ	0
450	500	+1650	+840	+480																		

注：1. 公称尺寸 ≤1mm 时，基本偏差 A、B 及大于 IT8 的 N 均不采用。
2. Δ 值从表内右侧选取。例如，公称尺寸为 18~30mm 的 K7：Δ=8μm，所以 $ES=(-2+8)$ μm $=+6$ μm；公称
3. 特殊情况：公称尺寸为 250~315mm 的 M6，$ES=-9$ μm（代替 −11μm）。

(摘自 GB/T 1800.1—2020)

(单位:μm)

数值												Δ值					
上极限偏差 ES																	
≤IT7	>IT7 的标准公差等级											标准公差等级					
P 至 ZC	P	R	S	T	U	V	X	Y	Z	ZA	ZB	ZC	IT3	IT4	IT5	IT6	IT7	IT8
在>IT7的标准公差等级的基本偏差数值上增加一个Δ值	−6	−10	−14		−18		−20		−26	−32	−40	−60	0	0	0	0	0	0
	−12	−15	−19		−23		−28		−35	−42	−50	−80	1	1.5	1	3	4	6
	−15	−19	−23		−28		−34		−42	−52	−67	−97	1	1.5	2	3	6	7
	−18	−23	−28		−33		−40		−50	−64	−90	−130	1	2	3	3	7	9
						−39	−45		−60	−77	−108	−150						
	−22	−28	−35		−41	−47	−54	−63	−73	−98	−136	−188	1.5	2	3	4	8	12
				−41	−48	−55	−64	−75	−88	−118	−160	−218						
	−26	−34	−43	−48	−60	−68	−80	−94	−112	−148	−200	−274	1.5	3	4	5	9	14
				−54	−70	−81	−97	−114	−136	−180	−242	−325						
	−32	−41	−53	−66	−87	−102	−122	−144	−172	−226	−300	−405	2	3	5	6	11	16
		−43	−59	−75	−102	−120	−146	−174	−210	−274	−360	−480						
	−37	−51	−71	−91	−124	−146	−178	−214	−258	−335	−445	−585	2	4	5	7	13	19
		−54	−79	−104	−144	−172	−210	−254	−310	−400	−525	−690						
	−43	−63	−92	−122	−170	−202	−248	−300	−365	−470	−620	−800	3	4	6	7	15	23
		−65	−100	−134	−190	−228	−280	−340	−415	−535	−700	−900						
		−68	−108	−146	−210	−252	−310	−380	−465	−600	−780	−1000						
	−50	−77	−122	−166	−236	−284	−350	−425	−520	−670	−880	−1150	3	4	6	9	17	26
		−80	−130	−180	−258	−310	−385	−470	−575	−740	−960	−1250						
		−84	−140	−196	−284	−340	−425	−520	−640	−820	−1050	−1350						
	−56	−94	−158	−218	−315	−385	−475	−580	−710	−920	−1200	−1550	4	4	7	9	20	29
		−98	−170	−240	−350	−425	−525	−650	−790	−1000	−1300	−1700						
	−62	−108	−190	−268	−390	−475	−590	−730	−900	−1150	−1500	−1900	4	5	7	11	21	32
		−114	−208	−294	−435	−530	−660	−820	−1000	−1300	−1650	−2100						
	−68	−126	−232	−330	−490	−595	−740	−920	−1100	−1450	−1850	−2400	5	5	7	13	23	34
		−132	−252	−360	−540	−660	−820	−1000	−1250	−1600	−2100	−2600						

尺寸为 18~30mm 的 S6:Δ=4μm,所以 ES=(−35+4)μm=−31μm。

附表 21　常用钢材（摘自 GB/T 700—2006、GB/T 699—2015、GB/T 3077—2015、GB/T 11352—2009）

名　　称	牌　　号	主要用途	说　　明
碳素结构钢	Q215A	受力不大的铆钉、螺钉、轮轴、凸轮、焊件、渗碳件	Q 表示屈服强度，数字表示屈服强度数值，A、B 等表示质量等级
	Q235A	螺栓、螺母、拉杆、钩、连杆、楔、轴、焊件	
	Q235B	金属构造物中的一般机件、拉杆、轴、焊件	
	Q275	重要的螺钉、拉杆、钩、连杆、轴、销、齿轮	
优质碳素结构钢	08	要求可塑性好的零件：管子、垫片、渗碳件、氰化件	1. 数字表示钢中碳的名义质量分数的万分数，例如 45 表示碳的名义质量分数为 0.45% 2. 序号表示抗拉强度、硬度依次增加，断后伸长率、断面收缩率依次降低
	15	渗碳件、紧固件、冲模锻件、化工容器	
	20	杠杆、轴套、钩、螺钉、渗碳件、氰化件	
	25	轴、辊子、连接器，紧固件中的螺栓、螺母	
	30	曲轴、转轴、轴销、连杆、横梁	
	35	曲轴、摇杆、拉杆、键、销、螺栓、转轴	
	40	齿轮、齿条、链轮、凸轮、轧辊、曲柄轴	
	45	齿轮、轴、联轴器、衬套、活塞销、链轮	
	50	活塞杆、齿轮、不重要的弹簧	
	55	齿轮、连杆、扁弹簧、轧辊、偏心轮、轮圈、轮缘	
	60	叶片、弹簧	
	30Mn	螺栓、杠杆、制动板	含锰量 0.70%～1.00%的优质碳素钢
	40Mn	用于承受疲劳载荷的零件：轴、曲轴、万向联轴器	
	50Mn	用于大载荷下耐磨的热处理零件：齿轮、凸轮、摩擦片	
	60Mn	弹簧、发条	
合金结构钢	铬钢	15Cr	渗碳齿轮、凸轮、活塞销、离合器	1. 合金结构钢前面两位数字表示钢中碳的名义质量分数的万分数 2. 合金元素以化学符号表示
		20Cr	较重要的渗碳件	
		30Cr	重要的调质零件：轮轴、齿轮、摇杆、重要的螺栓	
		40Cr	较重要的调质零件：齿轮、进气阀、辊子、轴	
		45Cr	强度及耐磨性高的轴、齿轮、螺栓	
	铬锰钛钢	20CrMnTi	汽车上的重要渗碳件：齿轮	
		30CrMnTi	汽车、拖拉机上强度特高的渗碳齿轮	
铸钢		ZG230-450	机座、箱体、支架	ZG 表示铸钢，数字表示屈服强度及抗拉强度(MPa)
		ZG310-570	齿轮、飞轮、机架	

附表 22　常用铸铁（摘自 GB/T 9439—2010、GB/T 1348—2009、GB/T 9440—2010）

名　称	牌　号	硬度 HBW	主要用途	说　明
灰铸铁	HT100	≤170	机床中受轻载荷，磨损不影响使用的铸件，如托盘、把手、手轮等	HT 是灰铸铁代号，其后数字表示抗拉强度（MPa）
灰铸铁	HT150	125~205	承受中等弯曲应力，摩擦面间压强高于 500MPa 的铸件，如机床底座、工作台、汽车变速箱、泵体、阀体、阀盖等	
灰铸铁	HT200	150~230	承受较大弯曲应力，要求保持气密性的铸件，如机床立柱、刀架、齿轮箱体、床身、油缸、泵体、阀体、皮带轮、轴承盖和支架等	
灰铸铁	HT250	180~250	承受较大弯曲应力，要求保持气密性的铸件，如气缸套、齿轮、机床床身、立柱、齿轮箱体、油缸、泵体、阀体等	
灰铸铁	HT300	200~275	承受高弯曲应力、拉应力，要求高度气密性的铸件，如高压油缸、泵体、阀体、汽轮机隔板等	
灰铸铁	HT350	220~290	轧钢滑板、辊子、炼焦柱塞等	
球墨铸铁	QT400-15	120~180	韧性高，低温性能好，且有一定的耐蚀性，用于制作汽车、拖拉机中的轮毂、壳体、离合器拨叉等	QT 为球墨铸铁代号，其后第一组数字表示抗拉强度（MPa），第二组数字表示断后伸长率（%）
球墨铸铁	QT400-18	120~175		
球墨铸铁	QT500-7	170~230	具有中等强度和韧性，用于制作内燃机中油泵齿轮、汽轮机的中温气缸隔板、水轮机阀门体等	
球墨铸铁	QT450-10	160~210		
球墨铸铁	QT600-3	190~270		
可锻铸铁	KTH300-06	≤150	用于承受冲击、振动等的零件，如汽车零件、机床附件、各种管接头、低压阀门、曲轴和连杆等	KTH、KTZ、KTB 分别为黑心、球光体、白心可锻铸铁代号，其后第一组数字表示抗拉强度（MPa），第二组数字表示断后伸长率（%）
可锻铸铁	KTH350-10	≤150		
可锻铸铁	KTZ450-06	150~200		
可锻铸铁	KTB400-05	≤220		

附表 23　常用有色金属及其合金（摘自 GB/T 5231—2022、GB/T 1176—2013、GB/T 3190—2008、GB/T 1173—2013）

名称	牌　号	主要用途	说　明
加工黄铜、铸造铜合金	H62	散热器、垫圈、弹簧、各种网、螺钉及其他零件	H 表示黄铜，字母后的数字表示含铜的名义质量分数的百分数
加工黄铜、铸造铜合金	ZCuZn40Mn2	轴瓦、衬套及其他减磨零件	Z 表示铸造，字母后的数字表示含锌、锰的名义质量分数的百分数
加工黄铜、铸造铜合金	ZCuSn5Pb5Zn5	在较大载荷和中等滑动速度下工作的耐磨、耐蚀零件	字母后的数字表示含锡、铅、锌的名义质量分数的百分数
加工黄铜、铸造铜合金	ZCuAl9Mn2	高强度、耐磨、耐蚀零件，要求气密性高的铸件，以及 250℃ 以下工作的管配件	字母后的数字表示含铝、锰或铁的名义质量分数的百分数
加工黄铜、铸造铜合金	ZCuAl10Fe3		
加工黄铜、铸造铜合金	ZCuPb17Sn4Zn4	高滑动速度的轴承和一般耐磨件等	字母后的数字表示含铅、锡、锌的名义质量分数的百分数

（续）

名称	牌号	主要用途	说明
铝及铝合金、铸造铝合金	2A12 2A13	高强度硬铝，适用于制造大载荷零件及构件，但不包括冲压件和锻压件，如飞机骨架等	
	ZAlCu5Mn （ZL201） ZAlMg10 （ZL301）	用于铸造形状较简单的零件，如支臂、挂架梁等 在大气或海水中工作，承受冲击载荷，外形不太复杂的零件，如舰船配件、航空配件等	ZAl 表示铸造铝合金，合金中其他元素用化学符号字母表示，字母后数字表示该元素名义质量分数的百分数，括号中字母及数字为合金代号

参 考 文 献

[1] 张彤,刘斌,焦永和. 工程制图 [M]. 3版. 北京:高等教育出版社,2020.
[2] 刁修慧,钱文伟. 工程制图 [M]. 3版. 北京:高等教育出版社,2021.
[3] 钱文伟,刘鹏. 机械制图 [M]. 2版. 北京:高等教育出版社,2014.
[4] 何铭新,钱可强,徐祖茂. 机械制图 [M]. 7版. 北京:高等教育出版社,2016.
[5] 范冬英,刘小年. 机械制图 [M]. 3版. 北京:高等教育出版社,2017.
[6] 钱可强,王槐德,韩满林. 电气工程制图 [M]. 北京:化学工业出版社,2004.
[7] 全国紧固件标准化技术委员会. 标准紧固件实用手册 [M]. 5版. 北京:中国标准出版社,2009.
[8] 管殿柱. 计算机绘图:AutoCAD 2018版 [M]. 3版. 北京:机械工业出版社,2018.
[9] 江洪,严传馨,李付,等. SolidWorks 2019基础教程 [M]. 北京:机械工业出版社,2020.
[10] 詹迪维. SolidWorks机械设计教程:2020中文版 [M]. 北京:机械工业出版社,2021.